offcn 中公教师

山东省教师招聘考试辅导教材

语文学科专业知识

中公教育山东教师招聘考试研究院◎编著

世界图书出版公司

北京·广州·上海·西安

图书在版编目（CIP）数据

语文学科专业知识 / 中公教育山东教师招聘考试研究院编著. —北京:世界图书出版有限公司北京分公司，2018.11（2021.11重印）

山东省教师招聘考试辅导教材

ISBN 978-7-5192-5220-5

Ⅰ.①语… Ⅱ.①中… Ⅲ.①语文课 – 教学法 – 中小学 – 教师 – 聘用 – 资格考试 – 自学参考资料 Ⅳ.①G633.302

中国版本图书馆CIP数据核字（2018）第243307号

书　　名	山东省教师招聘考试辅导教材·语文学科专业知识	
	SHANDONG SHENG JIAOSHI ZHAOPIN KAOSHI FUDAO JIAOCAI·YUWEN XUEKE ZHUANYE ZHISHI	
编　　著	中公教育山东教师招聘考试研究院	
责任编辑	张建民　　刘　虹	
特约编辑	杨雪洁	
出版发行	世界图书出版有限公司北京分公司	
地　　址	北京市东城区朝内大街137号	
邮　　编	100010	
电　　话	010‐64038355（发行）64037380（客服）64033507（总编室）	
网　　址	http://www.wpcbj.com.cn	
邮　　箱	wpcbjst@vip.163.com	
销　　售	各地新华书店	
印　　刷	保定市中画美凯印刷有限公司	
开　　本	889 mm × 1194 mm　1/16	
印　　张	19.5	
字　　数	468千字	
版　　次	2018年11月第1版	
印　　次	2021年11月第5次印刷	
国际书号	ISBN 978-7-5192-5220-5	
定　　价	58.00元	

如有质量或印装问题，请拨打售后服务电话010-82838515

前　言

山东省教师招聘工作包括网上报名、资格初审、笔试、面试、体检、拟聘用人选公示等流程。目前,山东省教师招聘考试没有实行全省统一考试,考试时间和形式不一。

从考试内容来看,山东省教师招聘考试主要可分为以下几类:第一类考查公共基础知识和教育基础知识(教学基础知识),如青岛、济宁、淄博、德州等地的考试,教育基础知识比重较大;第二类考查教育基础知识和学科专业知识,如烟台、威海、日照、临沂、菏泽、泰安、潍坊等地区,以及其他地市部分区县的考试,学科专业知识的分数所占比重较大;第三类只考查教育基础知识,如滨州经济技术开发区公开招聘教师考试;第四类只考查学科专业知识;第五类考查公共基础知识和学科专业知识。其中,采用第三、四、五类的地市相对较少,多数地市仍以第一、二类为主。另外,考试内容除上述几类之外,个别地区的考试会进行混合考查(公基+教基+学科),或者在试题中增加"综合写作"的题目。因此,建议考生在开始复习前,仔细阅读所报考地区的考试公告、招聘信息,参考往年考试试题,有针对性地进行备考。

本书是针对山东省教师招聘语文考试笔试的辅导用书,具有以下三方面特色。

特色一:精准归纳和细致讲解核心考点

本书编者在深入研究考试要求和历年考题的基础上,确定了图书的核心内容,精准归纳和细致讲解了语文学科的核心考点,既最大限度地保证了知识体系的完整,又突出了考试的重难点。

例如:山东省语文教师招聘考试经常从不同角度考查"病句"这一知识点。本书在第一章第六节细致讲解了这一知识点,内容包括成分残缺、成分赘余、搭配不当、语序不当、歧义、句式杂糅、不合逻辑等,以帮助考生提高复习效率。

再如:山东省语文教师招聘考试中设置有"写作"题目。本书在第四章细致讲解了"写作"这一知识点,内容包括写作基础知识、常用写作体裁分析和山东省教师招聘考试常见作文题目基本类型,以帮助考生全面掌握该考点。

特色二:精心设置图书内容结构和版块

本书编者在图书的主体内容之前设置了"备考指导",以便考生整体把握考试特点。备考指导部分主要对考试题型进行了解读。题型解读部分按照考查内容(选择题、填空题、古诗词阅读题、文言文阅读题、现代文阅读题、简答题、教学设计题、写作题)进行介绍,同时根据不同考查内容的特点进行总结,设置了相应的复习策略。

本书的主体内容包括现代汉语、古代汉语、阅读、写作、中外文学文化基础知识、课程标准、教学设计能力七个部分。本书编者在图书的主体内容部分设置了"考题再现""知识拓展""易错提示""强化练习"等版块。其中,"考题再现"版块在重要考点处放置了历年考题中的代表性试题,帮助考生加强对考点的理解。每章考点讲解结束后,设置有一定数量的"强化练习",以帮助考生查漏补缺,强化知识要点。

特色三：多种细节设计提升学习效率

本书采用双色印刷，重要知识点均用波浪线进行标记，帮助考生快速识别和掌握考试重难点内容。

本书的"知识拓展"版块是对图书主体内容的补充，旨在帮助考生深化理解。例如：本书在第一章第二节知识点"汉语拼音规则"中的"知识拓展"讲解了"隔音符号"的用法和"专用名词和专用短语中的大小写"。这样既保证了图书主体内容的简洁明了，又能帮助考生了解这一知识点。

本书的"易错提示"版块对图书中容易混淆、出错的知识点进行了更加深入的讲解。例如：本书在第一章第三节知识点"笔顺"中的"易错提示"就展示了一些笔顺容易写错的字，可以帮助考生掌握这些字的笔顺。

此外，山东省教师招聘考试图书包括教材系列、试卷系列、题库系列等，涉及语文、数学、英语及幼儿园幼儿教育等科目。考生可根据自己报考的岗位进行选择。

本书所用考题来源于网络或根据考生回忆整理。期待考生为我们提出更多意见和建议，使图书能更好地帮助更多的人。同时，我们也相信各位考生通过自己的努力，定能顺利通过考试，早日圆梦三尺讲台，成为一名优秀的人民教师。

中公教育山东教师招聘考试研究院
2021 年 11 月

备考指导

选择题、填空题、阅读鉴赏题(古诗词阅读题、文言文阅读题、现代文阅读题)、简答题、教学设计题、写作题等题型是山东省语文教师招聘考试中的常见题型。其考查内容涉及现代汉语、古代汉语、阅读、写作、中外文学文化基础知识、课程标准、学科教学设计能力等多个方面。

一、选择题

1.题型介绍

选择题属于山东省语文教师招聘考试的必考题型,所占分值通常较大。选择题的考查形式一般为"根据题干内容,从下列选项中选出符合题干要求的选项"。其考查形式较为固定,考查难度较为稳定。

2.考试内容及真题解读

选择题考查的范围很广,涉及现代汉语、古代汉语、中国古代文化常识、中国古代文学、中国现当代文学、外国文学、儿童文学、课程标准等诸多内容。

【2021年·山东菏泽】下列词语中,加点字的注音全部相同的一项是(　　　)。

A.题材　提案　啼鸣　瓜熟蒂落

B.缠绵　禅让　谗言　蟾宫折桂

C.背包　疲惫　前辈　事半功倍

D.勉强　强迫　强求　强颜欢笑

【答案】D。

【2019年·山东临沂】下列词语中,没有错别字的一项是(　　　)。

A.翘楚　挖墙角　钟灵毓秀　管中窥豹,可见一斑

B.谙熟　和稀泥　积腋成裘　文武之道,一张一弛

C.辐射　破天荒　循章摘句　风声鹤唳,草木皆兵

D.杂糅　掉书袋　秘而不宣　城门失火,殃及池鱼

【答案】D。

【2019年·山东东营】下列句子中,标点符号使用全部正确的一项是(　　　)。

A.队长一着急大家都笑了。笑声中副队长批评哈尔穆拉特说:"契达玛斯!"这句话直译是:"受不了",意译是:"小心眼儿"。

B.在任何处所我都看到:工人是商人的奴隶、商人是军人的奴隶、军人是统治者的奴隶。

C.这些吉斯林们,就像纳粹头目自身一样,如果没有被自己的同胞干掉(干掉就会省下很多麻烦),就将在胜利的翌日被送交同盟国法庭审判。

D.掐丝工人心里有谱——譬如粘一棵柳树吧。干和枝的每条线条该多长?该怎么弯曲?他们能把铜丝

恰如其分地剪好曲好,然后用钳子夹着,在极稠的白及浆里蘸一下,粘到铜胎上去。

【答案】C。

【2018年·山东潍坊】下列各句中,加点成语的使用全都不正确的一项是（　　）。

①刚刚结束高考,小明就要准备填报志愿,众多的专业选择使他莫衷一是,迟迟不能定夺。

②在某些国人眼中,他们只能容得下小聪明,却容不下大智慧;容得下阿谀奉承之言,却容不下危言危行。

③近日,现实题材都市情感剧《我的前半生》甚嚣尘上,引发众多"追剧族"热捧,网友惊呼,看了该剧懂得了不少婚姻之道。

④最近单位组织员工去鲅鱼圈旅游,这个季节正是海鲜收获的时候,大家都期待着,因为这趟旅游不仅有优美壮阔的海景相伴,还可以大快朵颐,岂不美哉!

⑤产品比较是直接了解品质与需求的最佳方法,在决定购买之前,比较同级品牌的规格功能及价格是不二法门。

⑥一女子因琐事欲跳楼寻短见,民警和消防员苦心孤诣地对该女子进行劝说,缓解女子的情绪,最终将其劝下,成功解救。

A.①④⑤　　　　　　　　　　　B.①③⑥
C.②③⑤　　　　　　　　　　　D.②④⑥

【答案】B。

现代汉语相关知识是山东省语文教师招聘考试中所占比例较大的一类考试内容。综合分析山东省各地区的历年真题,其考查主要呈现出以下几个特点。

①字音、字形的辨析是历年的常考内容。字音题以多音字、形近字的考查为主。字形题比较偏向于对形近字和同音字的考查,且对成语的考查比重较大,主要是初中阶段学生需要掌握的易错字形,考查难度较小。

②句子的选用和排序、成语的使用、病句的辨析、标点符号的使用、修辞知识等是句子类试题考查的主要方向,难度较大,考生需加大复习力度。

③文意理解与归纳作为一种全新的题型,不排除考查的可能性。

【2019年·山东菏泽】被鲁迅誉为"史家之绝唱,无韵之《离骚》"的作品是（　　）。

A.《史记》　　　　　　　　　　B.《汉书》
C.《后汉书》　　　　　　　　　D.《三国志》

【答案】A。

【2018年·山东菏泽】对下列相关内容的解说,不正确的一项是（　　）。

A."江表":长江以南地区,因从中原看地处长江之外,故称"江表"

B."社稷":原指君主祈求国泰民安所祭祀的土谷之神,后也指国家

C."致仕":"致"意思是"获得","致仕"意思是"获得官职"

D."九宾":我国古代外交上最为隆重的礼节

【答案】C。

【2018年·山东聊城】普通高中语文课程共设计（　　）个学习任务群,每个任务群彼此之间渗透融合、衔接延伸。

A.15　　　　　　　　　　　　　B.14
C.16　　　　　　　　　　　　　D.18

【答案】D。

文学、文化常识类及课程标准类试题,主要考查考生对文化、文学常识及课程标准的认知和掌握程度。此类试题在山东省各地历年真题中所占比例较小,考查难度较低,但不排除以后加大考查力度的可能性,因

此，也应对其予以重视。

3.复习策略

选择题考查难度基本稳定在识记与理解阶段，且要求识记的内容比重较大。因此，考生在复习这一部分知识时，可分三步走。①用较少的时间快速熟悉相关重要理论知识，根据对真题的分析做到准确识记重点内容。②对重要字词、成语、文学及文化常识、课程标准分批分阶段进行识记。③在做题的过程中印证识记内容、巩固知识、扩大积累。

二、填空题

1.题型介绍

填空题属于山东省语文教师招聘考试的常考题型，所占分值通常不大。填空题的考查形式一般为给出已知条件，要求考生结合已知条件，在横线处填写答案，并确保内容及书写正确。

2.考试内容及真题解读

填空题所涉及的内容、范围都比较固定，主要考查考生对现代汉语基础知识、著名的古诗词及文言文、《义务教育语文课程标准（2011年版）》《普通高中语文课程标准（2017年版）》（2020年对该课标进行了修订）相关内容的理解、记忆及书写情况。

【2021年·山东菏泽】欧阳修《五代史伶官传序》中"忧劳可以兴国，_____"与孟子"生于忧患，死于安乐"句意相近。

【答案】逸豫可以亡身

【2019年·山东菏泽】按韵母结构特点，普通话韵母分为_____、_____、_____。

【答案】单元音韵母；复元音韵母；带鼻音韵母

【2018年·山东聊城】《普通高中语文课程标准（2017年版）》规定的语文学科四大核心素养主要包括_____、_____、_____、_____。

【答案】语言建构与运用；思维发展与提升；审美鉴赏与创造；文化传承与理解

填空题在山东省语文教师招聘考试历年真题中主要有以下几个特点。

①考查难度较小，但强调正确书写，对识记的准确性要求较高。新课程标准的内容涉及对细节知识、易混知识的考查，识记难度较大。

②考查范围较广。诗词名句主要为中学阶段需要学生识记的重要古诗词及文言文；新课程标准不论是课程目标、课程理念还是教学评价及建议，都有所涉及。

③现代汉语基础知识近几年真题有所涉及，需要特别注意。

④新课程标准的内容作为教师教学的依据，未来几年所占考查比例有继续增大的可能性。

3.复习策略

对于填空题的复习，考生主要应加强对重要知识的识记、书写能力。具体来说，可以从以下几个方面着手复习。①领悟含义，圈点记忆，边诵边写。②突破生僻字、难写字，规范书写。③提炼易混淆的知识，加强区分记忆。

三、古诗词阅读题

1.题型介绍

古诗词阅读题属于山东省语文教师招聘考试的常考题型。古诗词阅读题的考查形式较为灵活，主要有以下两类。①设置为客观题形式，要求考生根据题干所示诗词内容，判断并选出其后所设置选项中正确或错误的选项。②设置为主观题形式，要求考生根据诗词内容，回答其后所提出的1~2个问题。

2.考试内容及真题解读

古诗词阅读题的考查内容情况如下。

表1 古诗词阅读题的考查情况

主要考点	主要考查内容
诗歌中的形象	人物形象、物象、景象、意象
诗歌的语言	诗眼、炼字、名句
表达技巧及表现手法	运用了什么样的表达方式、表现手法、修辞手法,运用此类表达技巧、表现手法的意义、效果或作用是什么
作者的思想感情	诗词中包含了作者什么样的思想感情
观点态度	对他人的观点是否认同,你的观点是什么

【2021年·山东菏泽】阅读古诗《高都护骢马行》(材料见正文P87"考题再现"),回答问题。

问题:

(1)下列对这首诗的分析,不正确的一项是( )。

A.这首七言歌行,首先交代了花色青白相间的骢马,随着主人高都护由西域东至长安,声望身价骤增

B.这首诗的前三段各押一韵,但是末段却是每两句押一韵:"骑""知"押一韵,"老""道"押一韵

C.这首咏物诗,诗人借骢马比喻自己的遭际和才能胸怀,寄托自己如曹操所言"老骥伏枥,志在千里"的雄心壮志

D.全诗结构严谨,构思精巧,借物抒情,托物言志,人马互喻,一语双关,淋漓尽致地展现了少陵的人品

(2)本诗四段布局颇具匠心,请简要分析其巧妙的艺术构思。

古诗词阅读题的考查主要集中在炼字、语言特色、表达方式、表现手法,以及分析作者的思想感情等方面。对各种古诗词语言风格的特点、表达方式、表现手法的种类及作用的掌握,对作品语言、重要句子的鉴赏应为考生备考的重点。

3.复习策略

考生在备考此类题型时,可以从以下几个方面着手进行复习。

①诵读式复习。考生可通过诵读诗歌来复习,这是由诗歌的特点决定的。考生必须在诵读中体验并感悟文本的情感和意境等内涵,边诵读边感悟,并在此基础上背诵古诗词,加深记忆。诵读时,考生还要学会从关键词句入手,深刻体会文本的思想感情。

②品鉴式复习。进行品鉴式复习,应将局部鉴赏与整体鉴赏结合起来。在使用这一复习方法时,考生首先要对古诗词中的重要形象特征、诗眼的位置、关键字词的特点、表达技巧、表现方法、修辞手法及其使用效果有所了解,然后才能对症下药、准确作答。

四、文言文阅读题

1.题型介绍

文言文阅读题属于山东省语文教师招聘考试的常考题型,通常以主、客观题结合的方式进行考查。阅读材料一般为300~700字的文章,要求考生阅读文言文,回答问题。

2.考试内容及真题解读

结合历年真题来看,文言文阅读题的考查重点主要包括实词、虚词、断句(标点)、翻译、文章内容的理解等。其中实词、虚词的理解和重要句子的翻译是重中之重。设题时,文言文一般以人物传记为主,偶尔考查其他内容。根据山东省各地区历年真题的特点,总结其文言文阅读题的考查情况如下。

表2　文言文阅读题的考查情况

主要考点	主要考查内容
实词	通假字、古今异义词、词类活用等
虚词	介词、连词、助词等
文言句式	宾语前置、状语后置、判断句、被动句等
断句（标点）	对句子的理解及句中关键词的掌握
文言语段翻译	重要实词、虚词的理解，特殊句式（省略句、判断句、倒装句、被动句等）的掌握
文章内容的理解	文章整体内容的掌握

【2021年·山东泰安】阅读文言文《后汉书·樊宏列传》（**材料见正文 P94"考题再现"**），回答问题。

（1）下列对加点词的解释，不正确的一项是（　　）。

A.赐女弟为宏妻　　　　　　　　女弟：妹妹

湖阳由是收系宏妻子　　　　　　收系：逮捕监禁

B.诸子从敕　　　　　　　　　　敕：遗命

责家闻者皆惭　　　　　　　　　责：欠别人钱财

C.樊君素善　　　　　　　　　　善：行善

帝善其令　　　　　　　　　　　善：认可，称赞

D.天道恶满而好谦　　　　　　　恶：罪恶

勿令豫到　　　　　　　　　　　豫：预备，提前

（2）对文中画波浪线部分的断句，正确的一项是（　　）。

A.父重/字君云/世善农/稼好货殖重/性温厚/有法度三世/共财子孙朝夕礼敬/常若公家

B.父重字君云/世善农/稼好货殖/重性温厚有法度/三世共财/子孙朝夕礼敬常/若公家

C.父重/字君云/世善农稼/好货殖/重性温厚/有法度/三世共财/子孙朝夕礼敬/常若公家

D.父重/字君云/世善农稼/好货殖重/性温厚/有法度/三世共财/子孙朝夕礼敬常/若公家

（3）下列对选文内容的概括和分析，不正确的一项是（　　）。

A.樊宏父子耕田经商，财富很多，但是他们却用来赈济赡养宗族和乡亲，他们平时借给别人的钱财数百万，樊宏遗令焚烧文契

B.樊宏从小就有志向和好品行，当湖阳军帅欲杀其妻子儿女时，因樊重父子"礼义恩德行于乡里"，长吏以下都为他们求情，最后脱离了险境

C.樊宏淡泊名利，朝廷想以樊宏为将时，他叩头推辞，他还教育子孙以前世贵戚为戒，慎求荣势，保全自己，获取人生快乐

D.樊宏为人小心谨慎，虽为世祖的舅舅，但每当朝会，常按期先到，俯伏在宫殿静待。他的宗族有感于他的教化，没有犯法的事情发生

（4）把文中画横线的句子翻译成现代汉语。

今不顺寿张侯意，无以彰其德。且吾万岁之后，欲以为式。

　　文言文阅读题在整个主观题中考查难度相对较低。阅读材料既有可能选用课内文本，也有可能选用课外文本。课文一般为短文，材料较短，容易理解。此类试题主要考查的内容包括对实词、虚词的理解，对文言文句式的掌握，语句断句、翻译及对文本语言风格的赏析。其中，对作品内容的赏析也是在深入理解文章内容的基础上进行的。

3.复习策略

　　考生可从以下几个方面着手备考文言文阅读题。①掌握常见文言实词、虚词的意义及用法，熟悉文言文

中重要的特殊句式的特点和用法,了解文章的大意。②考生要掌握文言断句、翻译及文言内容理解的方法和技巧,具体理解文章内容。在翻译时,要本着"信""达""雅"的原则,力求准确、通顺、合理地翻译句子。③熟悉文言文的常见文体特征,了解文本的语体风格和语言特色,加强文言文阅读训练,提高文言感悟能力,切实提高解题能力。

五、现代文阅读题

1.题型介绍

现代文阅读题属于山东省语文教师招聘考试的常考题型,其相较于古诗词阅读题、文言文阅读题,所占分值往往略高。现代文阅读题的考查形式一般分为两种。①所设置问题均为主观题,要求考生根据所出示的现代文内容,回答2~4个问题。②所设置问题既包括客观题,又包括主观题;客观题通常为选择题、填空题形式,主观题多为问答题形式。

2.考试内容及真题解读

现代文阅读题以小说、叙事性散文为主,字数一般在2000字左右,主要涉及重要词句的理解鉴赏、作品形象分析、作品结构分析、作品思想内容等。根据山东省各地区历年真题特点,总结现代文阅读题的考查情况如下。

表3　现代文阅读题的考查情况

主要考点	主要考查内容
作品形象	人物形象特点归纳、物象、景象意境分析
重要词句的理解	修辞手法、表达方式、表现手法、句子结构作用、标题特色等
文章思想内容	段落大意的归纳、文章要点的总结、文段信息的整合、文段思想内涵的鉴赏、作者观点的评鉴、作者的思想感情等
文章结构分析	写作顺序及特色、结构技巧及作用、段落层次的划分等

【2021年·山东泰安】阅读现代文《北面山河》(材料见正文P106"考题再现"),回答问题。

问题:

(1)下列对本文内容的理解,不正确的一项是(　　)。

A.文章首段写作者深冬季节来到横山,距离由远及近,范围由大而小,寒风刺骨,衰草枯黄,写出了陕北地区环境的艰苦

B.文章叙述陕北人"吼信天游"、发明老腰鼓,突出了横山人悍勇刚烈的性格和独特的艺术气质

C.文章不落常规游记的窠臼,而是推进到深沉厚重的深层次描写,让读者经受一次别开生面的精神之旅和文化洗礼

D.作者在敬畏中展开文章,在不同层面上彰显"北面山河"厚重的人文历史底蕴,在敬仰中收束全文,表现出横山山水人文使作者思想得到了升华

(2)下列对本文艺术特色的分析鉴赏,不正确的一项是(　　)。

A.文章夹叙夹议,以第一人称展开叙述,把历史与现实有机地、艺术地结合起来,给读者带来真实贴切的艺术感受

B.文章以散句为主,与整句搭配,语句错落有致,富有变化,读起来朗朗上口,令人回味无穷

C.文章引用边塞诗中悲壮凄美的诗句,烘托作者登高望远的悲情,同时增加了文章的文化底蕴

D."刺骨寒风将我的脸抽打得生疼。我瑟缩在超厚的大棉袍里"运用了比拟和夸张的修辞手法,反衬出作者探寻横山文化的热情

(3)文章第⑫段作者说,"随处可触摸到历史的印痕,随时可感受到历史散发的华光,时刻倾听到那激

越昂扬的历史交响"。请结合全文概括有哪些"历史交响"。

现代文阅读题主要考查考生的文本理解、归纳与分析能力,对考生的能力要求比较高,其特点如下。

①考查难度较为稳定,阅读材料主要为名家作品,一般通俗易懂。

②倾向于对文本内容的归纳及景物描写、环境描写、动作描写、语言描写等作用的理解。

③分析作者的情感态度是文章的普遍考查方向,对一些重要语段、字词的理解也是常考内容。

3.复习策略

针对此类题目,考生应从以下几个方面着手进行复习。

①提高文本阅读速度,在单位时间内获取更多的信息。语文阅读的终极目标是让考生具备敏捷深刻地理解文章的能力。考生要提高阅读速度,可以从三个方面努力,即一目十行抓速度、提纲挈领抓关键、问题提示抓主旨。

②学习解读方法是文本解读的基础,但要真正提高鉴赏能力,则要求考生在平时的复习中走进文本,进行解读练习。考生可在文本中感悟作品的艺术境界,获得丰富的情感体验,同时在复习的过程中注重发散思维,从多角度思考文本内容。

③吃透教材,学习解答技巧,找到解题钥匙。虽然文本解读题的出题方式灵活多样,可考查的内容十分广泛,但也有一定的解答技巧。考生在复习时,一定要认真研读教材中的相关基础知识,奠定解答文本解读题的基础。

六、简答题

1.题型介绍

简答题属于山东省语文教师招聘考试的常考题型,所占分值比例不高。简答题的考查形式多为根据《义务教育语文课程标准(2011年版)》或《普通高中语文课程标准(2017年版)》(2020年对该课标进行了修订)提出一个简单的问题,要求考生结合新课标内容做简要回答。

2.考试内容及真题解读

【2018年·山东聊城】《普通高中语文课程标准(2017年版)》规定语文学科四大核心素养之间的关系是怎样的?(只答条目不分析)

简答题具有以下几个规律。

①对考生的考查由原来的识记层次发展到理解、应用层次,其实用性越来越强。

②题目设置均以《义务教育语文课程标准(2011年版)》《普通高中语文课程标准(2017年版)》(2020年对该课标进行了修订)为基础,无论是识记还是应用,考生都需先做到对其内容烂熟于心,之后方能做到自如应对。

3.复习策略

①识记语文教学的重要理论知识,尤其是《义务教育语文课程标准(2011年版)》《普通高中语文课程标准(2017年版2020年修订)》的内容。

②在识记的基础上,考生要能够将这些理论知识应用到教育教学的具体问题中。

③多练多写,在练习中要做到有理有据,条理清晰。

七、教学设计题

1.题型介绍

教学设计题虽然在山东省语文教师招聘考试中不常见,但依旧需要考生重视。教学设计题不仅考查考生对文本的解读能力,更考查考生的教学基本功,故对考生的能力要求较高。考生要想在这一部分取得高分,不仅需要对文本有准确认知,还需要熟练掌握教学技能、技法等相关知识。

2.考试内容及真题解读

【2021年·山东泰安】阅读以下材料《青山处处埋忠骨》（材料见正文P291 **"考题再现"**），回答问题。

问题：

"通过文中描写毛主席动作、语言、神态的句子，体会他的内心世界"是本文的学习目标之一，请你设计科学合理的教学过程，引导学生达成目标，要求语言准确、清晰，教学环节完整。

教学设计题除考查考生对文本内容的理解能力外，还考查考生将这些知识组织成符合逻辑的语言进行表达的能力，故对考生的要求进一步提高。从历年真题来看，教学设计题主要呈现出以下特点。

①从阅读材料来看，真题所给的材料一般为现代文，但未来的考试也极有可能选择古诗词和文言文作为材料。

②从考查方向来看，主要要求根据材料完成教学设计。

3.复习策略

根据对近几年真题的分析，考生可从以下几个方面来加强练习。

①熟悉相关知识点，尤其是加强对教学目标设计、教学重难点设计、板书设计的要求的理解识记。

②在复习时可阅读优秀教师的教学设计及教案，领会其精神，学习其方法。

③在熟练掌握原理、技巧后，一定要多写、多修改，尽量使用专业术语，字迹要工整、清晰、美观。

八、写作题

1.题型介绍

写作题属于常考题型，通常设置1题，其所占分值为20~40分。写作题的考查形式主要为材料作文、命题作文、话题作文等，需要考生根据要求作文。

2.考试内容及真题解读

【2020年·山东临沂】在抗击疫情共同战疫中，中华儿女团结一心，取得了战疫的初步胜利，疫情抗击战取得了阶段性成果，显示了很强的战斗力。

请以"中国精神"为主题写一篇作文，不少于700字。

写作题主要有以下特点。

①以材料作文的考查为主，命题作文、话题作文次之。

②通常来说，不限体裁，但近几年有考查演讲稿、书信等体裁的试题出现。

③对考生的语言表达能力、材料积累运用能力、书写能力、创新能力要求较高。

3.复习策略

考生要在写作题中占据优势，复习备考时应做到以下几点。

①了解各类作文的审题技巧，加强审题训练，能准确地捕捉材料的观点。

②掌握各类文体的写作要素。

③注重材料的积累，根据真题的特点，有针对性地积累相关写作素材。

④加强作文练习，勤动笔，多修改。

注："备考指导"中所提及真题的参考答案及详细解析，请参考配套试卷。

目　录

第一章　现代汉语

第一节　现代汉语概述

一、现代汉语的含义

汉语是汉民族的语言。现代汉语是现代汉民族所使用的语言,通常有广义与狭义两种解释。广义的现代汉语指现当代以来汉民族使用的语言,包括民族共同语(普通话)和方言;狭义的现代汉语则仅指普通话。

民族共同语即一个民族全体成员通用的语言。现代汉民族共同语,即普通话,是以北京语音为标准音,以北方话为基础方言,以典范的现代白话文著作作为语法规范的全国通用的语言。

现代汉民族共同语的发展大致经历了以下过程:雅言(春秋)——通语(汉代)——官话(明代)——国语(辛亥革命后)——普通话(中华人民共和国成立后)。

二、现代汉语的特点

1.语音方面
没有复辅音;元音占优势;音节整齐简洁;有声调。

2.词汇方面
单音节语素多;广泛运用词根复合法构成新词;双音节词占优势;同音语素多。

3.语法方面
语序和虚词是表示语法意义的主要手段;词类和句法成分关系复杂;词、短语和句子的结构原则基本一致;量词和语气词十分丰富。

三、现代汉语语音概说

考点1　语音的性质

语音是人类说话的声音,是有意义内容的语言成分的外部形式,或者说是语言的物质外壳。语音具有物理属性、生理属性和社会属性,其中,社会属性是其根本属性。

1.物理属性
语音具有四种要素,分别是音高、音强、音长、音色。

音高指声音的高低,它取决于发音体振动的快慢。发音体振动越快,发出的声音越高,反之则声音越低。

音强指声音的强弱,它取决于发音体振动幅度的大小。

音长指声音的长短,也就是声波延续的时间长度,它取决于发音体振动持续的时间。

音色又叫音质,是一个声音区别于其他声音的本质特点。造成音色不同的条件主要有三种:一是发音体不同;二是发音方法不同;三是发音时共鸣器的形状不同。

2.生理属性

语音是由人的发音器官发出来的,因而具有生理属性。人的发音器官由三大部分组成:呼吸器官,喉头和声带(嗓子),口腔、鼻腔和咽腔。

3.社会属性

语音是一种社会现象,因而具备社会属性。语音的社会属性表现在以下两方面。

①语音的社会属性突出地表现在语音和语义的联系上。用什么语音表示什么意义,其间并没有必然的、本质的联系,不是由个人决定的,而是一定范围内的社会成员在长期的社会生活中约定俗成的。

②语音的社会属性还表现在语音的系统性上。各语种或方言都有自身独特的语音系统,从物理属性和生理属性上看是不同的音,在语言中可能被认为是相同的音。

考点2 语音的单位

1.音素

音素是构成音节的最小单位或最小的语音片段。它是从音色的角度划分出来的,可分为元音和辅音两大类。一个音节,如果按音色的不同去进一步划分,就会得到一个或几个最小的各有特色的单位,这就是音素。例如:"爸"(bà)从音色的角度可以划分出"b"和"a"两个音素。"刊"(kān)可以划分出"k""a""n"三个音素。

2.音节

音节是语音的基本结构单位,是听话时自然感到的最小的语音单位,发音时发音器官肌肉紧张一次就形成一个音节。一般有两拼音节、三拼音节、整体认读音节、自成音节四种。音节由一个或几个音素组成。一般来说,一个汉字的读音就是一个音节。汉语中有些比较复杂的音节的韵母包含韵头(又叫介音)、韵腹(又叫主要元音)和韵尾三个部分。

3.声母、韵母、声调

声母,由辅音构成,位于音节前段。有的音节开头没有辅音,元音前头部分是零,叫作"零声母",该音节即零声母音节。普通话中声母和辅音各有22个。其中,辅音声母21个,零声母1个。辅音ng只能用作韵母中的韵尾,不能用于音节最前段作声母。

韵母,由元音或元音加辅音构成,位于音节后段。韵母的结构可分为韵头、韵腹、韵尾。韵头也叫介音,位于声母和韵腹之间,只有i、u、ü三个元音可以充当。韵腹也叫主要元音,是韵母中必不可少的部分。所有的元音都可以出现在韵腹的位置上。韵尾位于韵腹后边,只有n、ng、i、u四个音素可以充当。

声调是依附在声韵结构中具有区别意义作用的音高型式。

4.音位

音位是一个语音系统中能够区别意义的最小的语音单位,是按语音的辨义作用归纳出的音类。

第二节 语 音

一、字母

《汉语拼音方案》是用拉丁字母拼写现代汉语普通话语音的方案,于1958年2月11日由第一届全国人民代表大会第五次会议批准颁布。它包括字母表、声母表、韵母表、声调符号和隔音符号五项内容。其中,字母表一共有字母26个，详见下表。

表1-1　字母表

字母	名称	字母	名称
Aa	ㄚ	Nn	ㄋㄝ
Bb	ㄅㄝ	Oo	ㄛ
Cc	ㄘㄝ	Pp	ㄆㄝ
Dd	ㄉㄝ	Qq	ㄑㄧㄡ
Ee	ㄜ	Rr	ㄚㄦ
Ff	ㄝㄈ	Ss	ㄝㄙ
Gg	ㄍㄝ	Tt	ㄊㄝ
Hh	ㄏㄚ	Uu	ㄨ
Ii	ㄧ	Vv	ㄎㄝ
Jj	ㄐㄧㄝ	Ww	ㄨㄚ
Kk	ㄎㄝ	Xx	ㄒㄧ
Ll	ㄝㄌ	Yy	ㄧㄚ
Mm	ㄝㄇ	Zz	ㄗㄝ

二、辅音与声母

考点1　辅音的分类

1.按发音部位分类（发音部位：发音时气流受到阻碍的位置）

按发音部位的不同，普通话辅音可分为双唇音、唇齿音、舌尖前音、舌尖中音、舌尖后音、舌面前音、舌面后音七类。

①双唇音（由上唇和下唇阻塞气流而形成）：b、p、m。（3个）

②唇齿音（由上齿和下唇接近阻碍气流而形成）：f。（1个）

③舌尖前音（由舌尖抵住或接近齿背阻碍气流而形成）：z、c、s。（3个）

④舌尖中音（由舌尖抵住上齿龈阻碍气流而形成）：d、t、n、l。（4个）

⑤舌尖后音（由舌尖卷起，抵住或接近硬腭前部阻碍气流而形成）：zh、ch、sh、r。（4个）

⑥舌面前音（由舌面前部抵住或接近硬腭前部阻碍气流而形成）：j、q、x。（3个）

⑦舌面后音（由舌面后部抵住或接近软腭阻碍气流而形成）：g、k、h、ng。（4个）

2.按发音方法分类（发音方法：发音时喉头、口腔和鼻腔节制气流的方式和状况）

按阻碍方式的不同，普通话辅音可分为塞音、擦音、塞擦音、鼻音、边音五类。

①塞音（发音部位形成闭塞，软腭上升，堵塞鼻腔的通路，然后气流冲破阻碍而发出声音）：b、p、d、t、g、k。（6个）

②擦音（发音部位之间留下窄缝，气流从窄缝中挤出，摩擦而发出声音）：f、h、s、sh、r、x。（6个）

③塞擦音（发音器官的两个部位完全闭塞，然后打开一条窄缝，让气流从中挤出，摩擦而发出声音）：z、c、zh、ch、j、q。（6个）

④鼻音（发音时，口腔通路闭塞，软腭下降，打开鼻腔通路，气流振动声带，从鼻腔通过而发出声音）：m、n、ng。（3个）

⑤边音（发音时，舌头中间位置成阻，使气流从舌头两边的空隙中流出而发出声音）：l。（1个）

按声带振动与否，普通话辅音可分为清音和浊音两类。

①清音（发音时，声带不振动）：b、p、f、d、t、g、k、h、j、q、x、zh、ch、sh、z、c、s。（17个）

②浊音（发音时，声带振动）：m、n、l、r、ng。（5个）

按呼出气流的强弱，部分普通话辅音可分为送气音和不送气音两类。

①送气音（呼出的气流较强）：p、t、k、c、ch、q。（6个）

②不送气音（呼出的气流较弱）：b、d、g、z、zh、j。（6个）

考题再现

1.【2019年·山东菏泽·单选】声母p和t的（　　　　）不同。

A.发音方法

B.清浊

C.声带振动

D.发音部位

【答案】D。解析：声母p是双唇音，声母t是舌尖中音，二者发音部位不同。

2.【2019年·山东菏泽·填空】辅音声母的不同是由_____和_____不同决定的。

【答案】发音部位；发音方法

考点2　声母的辨正

《汉语拼音方案》中一共有21个辅音声母，详见下表。

表1-2　声母表

b	p	m	f	d	t	n	l
ㄅ玻	ㄆ坡	ㄇ摸	ㄈ佛	ㄉ得	ㄊ特	ㄋ讷	ㄌ勒
g	k	h	j	q	x		
ㄍ哥	ㄎ科	ㄏ喝	ㄐ基	ㄑ欺	ㄒ希		
zh	ch	sh	r	z	c	s	
ㄓ知	ㄔ蚩	ㄕ诗	ㄖ日	ㄗ资	ㄘ雌	ㄙ思	

1.区分n和l

n的发音方式是舌尖翘起，顶住上齿龈，同时软腭下降，气流振动声带后从鼻腔流出。而l的发音方式是舌尖翘起，顶住上齿龈，同时软腭上升，堵塞鼻腔通路，气流振动声带后从舌头的两边或一边流出。

2.区分zh、ch、sh和z、c、s

zh、ch、sh与z、c、s的区别在于发音部位的不同。zh、ch、sh发音时舌尖翘起，抵住硬腭的前部，然后再放开，气流慢慢摩擦而出；或者舌尖翘起，靠近硬腭，气流摩擦而出。而z、c、s发音时，舌尖不翘，抵住下齿背。

3.区分f和h

f、h不分的地区有厦门、重庆、长沙等。

f和h两者都是清、擦音，区别在于阻碍位置，前者是上齿和下唇之间形成阻碍，后者是舌面后部与软腭部分形成阻碍。

4.把方言中跟齐齿呼、撮口呼韵母相拼的z、c、s、g、k、h改成j、q、x

普通话声母z、c、s和g、k、h都不能和i、ü或以i、ü起头的韵母相拼。普通话i、ü或以i、ü起头的韵母，在塞擦音、擦音中只跟 j、q、x 相拼。有些地区的人，遇到本地方言里 z、c、s、g、k、h 等声母跟 i、ü 或以 i、ü 起头的韵母相拼时，把 z 与 g、c 与 k、s 与 h 分别改为 j、q、x，就跟普通话一致了。例如：俊俏小姐、情绪宣泄、循序渐进。

5. 读准声母 r

有些地区的方言将 r 发成 i，例如："热"读作"yè"，"日"读作"yì"，"肉"读作"yòu"；有些地区的方言将 r 发成 l，例如："融"读作"lóng"，"然"读作"lán"，"让"读作"làng"；有些地区的方言将 r 发成 z，例如："人"读作"zén"，"认"读作"zèn"，"容"读作"zóng"。

6. 读准普通话零声母的字

普通话里一部分读零声母的字，在有些方言中读成了辅音声母的字。具体情况如下。

①韵母不是 i、u、ü，也不以 i、u、ü 起头的，有些方言加 n 声母，例如：天津话的"爱"；有些方言加 ng 声母，例如：西安话、广州话的"额"。这种情况下只要把该读零声母的字记熟，读时去掉前面的 n 或 ng 就可以了。

②韵母是 u 或以 u 起头的，有些方言读成了 v（唇齿、浊、擦音）声母，或者以 v 代 u，例如：宁夏话的"文"，桂林话的"武"。这时，只要在发音时注意把双唇拢圆，避免上齿和下唇接触，就可以改正。

三、元音与韵母

考点1 元音的分类

普通话元音分为单元音和复元音，其中，单元音有 10 个，复元音有 13 个。

1. 单元音

单元音是发音时口形（舌位、唇形、开口度）始终保持不变的元音。

分析单元音的发音，可从舌位的高低、舌位的前后、唇形的圆展三个方面着手。

第一，根据舌位的高低和开口度的大小，可将舌面元音分为高元音（又称闭元音）、半高元音（又称半闭元音）、半低元音（又称半开元音）、低元音（又称开元音）。例如：i、u、ü 为高元音，a 为低元音。

第二，根据舌位的前后，可将舌面元音分为前元音、央元音、后元音。例如：i、ü 为前元音，o、u 为后元音。

第三，根据唇形的圆展，可将舌面元音分为圆唇元音、不圆唇元音。例如：o、ü 为圆唇元音，a、i 为不圆唇元音。

单元音可分为舌面元音、舌尖元音、卷舌元音三类。

（1）舌面元音

舌面元音共 7 个：a、o、e、ê、i、u、ü。

a［A］：舌面、央、低、不圆唇元音。例如："蛤蟆""喇叭"中的 a。

o［o］：舌面、后、半高、圆唇元音。例如："婆婆""馍馍"中的 o。

e［ɣ］：舌面、后、半高、不圆唇元音。例如："割舍""合格"中的 e。

ê［ɛ］：舌面、前、半低、不圆唇元音。普通话中只有"欸"字念 ê（零声母）。

i［i］：舌面、前、高、不圆唇元音。例如："集体""旖旎"中的 i。

u［u］：舌面、后、高、圆唇元音。例如："复古""出租"中的 u。

ü［y］：舌面、前、高、圆唇元音。例如："须臾""区域"中的 ü。

（2）舌尖元音

舌尖元音共 2 个：-i［ɿ］、-i［ʅ］。

-i［ɿ］：舌尖前、高、不圆唇元音。-i［ɿ］只和 z、c、s 相拼。例如："字词""自私"中的 -i［ɿ］。

-i［ʅ］：舌尖后、高、不圆唇元音。-i［ʅ］只和 zh、ch、sh、r 相拼。例如："迟滞""支持"中的 -i［ʅ］。

（3）卷舌元音

卷舌元音共1个：er［ər］。

er［ər］：卷舌、央、中、不圆唇元音。er为单元音，其中的"r"为表示卷舌动作的符号，不代表音素，不是韵尾。

2.复元音

复元音是发音时舌位、唇形都有变化的元音，可分为前响复元音、中响复元音和后响复元音。

前响复元音指发音时前边的元音比较响亮的复元音，共有4个，分别是ai、ei、ao、ou。例如：白菜、蓓蕾、佝偻。须注意的是，复元音ao后的元音是u，拼音方案为了避免u和n混淆，将u标为了o。

中响复元音指发音时中间的元音比较响亮的复元音，共有4个，分别是iao、iou、uai、uei。例如：渺小、悠久、会徽。

后响复元音指发音时后边的元音比较响亮的复元音，共有5个，分别是ia、ie、ua、uo、üe。例如：下架、挂画、雀跃。

考点2　韵母的分类

《汉语拼音方案》中一共收录了35个韵母。

表1-3　韵母表

	i ㄧ 衣	u ㄨ 乌	ü ㄩ 迂
a ㄚ 啊	ia ㄧㄚ 呀	ua ㄨㄚ 蛙	
o ㄛ 喔		uo ㄨㄛ 窝	
e ㄜ 鹅	ie ㄧㄝ 耶		üe ㄩㄝ 约
ai ㄞ 哀		uai ㄨㄞ 歪	
ei ㄟ 欸		uei ㄨㄟ 威	
ao ㄠ 熬	iao ㄧㄠ 腰		
ou ㄡ 欧	iou ㄧㄡ 忧		
an ㄢ 安	ian ㄧㄢ 烟	uan ㄨㄢ 弯	üan ㄩㄢ 冤
en ㄣ 恩	in ㄧㄣ 因	uen ㄨㄣ 温	ün ㄩㄣ 晕
ang ㄤ 昂	iang ㄧㄤ 央	uang ㄨㄤ 汪	

| eng
∠ 亨的韵母 | ing
丨∠ 英 | ueng
ㄨ∠ 翁 | |
| ong
（ㄨ∠）轰的韵母 | iong
ㄩ∠ 雍 | | |

◆◆ 知识拓展 ◆◆

普通话有39个韵母,而《汉语拼音方案》的韵母表只收录了35个韵母,没有包括舌尖元音韵母 –i [ɿ]、–i [ʅ]、卷舌元音韵母er和舌面元音韵母ê。

1.按结构划分

韵母按结构可以分为单元音韵母、复元音韵母、鼻音尾韵母三类。

（1）单元音韵母

由单元音构成的韵母叫单元音韵母。普通话中共有10个单元音韵母。单元音韵母中a、o、e、ê、i、u、ü都是舌面元音,–i（舌尖前音）、–i（舌尖后音）是舌尖元音,er是卷舌元音。后3个韵母不属于舌面元音,可统称为"特殊元音韵母"。

（2）复元音韵母

由复元音构成的韵母叫复元音韵母。普通话中共有13个复元音韵母:ai、ei、ao、ou、ia、ie、ua、uo、üe、iao、iou、uai、uei。根据主要元音所处的位置,复元音韵母可分为前响复元音韵母、中响复元音韵母和后响复元音韵母。

（3）鼻音尾韵母

由一个或两个元音后面带上鼻辅音（n和ng）构成的韵母叫鼻音尾韵母,又叫带鼻音韵母。普通话中鼻音尾韵母共有16个,根据鼻辅音韵尾的不同,鼻音尾韵母可分为两类。第一类是前鼻尾韵母,普通话前鼻音韵母共有8个,即an、ian、uan、üan、en、in、uen、ün;第二类是后鼻尾韵母,普通话后鼻音韵母共有8个,即ang、iang、uang、eng、ing、ueng、ong、iong。

考题再现

【2019年·山东菏泽·填空】按韵母结构特点,普通话韵母分为_____、_____、_____。

【答案】单元音韵母;复元音韵母;带鼻音韵母

2.按开头元音发音口形划分

韵母按开头元音发音口形,可以分为开口呼、齐齿呼、合口呼、撮口呼,简称"四呼"。

①开口呼韵母是指韵母开头不是i、u、ü的韵母,例如:a、ou、eng。

②齐齿呼韵母是指韵母开头为i的韵母,例如:iou、iao、ie、ia。

③合口呼韵母是指韵母开头为u的韵母,例如:ua、uo、uai、uei。

④撮口呼韵母是指韵母开头为ü的韵母,例如:üe、ün、üan。

3.按韵尾划分

韵母按韵尾分类的详细情况可参看下表。

表1-4　普通话韵母总表

类型			韵母			
			开口呼	齐齿呼	合口呼	撮口呼
单韵母	单元音韵母	无韵尾韵母	-i（前）（后）	i	u	ü
			a			
			o			
			e			
			ê			
			er			
复合韵母	复元音韵母	元音韵尾韵母		ia	ua	
					uo	
				ie		üe
			ai		uai	
			ei		uei	
			ao①	iao		
			ou	iou		
	带鼻音韵母	鼻音韵尾韵母	an	ian	uan	üan
			en	in	uen	ün
			ang	iang	uang	
			eng	ing	ueng	
					ong	iong②

[注]①韵尾的元音u，拼音字母有时写作o，如ao、iao，不要误以为o是韵尾，它们的韵尾是u。
②ong的实际读音为［uŋ］，应该归入合口呼韵母；iong的实际读音为［yŋ］，应该归入撮口呼韵母。

考点3　韵母的辨正

1.分辨前鼻音和后鼻音

在发音过程中舌尖逐步上抬与上齿龈形成阻碍，使气流从鼻腔流出，从而形成前鼻音。普通话中前鼻音韵母共有8个，即an、ian、uan、üan、en、in、uen、ün。在发音的过程中舌根往上抬，使舌根与软腭形成阻碍，气流振动声带后从鼻腔通过，就形成后鼻音。普通话中后鼻音韵母共有8个，即ang、iang、uang、eng、ing、ueng、ong、iong。

2.分辨i和ü

i与ü的混淆有两种情况：一种是i混入ü，如山东青岛话；一种是ü混入i，如云南昆明、湖南、广西等地的一些方言。i和ü的区别在于不圆唇和圆唇，在保持舌位不变的前提下，把嘴唇展开拢圆，就可发出相应的i与ü。重点要记住哪些字读i韵头，哪些字读ü韵头，也可以利用谐声字来分辨i和ü。

3.分辨o和e

有些方言中韵母o和e不分。例如：新疆话把o韵母的字读成e韵母的字；西南很多地方把一些e韵母的字读成了o韵母的字。o和e的发音情况大致相同，区别在于o发音时唇形拢圆，e发音时唇形展开扁平。普通话韵母o只跟唇音声母拼合，韵母e则与之相反，不跟唇音声母拼合。

4.避免韵头i或u的丢失

有些方言没有韵头i或u，易将一些齐齿呼和合口呼韵母的字读成开口呼的字。例如：西南方言经常把"队"（duì）读成"dèi"，把"推"（tuī）读成"tēi"。普通话唇音声母和n、l声母是跟ei韵母拼合的；其他声母则跟uei韵母拼合，只有极个别字例外；普通话舌尖前音声母只跟uei韵母拼合，不跟ei韵母拼合（"贼"字例外）。

四、声调符号

调类是声调的种类，就是把调值相同的字归纳在一起所建立的类。

调值指依附在音节里高低升降的音高变化的固定形式，也就是声调的实际读音。描写调值一般采用"五度标记法"。

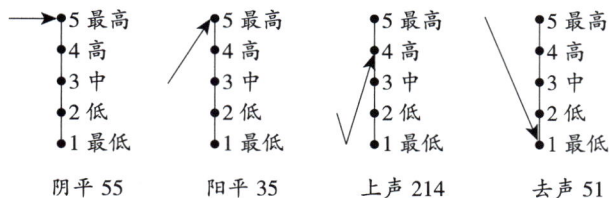

图1-1 普通话调值五度标记法示意图

普通话的字音（不包括轻声和变调）分属四种基本调值。

表1-5 普通话声调表

调类	阴平（第一声）	阳平（第二声）	上声（第三声）	去声（第四声）
形状	—	∕	∨	＼
调值	55	35	214	51
例字	千	锤	百	炼
调型标记法	qiān	chuí	bǎi	liàn

五、汉语拼音规则

拼写规则口诀

b、p、m、f与o亲，一般不与e相拼（"么"除外）。

i、u后边有元音，i、u改写成y、w。

i、u后边无元音，i前加y、u加w。

j、q、x是三兄弟，和ü相拼把点去。

汉语拼音规则总结如下。

"知""蚩""诗""日""资""雌""思"等七个音节的韵母用i，拼作zhi、chi、shi、ri、zi、ci、si。

韵母儿写成er，用作韵尾的时候写成r。例如："儿童"拼作értóng，"花儿"拼作huār。

i行的韵母，前面没有声母的时候，写成yi（衣）、ya（呀）、ye（耶）、yao（腰）、you（忧）、yan（烟）、yin（因）、yang（央）、ying（英）、yong（雍）。

u行的韵母，前面没有声母的时候，写成wu（乌）、wa（蛙）、wo（窝）、wai（歪）、wei（威）、wan（弯）、wen（温）、wang（汪）、weng（翁）。

ü行的韵母，前面没有声母的时候，写成yu（迂）、yue（约）、yuan（冤）、yun（晕），ü上两点省略。

ü行的韵母跟声母j、q、x相拼的时候,写成ju(居)、qu(区)、xu(虚),ü上两点省略;但是跟声母n、l相拼的时候,仍然写成nü(女)、lü(吕)。

iou、uei、uen前面加声母的时候,写成iu、ui、un。例如:niu(牛)、gui(归)、lun(论)。

b、p、m、f只能和"o"拼,不能和"uo"拼。例如:"波"只能拼作"bō",不能写成"buō"。

🔲 易错提示

1. d、t、n、l可与eng相拼,但不与en相拼(除d、n外)。

2. z、c、s与en相拼的只有"怎"(zěn)、"譖"(zèn)、"参"(cēn)、"岑"(cén)、"涔"(cén)、"森"(sēn)。

3. d、t、n可与ing相拼,但不与in相拼(除"您"外)。

◆━━◆ 知识拓展 ◆━━◆

隔音符号

α、o、e开头的音节连接在其他音节后面的时候,如果音节的界限发生混淆,用隔音符号(')隔开,例如:pí'ǎo(皮袄)。

隔音符号的使用口诀:

1. 两个音节连得紧,α、o、e前要隔音。例如:

xiān(先)——Xī'ān(西安)   kuài(快)——kù'ài(酷爱)

2. α、o、e前无符号,一个音节无疑问。例如:

piāo(飘)——pí'ǎo(皮袄)   jiāng(江)——jī'áng(激昂)

3. n、g属后不必加,只有属前才隔音。例如:

míngē(民歌)——míng'é(名额)

专用名词和专用短语中的大小写

专用名词和专用短语中的每个词的开头字母都要大写。例如:Lǐ Bái(李白)、Dǒng Cúnruì(董存瑞)、Běijīng(北京)、Rénmín Rìbào(人民日报)。

六、语音的音变

考点1 变调

在语流中,有些音节的声调连读会发生一定的变化,与单读时调值不同,这种声调的变化叫作变调。例如:"美""好"连着读,听起来好像是"梅好"。音节变调多数是受后一个音节声调的影响而产生的。在普通话中,最常见的变调有以下几种。

1.上声的变调

（1）上声与上声相连

两个上声相连,前一个上声调值由214变成35,例如:水果、理想、友好。在原为上声变读轻声的音节前,则有两种不同的变调,有的变成35,例如:捧起、洗洗、哪里;有的变成21,例如:嫂子、姐姐、奶奶、马虎。

三个上声相连,根据词语内部层次的不同,前两个音节有两种不同的变调。一种是后两个音节语义紧凑,语义停顿于第一个音节后,第一音节调值变成21,第二音节调值变成35,例如:小（21）老（35）虎（214）;一种是前两个上声音节语义紧凑,语义停顿于第二个音节后,前两个音节调值都变成35,例如:管（35）理（35）组（214）。

三个以上的上声相连,可以先根据词语含义适当分组,再按上述办法变调。例如:"买把雨伞"可划分成两组,读成35+21+35+214。

（2）上声与非上声相连

上声在非上声音节前，调值由214变成21，例如：北京、语言、土地；在原为非上声变读轻声的音节前，变调情况也相同，例如：尾巴、宝贝。

2.去声的变调

两个去声相连，前一个去声如果不是重读音节则调值变成53。例如：信念、变化、办事、快速、互助、大会。

3."一""不"的变调

"一""不"在单念、词句末尾及表示序数三种情况时读本调，即"一"读阴平，"不"读去声。例如：一、第一、不、绝不。"一""不"的变调规律大致如下。

①在去声前，变为35。例如：一样、一对、一见如故、不怕、不算、不露声色。

②在非去声（阴平、阳平、上声）前，"一"变成51，例如：一般、一年、一手；"不"仍读去声（51），例如：不吃、不同、不管。

③"一""不"嵌在相同的动词中间，读轻声。例如：想一想、拖一拖、来不来、肯不肯。

④"不"在可能补语中读轻声。例如：做不好、来不了。

考题再现

【2019年·山东菏泽·单选】"想一想"和"一天"中的两个"一"的声调分别为（　　　）。

A.阴平、上声　　　　　　　　　　B.轻声、去声

C.去声、阳平　　　　　　　　　　D.轻声、阳平

【答案】B。解析："一"嵌在相同的动词中间，读轻声。"想一想"中的"一"应读轻声。在非去声（阴平、阳平、上声）前，"一"的调值由55变为51，读去声。"一天"中的"一"应读去声。

4."七""八"的变调

"七""八"在去声前调值可以变成35，也可以不变，例如：七岁、七万、八岁、八万；其余场合读原调值55，例如：七、第七、七亩、八、第八篮、八两。

5.形容词重叠的变调

形容词重叠后，变调情况基本围绕重叠音节要读成55的原则，例如：远远儿的、慢慢儿的、老老实实、马马虎虎。但是，有些情况比较复杂，例如：软绵绵、金灿灿，就读原调，因此需要逐一掌握。

考点2　轻声

普通话的每一个音节都有它的声调，但有些音节在词或句子里失去原来的声调，变成一种较轻、较短的调子，这种现象叫作轻声。轻声是音节连读时产生的一种音变现象，不是一种孤立的调类。书写轻声音节时不标声调。

1.读轻声的音节

应读轻声的通常有以下几种情况。

①助词"的""地""得""着""了""过"和语气词"吧""嘛""呢""啊"等读轻声。例如：他的、飞快地、学得好、看着、吃了、来过、说吧、好嘛、你呢、谁啊。

②部分重叠词的后一音节读轻声。例如：妈妈、伯伯、看看、说说。

③构词用的后缀"子""头""们"等读轻声。例如：桌子、木头、他们。

④用在名词、代词后面表示方位的语素或词"上""下""里""面""边"等读轻声。例如：身上、地底下、这里、上面、下边。

⑤用在动词、形容词后面表示趋向的词"来""去""起来""下去"等读轻声。例如：进来、出去、哭起

来、冲下去。

⑥双音动词重叠式ABAB的第二、四音节读轻声。例如：研究研究、考虑考虑。

⑦一些常用的双音词中，第二个音节习惯上读轻声，三音词的中间字音也有读轻声的。例如：

单纯词　萝卜、蘑菇、喇叭、玻璃、哆嗦

合成词　休息、招呼、力量、窗户、衣服

三音词　葡萄糖、狮子狗、踢踏舞、冰淇淋

⑧有些起区别意义或区别词性作用的词语读轻声。例如：过去（qù）（名词，指时间）——过去（qu）（动词，指离开一个地方到另一个地方）。

2.轻声的作用

轻声的作用主要包括以下两个方面。

①有些轻声音节具有区别词义和区分词性的作用。例如：

他的孙子（sūnzi）在工厂当工人。

古代的孙子（sūnzǐ）是一位军事理论家。

以上两句中的"孙子"都是名词，但词义不同。前句的"孙子"是指儿子的儿子，"子"是词语后缀，读轻声；后句的"孙子"是孙武的别称，这里"子"表示对人的敬称，不是词语后缀，读上声。

有时区别了词义，也连带区别了词性。例如：

办事情不能大意（dàyi）。

这篇文章的段落大意（dàyì）很清楚。

前句中的"大意"是"疏忽"的意思，是形容词，"意"读轻声；后句中的"大意"指的是"主要的意思"，是名词，"意"读去声。

②轻声可以使语言变得抑扬顿挫，增强语言的节奏感。

考点3　儿化

普通话的一些音节中，韵母因卷舌动作而发生音变，这种现象就叫作儿化。儿化了的韵母就叫作"儿化韵"，其标志是在韵母后面加上"r"。儿化后的读音仍是一个音节，但带儿化韵的音节一般由两个汉字来表示。例如：花儿（huār）、老头儿（lǎotóur）。

普通话韵母中，单韵母ê没有儿化音，er本身就是e的儿化音读法，除了er韵和ê韵外，其他韵母均可儿化。

在普通话中，儿化具有区别词义、区分词性的功能。例如："盖"为动词，"盖儿"为名词；"一点"是名词，指时间，"一点儿"为数量词，是"少量、少许"的意思。

还有一类儿化词带有喜爱、亲切的感情色彩。例如：脸蛋儿、花儿、小孩儿。

表示少、小、轻等状态和性质，也常常用到儿化。例如：米粒儿、门缝儿。

在实际的儿化韵认读中，儿化音与其前面的音节是连在一起发音的，不宜分开来读，不可把后面的"儿"字单独、清晰地读出。但在诗歌、散文等抒情类文体中，有时为了押韵的需要，可单独发儿化韵的音。例如：树叶儿、月牙儿。

考点4　语气词"啊"的音变

在句首读本音a。例如："啊（à），黄河！""啊（á），这是怎么回事？"

用在句末，由于受前面音节的最后一个音素的影响而发生音变，主要有以下几种情况。

①前一音节末尾是a、o（不包括ao）、e、ê、i、ü时，读作ya，写作"呀"。例如：他呀、说呀、写呀、你呀、雨呀。

②前一音节末尾是u（包括ao、ou），读作wa，写作"哇"。例如：走哇、好哇、加油哇。

③前一音节末尾是n，读作na，写作"哪"。例如：人哪、新哪、吃饭哪。

④前一音节末尾是ng，读作nga，写作"啊"。例如：行啊、忙啊、强啊。

⑤前一音节末尾是–i（后）、er，读作ra，写作"啊"。例如：是啊、同志啊、店小二啊。

⑥前一音节末尾是–i（前），读作［ZA］，写作"啊"。例如：孩子啊。

七、普通话字音的识记

考点1　注意多音字的读音

1.根据组词判断读音

许多多音字的其中一种读音只在一个或几个词语中出现，所以我们可以采取"记少不记多、据词定音"的方式来记忆一些多音字的读音。例如："埋"只在"埋怨"中读mán，其他地方都读mái。

2.根据词义判断读音

许多多音字的读音只在该字的某个义项的词语中才出现，所以我们可以采取"记特殊不记一般"的方式来记忆一些多音字的读音。例如："吭"只在表示喉咙时读háng（引吭háng高歌），其余读kēng（吭kēng声）；"蔓"只在表示细而长的茎时读wàn（顺蔓wàn摸瓜），其余读màn（枝蔓màn）或mán（蔓mán菁）；"劲"只在表示强劲有力时读jìng（强劲jìng），其余读jìn（劲jìn头）；"落"只在表示遗漏的时候读là（丢三落là四），其余读luò（降落luò）、luō（大大落落luō）或lào（落lào汗）；"禁"只在表示禁受、忍耐的时候读jīn（忍俊不禁jīn），其余读jìn（禁jìn止）。

3.根据语体判断读音

许多多音字在书面语体和口头语体中要读不同的读音，所以我们可以根据语体风格的不同来判断一些多音字的读音。例如："剥"在书面语体中读bō（剥bō削），在口头语体中读bāo（剥bāo橘子）；"逮"在书面语体中读dài（逮dài捕），在口头语体中读dǎi（逮dǎi犯人）；"勒"在书面语体中读lè（悬崖勒lè马），在口头语体中读lēi（勒lēi紧裤腰带）。

4.根据词性判断读音

许多多音字在词性不同时有不同的读音，所以我们可以根据词性来判断一些多音字的读音。例如："散"作动词时多读去声（散sàn落），作形容词和名词时多读上声（散sǎn漫、散sǎn文）；"处"用作动词时多读上声（处chǔ理），用作名词时多读去声（处chù所）。

5.根据语源判断读音

许多多音字在不同来源的词语中有不同的读音，所以我们可以根据该词语的来源来判断它的读音。例如："卡"在外来词中读kǎ（卡kǎ车），其他词中读qiǎ（发卡qiǎ）；"打"在外来词中读dá（一打dá），其他词中读dǎ（打dǎ架）。

考点2　形近字的读音

1.误读成偏旁或部件读音

受形声造字法的影响，许多字的读音都发生了变化，这时如果根据其声旁去读，就可能出错。例如："良莠不齐"的"莠（yǒu）"错读成"秀（xiù）"；"高瞻远瞩"的"瞩（zhǔ）"错读成"属（shǔ）"；"栉风沐雨"的"栉（zhì）"错读成"节（jié）"；"振聋发聩"的"聩（kuì）"错读成"贵（guì）"。

2.误读成形近字读音

受形近字的影响，视觉越位，读成与其形近的字的读音，时间一长，就会形成一种错误的定式思维。例如："病入膏肓"的"肓(huāng)"错读成"盲(máng)"；"鬼鬼祟祟"的"祟(suì)"错读成"崇(chóng)"；"如火如荼"的"荼(tú)"错读成"茶(chá)"；"恃才放旷"的"恃(shì)"错读成"持(chí)"。

此外，部分成语中还保留了古音，例如：自怨自艾(yì)、一曝(pù)十寒、图穷匕见(xiàn)、虚与委(wēi)蛇(yí)。

按一般的读音规律，许多词语中的字都容易读错。这类字是命题者常选用的对象，也是考生需要重点识记的字。这就需要考生在备考时接触大量容易读错的字。要想将这类试题做对，方法有三个：一是注意考试用书中注音的字词，二是做一定量的试题，三是查找并背诵一些有关这方面字的资料。总之，就是通过大量的练习来加深印象，查漏补缺。

考题再现

1.【2021年·山东菏泽·单选】下列词语中，加点字的注音全部相同的一项是(　　)。

A.题材　提案　啼鸣　瓜熟蒂落

B.缠绵　禅让　谗言　蟾宫折桂

C.背包　疲惫　前辈　事半功倍

D.勉强　强迫　强求　强颜欢笑

【答案】D。解析：A项，加点字的注音分别为"tí""tí""tí""dì"。B项，加点字的注音分别为"chán""shàn""chán""chán"。C项，加点字的注音分别为"bēi""bèi""bèi""bèi"。D项，加点字的注音均为"qiǎng"。

2.【2019年·山东东营·单选】下列词语中，加点字的读音有误的一项是(　　)。

A.鞑靼(dàn)	鳜鱼(jué)	刹那(chà)	沙家浜(bāng)
B.回纥(hé)	岑寂(cén)	哈达(hǎ)	刽子手(guì)
C.参差(cī)	逮捕(dài)	悼念(dào)	浣溪沙(huàn)
D.傣族(dǎi)	恫吓(hè)	怆然(chuàng)	电饭煲(bāo)

【答案】A。解析：A项，"鞑靼"中的"靼"应读作"dá"，"鳜鱼"中的"鳜"应读作"guì"。B、C、D三项加点字注音均正确。

第三节　汉　字

一、汉字结构单位

现行汉字的结构单位有三级：一是笔画，二是部件，三是整字。

考点1　笔画

写字的时候，每次从落笔到起笔所写出的点或线就叫作一笔或一画。笔画是汉字的最小构字单位。笔画分单一笔画和复合笔画两种。

单一笔画共有6种。

表1-6　单一笔画表

笔画	一	丨	丿	㇏	丶	㇀
名称	横	竖	撇	捺	点	提

复合笔画共有26种。

表1-7 复合笔画表

笔画	名称	例字	笔画	名称	例字
亅	竖钩	水	㇉	横折折	凹
㇃	卧钩	心	㇄	竖折折	鼎
㇆	横折钩	月	㇊	横折折折	凸
フ	横撇	又	㇀	横钩	皮
㇛	横折折撇	廷	㇂	斜钩	戈
ㄣ	竖折撇	专	)	弯钩	家
㇈	撇点	女	ㄥ	竖弯钩	儿
丨	竖提	民	㇋	横折折折钩	乃
㇍	横折提	语	㇉	竖折折钩	马
㇕	横折	口	㇌	横撇弯钩	队
㇗	竖折	山	㇉	横折弯钩	几
㇌	竖弯	四	㇉	横斜钩	飞
㇜	撇折	么	㇈	横折弯	沿

考点2 部件

部件是由笔画构成的较大的构字单位,是高一级的构字单位。汉字按部件的多少可分为独体字和合体字两大类。独体字是囫囵一个字,只有一个部件,不能拆开。独体字大多为象形字和指事字。例如:人、中。合体字是由两个或更多的部件合成的一个字,会意字与形声字一般都是合体字。例如:"明"由"日"和"月"合成;"昧""魅""妹"分别由"日""鬼""女"与"未"合成。

偏旁是对合体字进行第一次切分而获得的结构单位。例如:"析"的偏旁就是"木"和"斤"。

部首是字书中各部领头的部件或笔画,具有字形归类作用,即每一部的共同偏旁。例如:凡从"日"的字为一部,以其为首,凡从"主"的字为一部,以其为首,"日"和"主"就是两个部首。根据部首给汉字归类的方法,始于东汉许慎的《说文解字》。《说文解字》把9353个汉字归为540部。

综上可知,部件、偏旁、部首是三个联系密切却又不同的概念。虽然一个字的形旁多数是这个字所属的部首,但是偏旁不等于部首。部件相对于偏旁来说,其概念可大可小:当部件是对合体字进行一次切分而得出的两个单位时,这时的部件相当于偏旁;当部件是对合体字进行多次切分而得出的多个单位时,这时的部件概念的范围就要比偏旁小。因此,偏旁也不等于部件。

表1-8 汉字偏旁部首名称表

形状	名称	例字	形状	名称	例字	形状	名称	例字
冫	两点水	次、冷、准	止	止字旁	武	弓	弓字旁	张
宀	秃宝盖	军、写、冠	户	户字旁	扇	孑	子字旁	孩
十	十字儿	华	礻	示字旁	祖	女	女字旁	妈
讠	言字旁	论、计、识	王	王字旁	琅	纟	绞丝旁	绒
刂	立刀旁	制、别、剑	木	木字旁	村、杜、极	马	马字旁	骓、骧
八	八字旁	谷、分、公	车	车字旁	辆、输、轻	灬	四点底	热

形状	名称	例字	形状	名称	例字	形状	名称	例字
人	人字头	仓、全、合	日	日字旁	眼、明、暗	方	方字旁	旅
厂	厂字头	原、压、历	⺆	冒字头	冒	手	手字旁	拜
力	力字旁	努	父	父字头	爹、斧、釜	欠	欠字旁	欲
又	又字旁	艰	牛	牛字旁	牵、特、物	火	火字旁	灭
亻	单人旁	侵	攵	反文旁	敏、故	心	心字旁	意
卩	单耳刀	却	斤	斤字旁	新	角	角字旁	触、解
阝	双耳刀	陆、都	爫	爪字头	爱	身	身字旁	躲
廴	建字底	延	月	月字旁	腹、肋、膛	鱼	鱼字旁	鲜、鳄、鳔
勹	包字头	甸	穴	穴宝盖	穿、空、窟	隹	隹字旁	雀
厶	私字边	参	立	立字旁	竖	雨	雨字头	露、霜、零
匚	区字框	医	目	目字旁	盲、瞳、盯	齿	齿字旁	龄
冂	同字框	网	田	田字旁	男、胃、累	革	革字旁	靴、鞭、勒
氵	三点水	泸	石	石字旁	研、砂、磊	骨	骨字旁	骼
彡	三撇儿	形	矢	矢字旁	矮	音	音字旁	韶、韵
忄	竖心旁	悄	疒	病字旁	疼	山	山字旁	峡
宀	宝盖	宜	衤	衣字旁	衬	彳	双人旁	徐
广	广字旁	底	钅	金字旁	错	犭	反犬旁	猪
夕	夕字旁	梦	罒	四字头	蜀	饣	食字旁	饱
辶	走之旁	邀	皿	皿字底	盂、盖	尸	尸字头	屡
寸	寸字旁	封	禾	禾木旁	秋、秀、秒	虍	虎字头	虑、虚、虎
扌	提手旁	拖	白	白字旁	的	⺮	竹字头	管、篮
土	提土旁	地	鸟	鸟字旁	鸭	舟	舟字旁	船
艹	草字头	药	米	米字旁	粒、糕、料	走	走字旁	赵
大	大字头	套	西	西字头	栗、要	足	足字旁	距、踞、跳
小	小字头	肖	页	页字旁	顷	巾	巾字旁	师
口	口字旁	唱	舌	舌字旁	乱	虫	虫字旁	蛹
囗	方框	国	缶	缶字旁	缸、缺	门	门字框	阅
耳	耳字旁	耽、职	厂	反字框	反、盾、后	丷	倒八字	兰、并、首

考点3　整字

汉字从结构上基本可以分为两大类，一类称独体结构，一类称合体结构。

结构上呈现独体特征的字叫作独体字，它是由一些基本笔画组成的字，且不能再分成若干部首或组成单位。例如：人、七、大、小、口、女、夕、衣、至。这些字笔画少，空白多，形体不规则。

结构上呈现合体结构的字叫作合体字，合体字就是由几个单体字或由单体字配上部首组合而成的字。在汉字中，合体字占百分之九十以上。合体字的结构大致分为以下几类。

1.上下结构

上下结构的汉字由上下两部分基本笔画组成。

①覆冒,有"宀""穴""人"等部首在上的字,应上宽下窄,覆冒其下。

②托载,有"皿""女""土"等部首作底的字,应下宽上窄,托载其上。

③上下均等,有"需""圭"等字,上下两部分宽窄大致均等,下半部分略伸展。还有上截笔画多,下截笔画少;或者上截笔画少,下截笔画多的字。例如:弊、籍。

2.上中下结构

上中下结构的汉字由上、中、下三部分基本笔画组成。例如:赢、意、冀、鼻。

3.左右结构

左右结构的汉字由左右两部分基本笔画组成。例如:渔、峰、彰、针、双、北。

4.左中右结构

左中右结构的汉字由左、中、右三部分基本笔画组成。有的字是中间部分窄,左右部分宽。例如:仰、柳、辨。有的字是中间部分宽,左右部分窄。例如:激、谢、微。

5.包围结构

包围结构的汉字可细分为七种类型:一是全包围结构,例如:国、圆;二是上包下结构,例如:周、同;三是下包上结构,例如:凶、函;四是左包右结构,例如:匡、区;五是左上包右下结构,例如:度、病;六是左下包右上结构,例如:进、毡;七是右上包左下结构,例如:戒、虱。

6."品"字结构

书写"品"字结构的汉字时,要注意笔画的变化,紧密匀称。一般来说左下的部分稍小,右下的部分稍伸展。例如:晶、磊、鑫。

7.四角结构

书写四角结构的汉字时要保证其四角方正,有的笔画稍细,需布置匀称。例如:叕、器。

8.多体结构

书写多体结构的汉字时要注意笔画的穿插,伸缩相揖。例如:鹦、麟、矙。

二、笔顺

汉字笔画的书写是有先后顺序的。笔顺是指写字时笔画的先后顺序。

1.基本规则

笔顺的基本规则:

①先横后竖。例如:十、下。

②先撇后捺。例如:人、大。

③先左后右。例如:语、植。

④先上后下。例如:露、想。

⑤先外后内。例如:月、问。

⑥先中间后两边。例如:办、水。

⑦从外到内后封口。例如:国、困。

2.特殊规则

多数汉字的写法是上述基本规则的综合运用,但也有少数特殊情况。

①"力""刀""乃""方"等是先折后撇。

②"火""爽"先两边后中间。

③"占""非"是先竖后横。

④"匹""巨""臣""可"是先上内后竖折或竖钩。

⑤"凶""建"是先内后外。

⑥"阝""卩"是先右后左(后写竖)。

还有些字的笔顺容易出错,例如:凹(5画)、凸(5画)、母(5画)、乘(10画)、鼎(12画)。

易错提示

这些字你会写吗?

乃:乃乃(2画)

与:一与与(3画)

万:一丆万(3画)

义:丶乂义(3画)

叉:丆又叉(3画)

车:一左左车(4画)

比:一匕匕比(4画)

丹:丿刀刀丹(4画)

火:丶丷少火(4画)

丑:フ刀丑丑(4画)

毋:乚口毋毋(4画)

北:丨丬丬北(5画)

凸:丨丿丨凸凸(5画)

凹:丨丨凵凹凹(5画)

母:乚乛丹母母(5画)

臼:丿丨丨白臼臼(6画)

舟:丶丿刀月舟舟(6画)

忖:丶丶丨忄忖忖(6画)

迅:フ卂卂迅迅(6画)

里:丨口日日甲甲里(7画)

非:丨丨丨非非非非非(8画)

垂:一二千千千垂垂垂(8画)

乘:一二千千千千乖乖乘乘(10画)

巴:丿乂乂乂乂乂乂乂乂巴(10画)

脊:丶乂乂乂乂乂乂脊脊脊(10画)

兜:丿口口口白白白兜兜兜兜(11画)

敝:丶丷尚尚尚尚尚敝敝敝敝(11画)

渊:丶丨氵氵沪沪沪渊渊渊渊(11画)

颐:一丨丨丨臣臣臣颐颐颐颐颐颐(13画)

三、汉字的造字法与用字法

一般来说,传统的"六书"指象形、指事、会意、形声、转注和假借。其中,象形、指事、会意、形声属于造字法,转注、假借属于用字法。

1. 象形

象形就是通过描绘事物形状来表示字义的造字法。许慎在《说文解字》中将象形定义为"象形者,画成其物,随体诘诎,日、月是也"。例如:

图1-2 象形字示例图

月 雨 口 牛 羊 车 舟 泉 瓜

古象形字有的像事物的整体轮廓,例如:车、舟。有的像事物的特征部分,例如:"牛"像牛角上弯,"羊"像羊角下弯。有的除具体的事物外还有必要的附带部分,例如:"瓜"的瓜蔓。大部分的古代象形字从现行汉字中已看不出原来的样子,例如:马、鱼。

象形字来自图画文字,通常用于表现简单、具象的事物,是构成汉字的基础。象形造字法是最原始的造字方法,但由于许多复杂的事物或抽象的概念无法以象形展现,因此具有局限性。

2. 指事

指事就是用象征性符号或在象形字上加提示符号来表示字义的造字法。许慎在《说文解字》中将指事定义为"指事者,视而可识,察而见意,上、下是也"。指事字与象形字的主要区别是指事字含有指事符号。例如:

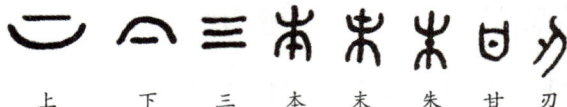

图1-3 指事字示例图

上 下 三 本 末 朱 甘 刃

指事字可分为两种。一种是象征性符号的指事字,例如:三、上、下。另一种是象形字加提示符号的指事字,例如:"末"是"木"上加一个点,表示树梢的所在;"甘"是"口"内有一个点,表示含着甜的东西,有甘甜义;"刃"是"刀"上加一个点,表示刀刃的所在。

考题再现

【2017年·山东菏泽·单选】下列不是象形字的是(　　　)。

A.月　　　　　　　　　　　　B.羊

C.上　　　　　　　　　　　　D.车

【答案】C。解析:A、B、D三项均为象形字。C项,"上"以下一长横代表水平线,上面的一短横是指示性符号,表示"位置在水平线以上"这一概念。"上"字属于指事字。

3.会意

会意就是用两个或两个以上部件合成一个字,把这些部件的意义合成新字的意义的造字法。许慎在《说文解字》中将会意定义为"会意者,比类合谊,以见指㧑,武、信是也"。例如:

图1-4　会意字示例图

会意字有异体会意字和同体会意字两类。异体会意字由不同的部件组成。例如:"休",从人从木,人在树下,表示休息。"取",从耳从又,"又"是"右"的本字,作部件时当"手"讲。"取"是用手拿一只耳朵,古代战争中割敌方战死者的左耳,用来记功。"明",从日从月。"涉",从水从步,其甲骨文像两只脚过河。同体会意字即由相同的部件组成的会意字。例如:"从",两人一前一后,表示随行。"森",从三木,表示森林。

4.形声

形声就是由表示字义类属的部件与表示字音的部件组成新字的造字法。许慎在《说文解字》中将形声定义为"形声者,以事为名,取譬相成,江、河是也"。形声字由两部分组成:形旁(又称"形符""意符")和声旁(又称"声符""音符")。形旁表示字的意思或类属,声旁则表示字的相同或相近发音。例如:"樱"字,形旁是"木",表示它是一种树木,声旁是"婴",表示它的发音与"婴"字相同;"篮"字,形旁是"竹",表示它是竹制物品,声旁是"监",表示它的发音与"监"字相近;"齿"字的下方是形旁,画出了牙齿的形状,上方的"止"是声旁,表示它的发音与"止"字相近。形声是汉字最主要的造字方法,大大增加了汉字的数量。

形声字的形旁和声旁的组合是有一定规律的,大体可以分为以下几种类型。

①左形右声。例如:指、诗、估、格。

②右形左声。例如:救、歉、剑、钦。

③上形下声。例如:空、露、花、靳。

④下形上声。例如:盂、货、娶、基。

⑤内形外声。例如:闻、问、闷、瓣、辨、辩。

⑥外形内声。例如:园、圆、病、衷、阁、匣。

⑦形占一角。例如:栽、越、颖、腾、疆。

⑧声占一角。例如:厅、旗、飓、栾。

5.转注

许慎在《说文解字》中将转注定义为"转注者,建类一首,同意相受,考、老是也"。不同地区发音不同,且存在地域上的隔阂,所以对同样的事物会有不同的称呼。当这两个字是用来表达相同的东西,词义一样时,它们会有相同的部首或部件。例如:"考""老"二字,本义都是长者;"颠""顶"二字,本义都是头顶;"窍""空"二字,本义都是孔。这些字有着相同的部首(或部件)及释义,读音上也有音转的关系。

6.假借

假借就是同音替代。许慎在《说文解字》中将假借定义为"假借者,本无其字,依声托事,令、长是也"。口语里有的词,没有相应的文字对应,于是就找一个和它发音相同或相近的字来表示它的含义。

四、汉字的识记

识记字形,包括两层意思:一是辨析常用汉字,区分形近字、同音字、多音多义字;二是正确书写汉字,不写错别字。

考点1 形近字、同音字、多音多义字

1.形近字

有些字形体相近,不仔细分辨就容易写错、用错。因此,在积累词汇的同时,要注意分辨形近字。例如:"末梢"的"末"和"未来"的"未",字形区别仅仅在起笔两横的长短,意思却完全不同。正确书写和运用形近字,要把字形认准,字义弄懂,一笔一画认真书写。

2.同音字

有些字读音相同,这类字叫同音字。例如:"唤""换""涣""焕"都读"huàn","壁"和"璧"都读"bì"。还有些字读音相近。例如:"浊"(zhuó)和"烛"(zhú)。分辨读音相同或相近的字,要从字义入手,并且记住这些字经常和什么字组成词语使用。

3.多音多义字

不止一个读音,且不止一个意义的字叫多音多义字。分辨这类字也要从字义入手,记住读这个音时表示什么意思,读另一个音时又表示什么意思。例如:"薄",用在"薄板"中读"báo",表示厚度;用在"薄弱"中读"bó",表示单薄、弱;用在"薄荷"中读"bò",是一种植物的名称。

区别多音多义字,还可依据词性。例如:"数",作名词时读"shù"(数学);作动词时读"shǔ"(数落);作副词时读"shuò"(数见不鲜)。

还有一小部分多音字组成的词语属于古音异读词,这些词多为专有名词。例如:"可汗(kèhán)""吐蕃(bō)"。

考点2 纠正、防止错别字的方法

①分辨形旁,注意字义。例如:"贝"多和财物有关,"亻"多和人有关,"饣"多和饮食有关,"纟"多和丝、棉、麻有关,"氵"多和水有关,"衤"多和衣服有关,"月"多和身体有关。

②看清形旁,分辨同音字。例如:"喧"不要写成"暄"。

③分辨形近字意义。例如:"菅"与"管"。

④分辨同音字意义。例如:"抱负"与"报复"。

⑤记住少数带多数。例如:"辶"与"廴",从"廴"的常用字只有三个,即"廷""建""延",其他均从"辶"。

⑥不随意简化。

考题再现

1.【2021年·山东菏泽·单选】下列词语中,没有错别字的一项是(　　)。

A.晋级　打寒战　震古烁今　三翻五次

B.淳厚　煞风景　九宵云外　拨乱反正

C.抱病　吃空饷　宁缺毋滥　戴罪立功

D.考察　交押金　搬师回朝　坐地分赃

【答案】C。解析：A项，"三翻五次"的"翻"应改为"番"。B项，"九宵云外"的"宵"应改为"霄"。C项词语中没有错别字。D项，"搬师回朝"的"搬"应改为"班"。

2.【2019年·山东东营·多选】下列成语中,没有错别字的选项有(　　　　)。

A.与日具增　额首称庆　墨守成规

B.翻云覆雨　囤积居奇　前倨后恭

C.含辛茹苦　独占鳌头　并行不悖

D.萎靡不振　罄竹难书　声名鹊起

【答案】BCD。解析：A项，"与日具增"的"具"应改为"俱"，"额首称庆"的"首"应改为"手"。B、C、D三项成语中均没有错别字。

第四节　词　语

一、语素

考点1　语素的分类

语素是最小的有音又有义的语言单位,其主要功能是构成词语,表达意义。语素从不同角度划分,可分为以下不同类别。

1.单音节语素和多音节语素

按音节分类,语素可分为单音节语素和多音节语素。

单音节语素,即由一个音节构成的语素。例如:天、地、人、跑、唱、跳、农、而、吗。

多音节语素,即两个或两个以上音节构成一个具有意义的语素,而分开时各音节不具备与该语素相关的意义。例如:琵琶、蹒跚、巴士、苏打、巧克力、乌鲁木齐、布尔什维克。

2.成词语素和不成词语素

按构词能力分类,语素可分为成词语素和不成词语素。

成词语素指能够独立成词的语素,既包括实词,也包括虚词。例如:人、走、葡萄、橄榄、呢、吧、了。成词语素能够单独成词,也能够与其他语素组合成词。例如:好人、葡萄酒、橄榄油。

不成词语素指不能单独成词的语素。不成词语素又可分为不定位不成词语素和定位不成词语素两类。不定位不成词语素可以承担所组成的词的全部或部分基本意义,位置自由。例如:民、语、伟、丰、型。定位不成词语素只表示附加的意义,在词的结构中位置固定。例如:老、子、阿、者。

现代汉语语素中,成词语素与不定位不成词语素通常用作词根,表示词的基本意义;定位不成词语素通常用作前缀或后缀,即词缀,表示词的附加意义,起语法作用。例如:"孩子"一词中,"孩"是不定位不成词语素,作词根;"子"是定位不成词语素,作后缀。

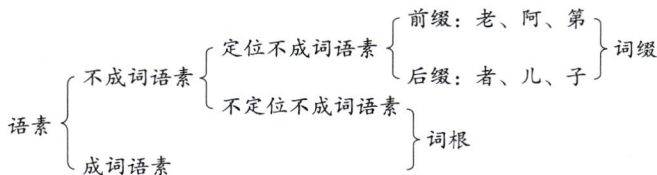

图1-5　语素与词根、词缀的关系图

3.实语素和虚语素

按是否具有词汇意义分类,语素可分为实语素和虚语素。

实语素又叫词根语素,指具有词汇意义和语法意义的语素。

虚语素又叫词缀语素,指只有语法意义,没有词汇意义的语素。

考点2 确定语素的方法

确定语素,一般使用替代法。替代法,即用已知语素替代有待确定是不是语素的语言单位。使用替代法要注意的是,如果是包含两个成分的语言单位,这两个成分必须都可以被替换,且其中一个成分被替换后,另外一个成分能够保持原来的意义不变。

例如:

"汉语"中的"汉"和"语"都可以被别的已知语素所替代,且替换后,另一成分意义基本不变,因此"汉语"是两个语素。

汉——汉语　英语　韩语　德语

语——汉语　汉族　汉字　汉民

再如:

"马虎"中的"马"和"虎"分别被替换之后,另外一个成分的意义均发生变化,因此"马虎"是一个语素。

马——马虎　老虎　猛虎　东北虎

虎——马虎　马达　马掌　马车

考题再现

【2017年·山东菏泽·单选】下列四项只有一个语素的是(　　　　)。

A.马虎　　　　　　　　　　　　　　B.蜡烛

C.酒杯　　　　　　　　　　　　　　D.黑夜

【答案】A。**解析:**语素是最小的语言单位,也就是最小的语音、语义结合体。"马虎"为联绵词,只包含一个语素;其他词语都包含两个语素。

二、词

词是语言中最小的能够独立运用的有音又有义的语言单位。词从不同角度划分,可分为以下不同类别。

考点1 基本词汇和一般词汇

从使用的角度划分,词可分为基本词汇和一般词汇。

基本词汇是词汇中最主要的部分,所表达的多是与人们的日常生活息息相关的事物或现象,具有稳固性、能产性、全民常用性的特点,是语言词汇的核心。例如:与自然界事物相关的"天""地""风""云";与生活和生产资料相关的"米""灯""车""船";与数量相关的"十""百""千""万";等等。

一般词汇是现代汉语中除基本词汇以外的词汇,数量大,变化快,不为全民所常用或只在短期内为全民所常用,具有很大的灵活性。一般词汇包括古语词、方言词、外来词、行业语、隐语等。

考点2 单纯词和合成词

从构造角度划分,词可分为单纯词和合成词。

1.单纯词

由一个语素单独构成的词叫作单纯词。单纯词可以分为以下几种。

（1）联绵词

联绵词是由两个不同的音节连缀成义的词,包括双声联绵词、叠韵联绵词、非双声叠韵联绵词三种类型。双声联绵词指两个音节的声母相同的联绵词。例如:仿佛、伶俐。叠韵联绵词指两个音节的"韵"相同,即韵母相同或韵腹和韵尾相同的联绵词。例如:骆驼、窈窕、彷徨、傀儡。非双声叠韵联绵词指两个音节既非双声又非叠韵的联绵词。例如:蝴蝶、鹦鹉。

（2）叠音词

叠音词是由不成词语素的音节重叠而成的一个单语素词。例如:猩猩、姥姥。

（3）拟声词

拟声词是模拟客观事物、现象的声音而形成的词。例如:嘎吱、稀里哗啦。

（4）音译外来词

音译外来词是模拟外语词的声音形式而形成的词。例如:咖啡、的士。

> **易错提示**
>
> "姐姐""哥哥"等重叠的合成词和单一语素的意义相同,即"姐姐"和"姐"的意义相同,"哥哥"和"哥"的意义相同。而如"猩猩"一词则不属于此类合成词,因为"猩"单字无意义,故"猩猩"是单纯词,而非合成词。

2.合成词

由两个或两个以上的语素组成的词叫作合成词。汉语合成词主要有复合式、附加式、重叠式三种构词方式。

（1）复合式

复合式合成词是指由两个或两个以上不同的词根组合而成的词。复合式合成词主要有联合型、偏正型、补充型、动宾型、主谓型五种类型。

①联合型:又称并列式,由两个意义相同、相近、相关或相反的词根并列组合而成。这两个词根的前后顺序一般不能随意调换,例如:"买卖"不能说成"卖买";也有少量可对调的,例如:"互相"也可说成"相互"。

②偏正型:前一词根对后一词根起修饰、限制作用。例如:彻查、高山。

③中补型:后一词根补充说明前一词根。例如:说服、船只。

④动宾型:又称支配式,前一词根表示动作、行为,后一词根表示动作、行为所支配的对象。例如:动员、管家。

⑤主谓型:又称陈述式,前一词根表示被陈述的事物,后一词根陈述前一词根。例如:嘴馋、民主。

（2）附加式

附加式合成词,又称派生式合成词,由词根和词缀组合而成。例如:老——老乡、老师,头——石头、木头。

（3）重叠式

重叠式合成词由相同的词根语素重叠而成。例如:天天、哥哥、形形色色、林林总总。

考点3　单义词和多义词

从意义角度划分,词可分为单义词和多义词。

1.单义词

单义词是指只有一个义项的词。单义词主要有以下几种。

①事物名称。例如:汽车、飞机、大米、西红柿。

②专有名称。例如:马克思、鲁迅、北京、黄河。

③科技术语。例如：原子、元素、行星、克隆、纳米。

④外来词汇。例如：芭蕾、吉他、奥林匹克、卡拉OK。

2.多义词

多义词是指有两个或两个以上义项的词。多义词的几个意义中，有的是基本的或常用的意义，叫基本义；有的是从基本义引申出来的意义，叫引申义；有的是通过用基本义比喻另外的事物而固定下来的意义，叫比喻义。

词的基本义是指多义词的几个义项中最基本的、最常用的义项。例如："铁"的基本义为"金属元素"。

词的引申义指由词的基本义引申出来的、经过推演发展而产生的意义。例如："跑"的基本义是"两只脚或四条腿迅速前进"，继而推演为"为某种事务而奔走"（跑生意），又推演出"物体离开了应该在的位置"（跑题）。

词的比喻义是指借用一个词的基本义来比喻另一种事物而产生并被固定下来的新的意义。例如："近视"的基本义是视力缺陷，在"他看不见前途，眼光太近视了"中，就取其比喻义"眼光短浅"。

需要注意的是，比喻义不同于比喻句。比喻义是词的一种已经固定下来的意义，而比喻是一种修辞手法，是在特定的上下文中才会用到的，是临时的。例如："北京是祖国的心脏"运用了比喻的修辞手法，将"北京"比作"心脏"，但"心脏"一词并没有转化出固定的"首都"的含义。

考点4　实词和虚词

从功能角度划分，词可分为实词和虚词。

1.实词

实词指有词汇意义和语法意义、能够单独充当句法成分的词。实词包括名词、动词、形容词、区别词、副词、数词、量词、代词、叹词、拟声词。

（1）名词

名词表示人、事物或时地的名称。其中，表示专用名称的名词叫作"专有名词"，例如：云南、白居易；表示抽象事物的名称的名词叫作"抽象名词"，例如：范畴、思想；表示方位的名词叫作"方位名词"，例如：南、北、前面、后边；表示处所的名词叫作"处所名词"，例如：暗处、远处、周围、里屋；表示时间的名词叫作"时间名词"，例如：晚上、冬天、未来。名词的语法特点主要有以下几点。

①经常用作主语和宾语，例如：牛吃草；多数能作定语，例如：（柳树）叶子、（河边）柳树；少数可以作状语，例如：他［前天］回家了；一般不能作补语。

②一般可以用表示名量的数量短语来修饰，不能受否定副词"不"的修饰。例如：可以说"一个人"，不能说"不人"。

③部分指人名词（和代词）在表示复数时，可加后缀"们"，加"们"之后不能再用数量短语来修饰。例如：可以说"朋友们"，不能说"几个朋友们"。

④一般不能重叠。亲属称谓及其他一些词是构词的语素重叠，不是构形的形态变化。例如：妈妈、哥哥、星星。

⑤经常用在介词后面，组成介词短语，例如：在北京、关于理想。

（2）动词

动词表示人或事物的动作、行为、发展、变化等。其中，表示心理活动的动词，叫作"心理活动动词"，例如：想、重视、美慕、喜欢、注重，这样的动词前面往往可以加上"很""十分"。表示"可能、必要、意愿"这些意思的动词，叫作"能愿动词"，例如：能、要、应、肯、敢、得（děi）、愿意、可以、必须，它们常用在一般动词的前面，例如：得去、愿意学习、可以考虑、必须上课。表示趋向的动词，叫作"趋向动词"，例如：来、去、上、下、进、出、过来、上来、下去，它们往往用在一般动词后面表示趋向，例如：跳起来、走下去、抬上来、跑过去。表示判断的动词"是",叫作判断动词。动词的语法特点主要有以下几点。

①多数能作动语带宾语,能作谓语或谓语中心(核心),例如:他笑了、她喜欢吃苹果。

②能受副词"不""没(没有)"修饰,例如:不说话、没吃饭。少数表心理活动的动词和一些能愿动词前能加程度副词,例如:很怕、很喜欢、很愿意。

③能构成"×不×"式并带宾语表示提问,例如:喝不喝水。

④多数可以在后面加"着""了""过"等表示动态,例如:开着、吃了、去过。

⑤部分动作行为动词可以重叠,表示尝试、轻松等意义,也表示短促动作的动量小或时量短。例如:想想、打扫打扫、散散步。

◆ 知识拓展 ◆

能愿动词又叫助动词,常用来修饰动词或形容词,既可作状语,又可作谓语或谓语中心语。作状语时与副词不同,它大都能构成"×不×"和"不×不"式。例如:能不能来、不能不去。需要注意的是,"要东西""会英语"中的"要""会"是一般动词。

(3)形容词

形容词表示事物的形状、状态、性质等。它和动词合称谓词。形容词可分为性质形容词和状态形容词。形容词的语法特点主要有以下几点。

①性质形容词一般能受程度副词的修饰,例如:不大、很大、不生动、很生动。性质形容词的重叠式和状态形容词不能再受程度副词修饰。

②能修饰名词,经常作谓语、定语或补语,例如:眼睛大、大眼睛、眼睛瞪得很大。

③部分形容词可以重叠,例如:大大、长长、高高。

④不带宾语。

(4)区别词

区别词表示人和事物的属性或区别性特征,有区分事物的分类作用,往往是成对成组的。例如:单—双;小型—中型—大型。区别词的语法特点主要有以下几点。

①区别词能作定语,直接修饰名词和名词短语,多数能带"的"组成"的"字短语。例如:大型企业、中式服装、小号的、金的。

②区别词不能单独作主语、谓语、宾语。

③区别词前加"非"表否定,不能加"不"。例如:非正式会谈。

(5)副词

副词是一类用以限制、修饰动词、形容词或加强描绘词组或整个句子的词。副词有表示程度的,例如:很、挺;有表示情态、方式的,例如:陆续、悄悄;有表示时间、频率的,例如:立刻、刚刚;有表示范围的,例如:都、全、总、仅;有表示肯定、否定的,例如:是、准、的确、不、没、未曾;有表示语气的,例如:难道、究竟。副词的语法特点主要有以下几点。

①副词大都能作状语,例如:已经下班了。程度副词"很""极"还可以作补语,"很"作补语时,前面必须加"得",例如:好极了、厉害得很。

②副词一般不能单说,附着性较强,只有"不""别""没有""马上""也许""大概""一点儿"等在省略句中可以单说。例如:——出发吗? ——马上。

③部分副词兼有关联作用,可单用,也可成对使用。例如:又干净又整洁。

(6)数词

数词表示数目多少或顺序前后。其中,表示数目的数词叫基数词;表示顺序的数词叫序数词。数词的语法特点主要有以下几点。

①通常与量词组成数量短语作句法成分,例如:十位老师。数词一般不直接跟名词组合,古汉语说法除外,例如:一草一木。

基数词除在数学计算时或文言格式中可单独使用外,一般不单独作句法成分。例如:一加一等于二。

序数词在特定情况下也可以直接修饰名词,多数是组成专有名词,中间不用量词。例如:第三候车室。

②数量短语通常用作定语或补语、状语,例如:一片浮云、看了一眼、一把拉住。

③"俩""仨"即"两个""三个",其后不能加量词"个",只用于口语,例如:俩人、哥儿俩、仨瓜俩枣。

④倍数只能用来表示数目的增加,不能表示数目的减少;分数既可以表示数目的增加,也可以表示数目的减少。

（7）量词

量词用来表示人、事物或动作数量的计算单位。它与名词、数词合称体词。量词可以分为两大类,即名量词与动量词。其中,名量词表示人或事物的计算单位,例如:个、位、件、匹;动量词表示动作次数和发生的时间总量,例如:天、次、回、下。此外,由两三个不同的量词复合而成的词叫作复合量词,例如:人次、秒立方米。

量词经常用在数词或指示词"这""那"后组合成量词短语,例如:一只猫、两棵树、那一次;不少量词可以重叠使用,表示"每一"的意思,例如:条条大路通罗马;当数词为"一"时,量词可以单独作句法成分,例如:鲤鱼论条、豆包论个,"条""个"均表示"一条""一个"。复合量词与数词组成数量短语作补语,不能作定语。

● **知识拓展** ●

数词、量词的使用

1."二"和"两"用法不完全相同。当单独用在度量衡量词前时,除"二两"不能说成"两两"外,用"二""两"都可以,如"二斤""两斤""二尺""两尺"。但单独用在其他量词前就只能用"两"不能用"二",如"两个"不说"二个","两条"不说"二条"(在"位"前可以用"二","二位""两位"都通用)。

2.数目的减少可以说减少或降低百分之几,不能说减少或降低几倍。

3.数量短语后加"以上""以下"表示概数。

（8）代词

代词具有代替、指示作用。其中,人称代词是代替人或事物名称的词,例如:我、您、它们、人家、彼此;指示代词是指示人或事物的词,分为近指和远指两种,例如:"这""这边""这样""这些"为近指,"那""那边""那样""那些"为远指;疑问代词主要表示询问、设问和反问,例如:谁、哪儿、多会儿、怎么样。有时疑问代词不表疑问,例如:"谁也不知道他怎么想的""类似的工作,我记得谁说过来着"。

（9）叹词

叹词表示感叹或呼应,例如:唉、啊、嗯。其特点是能独立成句,或者充任感叹语,不和别的词发生结构关系。

（10）拟声词

拟声词用来模拟事物的声音,例如:哗啦、叮当。其特点是既能独立成句,也能充任定语和状语等。

2.虚词

虚词指没有词汇意义只有语法意义、不能充当句法成分的词。虚词包括介词、连词、助词、语气词。

（1）介词

介词经常用在实词或短语前面,组成介词短语,表示时间、处所、方式、对象、目的等。介词短语主要充当状语,部分也可充当补语、定语。例如:按要求做、生于北京、关于他的故事。

介词与动词最大的区别是介词不能单独作谓语,不能加动态助词或重叠,而动词则可以。

运用"对于""对""于"的常见失误

"对于""对"在使用中容易产生以下两种错误：

①该用"对"而用了"对于"。例如：他对于别人很友好。（表"对待"，应该用"对"）

②主体和客体的位置颠倒。例如：他的作品，对于中学生是不熟悉的。（应改为"对于他的作品，中学生是不熟悉的"）

"于"在使用中最容易产生的错误是在某些动词后不能加"于"而加了"于"，常见的"导致于""来自于"的说法都是错误的。

（2）连词

连词一般连接词与词、词组与词组、句子与句子等，表示并列、承接、转折、因果、选择、假设、比较、让步等关系。例如：

小张和小王都考上了大学。（表并列）

如果你不去，我就不去。（表假设）

（3）助词

助词常附在实词、短语和句子后面，表示附加意义，一般读轻声。其中，结构助词"的"一般为定语的标志，"地"一般为状语的标志，"得"一般为补语的标志；时态助词"着"一般表示动作的进行或状态的持续，"了"一般表示动作或状态的实现，"过"一般表示曾经出现过某种动作或曾经具有某种性状；其他助词如"似的"表比喻，"看"一般用于重叠动词或动词短语后表尝试，"所"常放在及物动词前构成名词性短语或与介词"为""被"组成"为……所""被……所"结构表被动。

（4）语气词

语气词常用在句尾表示陈述、疑问、祈使、感叹等语气，也可以用在句中有停顿的地方。例如：

下雪了。（陈述语气）

今天是周日吧？（疑问语气）

你来学校一趟吧。（祈使语气）

这个地方好美呀！（感叹语气）

这些话吧，我都说过了。（用在主语后）

三、熟语

考点1　成语

成语是一种相承沿用下来的，具有书面语色彩的固定短语，是一种特殊的词汇现象。

1.成语的来源

成语主要源于神话传说、寓言故事、历史故事、诗文语句、口头俗语、外来文化等。

①源于神话传说。例如：夸父逐日、精卫填海。

②源于寓言故事。例如：刻舟求剑、狐假虎威。

③源于历史故事。例如：负荆请罪、破釜沉舟。

④源于诗文语句。例如：老骥伏枥、青出于蓝。

⑤源于口头俗语。例如：三长两短、半斤八两。

2.成语的特征

成语具有以下几方面的基本特征。

（1）意义整体性

成语在表意上与一般固定短语不同,它的意义往往并非其构成成分意义的简单相加,而是在其构成成分意义的基础上进一步概括出来的整体意义。

（2）结构凝固性

成语的结构形式一般是定型的、凝固的。它的构成成分和结构形式都是固定的,不能任意变动词序或抽换、增减其中的成分。

（3）风格典雅性

成语通常来自古代文献,其语体风格至今仍保留着书面语庄重、典雅的特色。这与惯用语、歇后语通俗、平易的风格不同。

3.成语的构造

成语大部分为四字格式,也有三字、五字、六字、七字等格式。例如:闭门羹、莫须有、欲速则不达、五十步笑百步、醉翁之意不在酒。

四字成语有下列几种常见结构。

①主谓结构。例如:愚公移山、万象更新。

②动宾结构。例如:好为人师、莫名其妙。

③中补结构。例如:逍遥法外、举棋不定。

④兼语结构。例如:以邻为壑、令人生畏。

⑤联合结构。例如:千山万水、山穷水尽。

⑥偏正结构。例如:倾盆大雨、窈窕淑女。

⑦连谓结构。例如:画蛇添足、解甲归田。

成语的前后两部分还可以构成因果、目的、承接等关系。

①因果关系。例如:官逼民反、药到病除、打草惊蛇、玩物丧志。

②目的关系。例如:刻舟求剑、削足适履、杀一儆百、借古讽今。

③承接关系。例如:闻鸡起舞、水到渠成、温故知新、先礼后兵。

4.成语的正确运用

成语具有文字简练、形式固定、易学易记的特点,使用范围相当广泛。在使用成语时,应该注意以下几方面。

（1）要彻底理解成语的含义,不能"不求甚解"

如果对某一个成语的意思还没有理解透彻就随便拿来使用,那就难免用得不恰当,甚至闹出笑话。例如:成语"瓜田李下"出自"经瓜田不蹑履,过李园不正冠"。这两句的意思是经过瓜田,不弯下身来提鞋,免得人家怀疑摘瓜;走过李树下面,不举起手来整理帽子,免得人家怀疑摘李子。后用"瓜田李下"泛指容易引起嫌疑的地方。

（2）成语的感情色彩及使用场合恰当,不应滥用

注意成语的感情色彩、适用范围。有褒义色彩的成语不能误用成贬义,有贬义色彩的成语不能误用成褒义。例如:"为了救活这家濒临倒闭的工厂,新上任的厂领导积极开展市场调查,狠抓产品质量和新产品开发,真可谓处心积虑"中,成语"处心积虑"指千方百计地盘算。该成语的感情色彩明显含贬义,与语境不符。

（3）注意成语的规范化

运用成语要规范:注意成语的定型性,应运用成语的通行结构和固定成分;能分辨字形和读音。例如:"桃李不言,下自成蹊"原指桃树、李树不会说话,但它们的花和果实会把人吸引过去,在树下踩出小路来;后比喻为人诚挚,自会有强烈的感召力而深得人心。"蹊"(xī),即小路,该字不可写成其他的字,不可改成其他语素。"心心相印"中的"心"意为"心意,思想感情","印"意为"符合"。"印"(yìn)不可以写成"映"(yìng)。

考题再现

1.【2019年·山东东营·单选】下列句子中,画线成语的使用不正确的一项是(　　)。

A.他虽然在监狱里度过了三年的<u>峥嵘岁月</u>,但是出狱后仍然不知悔改,继续作恶多端

B.台湾歌手张惠妹刚出道时,因为相貌平平而被人耻笑,但其签约公司认为张惠妹绝非<u>池中之物</u>,为其推出专辑,果然获得了丰厚的回报

C.日前,部分热门手机游戏成为舆论<u>众矢之的</u>,有孩子用家长手机玩游戏花费4万元,有孩子因玩手游与家长发生矛盾而跳楼……究竟是什么让"熊孩子"沉迷于手游

D.中国人民一百多年来都在委曲求全,但每次的<u>逆来顺受</u>都遭遇的是得寸进尺。可见世界的正义是建立在强权之上的

【答案】A。解析:A项,"峥嵘岁月"指不平凡的年月。该成语是褒义词,不能用来形容在监狱中度过的三年时间。B项,"池中之物"比喻处境窘迫而无所作为的人。该成语用在句中符合语境。C项,"众矢之的"指许多支箭所射的靶子,比喻大家攻击的对象。该成语用在句中符合语境。D项,"逆来顺受"指对别人的欺负或无理的待遇采取忍受的态度。该成语用在句中符合语境。

2.【2019年·山东临沂·单选】下列句子中,画线成语使用正确的一项是(　　)。

A.春晚演播厅下的灯光时明时暗,快速变换的电子布景令人<u>目不交睫</u>,随着歌星的狂歌劲舞,观众也沸腾起来了

B.省博物馆的一号展厅的文物,如同一部浓缩的史书,<u>举重若轻</u>地展示了农民在恶劣条件下顽强抗争、繁衍生息的漫长历史

C.等我们从小孩长成大人了,"青春"一词都成了<u>明日黄花</u>时,我们才发现那些故事真的不只是故事罢了

D.著名的民权领袖马丁·路德·金,也许没有想到他的子女会因遗产分配问题闹得不可开交,最终诉诸法律,<u>分庭抗礼</u>

【答案】C。解析:A项,"目不交睫"形容夜间不睡觉或睡不着觉。该成语用在句中不符合语境。B项,"举重若轻"的意思是举重东西就像举轻东西那样,形容做繁难的事或处理棘手的问题轻松而不费力。该成语用在句中不符合语境。C项,"明日黄花"比喻已失去新闻价值的报道或已失去应时作用的事物。该成语用在句中符合语境。D项,"分庭抗礼"原指宾主相见,站在庭院的两边,相对行礼。现在用来指双方平起平坐,实力相当,可以抗衡。该成语用在句中不符合语境。

考点2　惯用语

惯用语是指口语中短小定型的习惯用语。

1.惯用语的特点

惯用语具有简洁生动、通俗易懂的特点,具体包括以下几点。

①惯用语大多由三个字组成,例如:戴高帽、敲竹杠、开小差、开夜车、拍马屁;少数是多于三个字的,例如:喝西北风、钻牛角尖、坐冷板凳、打退堂鼓、捅马蜂窝、开空头支票。

②惯用语以动宾结构为主,例如:开后门、跑龙套、泼冷水、碰钉子;也有其他结构的,例如:门外汉、半瓶醋、铁饭碗、纸老虎属于偏正结构,天晓得、天照应属于主谓结构。

③惯用语通常使用其固定的比喻义。例如:"翘尾巴"比喻骄傲自大;"和稀泥"比喻无原则地调解或折中;"打小算盘"比喻为个人或局部利益打算。

④惯用语在使用时可以被其他成分隔开,词序也可以变化,但它的整体意义保持不变。例如:"敲竹杠"可以说成"你这是敲谁的竹杠";"吹牛皮"可以说成"牛皮吹得山响"。

2.惯用语的来源

惯用语多来源于口语。有的是从行业语演变而来,例如:打游击(原为军事用语)、走过场(原为戏剧用语)。有的来源于历史传说故事、谚语或歇后语等的节缩及方言中的习惯说法等。

3.惯用语与成语的比较

惯用语和成语有一定的相似之处,也有一定的区别。惯用语口语色彩较浓厚,而成语书面语色彩较浓厚;惯用语含义单纯,而成语含义丰富;惯用语大多是动宾结构,在动词和宾语之间可以根据表达的需要加进定语或补语,而成语的结构固定,一般不能加进其他成分。例如:我们可以在"开倒车"中增加成分,表述为"开历史的倒车"。

4.惯用语的正确运用

(1)注意语义的双层性

惯用语除字面意义外,一般都具有深层次的比喻义或引申义。在使用时,人们一般不使用字面义。例如:"跑龙套"本指戏剧中扮演随从或兵卒的角色,但作为惯用语使用时,一般取"在工作中做一些不负主要责任的杂事或小事"的意义。

(2)了解结构的灵活性

惯用语形式短小,一般是三字格,大多为动宾结构。例如:出洋相、吃老本、泼冷水。也有一些惯用语是多字格。例如:光杆司令、花钱买气受、大白天说梦话。惯用语中间有时可以插入一些词语,或者颠倒其中某些成分的次序,这样惯用语就成了一般的语句,但它所表达的习惯意义不受影响。例如:"碰钉子"和"碰了一个大钉子"意思是一样的。

(3)注意浓厚的色彩性

惯用语具有浓厚的口语色彩和褒贬色彩。例如:寄生虫、白开水、抓辫子、吃独食、穿小鞋。谐谑、讽刺和贬义的惯用语很多,例如:戴高帽、耍嘴皮、咬耳朵、眼中钉;褒扬、赞许的惯用语极少,例如:老黄牛;中性的惯用语也很少,例如:破天荒、打游击。

考点3 歇后语

歇后语是由近似于谜面和谜底两部分组成的带有隐语特点的口头固定短语。

1.歇后语的分类

歇后语可以分为喻意型歇后语和谐音型歇后语。

(1)喻意型歇后语

喻意型歇后语的前一部分是比喻,后一部分是对前一部分的解释。例如:大海里捞针——无处可寻,木头眼镜——看不透(不能彻底了解)。

(2)谐音型歇后语

谐音型歇后语的后一部分借助音同或音近的字表达意思,这是一种谐音双关的现象。例如:四两棉花——弹(谈)不上,孔夫子搬家——净是书(输)。

2.歇后语的正确运用

歇后语最初来自民间,流行于群众口语之中,后来逐渐为文人所理解、接受,逐渐被吸收到书面语中。在口语和文学作品中恰当运用歇后语,能够使语言更加形象、生动、诙谐风趣。

使用歇后语要进行鉴别,注意规范。基本意义不明确的、前后部分引注关系不合理的、附属色彩与基本意义相矛盾的、内容庸俗不健康的歇后语,是词汇规范的对象。有的歇后语以有生理缺陷的人为描述对象,例如:小秃子打伞——无发(法)无天,哑巴吃黄连——有苦说不出。这些歇后语虽有一定的表现力,但若含有取笑的成分,就应该抛弃不用。使用歇后语还要注意结构形式的定型、书面形式的统一。如标点符号问题,在歇后语的前后部分之间是用破折号还是用逗号,需要规范;一些同音字也要作为规范的对象。

书面上在运用歇后语时，要选择那些思想健康的，摒弃那些庸俗落后的。要根据场合的需要来决定是否运用歇后语，一般情况下，比较庄重的场合不宜使用歇后语。

四、谚语、格言、名言

考点1　谚语

谚语是人民群众口头上流传的通俗、形象、简练、含义深刻的定型化的语句，以韵语或短句的形式，反映人们的实际生活经验或感受。

谚语具有以下几个特点。

①流传在群众口头上，具有广泛的群众性、鲜明的口语性。例如：不是一家人，不进一家门；火要空心，人要实心；宁走一步远，不走一步险。

②概括性强，善于把深刻的哲理寓于浅显生动的形象之中，例如：人不可貌相，海水不可斗量。

③结构相对固定，句式整齐，富有音乐美，易于传诵记忆。例如：人往高处走，水往低处流。少数谚语的结构和成分具有一定的灵活性，例如：性子急，吃不了热粥；心急吃不得热粥；心急吃不了热豆腐；性子急，吃不了热豆腐。

④内容上，概括生产知识和生活经验，反映社会现实和深刻的哲理，富有知识性和教育意义。例如："天无三日晴，地无三尺平"形容贵州旧时的自然环境；"东北有三宝：人参、貂皮、乌拉草"强调东北的三种特产；"吃过端午酒，扇子不离手"是指在端午节后，天气日趋炎热。

考点2　格言、名言

格言和名言都是出自名人或名篇的言简意赅的警句。格言是含有劝诫和教育意义的可作为准则的话，一般较为精练。例如：虚心使人进步，骄傲使人落后。名言是著名的话。正如朱自清在《论标语口号》中所说："格言偏重个人的修养，名言的作用似乎更广泛些……格言也罢，名言也罢，作用其实都在指示人们行动，向着某一些目的。"

第五节　句　子

一、句子与句子成分

句子是词或短语（也叫词组）按照一定的结构规则组成的，具有一定的语气、语调，可以表达一个相对完整的意思，能完成简单的交际任务的语言单位。

句子的组成部分就叫作句子成分。主语、谓语、宾语、定语、状语、补语都是句子成分，前三者是基本成分，后三者是连带成分。

从结构上分析句子，就是分析句子的各种成分。一个句子好比一棵树，基本成分是树的主干，连带成分是树的枝叶。分析时可"先抓主干，后理枝叶"。具体步骤：①划分句子的主语部分和谓语部分；②找出主语部分的中心词和谓语部分的中心词，即主语和谓语；③如果动词谓语带了宾语，找出宾语；④以主语、谓语和宾语为主干，再分别找出定语、状语和补语。

表1-9　句子成分简表

名称	定义	举例	说明
主语	是句子陈述的对象,指明说的是"谁"或"什么"	赵州桥‖非常雄伟。	①常用名词、代词或短语; ②句子一般具备主语和谓语
谓语	是对主语进行陈述的成分,说明主语"是什么"或"怎么样"	祥子的衣服‖早已湿透。	①常用动词、形容词、某些名词或短语; ②一般主语在前,谓语在后
宾语	表示动作、行为、行为涉及的人或事物,回答"谁"或"什么"一类问题	沙漠‖是可以征服的。	①常用名词或短语; ②宾语和谓语共同陈述主语; ③一般在谓语后面
定语	是名词前的附加成分,用来修饰、限制名词,表示人或事物的性状、数量、所属等	(肥胖的)黄蜂‖伏在菜花上。	①常用实词或短语; ②一般在主语或宾语前面; ③"的"是定语的重要标志
状语	是动词或形容词的附加成分,用来修饰、限制动词或形容词,表示动作的状态、方式、时间、处所或程度等	[在朝鲜的每一天],我‖[都][被一些东西]感动着。	①常用形容词、副词或介宾短语; ②表示时间和处所的名词也常作状语; ③常用在谓语前,有时也用在主语前; ④"地"字是状语的重要标志
补语	是动词或形容词后的连带成分,用来补充说明动作和行为的情况、结果、程度、趋向、时间、处所、数量、性状等	厚厚的积雪‖把一切都盖〈得严严实实〉。	①常用形容词、动词、副词、数量词或介宾短语; ②一般在谓语后面; ③"得"字是补语的重要标志

◆ **知识拓展** ◆

一般来说,句子成分的位置比较固定。以下顺口溜可以帮助我们分析句子成分。

主谓宾,定状补,主干枝叶分清楚;

基本成分主谓宾,连带成分定状补;

定语必在主宾前,谓前是状谓后补;

六种关系辨分明,分析正误自有数。

二、句子的类型

考点1　按句子的语气划分

句子按语气划分,一般分为疑问句、祈使句、感叹句、陈述句四种类型。

表1-10　句子类型表

句子名称		用途	表达方式	例句
疑问句	设问句	表示强调,旨在引起读者注意	自问自答	谁是我们最可爱的人呢?我们的战士。
	反问句	表示强调	不是有疑而问,而是用提问的方式来加强肯定或否定的意思。肯定的反问句表达的是否定的意思,否定的反问句表达的是肯定的意思	像这样的教师,我们怎么会不喜欢他呢?

句子名称		用途	表达方式	例句
疑问句	特指问	从被询问的对象处寻求答案（有时也表示强调）	用疑问代词或由疑问代词组成的短语表示疑问	这个人是谁？
	是非问		用陈述句加疑问语调提问	这部电影你看过？
	选择问		要求对方从并列项目中选择一项进行回答的疑问句	我们是在室内听音乐，还是去室外打球？
	正反问		用肯定、否定并列的方式来提问	你有没有拿那份文件？
祈使句		表示命令、请求、催促、劝阻等	多用省略句、非主谓句加祈使语调表达，也可用疑问句式表达	快把烟扔掉！
感叹句		表示某种强烈的感情	用主谓句或非主谓句加上感叹语调来表达	太棒了！
陈述句		表示肯定	用"是"字句或一般肯定句表达	我是一名共青团员。
		表示否定	句中用"不""没""没有"等否定词	这不是普通的自行车。
		表示主动	用行为的发出者作主语	我把那支笔弄丢了。
		表示被动	用"被""叫""让"等词语引出行为的发出者，用行为的接受者作主语	那支笔被我弄丢了。

易错提示

有一种特殊的"呢"字问句，由"呢"字附在非疑问形式后面加上升语调构成。多数相当于特指问的省略形式，有时相当于正反问的省略形式，视上下文情况而定。例如：

你的雨伞呢？

（→你的雨伞在哪儿？）（特指问）

（→你的雨伞有没有带来？）（正反问）

考点2 按句子的结构划分

从句子结构的角度，可以将句子分为单句和复句。

1.单句

单句分为主谓句和非主谓句。

表1-11 单句分类表

单句分类		句子名称	表达方式	例句
主谓句	一般	主谓式	由主谓短语带上一定的语气和语调构成	他累了。
		主谓宾式	主语+谓语+宾语	学生们踢足球。
	特殊	"把"字句	施事+"把"+受事+动词+其他成分	我们把豹子打死了。
		"被"字句	受事+"被"+施事+动词+其他成分	豹子被我们打死了。
		连谓句	一个主语带两个或两个以上谓语动词，且谓语动词在语义上有目的和方式、原因和结果、先和后的关系	我骑自行车回家。
		兼语句	兼语短语充当谓语或独立成句	连长带我们去割麦。
主谓句	特殊	双宾句	一个谓语动词带两个宾语	我给他一本书。
		"是"字句	由动词"是"构成的判断句	我是一名学生。
		存现句	表示人、事物存在或出现、消失的句子	操场上站满了学生。

单句分类	句子名称	表达方式	例句
非主谓句	/	由非主谓短语加句调构成的句子	快过来呀！
		由一个词加句调构成的句子	好！

2.复句

复句是由两个或两个以上意义相关联、结构上互不作句法成分的单句（分句）加上贯通全句的句调组成的句子。复句按单句（分句）的层数可以分为单重复句和多重复句。其中，单重复句指只有一层分句关系的句子，例如：蜜蜂是画家的爱物，我却不大喜欢。多重复句指有两层或两层以上分句关系的句子，例如：想有好花，一定要有好土；没有好土，便没有好花。可见土比花重要。

根据分句间的意义关系划分，复句可以分为联合复句和偏正复句两大类。联合复句是由意义上平等、无主次之分的分句连接起来的复句，又分为并列、顺承、递进、解说、选择五小类；偏正复句是由意义上有主次之分的正句（主句）和偏句（从句）连接起来的复句，又分为转折、因果、假设、条件、目的五小类。

表1-12　复句分类表

名称		特点	常用关联词语	例句
联合复句	并列复句	分句分别叙述几件事情或说明同一事物的几个方面，分句之间没有主次之分，排列顺序可以颠倒	又……又…… 既……又（也）…… ……同时…… 一边……一边…… 一方面……另一方面…… 不是……而是…… 也，又	绿既是美的标志，又是科学、富足的标志。
	顺承复句	分句间的关系是时间、空间、逻辑上的顺承，排列顺序不可颠倒	首先……然后…… 于是，接着，便	她进入这个世界，便奉献给这个世界以真诚。
	递进复句	后一个分句表示的意思比前一个分句更进一层	不但（不仅，不光）……而且（还）…… 不但……还（也，又，更）…… 尚且……何况…… 不但……就是……也…… 别说……连……也…… 不但不……反而（反倒）…… 况且，尚且，还，甚至（于），尤其，更	小孩子尚且知道不随地扔垃圾，何况我们大人呢？
	解说复句	分句间有解释、说明或总分的关系	一般不用关联词，少数在后一分句单用"即""就是说"等关联词语	说假话的人会得到这样的下场，即他说的真话也没人相信。
	选择复句	几个分句分别说出几个选项，并要求被询问的对象从中做出选择	或者……或者…… 不是……就是…… 要么……要么…… 是……还是…… 与其……不如…… 宁可……也不…… 还是，还不如，倒不如	是你去，还是我去？

名称		特点	常用关联词语	例句
偏正复句	转折复句	前后分句的意思是相反或相对的	虽然……但（可是，却，还是，也）…… 尽管（固然）……但是（可是，然而，不过，只是，还是）……	虽然我一见便知道是闰土，但又不是我这记忆上的闰土了。
	因果复句	偏句说明原因或提出依据、前提，正句表示结果或推出结论	因为（由于）……所以（因此，因而）…… 之所以……是因为…… 既然（既）……就（便，那么） 是由于，致使	因为从6月起，相关部门会严查骑摩托车不戴头盔的现象，所以头盔一时供不应求，价格飙升。
	假设复句	一般是偏句假设存在或出现了某种情况，正句说明产生的结果	如果（假如，假使，倘若，如若，要是）……那么（就，便，则）…… 即使（就算，就是，纵使，哪怕）……也（仍然，还是）…… ……的话	即使工作再困难，他也不会退缩。
	条件复句	偏句提出一个条件，正句说明在这种条件下产生的结果	只要……就…… 只有……才…… 除非……才…… 无论（不论，不管，任凭）……都（也，还，总是）…… 便，就，要不然	不管这次病毒有多么可怕，英勇的中国人民也不会被吓倒。
	目的复句	偏句表示行为，正句表示行为的目的	以、以便、以求、用以、借以、好、好让、为的是、以免、免得、省得、以防	你把意见整理一下，以便明天交大会讨论。

三、句子的选用和排序

考点1 句子的选用

教师招聘考试中涉及句子选用的试题，主要是根据要求和语境选用、仿用不同句式的句子，考查的要点是选句填空，或在两句之间、两段之间填上衔接句。句子选用的方法主要有以下几种。

1.话题统一

话题统一是指组成段落的句子之间或是组成复句的分句之间要密切相关，紧紧围绕一个中心，集中表现一个事件、场景或思想观点。

实现话题统一主要有以下两种手段。

①保持主语一致。主语在表述话题中承担着重要作用，共同的主语是贯穿整段语句的灵魂。所以，说话时要尽量保持主语的一致。

②保持陈述对象一致。在一定的语言环境中，保持陈述对象的一致，是做到话题统一的重要方面。陈述对象一致与主语一致有部分重合的地方，但并不完全相同。陈述对象一致还包括内部句群间陈述内容的一致。

2.句式一致

句式一致是指组成文段的语言结构形式前后具有一致性。整齐一致的句式，既可以增强语势，又可以加强语句的通畅性，给人思路清晰的感觉。

句式一致类考题主要涉及短语类型和句式结构，作答时需结合题干中相对应的语句进行选择。情况主要有以下三种。

①排比或对比关系的句子。

②并列关系的句子。此种情况并列成分之间常用分号隔开。

③均为动宾结构,均为主谓结构,或均为被动句等。

3.意境协调

选用句子类题目所给的语段往往有自己的风格和特色,形成一种特定的情感基调。比如,对于景物描写的语段,要分析语境因素,景物、情感基调、写法的特点等在语段中是否保持和谐一致。

"意境协调"是指整个文段在情感、态度、色彩、气氛、视角等方面的一致性。具体可从以下五个方面进行分析。

①情感上,或悲或喜。

②态度上,或褒或贬。

③色彩上,有鲜明、暗淡的区分。

④氛围上,有热烈、凄清的差异。

⑤视角上,有高、低、俯、仰之别。

4.前后照应

"前后照应"指语段中的信息要前后吻合、彼此呼应,在表意上形成一个严密的整体。

前后照应的情况主要有以下三种。

①词语照应。此种照应指的是正确选项中的词语与文段中关键词语之间的照应。

②观点照应。此种照应指的是正确选项中包含的观点应与文段的整体观点相一致。

③问答照应。此种照应指的是问句中问与答、肯与否之间的协调一致。

考题再现

【2019年·山东东营·单选】下列句子中,最适合填入画横线处的语句是(　　　)。

早期的"婴戏"题材多为人物画的陪衬角色,唐宋时"婴戏"已经成为很成熟的绘画题材。而画婴孩又有相当的困难度,不仅要能画出他们幼小稚嫩的身形,晶莹剔透的肤色,娇憨天真的神态,而且在形貌上还需分辨年龄的大小,掌握儿童的纯真自然,_____。

A.人们常常把表现孩童的绘画取名为"婴戏图"

B.因此画史著录中以画婴孩见长的画家并不多见

C.也表达了人们对美好幸福生活的无限憧憬和祝愿

D.从唐宋到元明清时期,孩童们的可爱淘气、天真烂漫无不是画家笔端的灵感

【答案】B。解析:根据文段中横线前的语句可知,文段主要在说画婴孩的困难,因此横线处应是这些困难造成的结果,故B项句子填入横线处最合适。

考点2　句子排序

语句排序题主要考查考生对句子的理解能力和逻辑组合能力。要想快速有效地解答句子排序题,可以从以下几个方面入手。

1.抓词语

语段中的某些词语往往是理解句子含义和厘清先后次序的重要标志词。这些标志词包括关联词语、指示代词,也包括表时序、次序、总括和举例解释等过渡性词语。关联词语可以提示语句间的逻辑顺序,特别是表达转折、因果、并列等关系的关联词语,例如:"但是""然而""却""因此""所以""一方面……另一方面……""既……又……"等。含有指示性代词的句子通常不会位于句首,一般是跟在指示代词所指代的对

象之后。因此,可以通过寻找指示代词及指示代词所指代的对象,确定句子的相对顺序。

2.寻句子

寻句子即寻找语段中的关键语句。这里的关键语句是指语段的中心句、起始句、过渡句和总结句等。这些句子能够明确地表明语段的中心、表达顺序和层次结构。起始句和总结句往往具有鲜明的特征。起始句通常是概括语段的中心观点或大致内容的句子,总结句中常见的标志性词语有"总之""可见""由此可知""因此"等。中心句、过渡句也有着各自的特点,中心句有时也是起始句,过渡句往往起承上启下的作用。

3.找逻辑

找逻辑即寻找句子与句子之间的逻辑关系。需要排序的这几个句子之间往往存在语意或事理上的逻辑关系,或由表及里,或由大到小,或由浅入深……因此,排序时可按人们认识事物的过程或事物发展的逻辑顺序排序,寻找事物发展的规律。如果是论述性语段,则可以参照"提出观点—具体展开论述、提出问题—给出解决对策、指出现象—分析原因"的逻辑顺序来排序。

考题再现

【2021年·山东菏泽·单选】将下列句子按顺序排列,正确的一项是( )。

①人的一生要经历家庭教育、学校教育、社会教育。

②因此,家庭教育怎么开展,父母或者其他监护人应该做好哪些事情,这些需要在法律层面予以明确和规范。

③家庭教育是每个人接受最早、时间最长,受影响最深的教育,既是启蒙教育,又是终身教育。

④为家庭教育立法,是保护未成年人的需要。

⑤家庭是人生的第一所学校,家长是孩子的第一任老师,孩子接受什么样的教育,在很大程度上决定着他的人生底色和方向。

A.①③⑤④②
B.③⑤①②④
C.①②③⑤④
D.④①③⑤②

【答案】A。解析:通读题干句子可知,语段讲的是家庭教育对于人生的重要性。①句是一个总领性的句子,提出了人一生要经历的三种教育,应作为首句。其他四句都是围绕"家庭教育"来展开的,③句紧承①句提出了"家庭教育"的意义。⑤句是对③句的进一步解释。②④两句均从法律层面解读了"家庭教育"。根据②句中的"因此"一词可知,④句应在②句之前。因此,正确的排列顺序为①③⑤④②。

第六节　常见病句

常见的病句类型主要有成分残缺或赘余、搭配不当、语序不当、歧义、句式杂糅、不合逻辑。

考点1　成分残缺

成分残缺是因缺少应有的成分造成句子结构不完整、表意不明确的一种语病。常见的成分残缺类型及分析详见下表。

表1-13　成分残缺类型及分析

类型	类型分析
主语残缺	滥用介词、错误使用"介词……方位词"格式或暗中更换主语

类型	类型分析
谓语残缺	错把主语或宾语中的动词当作整个句子的谓语
宾语残缺	主要是由于动词所带的宾语较长，在表述时，往往只写了宾语的修饰语，丢失了宾语的中心语
其他残缺	其他句子成分残缺的情况，如状语残缺、介词残缺、关联词语残缺等

示例一：当全球金融危机爆发，使我国出口遭遇寒冬。

点拨：主语残缺。滥用介词"当"，使句子缺失主语，应该删去"当"。

示例二：我国人民正在意气风发地为建设一个现代化的社会主义强国。

点拨：谓语残缺。应该删去"为"，或者在"强国"后加上"而奋斗"。

示例三：这支古老遗民仍保留着以钻木取火的方法获取火种以照明和取暖。

点拨：宾语残缺。应该在"取暖"后加上"的习惯"。

示例四：在古代，这类音乐作品只有文字记载，没有乐谱资料，既无法演奏，也无法演唱。

点拨：状语残缺。应该在"既无法演奏，也无法演唱"前加上时间状语"现在"。

示例五：那些手上有过硬技术的职工，企业即使面临困难，也要千方百计地挽留。

点拨：介词残缺。应该在"那些手上有过硬技术的职工"前加上介词"对于"。

示例六：不管天气多么恶劣，他能按时到校学习。

点拨：关联词语残缺。应该在"能"前面加上"都"。

考题再现

【2021年·山东菏泽·单选】下列句子中，没有语病的一项是（　　）。

A.这场尚未完全消散的疫情，提升了公众的卫生习惯，戴口罩、勤洗手、常通风成为人们的共识

B.最近，有些地方发生了利用微信行骗的案件。骗子手段多种多样，诸如借口退税、中奖、发红包等为名的新型欺诈

C.对行星的探测和研究，既能够拓展和延伸人类活动的空间，也有助于解开地球自身的秘密，并对地球以外生命的寻找产生重要影响

D.在学习《荷塘月色》时，我们不就是重点阅读了文章景物描写的段落，着重分析了那些修辞手法的句子吗

【答案】C。解析：A项，"习惯"与"提升"搭配不当，应将"提升"改为"改变"。B项，"借口……为名"句式杂糅，应将"借口"改为"以"。C项句子没有语病。D项，成分残缺，应在"修辞手法"前加上"使用了"。

考点2　成分赘余

1.主语赘余

示例一：马金龙的成长和发展，使他认识到平凡人也可以做出不平凡的事情。

点拨：主语中心语"成长""发展"意义相近，应该删去"和发展"。

示例二：我们二年级的同学，在上课的时候，一般来说，我们都能认真听讲，遵守课堂纪律。

点拨：第二个"我们"是多余的主语，应该将其删去。

2.谓语赘余

有些句子中已经存在一个作谓语的动词或动词性词语，又加进一个动词或动词性词语作谓语，造成谓语赘余。

示例一：回到家乡已经四个多月过去了。

点拨：谓语"已经四个多月了"，结构和意思都很完整，应该删去"过去"。

示例二:他说的这句话包含有好几个意思。

点拨:谓语中心"包含"指"里边含有",与"有"意思重复,两者应删去其一。

示例三:读完这篇文章,读者就会被主题所感染,使读者感到余味无穷,不忍释手。

点拨:"使读者感到余味无穷,不忍释手"是承前省略主语的兼语短语作谓语,如果把主语补全,则是"读者使读者感到余味无穷,不忍释手",所以"使读者"是谓语的多余成分,应该删去。

3.宾语赘余

动词后本来有合适的宾语,还要加进不合适的词语,造成宾语有多余的成分。

示例:目前这一代中年高、中级知识分子,大都是中华人民共和国成立后成长起来的各条战线上的中坚和骨干,不少人担负着领导职务。

点拨:宾语中心"中坚""骨干"语意重复,应该删去"中坚和"。

4.定语及定语中心语赘余

示例一:他参加工作后,坚持上业余夜校,刻苦钻研业务技术,补习文化。

点拨:"夜校"即夜间上课的学校,多是业余学校,应该删去定语"业余"。

示例二:翻开科学史的记录可以看到,从天体运动规律的总结中得出了万有引力定律。

点拨:"科学史的记录"就是"科学史",应该删去中心语"的记录"。

5.状语赘余

示例:目前财政困难,有些问题短期内不可能很快解决。

点拨:"短期内不可能解决"和"不可能很快解决"意思一样,因此"短期内"和"很快"连在一起共同修饰"解决",语意重复,应该删去其一。

6.补语赘余

示例:从此以后,原来这个平静的家庭里,就不时发生出使人不安的怪事来。

点拨:"发生"就是出现,补语"出""来"多余,应该删去。

考题再现

【2018年·山东临沂·单选】下列句子中,没有语病的一项是(　　　)。

A."智能旅客安检系统"不仅使首都机场安检实现了智能化,而且提升了安全运行效率和旅客的满意,标志着机场安检进入新的时代

B.中方在叙利亚问题上,一贯秉持公正客观的立场,为叙利亚提供了大量人道主义援助,叙利亚各界对来自中国的友谊和帮助永远不会忘记

C.作为一个浦的名称,"博鳌"本义为"鱼类丰硕",早在宋代就有人在这里繁衍和居住,他们期盼这里"鱼多鱼肥",故名博鳌

D.在党中央坚强领导和全国大力支持下,海南经济特区坚持锐意改革,勇于实践,摆脱了传统经济体制束缚,经济发展取得了令人注视瞩目的成绩

【答案】B。解析:A项,搭配不当,"提升"和"满意"不能搭配,可将"满意"改为"满意度"。B项句子没有语病。C项,语序不当,应将"繁衍"和"居住"调换位置。D项,成分赘余,"注视"和"瞩目"语义重复,可删去"注视"。

考点3　搭配不当

搭配不当主要出现在主谓之间、动宾之间、修饰语与中心语之间等。常见的搭配不当类型及分析详见下表。

表1-14 搭配不当类型及分析

类型	类型分析
主谓搭配不当	主要表现为谓语不能陈述主语,有时主语或谓语由联合短语充当,其中一部分不能搭配
动宾搭配不当	主要表现为当动词带有两个或两个以上宾语时,部分宾语与动词搭配不当
主宾搭配不当	主要出现在由"是"充当谓语的句子中
修饰语与中心语搭配不当	主要表现为句子的定语、状语、补语与其修饰、限制的中心语搭配不当

示例一:机关考勤制度改革后,"一杯茶,一支烟,一张报纸看半天"的现象不见了,全勤的人数骤然增多,出勤率较前三个月有很大增加。

点拨:主谓搭配不当。主语"出勤率"与谓语"增加"搭配不当,应该把"增加"改为"提高"。

示例二:在市郊的每块土地上,都可以看到农民们愉快的笑脸和那"喔哝、喔哝"的赶牛的吆喝声。

点拨:动宾搭配不当。谓语动词"看到"只能与"笑脸"搭配,不能与"吆喝声"搭配,应该把"和"改为",听到"。

示例三:江西的瓷器是全国产量最高、质量最好的省份之一。

点拨:主宾搭配不当。主语"瓷器"与宾语"省份之一"搭配不当,可删去"省份之一"。

示例四:他把教室打扫得干干净净、整整齐齐。

点拨:修饰语与中心语搭配不当。谓语中心语"打扫"与其修饰语"整整齐齐"搭配不当,应该在"整整齐齐"前加上"收拾得"。

考题再现

【2019年·山东菏泽·病句修改】他十分重视对新干部的教育,对新干部的缺点错误及时进行帮助。

【参考答案】

他十分重视对新干部的教育,对新干部的缺点错误及时进行指正。(原句搭配不当)

考点4 语序不当

语序不当主要指句子中词语的顺序不合理或句子的顺序不符合逻辑、语法及习惯。

1.多层定语次序不当

多层定语与中心语的正确次序:

①表领属的或表时间、处所的;

②指称或表数量的;

③动词或动词性短语;

④形容词或形容词性短语;

⑤名词或名词性短语。

另外,带"的"的定语要放在不带"的"的定语之前。

示例:教我们体育的是国家队的(表领属)一位(数量词)有二十年教学经验的(动词短语)优秀的(形容词)篮球(名词)女教练。

2.多层状语次序不当

多层状语与中心语的正确次序:

①表目的、原因、时间、处所的介宾词语;

②先时间后处所;

③副词(表范围或频率);

④形容词或动词(表情态);

⑤表对象的介宾短语。

示例:许多老师昨天(何时)在休息室里(何地)都(范围)热情地(何种情态)同他(对象)交谈。

3.关联词语位置不当

复句中关联词语的语序分以下两种情况。

①同一主语,主语在前。格式:主语+前一关联词语+后一关联词语+(主语)。

②不同主语,关联词语在前。格式:前一关联词语+主语A+后一关联词语+主语B。

示例:

他因为优柔寡断,所以(他)错失了取胜良机。(同一主语)

因为他优柔寡断,所以整支队伍错失了取胜良机。(不同主语)

后一关联词语若为副词,则位于主语之后。

考题再现

【2019年·山东菏泽·病句修改】 广大青年表现出无比的勇于改革的热情。

【参考答案】

广大青年表现出勇于改革的无比的热情。(原句语序不当)

考点5 歧义

歧义是指一个句子存在两种或两种以上的解释的现象。常见的歧义类型及分析详见下表。

表1-15 歧义类型及分析

类型	类型分析
词的多义导致歧义	指由句子中的多义词或多义短语造成的歧义
停顿不同导致歧义	指由句子中停顿不明确(或句中可以有不同的停顿)而引起的歧义
指代不明导致歧义	指由句子中的指示代词或人称代词指代不明造成的歧义
修饰语修饰对象不明导致歧义	指由修饰语修饰的中心语不明造成的歧义

示例一:"依我看,这个考点最需要引起重视",张老师补充道。

点拨:词的多义导致歧义。"考点"既可以指"考试的地点",也可以指"考试的内容重点"。

示例二:物业工作人员通知失主9月10日前去物业办公室领取丢失物品。

点拨:停顿不明导致歧义。这句话可以理解为"9月10日之前去物业办公室",也可以理解为"9月10日当天去物业办公室"。

示例三:"有偿新闻"应当受到批评,这是极其错误的。

点拨:指代不明导致歧义。"这"可以指"有偿新闻",也可以指"'有偿新闻'应当受到批评"这件事。

示例四:两个单位的代表都来到了现场。

点拨:修饰语修饰对象不明导致歧义。"两个"既可以修饰"单位",也可以修饰"代表"。

考点6 句式杂糅

句式杂糅是指把两种不同的句法结构混杂在一起,造成结构混乱、语义不明的语法错误。常见的杂糅句式见下表。

表1-16 常见的杂糅句式

常见的杂糅句式	杂糅的两种句式
本着……为原则	本着……原则;以……为原则
是为了……为目的	是为了……;以……为目的
对于……问题上	对于……问题;在……问题上
原因是……造成的	原因是……;是由……造成的
借口……为名	借口……;以……为名
有/包括……组成	有/包括……;由……组成
靠的是……取得的	靠的是……;是通过……取得的
围绕以……为中心	围绕……中心;以……为中心
是由于……的结果	是由于……;是……的结果
大多以……为主	大多是……;以……为主
根据……显示	根据……;……显示

示例一:一部影视作品,要想有高的收视率或票房价值,作品本身要有质量和必要的包装宣传缺一不可。

点拨:"要有……"和"……缺一不可"两种句式杂糅,可删去"缺一不可"。

示例二:这些蔬菜长得这么好,是由于菜农们精心管理的结果。

点拨:"由于……"与"……的结果"两种句式杂糅,应该删去"由于"或"的结果"。

考题再现

1.【2019年·山东临沂·单选】下列句子中,没有语病的一项是(　　)。

A.最近纽约市颁布了一项禁令,关于禁止超市、流动贩卖车、电影院、熟食店等销售大剂量含糖饮料,以控制日益严重的肥胖现象

B."蛟龙号"载人深潜器,每年会有近5个月的时间执行深海资源勘察、环境勘探、海底生物研究等任务

C.近年来,我国在海外开展了形式多样的汉语教学、汉语推广等文化交流活动,促进了汉语国际传播,在世界主要国家和城市越来越受欢迎

D.青铜器馆门窗的构成是由磨砂板和防砸板两部分构成,磨砂板可隔绝紫外线,防砸板有强大的抗砸击功能,均按古建筑保护要求设计安装

【答案】B。解析:A项,句式杂糅,可删去"关于"或将原句改为"最近纽约市颁布了一项关于禁止超市、流动贩卖车、电影院、熟食店等销售大剂量含糖饮料的禁令,以控制日益严重的肥胖现象"。B项句子没有语病。C项,偷换主语,可将"开展了"改为"开展的"或在"促进"前加上"这些活动"。D项,句式杂糅,可将"青铜器馆门窗的构成是由磨砂板和防砸板两部分构成"改为"青铜器馆门窗由磨砂板和防砸板两部分构成"。

2.【2018年·山东聊城·单选】下列各句中,没有语病的一项是(　　)。

A.会议指出,要全力推动地籍管理和不动产登记工作再上新台阶,确保不动产统一登记制度全面落地,确保年底前全面完成"发新停旧"

B.博鳌亚洲论坛2018年年会围绕以"开放创新的亚洲,繁荣发展的世界"的主题进行深入探讨,同心协力,携手并进,创造亚洲乃至世界更加美好的未来

C.《不忘初心,继续前进》专题片展示了中国共产党人不忘初心、砥砺奋进的壮阔征程,生动讲述了激荡人心的中国故事

D.《中国制造2025》的11个配套实施方案,旨在为了充分发挥市场在资源配置中的决定性作用,提高资源配置效益

【答案】C。解析：A项,成分缺失,"发新停旧"后应加"的目标"。B项,句式杂糅,可删去"以"。C项句子无语病。D项,句式杂糅,应删去"为了"。

考点7　不合逻辑

不合逻辑主要考查对事理逻辑的分析能力。常见的不合逻辑类型及分析详见下表。

表1-17　不合逻辑类型及分析

类型	类型分析
一面对两面	主要特征是句子内容不能前后照应,句子的一部分内容涉及两个方面,而与之对应的另一部分内容却只涉及一个方面
自相矛盾	指前面的说法与后面的说法彼此冲突,主要涉及时间、数量、范围、动作、位置、状态等
主客颠倒	颠倒了主体和客体之间存在的主要与次要、认知与被认知、主动与被动等关系,造成表达的混乱
否定失当	主要原因是句中有多个否定词,多重否定失当导致与逻辑不符
并列不当	通常是由对词语所表达的概念内涵及概念间关系的误解造成的

◆◆ 知识拓展 ◆◆

在汉语词语中,有些词语只有"一面"的意思,可以是正面的,例如:高、优、是、应该;可以是反面的,例如:低、劣、不是、不应该。还有一些词语兼有正反两方面的意思,例如:高低、优劣、是否、应不应该。但还有一类词虽然看似是"一面"的,实际上却是"两面"的,这类词可以称为"隐形两面词",例如:作用、影响、质量、信誉。"作用""影响"可以是积极的也可以是消极的,"质量"包含"高"和"低"两个方面的意义,"信誉"可以好,也可以不好。

例如:质量是工程的生命,细心是质量的保障。对工程施工是否认真负责,直接关系到工程的质量,我们要深思而慎为。

从表面看,该语句第二句的前半部分出现了两面词,后半部分没有两面词,存在一面、两面照应不周的问题,但"质量"一词在日常语言生活中包含"高"和"低"两个方面的意义,内涵比较丰富。所以,这个句子在内容上并无问题,听话人和说话人之间不会产生误会,不应当被看成病句。

示例一:司法腐败导致对有权势的罪犯的庇护,而贪污、受贿等职务犯罪的构成要件是当事人是否有职权。

点拨:一面对两面。"构成要件"与"是否"属于一面对两面,应该删去"是否"。

示例二:这个峡谷至今仍是个谜,听老人们说,那里从来都没有人能进去,进去的人从来就没有能活着回来的。

点拨:自相矛盾。既然"从来都没有人能进去",那就不可能有"进去的人从来就没有能活着回来的"这种情况。

示例三:在那个时候,报纸与我接触的机会是很少的。

点拨:主客颠倒。主体应该是"我",后半句可以改为"我与报纸接触的机会是很少的"。

示例四:为了防止不再发生类似事故,领导制定了一系列切实加强安全保卫工作的措施。

点拨:否定失当。"防止""不"双重否定表肯定,与句子要表达的意思相反,应该删去其一。

示例五:展望21世纪,中国文化和东方文化的伟大复兴,必将改变西方文化片面主宰世界的格局。

点拨:并列不当。"中国文化"属于"东方文化",二者不能并列。

【2019年·山东东营·多选】下列句子中,存在语病的有(　　　)。

A.这个文化站已成为教育和帮助后进青年,挽救和培养失足青年的场所,多次受到表彰

B.这起案件从立案调查到法院审判,先后完成了立案、结案、调查、移送、起诉、判决等一系列法定程序,办案时间大大缩短,效率显著提高

C.第三支柱与常见的居民储蓄存款不同,它通过激励与约束机制,将储蓄形成的"短钱"变成养老所需的"长钱"

D.电脑的作用十分广大,特别是它已成为一种获取知识的重要来源

【答案】ABD。解析:A项,不合逻辑,可将"和培养"删去。B项,语序不当,第二个"调查"与"结案"应调换顺序。C项句子没有语病。D项,搭配不当,可将"十分广大"改为"很大"。

第七节　标点符号

一、标点符号的作用和分类

标点符号是辅助文字记录语言的符号,是书面语的有机组成部分,用来表示停顿、语气或词语的性质和作用。它具有表情达意的功能,能帮助我们分清句子的结构,辨明不同语气,准确理解语意。

常用的标点符号有17种,分为点号和标号两类。

表1-18　常用标点符号与分类

标点	作用	分类
点号	点断,表停顿,句末点号兼表语气	句末点号:用在句末,表示句末的停顿,同时表示句子的语气。有句号、问号、叹号3种。 句内点号:用在句内,表示句内各种不同性质的停顿。有逗号、顿号、分号、冒号4种
标号	标明词语或句子的性质和作用	常用的标号有10种:引号、括号、破折号、省略号、着重号、连接号、间隔号、书名号、专名号、分隔号

二、常见标点符号的用法

常见的标点符号有句号、问号、叹号、顿号、逗号、分号、冒号、引号、破折号、括号、省略号、书名号和间隔号。

考点1　句号的用法

1.句号的普通用法

句号常表示陈述句末尾的停顿。例如:春天的百花送来了浓香。

2.句号的特殊用法

①祈使句末尾,表示舒缓语气用句号。例如:请您再说一遍。

②感叹句末尾,表示舒缓语气用句号。例如:夜正长,路也正长,我不如忘却,不说的好罢。

考点2　问号的用法

问号主要表示句子的疑问语气。

1.问号的普通用法

①疑问句末尾用问号。例如:请问你在找谁?

②反问句的末尾和设问句中问句的末尾用问号。反问句和设问句都是无疑而问,前者只问不答,要表达的意思已包含在问句里;后者自问自答,以期引起读者注意,但二者均表疑问语气。例如:

美丽的上海难道不像一颗光彩夺目的明珠?(反问句)

是什么造就了他的辉煌?是他坚定的信念。(设问句)

③用肯定否定并列形式的提问格式表示的较委婉的祈使语气,句末也可用问号。例如:请给老人让个座,好不好?

2.问号的特殊用法

①倒装问句,问号应该放在句末。例如:怎么了,你?

②连续问句,各问句后均用问号。连续发问的问句,每句都要回答(设问、反问等属于明知故问,不需要回答),所以每句都要使用问号。例如:什么?你再说一遍!人救出来了?我弟弟呢?也救出来了?

③选择问句,全句末尾要用问号,中间各选择项后面要不要用点号,用什么点号,要根据具体情形确定。

第一,如果选择问句本身不长,选择项之间几乎没有停顿,句中选择项之间就不用点号。例如:你是吃食堂还是自己做饭?

第二,如果选择项之间有停顿,选择项之间一般用逗号不用问号,全句末尾才用问号。例如:是节省点钱坐火车呢,还是为争取时间坐飞机?

第三,如果为了强调,罗列较多的选择项,且每一项都具有独立性,那么每项之后都可以用问号。例如:这是什么?新式武器试验场?国防设施的伪装?中国人修筑的马其诺防线?抑或又一条长城?他们愕然了。

易错提示

有的句子里虽含有疑问词,但并非真正发问,而是表达一种陈述语气,因而不能用问号。例如:我怎么知道你是谁。

考题再现

【单选题】下列句子中,标点符号使用正确的一项是( )。

A."这究竟是怎么一回事呢?同志们。"队长严肃地对大家说。

B.基础知识到底扎实不扎实?这对以后的继续深造有着重要的影响。

C.我正准备给爷爷理理发,爷爷却笑了:"你?笆帚疙瘩戴帽子——充人哩!"

D.明天去呢?还是后天去呢?她实在拿不定主意了。

【答案】C。解析:A项中引号内的句子是完整的一句话,用来表示队长的疑问,因此要将问号改为逗号,并将"同志们"之后的句号改为问号。B项全句是陈述语气,应将问号改为逗号。C项标点符号使用正确。D项是选择问句,第一个问号应改为逗号。

考点3　叹号的用法

叹号主要表达句子的感叹语气。

1.叹号的普通用法

叹号常用来表示感叹句末尾的停顿。例如:为祖国的繁荣昌盛而奋斗!

2. 叹号的特殊用法

①语气强烈的祈使句末尾用叹号。例如：你给我出去！

②语气强烈的反问句末尾用叹号。例如：我哪里比得上他呀！

易错提示

主语、状语等成分倒置，以及呼语在句末的感叹句，叹号不能用在句中，必须放在句末。例如：

1. 多美啊，黄山的风景！（主谓倒装）

2. 歌唱吧，为迎接这辉煌的胜利！（状中倒装）

3. 再见，妈妈！

两个叹词连用，一般只在后面一个叹词后用叹号（①句），也有在两个叹词后面都用叹号的（②句）。例如：

①"啊，啊！"伊又吃了惊，觉得全身的毛孔中无不有什么东西飞散，于是地上便罩满了乳白色的烟云，伊才定了神，那个小东西也住了口。

②"救命啊！救命啊！"声声凄惨的呼喊声，消失在夜幕降临的响水县境398公路上。

有人会连用两三个叹号。其实表达强烈的感情主要应该靠句子里的词语，不宜靠叠用叹号，所以一般叹号不宜叠用。

考点4　顿号的用法

顿号表示语段中较短的并列词语之间或某些序次语之后的停顿。

1. 顿号的普通用法

顿号的普通用法包括以下两个方面。

①句子内部并列的词语之间用顿号。例如：作家、画家、音乐家等从事创作性工作的人往往对政治乃至于宗教，都有广泛的兴趣。

②句子内部并列的短语之间用顿号。例如：懂文明、讲礼貌、知礼仪是少先队员应有的美德。

2. 使用顿号的注意事项

使用顿号时应注意以下诸多方面的内容。

①有的并列词语联系紧密又为人们所熟知，读时不需停顿，并列词语之间也不需要用顿号。例如："工农业""指战员""科学技术""青红皂白""师生""父母""兄弟姊妹""教职员""男女老少""沉着勇敢"。

②表示概数的两个数字在语音上没有停顿，不用顿号。例如：我刚要跨进大门，就被一个十二三岁的女孩子捉住了。

不表示概数，而表示相邻的两个数字的缩略形式，中间要用顿号。例如：中国的二、三线城市中，有许多城市都十分适宜人类居住。

③并列词语的末尾带有"啊""哇""啦"等语气助词时，并列成分之间用逗号，不用顿号。例如：妈妈经常讲她的纺线啊，织布啊，做军鞋啊。

④标题中有并列词语的，中间一般不用顿号。例如：

小政府　大市场

——海南省体制改革需要进一步完善

⑤并列的词组较长、停顿较大的，不用顿号，而用逗号。例如：情况的了解，任务的确定，兵力的部署，军事和政治教育的实施，给养的筹划，装备的整理，民众条件的配合等，都要包括在领导者们的过细考虑、切实执行和检查执行程度的工作之中。

⑥并列成分作补语且需要强调时，并列成分之间用逗号，不用顿号。例如：那种叫"水晶"的，长得长长的，绿绿的，晶莹透明，真像是用水晶和玉石雕刻出来似的。

⑦并列成分作定语,不论结构简单还是复杂,字数多还是少,一般都用顿号表示停顿。例如:他身上透露出一股意气风发、斗志昂扬的精神。

⑧并列成分作状语时,如果并列成分都是单词或成语,它们之间用顿号;如果并列成分是介宾结构,它们之间用逗号。例如:他们在朦胧的夜色中,在大青树下,在纺车旁边,用传统的诗一般的语言倾吐着彼此的爱慕和理想。

⑨并列成分作谓语时,如果并列成分是主谓结构,那么并列成分之间用逗号;如果几个并列动词同作并列谓语共带一个宾语,那么动词之间要用顿号。例如:

A.她衣服新潮夺目,头发齐耳根长,走起路来风风火火,讲起话来大声大气。

B.上海丰康科技开发有限公司全体科研人员研制、推出了世界首创的丰康牌"神奇诱鼠剂"和"非粮灭鼠饵料",这两项科研成果已申请了专利,同时通过了浙江省科委组织的科技鉴定。

⑩并列的词或词组作复指成分(即两个以上的词或词组用作一个句子的同一成分时,同指一种事物。复指成分有三种:称代复指、重叠复指、总分复指)时,并列成分之间用逗号,不用顿号。例如:李有才常说:"老槐树底下的人只有两辈……一个'老'字辈,一个'小'字辈。"

但不是所有的并列结构作复指成分时中间都用逗号,由词或简单的词组充当并列成分的用顿号。例如:抗战、团结、进步,这是共产党在去年"七七"纪念时提出的三大方针。

⑪并列结构内部又包含并列词语时,为了分清层次,有些用顿号的地方就可递升为逗号。例如:过去、现在、未来,上下、左右,中国、外国,都是互相联系、互相影响、互相制约的。

考题再现

【单选题】下列句子顿号使用恰当的一项是(   )。

A.原子弹、氢弹的爆炸,人造卫星的发射和回收,标志着我国科学技术的发展达到了新的水平。

B.那个时候,他还只是一个十二、三岁的孩子,懂得什么。

C.可是更妙的是三、五月明之夜,天是那样的蓝,几乎透明似的。

D.你要好好学习英语、或者日语。

【答案】A。解析:A项句子顿号使用无误。B项,"十二三岁"表概数,不能用顿号隔开。C项,"三五月明之夜"意为"十五月明之夜",是约定俗成的表达方式,不可用顿号。D项,顿号之后已经有了"或者",不可再用顿号。

考点5　逗号的用法

逗号主要用于表示句子内部的一般性停顿。

1.用在复句内的分句之间
例如:阅读使人充实,会谈使人敏捷,写作使人精确。

2.用在两个句法成分之间
例如:

一位到广州旅游的美籍华人,被广州交通运输职工医院的青年外科医生治好了多年的疾患。(主谓之间,主语较长)

梦,就是理想。(强调主语)

应当清醒地看到,当前在各个方面我们都还存在不少需要花很大力气才能解决的问题。(动宾之间,宾语较长)

我的日本朋友告诉我,樱花一共有300多种,最多的是山樱、吉野樱和八重樱。(双宾语之间,远宾语是复句形式)

在使用汉字的非汉语国家中,汉字实际上发挥了一种超语言的作用。(句首状语之后)

出来吧,你们! (倒装的主语、谓语之间)

房后河边上有许多好看的石子儿,红的,黄的,粉的。(倒装的定语和中心语之间)

许多外国朋友来到桂林游览,从伦敦,从纽约,从巴黎,从世界各地。(倒装的状语之前)

3.用在独立语的前面或后面,或者前后都用

例如:

这个孩子的嘴多巧,你听。

对于我来说,生命的意义在于设身处地替人着想,忧他人之忧,乐他人之乐。

在列宁诞生后的第二年,即1871年,出现了英勇的巴黎公社起义。

4.用在较长的并列短语之间

例如:科技的发展,经济的振兴,乃至整个社会的进步,都取决于劳动者素质的提高,大量合格人才的培养。

句中可以用逗号表示停顿的地方虽然多,但也不是任何句中的停顿都可以用逗号。下列句中的逗号就用得不妥当。例如:

A.团长把桌上的蜡烛,移到正注视着军用地图的师长面前去。

B.这些谬论都已经被我国各项建设事业的胜利,驳斥得体无完肤。

C.我们必须鼓励,青年工人利用一切现有的条件提高自己的技术水平。

例A和例B,分别用介词"把""被"组成介词短语作状语,这里状语和中心语联系紧密,一般不用逗号点断。例C,动词"鼓励"与兼语"青年工人"之间并无停顿,不应该用逗号点断。

考点6 分号的用法

分号主要用于多重复句中,起分清层次的作用。

①表示并列关系的分句之间的停顿。例如:语言文字的学习,就理解方面说,是得到一种知识;就运用方面说,是养成一种习惯。

②表示非并列关系(如转折、因果、条件等)的多重复句中第一层分句的前后两部分之间的停顿。例如:我国年满18周岁的公民,不分民族、种族、性别、职业、家庭出身、宗教信仰、教育程度、财产状况、居住期限,都有选举权和被选举权;但是依照法律被剥夺政治权利的人除外。(转折关系)

③单句中分行列举的各项之间的停顿要用分号。例如:

注意事项:

(一)勤洗手;

(二)勤洗衣服;

(三)勤晒被褥。

以下为不该用分号而用了分号或该用分号而未用分号的例子。

A.他到处收集有关资料,对收集到的资料进行认真的分析;不拘泥于前人的说法,终于有了新的发现。

B.春天,他们播种。秋天,他们收获。

例A句子之间不存在并列关系,应将分号改为逗号。例B"播种"后用的句号割断了本来关系密切的并列关系,应将句号改为分号。

易错提示

顿号VS逗号VS分号

1.停顿的时间:顿号最短促,逗号其次,分号最长。

2.两个表示并列的分句,如果每个分句内已有逗号,则分句之间必定用分号。

例如:人的一生,总是在不断地尝试,尝试拥有,尝试放弃,人的一生,又始终在不断地追求,追求自由,追求幸福。

点拨:两个"人的一生"引领的是两个并列的分句,因而第二个"人的一生"前面的逗号应改为分号。

例如:近年来,随着经济的发展,城市的扩大,人口的猛增和人们生活质量的提高,城市垃圾不断增加,"城市垃圾处理"已成为环境保护的一大难题。

点拨:"经济的发展""城市的扩大""人口的猛增和人们生活质量的提高"之间是并列关系,因此"发展"和"扩大"后面的逗号应改为顿号。

并列的词或短语在句中作不同成分时,并列的词或短语间应使用不同的标点。

1.并列的词或短语作定语时,并列的词或短语间用顿号。

示例:东面、西面、南面的城墙都围着杂草。

注意:并列的词和短语间有"啊""啦""哈"等语气词时,要用逗号。

示例:城墙的东面啊,西面啊,南面啊都围着杂草。

2.并列的词或短语作谓语、补语表强调时,并列的词或短语间用逗号。

示例:围着城门的东面、西面、南面的杂草长得高,壮,密。

考点7 冒号的用法

冒号表示提示下文或总结上文的停顿。其基本用法有以下几种。

①用在书信、发言稿开头的称呼语后面,表示引起下文。

②用在总说语之后,让读者注意下文将要分项来说。例如:词语不规范,大约有三方面的原因:(一)古语的原因;(二)方言的原因;(三)外语的原因。

③用在总括语之前以总结上文。例如:行动,要靠思想来指导;思想,要靠行动来证明:思想和行动是紧密相连的。

④用在"说""证明""例如""如下"等动词之后,表示引起下文。例如:这一事实证明:人能创造环境,环境也同样能创造人。

⑤用在需要解释的词语或分句之后。例如:三七:中药名,即田七。

⑥时、分、秒的分隔符号用冒号。例如:08:00(8时)、14:12:36(14时12分36秒)。

易错提示

使用冒号要注意三点:第一,没有比较大的停顿不要用冒号;第二,冒号一般管到句终;第三,"即"和冒号一般不能同时使用。以下句子中的冒号使用错误。

1.周工程师召集各车间的主任开会,讨论:如何完成本月生产任务的问题。

2.艾滋病的传播途径有:性传播、血液传播、母婴传播,日常接触是不会传播艾滋病的。

3.各大城市将在国庆黄金周放映以下优秀影片:即《风暴》《青春之歌》《林则徐》。

考题再现

【单选题】下列句子中,冒号使用有误的一项是(   )。

A.记者在采访中发现:暑期培训班火爆,不少孩子在一天中要连续上几个培训班,接受舞蹈、绘画、英语等培训,大多数孩子觉得疲惫不堪,有的甚至宁愿不放假。

B.北京紫禁城有四座城门:午门、神武门、东华门、西华门。

C.李老师说了一句:"年幼时的承诺就像风,有时风会把承诺吹破,破了,就让它落在任意一个曾经有风的地方吧……"

D."这一仗,"李云龙掷地有声地说:"我们独立团打定了!"

【答案】D。解析:A、B、C三项句子中的冒号均使用无误。D项,话没说完,插在中间的"某某说"后不用冒号,而用逗号。

考点8 引号的用法

引号主要标示语段中直接引用的内容或需要特别指出的成分。其基本用法有以下几种。

1.表示行文中引用的话

①直接引用是直接引述别人的原话,引文完整独立,需要加冒号和引号,句末点号在后引号内。例如:他说:"应该像一个战士一样,在自己的岗位上坚持到最后一天。"

②间接引用是用自己的话转述别人的话,也叫意引,即只引用了大概意思,不是完整引用,引号和冒号都不用加。例如:他曾经说过,要像战士那样在自己的岗位上坚持到最后。

③部分引用的引文不独立,只在句子中充当句子成分,使用时需要加引号,有以下两种情况。

第一,全句在引文后不需停顿的,引文末尾不用点号(问号、叹号可保留),例如:我很赞成他"坚持到最后"的观点。

第二,全句在此处需停顿的,点号在引号外,例如:我记得他说过要"坚持到最后"。

2.表示着重论述的对象

例如:"小"和"大"比较起来,"小"总是被人轻视的。

3.表示特殊含义

例如:在日本,常常是一个聪明人领着99个"笨拙的傻瓜"拼命地干。99个"傻瓜"没有创新精神,但是,有实干精神。

4.表示特定称谓

例如:近现代考古学家将这些具有不同文化特征的远古人类居住地,以"石器时代文化"来命名。

5.表示讽刺和否定

例如:还有几位"大师"们捧着几张古画和新画,在欧洲各国一路的挂过去,叫作"发扬国光"。(鲁迅《拿来主义》)

◆◆◆◆◆ 知识拓展 ◆◆◆◆◆

不同位置"某某说"后点号的使用

"某某说"处在句子的不同位置,其后所用标点是不同的。这里我们介绍三种情况,并以茅盾先生的名作《林家铺子》中的句子举例。

①引语前面的"某某说"后应用冒号。例如:林小姐哭丧着脸说:"妈呀,全是东洋货!明儿叫我穿什么衣服?"

②引语中间的"某某说"后应用逗号。例如:"妈呀,"林小姐哭丧着脸说,"全是东洋货!明儿叫我穿什么衣服?"

③引语后面的"某某说"后应用句号。例如:"妈呀,全是东洋货!明儿叫我穿什么衣服?"林小姐哭丧着脸说。

考点9 破折号的用法

破折号主要标示语段中某些成分的注释、补充说明或语音、语义的变化。其基本用法有以下几种。

①表示文中解释说明的语句。例如:

地球上最高的山峰——珠穆朗玛峰,是喜马拉雅山的主峰。

细细的秋雨——大约是今年的最后一场了吧——在窗外静静地飘洒着。

②语意的转换、跃进或语音的中断、延长。例如:

我看你的性情好像没有大改,——鲁贵像是个很不老实的人。(表语意转换)

"团结——批评——团结",是解决人民内部矛盾的正确方针。(表语意跃进)

鲁大海:……你叫警察杀了矿上许多工人,你还——(表语音中断)

"嘟——"火车进了站。(表声音延长)

③事项列举分承,各项之前也用破折号。例如:

根据研究的对象的不同,环境物理学分为以下五个分支学科:

——环境声学;

——环境光学;

——环境热学;

——环境电磁学;

——环境空气动力学。

④文章的副标题之前可用破折号,起注释作用。例如:

光辉的知识分子形象

——谌容和她的《人到中年》

考点10　括号的用法

括号主要标示语段中的注释内容、补充说明或其他特定意义的语句。

1.括号的普通用法

①表示文中的注释或补充。例如:公元661年,穆阿维叶建立了阿拉伯帝国,史称倭马亚王朝(中国史籍称"白衣大食")。

②用在序次语的外面。例如:(一)(二)(三),(甲)(乙)(丙)。此类情况下,括号和顿号的作用相同,括号后不能再用顿号。

2.括号的特殊用法

①句内括号指注释或补充说明句子中一部分词语的括号,用在被注释、被补充的词语后。括号内如果是词语不用点号,如果是句子不用句末点号(若是问号、感叹号可保留);如要在被注释、被补充的词语后加点号,点号应放在后括号外。例如:可以说,除了诗(因为诗是最难翻译的),雨果的重要作品(小说和剧本)大都有了中文译本。

②句外括号指注释或补充说明全句内容的括号。放在被注释、被补充的句子末尾的点号后。括号内若是句子,后括号前应保留句号等点号,有几个句子则加几处句末点号;后括号外不能再加句末点号。例如:各国人民间的和平万岁!(长时间的鼓掌)打倒战争挑拨者!(全场起立。热烈的经久不息的掌声,转为欢呼。)

易错提示

括号VS破折号

同为注释作用时,两者的区别在于以下几点。

1.较重要的内容用破折号,一般的内容用括号。

2.用破折号标示的内容是正文的一部分,朗读时必须念出来;用括号标示的内容是辅文,朗读时不念出来,也不会影响语句的完整。

例如:许多海洋植物——如海带、海藻等——是营养丰富的食物,有的还是重要的工业原料。

点拨:"如海带、海藻等"是对"许多海洋植物"的举例注释,属于辅文内容,朗读时可不念出来,故此处的破折号应该改为括号。

考点11　省略号的用法

省略号主要标示语段中某些内容的省略及意义的断续等。

1.省略号的普通用法

①表示引文、列举的省略。例如：一首歌这样唱道："钢筋和水泥丛生在田野里,纯真即将荒芜在这城市里……"

②表示话说得断断续续。例如：他暴跳如雷道："你……你敢!"

③表示思维的进行或跳跃。例如："你读过书,……我便考你一考。"

④表示语意未尽。例如：想着想着,我的心里,好像有一颗种子在生根、发芽……

2.省略号的特殊用法

①省略号的前面是一个完整的句子时,一般要先在句末加上标点符号,后用省略号。例如：他就这么走了,再也没有回来。……

②省略号不能与"等""等等"同时使用。当列举的各项和省略的部分共同充当某一词语的修饰限制成分时,省略时只用"等",不用省略号。例如："新时期文学"以来,小说、散文、诗歌、报告文学等评奖活动,从国家到地方评过几次?

③省略号后面一般不再加点号,但有时为了分清结构,表示不与下文相混,也可加点号。例如：现在创作上有一种长的趋向：短篇向中篇靠拢,中篇向长篇靠拢,长篇呢? 一部,两部,三部……。当然,也有长而优、非长不可的,但大多数是不必那么长,确有"水分"可挤。

考题再现

【2021年·山东菏泽·单选】下列句子中,标点符号使用错误的一项是(　　　　)。

A.电影《夺冠》中,教练袁伟民"中国女排,没有你,没有我,只有我们!"这句喊话,折射出祖国至上、团队协作、顽强拼搏的女排精神。

B.选取优秀时评作为学习材料,从"道"的层面讲,有利于落实"立德树人"这一根本任务;从"术"的层面说,能够提高同学们写作议论文的能力。

C."寒门贵养"究竟是不是洪水猛兽? 其实,问题的答案,取决于前提的解释。

D.2021年5月22日,"杂交水稻之父"袁隆平病逝,举世悲痛。他研究的杂交水稻已在印度、越南、菲律宾、美国、巴西……等国大面积种植。

【答案】D。解析：A、B、C三项标点符号使用均正确。D项,省略号和"等"不能连用,应删去省略号。

易错提示

破折号VS省略号

破折号和省略号都可表示话语中断,区别是破折号表示话语戛然而止,省略号则表示余音未尽。

省略号一共有六个小圆点。有时省略的是一整段或几段文字,就用十二个小圆点表示,这时省略号要单独成行,不顶格。

考点12　书名号的用法

书名号主要标示语段中出现的各种作品的名称。其基本用法有以下几种。

①书名与篇名连用时,先写书名,后写篇名,中间用间隔号,然后加上书名号。例如：《释名·释典艺》。

②书名、报名、刊名、篇名、剧名等简称时仍用书名号,不用引号。例如：《教育心理学概论》简称《心理学》。

③书名里面还要用书名号时,外面用双书名号,里面用单书名号。例如：《新解〈红楼梦〉》。

④书名号用来标明书名、报名、期刊名、篇章名、剧目名、歌曲名、雕塑名和法规文件等各种通过文字、声音、图像等表现的作品名称;而网站名、专栏名、专题名、单位名等名称不能用书名号标示(为了表意明确可加引号)。例如：

《文学报》每周四在上海出版,面向海内外发行。

某阅读网站设立"世间之事,经验之谈"专栏,专注提供有趣、有益的非虚构内容。

考点13 间隔号的用法

间隔号标示某些相关联成分之间的分界。其基本用法有以下几种。

①标示外国人名或少数民族人名内部的分界。例如:威廉·莎士比亚;尼格买提·热合曼。

②标示书名与篇(章、卷)名之间的分界。例如:《诗经·卫风》。

③标示词牌、曲牌与题名之间的分界。例如:《永遇乐·京口北固亭怀古》。

④用在充当标题或栏目名称的并列词语之间。例如:《狗·猫·鼠》。

⑤以月、日为标志的事件或节日,用汉字数字表示时,只在一、十一和十二月后用间隔号;当直接用阿拉伯数字表示时,月、日之间均用间隔号。例如:"一二·九"运动;"9·11"恐怖袭击事件。

第八节 常用辞格

辞格也称"修辞格""修辞方式""修辞格式",是在语境里巧妙运用语言而构成特有模式以提高表达效果的特定格式。辞格多种多样,各有其特点和表达效果。按不同的标准有不同的分法,从大类到小类,有同有异。常见的辞格包括比喻、比拟、借代、夸张、双关、反语、顶真、排比、对偶、反复、反问、设问、映衬、对比、通感等。

考点1 比喻

1.比喻的含义及作用

比喻就是打比方,是用本质不同又有相似点的甲事物描绘乙事物或用甲道理说明乙道理的辞格,也叫"譬喻"。比喻里被比方的事物叫"本体",用来打比方的事物叫"喻体",联系二者的词语叫"喻词"。本体和喻体必须是性质不同的两种事物,利用它们之间某些相似点来打比方,就构成了比喻。

比喻的作用有三:一是使深奥的道理浅显化,使人更容易理解;二是使抽象的事物具体化,让人更容易接受;三是使概括的东西形象化,给人鲜明的印象。

2.比喻的基本类型

根据构成要素(本体、喻体、喻词)的不同,比喻可分为明喻、暗喻、借喻三大类。三种比喻各有特点,详见下表。

表1-19 比喻的基本类型

类型	形式	成分			示例
		本体(甲)	喻词	喻体(乙)	
明喻	甲像乙	出现	像、好像、似、好比、犹如、有如、如、仿佛、像……一样(一般、似的)	出现	收获的庄稼堆成垛,像稳稳矗立的小山。
暗喻	甲是乙	出现	是、变为、变成、成为、等于	出现	马克思主义和中国革命的关系,就是箭和靶的关系。
借喻	乙代甲	不出现	(无)	出现	鲁迅在一篇文章里,主张打落水狗。他说,如果不打落水狗,它一旦跳起来,就要咬你,最低限度也要溅你一身的污泥。

【2019年·山东东营·多选】下列句子中,运用了借喻修辞手法的有(   )。

A.六月的天,就像孩子的脸,说变就变

B.群众是汪洋大海,个人只不过是其中的一滴水

C.如果不打落水狗,它一旦跳起来,就要咬你,最低限度也要溅你一身的污泥

D.我们应该禁绝一切空话。但主要的和首要的任务,是把那些又长又臭的懒婆娘的裹脚,赶快扔到垃圾桶里去

【答案】CD。解析:借喻是比喻的一种,是以喻体来代替本体,本体和喻词都不出现,直接把甲(本体)说成乙(喻体)。A项,将"六月的天"(本体)比作"孩子的脸"(喻体),是明喻。B项,将"群众"(本体)比作"汪洋大海"(喻体),将"个人"(本体)比作"大海里的一滴水"(喻体),是暗喻。C项,以"落水狗"比喻挨了打的敌人,是借喻。D项,以"懒婆娘的裹脚"比喻冗长而空洞的文章,是借喻。

考点2　比拟

1.比拟的含义及作用

比拟就是把物当作人来写、把人当作物来写或把甲物当作乙物来写的辞格。被比拟的事物称为"本体",用来比拟的事物称为"拟体"。其形式特点是将事物"人化",或将人"物化",或将甲物"乙物化"。

比拟具有思想的跳跃性,能使读者展开想象的翅膀,捕捉它的意境,体味它的深意。正确运用比拟,可以使读者不仅对所表达的事物产生鲜明的印象,而且可以感受到作者对该事物的强烈感情,从而引起共鸣。运用比拟表现喜爱的事物,可以把它写得栩栩如生,使人倍感亲切;表现憎恨的事物,可以把它写得丑态毕露,使人产生强烈的厌恶感。

2.比拟的基本类型

比拟分为拟人和拟物两大类,详见下表。

表1-20　比拟的基本类型

类型	形式	示例	分析
拟人	把物当作人	海睡熟了。大小的岛拥抱着,偎依着,也静静地恍惚入了梦乡。星星在头上眨着慵懒的眼睑,也像要睡了。(鲁彦《听潮》)	把"海""岛""星星"人格化,使它们具有人的思想感情、动作情态,借以表现大海由动到静的相关情态
	把抽象概念拟人化	真理总是悄悄地走进勇敢者的心间,向他昭示智慧的魔力。	"真理"是抽象概念,赋予它以人的动作后,其形象变得生动活泼,具体可感
拟物	把人当作物	那肥大的荷叶下面,有一个人的脸,下半截身子长在水里。那不是水生吗?(孙犁《荷花淀》)	把人当作植物来写,使人的下半截身子"长在水里",形如荷梗,显得生动形象
	把甲物当作乙物	沙漠竟已狂虐到了这样地步,它正在无情地吞噬着一座孤立的大山!(玛拉沁夫《沙漠,我将不再赞美你》)	把沙漠当作生物来描写,所以"沙漠"能"狂虐",能"吞噬"大山

考点3　借代

1.借代的含义及作用

借代,也叫换名,是指不直接说出所要表述的人或事物,而用与其相关的事物来指代的辞格。被指代的事物为"本体",用来指代的事物为"借体"。借代强调两事物之间的相关点。

2.借代的基本类型

借代主要包括五种基本类型,详见下表。

表1-21　借代的基本类型

类型	示例	分析
特征、标志代本体	你们这一车西瓜，也不必过秤，一百张"大团结"，我们包圆儿了。（刘绍棠《柴禾妞子》）	用"大团结"指代一张10元的人民币
专名代泛称	中国人民中间，实在有成千成万的"诸葛亮"，每个乡村，每个市镇，都有那里的"诸葛亮"。（毛泽东《组织起来》）	用"诸葛亮"指代有智慧的人
具体代抽象	马之悦鬼着哪，连替中农说几句公道话都是前怕狼后怕虎的，唯恐丢了乌纱帽。（浩然《艳阳天》）	以"乌纱帽"指代官职
部分代整体	我还向他们一再言明，有人敢拿百姓一针一线的，只杀勿赦。（姚雪垠《李自成·第二卷》）	以"一针一线"指代财物
结果代原因	孔乙己一到店，所有喝酒的人便都看着他笑，有的叫道："孔乙己，你脸上又添上新伤疤了！"（鲁迅《孔乙己》）	"添上新伤疤"是被打的结果

考点4　夸张

1.夸张的含义及作用

夸张是指故意言过其实，对客观的人或事物作扩大、缩小或超前描述的辞格。它对事物某方面的特征加以合情合理地渲染，给人以虽不真实，却胜似真实的感觉。

夸张的作用主要表现为以下两点。

①深刻地表现出作者对事物鲜明的感情态度，从而引起读者的强烈共鸣。

②通过对事物的形象渲染，可以引起人们丰富的想象，有利于突出事物的本质和特征。

2.夸张的基本类型

夸张可分为扩大夸张、缩小夸张、超前夸张三种基本类型，详见下表。

表1-22　夸张的基本类型

类型	示例	分析
扩大夸张	泰山小啊天山低，顶天立地的向秀丽！（贺敬之《向秀丽》）	"泰山"与向秀丽相比显得小，"天山"与向秀丽相比显得低，凸显了向秀丽高大无比的形象
缩小夸张	红军不怕远征难，万水千山只等闲。五岭逶迤腾细浪，乌蒙磅礴走泥丸。（毛泽东《七律·长征》）	把五岭山脉看作"细浪"，把乌蒙山脉视为"泥丸"，极言其小以凸显红军形象的高大
超前夸张	看见这样鲜绿的苗，就嗅出白馒头的香味儿来了。	"看见这样鲜绿的苗"，就"嗅出白馒头的香味儿"，故意把未出现的事说成已出现的事

考点5　双关

1.双关的含义及作用

双关是指利用语音或语义条件，有意使语句同时关顾表面和内里两种意思，言在此而意在彼的辞格。

恰当地运用双关手法，一方面可使语言幽默，饶有风趣；另一方面也能适应某种特殊语境的需要，使语言表达含蓄曲折、生动活泼，以增强文章的表现力。

2.双关的基本类型

双关可分为谐音双关和语义双关两类，详见下表。

表1-23　双关的基本类型

类型	示例	分析
谐音双关	洋贵妃醉酒(《工人日报》摄影标题)	标题是指美国夏威夷大学演出团用英语表演的京剧《杨贵妃醉酒》,"洋贵妃"与"杨贵妃"谐音双关
语义双关	新事业从头做起,旧现象一手推平。(某理发店春联)	"从头做起"和"一手推平"语义双关。该春联表面上讲的是理发,实际寄托着人民群众除旧布新的愿望

易错提示

借喻和语义双关

1.借喻是以喻体代本体,说的是喻体事物,要表达的是本体事物,是比喻与被比喻的关系,目的在于把抽象深奥的事物表达得具体、生动、简洁。

2.语义双关表达的是两种意思,借一个词语或句子的意义关涉两个事物,表里意思不一,目的在于达到含蓄委婉、幽默风趣的效果。

考点6　反语

1.反语的含义及作用

反语,也叫倒反或反话,是指运用与本意相反的词语来表达本意的辞格。

反语多用在揭露、批判、讽刺等方面,使文章富有战斗性;也可用于表现风趣、幽默、诙谐的语言风格。在一定的语言环境中,反语比正面论述更为有力。运用反语能更好地表达深刻的思想和激昂的感情。

2.反语的基本类型

反语可分为以正当反和以反当正两类,详见下表。

表1-24　反语的基本类型

类型	示例	分析
以正当反	有几个"慈祥"的老板到小菜场去收集一些莴苣的菜叶,用盐一浸,这就是她们难得的佳肴。(夏衍《包身工》)	"慈祥""佳肴"是反语,"慈祥"实则是"凶恶","佳肴"其实是"猪食"
以反当正	几个女人有点失望,也有些伤心,各人在心里骂着自己的狠心贼。(孙犁《荷花淀》)	"狠心贼"并没有什么恶意,相反更能表现出几个女人对自己丈夫深沉的爱

考点7　顶真

1.顶真的含义及作用

顶真,也叫联珠,是指将上一句结尾的词语或句子作为下一句的开头,使前后的句子头尾相连、上递下接的辞格。顶真可以使议事说理准确、严谨、周密,抒情写意,格调清新。

2.顶真的基本类型

顶真可分为词与词顶真、短语与短语顶真、句子与句子顶真三类。

①词与词顶真。例如:严志和一见了土地,土地上的河流,河流两岸阴湿的涯田,涯田上青枝绿叶的芦苇,心上就漾着喜气。(梁斌《红旗谱》)

②短语与短语顶真。例如:指挥员的正确的部署来源于正确的决心,正确的决心来源于正确的判断,正确的判断来源于周到的和必要的侦察,和对于各种侦察材料的联贯起来的思索。(毛泽东《中国革命战争的战略问题》)

③句子与句子顶真。例如:咱们做的事越多,老百姓就来得越多;老百姓来得越多,咱们的力量就越大;

咱们的力量越大,往后的事也就越多!（欧阳山《高干大》)

考点8　排比

1.排比的含义及作用

排比是指由三个或三个以上结构相同或相似,内容相关,语气一致的短语或句子组合排列的辞格。排比的作用在于加强语势,强调内容,加重感情。

2.排比的基本类型

排比可分为句法成分排比和句子排比两类。

①句法成分排比。例如:好像失了东三省,党国倒愈像一个国;失了东三省谁也不响,党国倒愈像一个国;失了东三省只有几个学生上几篇"呈文",党国倒愈像一个国,可以博得"友邦人士"的夸奖,永远"国"下去一样。(鲁迅《"友邦惊诧"论》)

②句子排比。例如:他们的品质是那样的纯洁和高尚,他们的意志是那样的坚韧和刚强,他们的气质是那样的淳朴和谦逊,他们的胸怀是那样的美丽和宽广。(魏巍《谁是最可爱的人》)

考点9　对偶

1.对偶的含义及作用

对偶,也叫对仗,是指一对短语或句子字数相等、词性相对、结构相同或基本相同、意义相关,且存在承接、递进、因果、假设和条件等关系的辞格。对偶的作用是便于吟诵,有音乐美,表意凝练。

2.对偶的基本类型

对偶按内容和结构的不同可分为不同类型,详见下表。

表1-25　对偶的基本类型

分类依据	类型	示例
按内容分	正对	天连五岭银锄落,地动三河铁臂摇。(毛泽东《七律二首·送瘟神》)
	反对	宜将剩勇追穷寇,不可沽名学霸王。(毛泽东《七律·人民解放军占领南京》)
	串对	为有牺牲多壮志,敢教日月换新天。(毛泽东《七律·到韶山》)
按结构分	成分对偶	山水本无知,蝶雁亦无情。但它们对待人类最公平,一视同仁,既不因达官显贵而承欢卖笑,也不因山野渔樵而各丽嗇彩。
	句子对偶	墙上芦苇,头重脚轻根底浅;山间竹笋,嘴尖皮厚腹中空。

考点10　反复

1.反复的含义及作用

反复是指有意重复同一个词语或句子,以达到突出某种思想、强调某种感情、加深读者印象的目的的辞格。反复具有突出思想、强调感情、分清层次、加强节奏感的修辞效果。

2.反复的基本类型

反复可分为连续反复和间隔反复两类。

①连续出现同一个词语或句子,中间没有间隔的,叫作连续反复。例如:沉默呵,沉默呵!不在沉默中爆发,就在沉默中灭亡。(鲁迅《记念刘和珍君》)

②同一个词语或句子不连续出现,有其他词语或句子隔在中间的,叫作间隔反复。间隔反复不仅可以隔着句子,有时甚至可以隔着段落或整个诗节。例如:我们还在这样的世上活着;我也早觉得有写一点东西的

必要了。离三月十八日也已有两星期,忘却的救主快要降临了罢,我正有写一点东西的必要了。(鲁迅《记念刘和珍君》)

反复与排比、重复不同,具体表现如下。

①反复与排比:反复着眼于词语或句子字面的重复,排比着眼于结构相同或相似、意义相近、语气一致;反复的作用是强调、突出重点,排比的作用是增强气势。

②反复与重复:反复是一种常用的辞格,重复是一种语病,使人感到内容贫乏,语言累赘。

考点11 反问

1.反问的含义及作用

反问,又叫激问,是指无疑而问、明知故问的辞格。反问只问不答,把要表达的确定意思包含在问句里。同平铺直叙的表达比较起来,反问这种表达语气强烈,加重了语言的力量,能激发读者的感情,给读者留下深刻的印象。连用反问可使表达的思想内容更深刻,语气更强烈。

2.反问的基本类型

反问有用肯定的形式表示否定和用否定的形式表示肯定两种形式。

①用肯定的形式表示否定。例如:毛主席都是如此,我们还有什么可以骄傲的呢?(表示否定,即不能骄傲)

②用否定的形式表示肯定。例如:难道不是我们劳动群众创造了人类世界吗?(表示肯定,即是劳动群众创造了人类世界)

考点12 设问

设问是指无疑而问、自问自答,以引导读者注意和思考问题的辞格。设问的作用是提醒注意,引导思考,突出某些内容,使文章起波澜、有变化。例如:是谁创造了人类世界? 是我们劳动群众。(《国际歌》)

反问与设问都是没有疑问而故意提出问题,都有加强语气、突出强调的作用。两者的不同之处有以下几点。

①设问一般是自问自答,有问有答;反问则是只问不答,答在问中。

②设问不表示肯定什么或否定什么,反问则明确地表示肯定或否定的内容。

③肯定句式经过反问表达的是否定的意思,否定句式经过反问表达的是肯定的意思,设问则没有这个规律。

考点13 映衬

1.映衬的含义及作用

映衬,也叫衬托,是指为了突出主体事物,用类似的或相反的、相异的事物作陪衬的辞格。映衬的作用在于突出正面、反面或相异的事物的主体,表达强烈的思想感情,使文章的中心思想深化。

2.映衬的基本类型

映衬可分正衬和反衬两类,详见下表。

表1-26 映衬的基本类型

类型	示例	分析
正衬	俗话说:人逢喜事精神爽。偏巧,这天又风和日暖,一路上山溪婉转,鸟语花香。莲子虽然没坐上花轿,心里依然是喜气洋洋。	以景衬情,用"风和日暖""鸟语花香"等衬托莲子喜悦的心情
反衬	姑娘选种麦地里,沉甸甸麦穗打脸皮;手理头发怨自己,为啥长得这样低?	用姑娘埋怨自己长得矮来反衬麦子长得高,颗粒饱满,表明大丰收在望

考点14　对比

1.对比的含义及作用

对比,也叫对照,是指把两种不同事物或同一事物的两个方面放在一起相互比较的辞格。对比可以使客观存在的对立统一关系表达得更集中、更加鲜明突出。

2.对比的基本类型

对比可以分成两体对比和一体两面对比两类,详见下表。

表1-27　对比的基本类型

类型	示例	分析
两体对比	有的人活着,他已经死了;有的人死了,他还活着。有的人,骑在人民头上:"呵,我多伟大!"有的人,俯下身子给人民当牛马。(臧克家《有的人》)	通过对比,歌颂了"永远活在人们心里的人",打击和讽刺了骑在人民头上的人
一体两面对比	时间是勤奋者的财富,创造者的宝库;时间是懒惰者的包袱,浪费者的坟墓。	通过对比,鲜明透彻地说明了时间对四种人的不同意义和效应

考点15　通感

1.通感的含义及作用

通感,也叫移觉,是指叙事状物时运用词语,使不相通的感官感觉相互连通起来的辞格。其特点是把不同感官的感觉连通起来,借联想引起感觉转移,"以感觉写感觉"。运用通感是为了突破语言的局限,丰富表情达意的审美情趣,收到增强文采的艺术效果。

2.通感的基本类型

通感可分为形容通感和比喻通感两类,详见下表。

表1-28　通感的基本类型

类型	示例	分析
形容通感	你的耳朵在侦察,你的眼睛在倾听,你的指挥棒上,跳动着你的神经。(艾青《小泽征尔》)	以耳为目,以目为耳,生动传神地展现了指挥家小泽征尔的神采风姿
比喻通感	微风过处,送来缕缕清香,仿佛远处高楼上渺茫的歌声似的。(朱自清《荷塘月色》)	将嗅觉化为听觉,把荷香的时断时续、若有若无与清雅缥缈、沁人心脾描写得形象可感

考点16　辞格的综合运用

在一句或一段话里,同时使用几种辞格,就是多种辞格的综合运用。辞格的综合运用主要包括连用、兼用、套用三种基本类型。

1.辞格的连用

辞格的连用指在一段文字中接连使用几种辞格,可分为同类辞格连用和异类辞格连用两种形式。具有不同修辞效果的辞格前后配合,交错使用,互补互衬,可以把思想内容表达得更加丰富多彩,更加鲜明有力。例如:

①离开渔船,走上堤岸,只见千百条水渠,像彩带似的,把无边无际的田野,划成棋盘似的整齐方块。那沉甸甸的稻谷,像一垄垄金黄的珍珠;炸蕾吐絮的棉花,像一厢厢雪白的珍珠;婆婆起舞的莲蓬,却又像一盘盘碧绿的珍珠。

②摇动的车轮,旋转的锭子,争着发出嗡嗡嘤嘤的声音,像演奏弦乐,像轻轻地歌唱。

例①是比喻和排比连用，具体地描绘了"水渠""田野""稻谷""棉花""莲蓬"等事物各不相同的生动形象，引人联想。例②是比拟和比喻连用，把纺车描写得绘声绘形，充满美感。

2.辞格的兼用

辞格的兼用，也叫"兼格"，指一句话同时兼用多种辞格。恰当地运用兼格，可以从多方面为文章的表达增添文采和力量。例如：

①真正的铜墙铁壁是什么？是群众，是千百万真心实意地拥护革命的群众。

②英雄门第出英雄，英雄来自群众；光荣人家增光荣，光荣属于人民。

例①兼用设问和比喻，在运用设问的同时巧妙地融进了本体和喻体的关系。例②兼用对偶、顶真、反复三种辞格，强调了英雄出自群众，光荣归于人民的观点。

3.辞格的套用

辞格的套用指一种辞格里又包含其他辞格，分层组合，形成大套小的包容关系。辞格套用的形式多种多样，异类辞格可以套用，同类辞格也可以套用。几种辞格灵活组合，可以使整段文字的表达更加严密细致，更加有文采、活力，也更加富有变化和表现力。例如：

①看吧，狂风紧紧抱起一层层巨浪，恶狠狠地将它们甩到悬崖上，把这些大块的翡翠摔成尘雾和碎末。

②一站站灯火扑来，像流萤飞走；一重重山岭闪过，似海涛奔流……

例①是比拟里套用了比喻。整个句子运用了比拟（拟人）的修辞手法，把"狂风"拟人化，其间又套用比喻，把"一层层巨浪"比作"大块的翡翠"，强烈的憎恨之情跃然纸上，达到了寓情于物的修辞效果。例②是对偶里套用了比喻，比喻里又套用了比拟。第一个层次是对偶。对偶的上句和下句分别由比喻构成第二个层次。其中"一站站灯火扑来""一重重山岭闪过"又是比拟，为第三个层次。由于它主要是把三种辞格有层次地运用在一个句子中，所以在效果上给人以层出不穷的形象逼真之感。

强化练习

单项选择题

1.下列词语中，加点字读音全部正确的一项是（   ）。

A.解放（jiě）　　　押解（jiè）　　　解数（xiè）　　　瓦解（jiě）

B.薄片（báo）　　　单薄（bó）　　　薄荷（bò）　　　薄地（bó）

C.投降（xiáng）　　降落（jiàng）　　龟裂（guī）　　　乌龟（guī）

D.颠簸（bó）　　　簸箕（bò）　　　便宜（pián）　　　方便（biàn）

2.下列词语中，字形全部正确的一项是（   ）。

A.风声鹤唳　　相形见绌　　脍炙人口　　风雪载途

B.张慌失措　　周道如砥　　本色当行　　任劳任怨

C.重蹈复辙　　精神矍烁　　孜孜不倦　　妙手回春

D.叱咤风云　　谈笑风生　　消声匿迹　　戛然而止

3.将下列句子重新排列，使语意通顺连贯。下列排序最为恰当的一项是（   ）。

①风过了，我停止了舞蹈，静静地站在那儿。

②小鱼在下边游过，告诉我昨夜做的好梦……

③不光是我一朵，一池的荷花都在舞蹈呢，这不就像电影《天鹅湖》里许多天鹅齐舞的场面吗？

④一阵微风吹来，我就翩翩起舞，雪白的衣裳随风飘动。

⑤我忽然觉得自己仿佛就是一朵荷花。

⑥穿着一身雪白的衣裳,透着清香。

⑦蜻蜓飞过来,告诉我清早飞行的快乐。

⑧阳光照着我,我解开衣裳,敞着胸膛,舒坦极了。

A.⑥⑤⑦③④⑧②①　　　　　　　B.⑤⑥⑧④③①⑦②

C.⑦①⑧④⑤⑥③①　　　　　　　D.⑧⑦②④⑤⑥③①

4.下列各句中,加点的成语使用不正确的一项是(　　)。

A.汛期将至,该县未雨绸缪,做到了思路早确定,检查早开展,责任早明确,物资早准备,全力做好了防汛工作

B.无论在什么情况下,老师都会苦心孤诣地开导和教育我们,正如杜甫笔下的诗句一样:"随风潜入夜,润物细无声。"

C.对于某集团违规倾倒工业废渣,大量污染农田一事,当地政府官员讳莫如深,不愿意接受采访

D.教师的有偿家教行为屡禁不止,原因是其比较隐蔽,难以取证,加上学生家长投鼠忌器,不敢举报,因此能被查出有违纪行为的教师人数其实很少

5.依次填入下列句子横线处的关联词语,正确的一项是(　　)。

①国外有种说法,"人的一生中只有两件事逃不过去,即纳税和死亡"。_____纳税是和生活消费密切相关的。

②当您依法交纳了税款后,您自然就会享受到应有的权利,_____您在接受教育、乘车、公园休闲等日常生活中,_____已经享受了作为纳税人应该享受的权利了。

③北京地方那么大,_____你又不知道他的住址,一下子怎么能找到他呢?

A.因为　因为　就　同时

B.因而　其实　都　同时

C.因而　因为　就　况且

D.因为　其实　都　况且

6.下列句子中,没有语病的一项是(　　)。

A."啃老"现象的发生是有着深层次的社会原因的,仅靠道德或仅靠法律,都难以很好地解决问题

B.深陷债务危机的希腊和西班牙,失业率已经超过20%,主要是由于这两个国家实施大规模财政紧缩政策的原因所导致的

C.日前,交通管理部门就媒体对酒驾事故的连续报道做出了积极回应,表示要进一步加大对交通违法行为的查处

D.冒酷暑、顶风雪,走村入户,同干部群众共商脱贫致富奔小康大计——几年来,习近平总书记走遍了各个连片全国集中特困地区

7.下列句子中,标点符号使用错误的一项是(　　)。

A.古人说:"民不畏我严而畏我廉,民不敬我能而敬我公。"短短十几个字深刻阐明了为官者道德水准的重要性。

B.今年,在中央领导的支持下,《焦点访谈》不但要增加舆论监督节目量,还要真实、客观,并在"跟踪解决"上下功夫。

C.闲聊之中,我忍不住问她:"为什么还要回到这曾让你伤心流泪的地方？"她摇摇头,无奈地笑了。

D.人的一生,总是在不断地尝试,尝试拥有,尝试放弃,人的一生,又始终在不断地追求,追求自由,追求幸福。

单项选择题

1.【答案】B。解析：A项，"押解"的"解"应读作"jiè"。B项加点字读音全部正确。C项，"龟裂"的"龟"应读作"jūn"。D项，"颠簸"的"簸"应读作"bǒ"。

2.【答案】A。解析：A项字形全部正确。B项，"张慌失措"的"慌"应改为"皇"。C项，"重蹈复辙"的"复"应改为"覆"，"精神矍烁"的"烁"应改为"铄"。D项，"叱诧风云"的"诧"应改为"咤"，"消声匿迹"的"消"应改为"销"。

3.【答案】B。解析：通读题干句子可知，该文段主要描写"我"观赏荷花时所想象出来的场景。⑤句总起文段，为接下来想象的具体场景做铺垫；⑥⑧两句紧承⑤句，描写荷花的外在特征与生长环境；④③两句写微风来时，"我"这朵荷花及一池荷花迎风舞蹈的场景；①句描写风过后荷花的情态，该句为过渡句；⑦②两句写风停后蜻蜓、小鱼与荷花相亲昵的动态美，②句后的省略号暗含意犹未尽之意，应放在⑦句之后。该文段句子最为恰当的排序为⑤⑥⑧④③①⑦②。

4.【答案】B。解析：A项，"未雨绸缪"指趁着天没下雨，先修缮房屋门窗，比喻事先做好准备。该成语用于句中，符合语境。B项，"苦心孤诣"指费尽心思地钻研或经营，达到别人达不到的境地。该成语用于句中，不符合语境，可改为"苦口婆心"。C项，"讳莫如深"指紧紧隐瞒。该成语用于句中，符合语境。D项，"投鼠忌器"指要打老鼠又怕打坏了它旁边的器物，比喻想打击坏人而又有所顾忌。该成语用于句中，符合语境。

5.【答案】D。解析：结合题意，①句前后两句具有因果关系，"因为"表原因，"因而"表结果，而①句中后一分句为原因，故应用"因为"，排除B、C两项。③句，"况且"用在后一分句前面，表示更进一层，多用来补充说明理由，"同时"只表并列，结合语意，这里用"况且"更符合题意。故本题选D。

6.【答案】A。解析：A项句子没有语病。B项，句式杂糅，可删去"的原因所导致的"。C项，成分残缺，可在"查处"后加上"力度"。D项，语序不当，应将"各个连片全国集中特困地区"改为"全国各个集中连片特困地区"。

7.【答案】D。解析：A、B、C三项标点符号使用均正确。D项，两个"人的一生"引领的是两个并列的分句，因而"尝试放弃"后的逗号应改为分号。

第二章　古代汉语

第一节　基本词法

一、常见文言虚词

古代汉语中常见的文言虚词如下。

考点1　代词

1.疑问代词

根据疑问代词指代的询问对象的不同,古汉语中的疑问代词可分为以下三类。

（1）指人的疑问代词（谁、孰）

"谁"用于一般问句,可作主语、宾语、定语及判断句中的谓语。例如:"君若以德绥诸侯,谁敢不服？"中的"谁"作主语;"微斯人,吾谁与归？"中的"谁"作宾语。

"孰"用于选择问句,一般有先行词,既可以指人,也可以指物。例如:"吾与徐公孰美？"中的"孰"指人,意为"哪一个";"是可忍也,孰不可忍也？"中的"孰"指物,意为"什么"。

（2）指物的疑问代词（何、胡、奚、曷）

"何""胡""奚""曷"为常见的指物的疑问代词,经常作宾语、状语、定语等,主要有以下两种用法。

①用来询问事物,相当于"什么"。例如:"大王来何操？"中的"何"作"操"的宾语;"何故而至此？"中的"何"作"故"的定语;"嗟尔远道之人胡为乎来哉！"中的"胡"作"为"的宾语。

②用来询问原因、情况等,相当于"为什么"或"怎么"。例如:"曷不委心任去留？"中的"曷"作状语,意为"为什么";"奚以知其然也？"中的"奚"作状语,意为"怎么"。

（3）指处所的疑问代词（安、焉、恶）

"安""焉""恶"为常见的指处所的疑问代词,经常作宾语、状语等,主要有以下两种用法。

①用来询问处所,相当于"哪里"。例如:"沛公安在？"中的"安"、"夫子将焉适？"中的"焉"、"学恶乎始？"中的"恶"均作宾语,意为"哪里"。需要注意的是,"恶"作宾语时,常用在"在""乎"等词之前。

②用于反问句,加强语气,不再实指处所,作状语,相当于"哪里""怎么""怎么能够""哪里知道"等。例如:"安求其能千里也？"中的"安"作状语,意为"怎么能够";"割鸡焉用牛刀？"中的"焉"作状语,意为"哪里"。

2.指示代词

古汉语中的指示代词可分为近指代词、远指代词、虚指代词、无指代词等。

（1）近指代词

常见的近指代词有"是""此""斯""兹""之"等。近指代词常作主语、定语、宾语等,表示"这""这个""这里"。例如:"直不百步耳,是亦走也"中的"是"作"走"的主语,"此小大之辩也"中的"此"作"小大之辩"的主语,"微斯人,吾谁与归？"中的"斯"作"人"的定语,"挥手自兹去,萧萧班马鸣"中的"兹"

作"自"的宾语,"之二虫又何知!"中的"之"作"二虫"的定语。此外,"此""是"可作判断句中的谓语。例如:"汤之问棘也是已"中的"是"作"汤之问棘"的谓语。

"若""然""尔"有时也可作近指代词,表示"如此""这样"。"若"一般作定语。例如:君子哉若人!(《论语·公冶长》)"然"一般作谓语。例如:河东凶亦然。(《寡人之于国也》)"尔"一般作谓语。例如:问君何能尔? 心远地自偏。(陶渊明《饮酒》)

(2)远指代词

常见的远指代词有"彼""夫""其"等,表示"那""那个""那里"。"彼"指代性强,可作主语、定语、宾语。例如:乘彼垝垣,以望复关。(《诗经·氓》)"夫"指代性较弱,多作定语。例如:微夫人之力不及此。(《烛之武退秦师》)"其"只能作定语。例如:臣窃以为其人勇士,有智谋,宜可使。(司马迁《廉颇蔺相如列传》)

(3)虚指代词

虚指代词用来指代那些说话人不愿说或没必要说的人或物,常见的虚指代词有"或""某"等。

"或"通常用来指人,只能作主语,表示"有人""有的人""有个人"等,其主要用法有两种。第一,"或"前有先行词,这时"或"字指代其中的某些人或某一个人。例如:宋人或得玉。(《左传·襄公十五年》)第二,当两个或两个以上的"或"字连用时,表示列举。例如:或百步而后止,或五十步而后止。(《寡人之于国也》)

(4)无指代词

无指代词用来指代那些不存在的人或物,在句中只能作主语,常见的无指代词为"莫"。

"莫"表示广泛的否定。若没有先行词,表示一种不强调范围的否定,一般指人。例如:保民而王,莫之能御也。(《齐桓晋文之事》)若有先行词,表示强调范围的否定,指人又指物,例如:宫妇左右,莫不私王。(《邹忌讽齐王纳谏》)

3. 人称代词

①第一人称代词,主要有"吾""余""我""予""朕",可作定语、主语、宾语。其中,"朕"在秦以前指"我的"或"我",自秦始皇起专用作皇帝的自称。例如:

吾日三省吾身。(《论语·学而》)

崇祯五年十二月,余住西湖。(张岱《湖心亭看雪》)

公为我献之。(司马迁《鸿门宴》)

国事至此,予不得爱身。(文天祥《〈指南录〉后序》)

帝高阳之苗裔兮,朕皇考曰伯庸。(屈原《离骚》)

②第二人称代词,主要有"女(汝)""尔""若""而""乃"。"女(汝)""尔""若"可作主语、定语、宾语,"而""乃"一般作定语。例如:

孰为汝多知乎?(《两小儿辩日》)

尔安敢轻吾射!(欧阳修《卖油翁》)

若入前为寿,寿毕,请以剑舞。(司马迁《鸿门宴》)

而翁归,自与汝覆算耳!(蒲松龄《促织》)

王师北定中原日,家祭无忘告乃翁。(陆游《示儿》)

③第三人称代词,主要有"彼""之""其"。"彼"一般作主语,个别作宾语,有指示性和轻蔑意味。"之"只用作宾语。"其"一般用作定语、宾语。例如:

彼竭我盈,故克之。(《曹刿论战》)

故天将降大任于是人也,必先苦其心志,劳其筋骨,饿其体肤,空乏其身,行拂乱其所为,所以动心忍性,曾益其所不能。(《生于忧患,死于安乐》)

④第一、二人称代词后,加"侪""辈""属""曹"表复数。例如:"不者,若属皆且为所虏"中的"若属"表示"你们这些人"。

4.辅助性代词

常见的辅助性代词为"所"。辅助性代词是一种特别的指示代词,具有一定的指代作用,但不能单独充当句子成分。

辅助性代词"所"的基本语法功能是用在谓词性成分前,指代某种动作的对象,组成"所"字结构,使谓词性成分名词化。具体可分为以下三类。

①"所+动词"。例如:此人——为具言所闻。(陶渊明《桃花源记》)

②"名词+之+所+动词"。例如:不如须臾之所学也。(荀子《劝学》)

③"所+介词+谓词性成分"。例如:是吾剑之所从坠。(《刻舟求剑》)

5.兼职代词

同时兼有代词和另一种词性的词,可称为兼职代词。常见的兼职代词有"焉""诸"等。

(1)焉

"焉",相当于介词加代词,表示"于之""于此"等。例如:

见贤思齐焉,见不贤而内自省也。(《论语·里仁》)——"焉"相当于"于之",意为"向他"。

积土成山,风雨兴焉;积水成渊,蛟龙生焉。(荀子《劝学》)——"焉",相当于"于此",意为"从这里"或"在这里"。

有时候,"焉"中隐含的介词"于"的意义是可有可无的。例如:

故为之说,以俟夫观人风者得焉。(柳宗元《捕蛇者说》)——"焉",隐含的介词"于"的意义可有可无,可译为"它"。

(2)诸

"诸",用于句中时,相当于代词加介词,表示"之于";用于句尾时,相当于代词加语气助词,表示"之乎"。例如:

投诸渤海之尾。(《愚公移山》)——"诸",相当于"之于",全句意为"把它(土石)扔到渤海的尽头"。

不识有诸?(《齐桓晋文之事》)——"诸",相当于"之乎",全句意为"不知道有这种事吗?"。

考点2 副词

1.时间副词

①表示动作行为发生在过去的时间副词,有"向""乡""既""业""尝""曾"等。"向""乡"是同一个副词,只是写法不同,意为"从前、刚才";"既""业"表示动作行为已经完成,相当于"已经";"尝""曾"表示过去做过某事,意为"曾经"。

②表示动作行为正在发生的时间副词,有"方""正""适""会"等。"方"一般只用在谓词性词语前面,意为"正在"。"适""会"还可用在主语前面,意为"恰好、正好、适逢"。

③表示动作行为将要发生的时间副词,有"行""将""且""垂"等。这些副词在动词前作状语,意为"将要、快要、就要"。

④表示动作行为持续时间长短的副词,有"俄""暂""姑""常""雅""素"等。"俄""暂"表示时间短暂,意为"一会儿、不久"。"姑"意为"姑且、暂且"。"常""雅""素"表示时间长久,"常"意为"经常、常常","雅""素"意为"向来、平素"。

2.范围副词

①表示总括的副词,有"皆""尽""毕""悉""举""咸""具""凡""都""共""率"等。"毕""举"意为"都、全部"。"凡"有两种用法:一是用在句首表示规律性的总结,相当于"凡是";二是用在数词前面表

示总括事物的数量或动作的次数,相当于"总共、共"。"率"也表示总括,意为"大都、大致"。

②表示范围小或有限制、有例外的副词,有"但""特""只""直""止""第""独""徒""仅""唯"等。这些副词都有"只、仅仅"的意思。"仅"除了有"只"的意思,还有"几乎、将近、差不多达到"的意思。"唯"有"仅有、只有"的意思。

3. 程度副词

①表示程度深的副词,有"至""极""绝""大""太""殊""尤""良""甚"等。"至""极""绝"表示极致的程度,意思是"最"。"大"的意思是"十分"。"太"的意思是指"程度上超过一定的限度"。"殊""尤""良"的意思是"特别、非常"。"良"在汉代与"久"连用,意为"很久";六朝以后修饰其他词语,意为"的确、很"。"甚"在六朝前是形容词,既作状语,也作谓语、定语;六朝后,才成为程度副词专作状语,表示"相当、非常"。

②表示程度轻微的副词,有"少""稍""微""略""颇"等,这些词都是"稍微、略微"的意思。先秦表示这类意思一般用"少",汉代以后才用"略""微""颇",唐宋后"稍"才从表逐渐义的情态副词中分化出程度副词的用法。

③表示程度在原有的基础上加深、加重的副词,有"加""更""愈""益""弥""兹(滋)"等。这些副词一般译为"更、越、更加"。

4. 情态副词

①表示动作行为进行的方式的副词,有"俱""并""微""窃""固"等。"俱""并"表示几个施事一起做某件事。"微""窃"表示暗中做某件事。"固"表示坚决地做某件事。

②表示动作行为发生或进行的速度的副词,有"暂""遽""卒(猝)""立""即""旋""稍""渐""益"等。"暂"强调动作的突然性。"遽"表示匆忙急迫。"卒(猝)"表示时间短且事发突然。"立""即""旋"表示事情或行为紧接着发生。"稍""渐"表示动作的逐渐性。"益"在汉代后也产生了"逐渐"义,在唐代以前是程度副词,意为"更加"。

③表示动作行为发生的频率的副词,有"数""亟""累""屡""仍""辄""每""复"等。"数""亟""累""屡""仍"表示动作多次出现。"辄"表示同一动作行为的多次重复,相当于"常常""总是"。"每"表示反复出现的情况或动作中的任何一次。"复"表示重复进行同一动作。

5. 语气副词

①表示肯定语气的副词,有"乃""即""必""定""诚""信""果"等。"乃""即"相当于"就是"。"必""定"相当于"一定"。"诚""信"相当于"实在""的确"。"果"相当于"果真"。

②表示委婉的测度、商榷或议论语气的副词,有"其""盖""殆"等。"其""盖""殆"相当于"大概(是)""恐怕(是)"。"盖"大多用在句首,既表示猜测性的论断语气,又带有提示性的语气,也可用在谓语前面,意为"大概"。

③表示出乎意料的惊异语气的副词,有"乃""竟""曾"等。"乃""竟"意为"竟、竟然"。"曾"表示动作行为或形状与预期或常情相反,意为"竟然、反而",常和否定副词"不"连用。

④表示祈使语气的副词为"其"。"其"用在祈使句中,表示希望、请求、劝勉,意为"希望、还是"。

⑤表示反诘语气的副词,有"岂""其""庸""巨(讵)""宁"等。这些副词相当于"难道""哪里""怎么",有时可不译。

6. 否定副词

①"不"和"弗"表示一般的否定。"不"可以用在及物动词前,也可以用在不及物动词前;"不"字后的动词可以带宾语,也可以不带宾语。"弗"一般用在及物动词前,"弗"字后的动词一般不带宾语。

②"毋"和"勿"通常用在祈使句中,表示禁止或劝阻,意为"别""不要","毋"有时也写作"无"。"勿"有时也用作一般的否定。

③"未"表示情况还没有出现或动作还没有开始,相当于"没有"。

④"非"一般用于名词性谓语前,表示否定判断。有时含有假设性的否定,相当于"若不是";有时也可用于叙述句和描写句中,表示对行为和性质的否认。

⑤"微"可用在单句中表示否定,与"非"相当;也可表示假设性的否定,相当于"若不是";还可同副词"独"连用,表示"不但(如此)"。

7.指代性副词

常见的指代性副词主要有"相""见"等,它们常用在及物动词前面作状语。

①"相",表互指时,意为"相互"。例如:今梁、赵相攻,轻兵锐卒必竭于外。(《史记·孙子吴起列传》)表偏指时,指代受事一方,不包括施事。例如:"时时为安慰,久久莫相忘"中的"莫相忘"意为"莫忘我"。

②"见"原是助词,用在动词前表示主语是受事。魏晋南北朝时期又演变为副词,用在及物动词前,表示对他人动作行为的接受,有指代宾语的作用,可译作"自己"或"我"。例如:生孩六月,慈父见背。(李密《陈情表》)

8.谦敬副词

表谦副词有"敢""窃""忝""猥""伏"等。

表敬副词有"请""敬""谨""幸""惠""垂""拜""蒙"等。

动词"请"和表敬副词"请"的用法不同。"请"作动词时表示"请求对方做",例如:请京,使居之。(《左传·隐公元年》)"请"作副词时表示"请允许我做",例如:欲与大叔,臣请事之。(《左传·隐公元年》)

备考锦囊

谦辞:表示谦虚的言辞。如"家"字常用于对别人称比自己辈分高或同辈年长的亲属(家父、家母、家兄),"舍"字常用于对别人称比自己辈分低或同辈年纪小的亲属(舍侄、舍妹、舍弟),"鄙""愚""拙""敝""不""薄"等于自称或称跟自己有关的事物(鄙人、鄙意,愚兄、愚见,拙作、拙著,敝人、敝姓,不才、不佞,薄礼、薄面)。

敬辞:表示尊敬的言辞。如"令"常用于称对方的亲属(令尊、令爱、令亲),"惠"用于对方对自己的行动(惠临、惠顾、惠存),"垂"多用于长辈或上级对自己的行动(垂念、垂问、垂爱),"赐"用于别人对自己的指示、光顾(赐教、赐顾),"拜"常用于人事往来(拜读、拜辞、拜服),"贵"用于称跟对方有关的事物(贵姓、贵干、贵恙),"高"用于称与对方有关的人或事(高足、高见、高寿、高就)。

考点3 介词

1.于(於、乎)

介词"于"的常见用法有以下几种。

①引进动作行为的时间、处所或动作行为所涉及的范围,与后面的名词或名词性短语组成介宾短语,作补语或状语,意为"在""从""到"或"在……中""在……方面"等。例如:河内凶,则移其民于河东,移其粟于河内。(《寡人之于国也》)

②引进动作行为涉及的对象,与后面的名词或名词性短语组成介宾短语,作补语或状语,意为"向""跟""给""对""对于"等。例如:古人之观于天地、山川、草木、虫鱼、鸟兽,往往有得。(王安石《游褒禅山记》)

③引进比较的对象,与后面的名词或名词性短语组成介宾短语,在形容词和表心理活动的动词后面作补语,意为"比"。例如:苛政猛于虎也。(《礼记·檀弓下》)

④引进动作行为的发出者,与后面的名词或名词性短语组成介宾短语,作动词的补语,意为"被"。例如:夫赵强而燕弱,而君幸于赵王。(司马迁《廉颇蔺相如列传》)

⑤介词"于"与代词"是"连用,形成固定搭配,在句中作状语,意为"从此""在这里""在这个时

候""在这种情况下"。后来"于"虚化为连词，一般用在句子的开头表承接。

"乎"用作介词，其作用与"于"或"於"基本相同，可以引进动作行为的处所、时间、对象等，意为"在""比""到""向"等。

2.以

"以"，原为动词，意为"用"，后虚化为介词。其主要用法有以下几种。

①引进动作行为凭借的工具、手段等，意为"用""拿"。例如：王好战，请以战喻。(《寡人之于国也》)

②引进动作行为的原因，意为"因""因为"。例如：赵王岂以一璧之故欺秦邪？(司马迁《廉颇蔺相如列传》)

③引进动作行为的条件、依据、标准等，意为"依靠""按照"等。例如：斧斤以时入山林，材木不可胜用也。(《寡人之于国也》)

④引进动作行为发生的时间或范围，相当于"于"，意为"在"。例如：赏以春夏，刑以秋冬。(《左传·襄公二十六年》)

此外，"有以""无以"是动词"有""无"和介词"以"组成的固定结构，分别意为"有东西(或办法)用来……""没有东西(或办法)用来……"。这种结构只能作状语。"以故"是"由于这个原因""根据这种情况"的意思。"是以"是宾语前置的介宾结构，意思是"因此"，用于句子开头，表示结果。

3.因

"因"，本义是名词，意为"茵席(坐垫)"，后引申为动词，意为"依靠、凭借"。介词"因"由动词"因"虚化而来，其主要用法有以下两种。

①表示动作行为的条件、依据或媒介，意为"凭着""趁着""通过""依据"。例如：我欲因之梦吴越，一夜飞度镜湖月。(李白《梦游天姥吟留别》)

②表示动作行为发生的原因或理由，意为"因为""由于"。例如：恩所加，则思无因喜以谬赏。(魏征《谏太宗十思疏》)

4.为

"为"，原是动词，常用基本义是"做"，后虚化为介词。其主要用法有以下几种。

①引进动作行为的服务对象，相当于"替""给"等。例如：请以赵十五城为秦王寿。(司马迁《廉颇蔺相如列传》)

②引进动作行为的目的，相当于"为了"。例如：慎勿为妇死，贵贱情何薄。(《孔雀东南飞(并序)》)

③引进动作行为发生的原因、理由，相当于"因为"。例如：盘庚不为怨者故改其度，度义而后动，是而不见可悔故也。(王安石《答司马谏议书》)

④引进动作行为涉及的对象，相当于"跟""对""向"。例如：不足为外人道也。(陶渊明《桃花源记》)

⑤引进动作行为的发出者，表示被动，相当于"被"。例如：而身死国灭，为天下笑。(欧阳修《五代史伶官传序》)

5.与

"与"，原为动词，基本义是"帮助""给予""参与"，后虚化为介词。其主要用法有以下几种。

①引进动作行为的服务对象，相当于"为""替""给"。例如：传令与诸将。(罗贯中《三国演义》)

②引进动作行为的参与者，相当于"和""同"。例如：举天下之豪杰，莫能与之争。(欧阳修《五代史伶官传序》)

③引进比较的对象，相当于"和""和……相比"。例如：孰与君少长？(司马迁《鸿门宴》)

考点4　连词

1.与

连词"与"的常见用法有以下几种。

①连接体词(名词、代词)或体词性词组,表示并列关系,意为"和"。例如:蜩与学鸠笑之。(庄子《逍遥游》)

②连接谓词性成分,表示选择关系,意为"或者""还是"。例如:杀人以梃与刃,有以异乎?(《孟子·梁惠王上》)

③连接分句和分句成分,表示选择关系。通常与其他虚词配合,构成"与……不如""与……不若""与……宁""与其……不如""与其……孰若"等格式,意为"与其……宁可(不如)"。

需要注意的是,"与"既可作介词,又可作连词,作介词与作连词时的区别如下:①介词"与"带宾语,组成介宾结构,通常用在动词前作状语;连词"与"用在并列关系的成分中构成名词或动词性词组,"与"字本身不充当句法成分。②介词"与"前面可以用副词修饰,连词"与"不能。

2.而

连词"而"的常见用法有以下几种。

①连接谓词性词语或分句,表示并列关系,可译为"又""而且",也可不译。例如:潦水尽而寒潭清,烟光凝而暮山紫。(王勃《滕王阁序》)"而"有时也连接名词性成分,这时候这两个名词一般都具有动词的性质。例如:蟹六跪而二螯。(荀子《劝学》)

②连接谓词性词语或分句,表示承接、递进或因果关系,可译为"就""并且""因而"等。例如:有怠而欲出者。(王安石《游褒禅山记》)

③连接谓词性词语或分句,前后两项在事理上是不一致的,构成转折关系,可译为"却""可是"。例如:狗彘食人食而不知检,涂有饿莩而不知发。(《寡人之于国也》)

④连接主语和谓语,表示假设关系,可译为"如果""假如""倘若"等。例如:人而无信,不知其可也。(《论语·为政》)

考题再现

【2019年·山东东营·单选】下列加点字的解析,错误的一项是(　　　　)。

A.有志与力,而又不随以怠　　　　　　　　而:连词,表转折,翻译为"却"

B.项伯乃夜驰之沛公军　　　　　　　　　　之:动词,翻译为"到……去"

C.作《师说》以贻之　　　　　　　　　　　以:连词,表目的,翻译为"来,用来"

D.惠文、武、昭襄蒙故业,因遗策　　　　　因:动词,翻译为"沿袭"

【答案】A。解析:A项,"而"是连词,表递进,意为"而且"。B、C、D三项解释均正确。

3.以

"以",既是介词又是连词,连词"以"从介词"以"虚化而来。其常见用法有以下几种。

①连接谓词性词语或分句,表示递进关系,可译为"更""并""且"等,也可不译。例如:秦王大喜,传以示美人及左右,左右皆呼万岁。(司马迁《廉颇蔺相如列传》)

②连接谓词性词语或分句,表示目的关系,可译为"来""用来"等。例如:东临碣石,以观沧海。(曹操《观沧海》)

③连接谓词性词语或分句,表示因果关系,可译为"因而""因为"等。例如:晋侯、秦伯围郑,以其无礼于晋,且贰于楚也。(《烛之武退秦师》)

④连接状语和中心语,表示前项是动作进行的时间、条件、状态。这种"以"字用法与"而"相近,可根据

上下文翻译或不译。例如:木欣欣以向荣,泉涓涓而始流。(陶渊明《归去来兮辞(并序)》)

4.则

连词"则"的常见用法有以下几种。

①用在结果分句的开头,承接前一分句,表示两个分句在事理上是条件或因果关系,可译为"那么""那么就"。例如:君子博学而日参省乎己,则知明而行无过矣。(荀子《劝学》)

②用在两个或两个以上的并列分句中,表示在列举或对比的情况下,动作行为的结果是不同的。例如:入则无法家拂士,出则无敌国外患者,国恒亡。(《生于忧患,死于安乐》)

③连接谓词性词语或分句,表示转折关系。这里又可分为两种情况。第一,表示前后两项相反,可译为"却""反而"等。例如:爱其子,择师而教之;于其身也,则耻师焉,惑矣。(韩愈《师说》)第二,表示后项行为是出乎前项动作行为意料的,可译为"却"或"原来已经"。例如:其子趋而往视之,苗则槁矣。(《孟子·公孙丑上》)

④用在偏句中的谓语之前,表示让步关系,可译为"固然""倒""倒是"等。例如:善则善矣,未可以战也。(《国语·吴语》)

5.虽

连词"虽"常表示让步关系,其常见用法有以下两种。

①表示事实让步,可译为"虽然"。例如:虽无丝竹管弦之盛,一觞一咏,亦足以畅叙幽情。(王羲之《兰亭集序》)

②表示假设让步,可译为"即使""纵然"。例如:虽人有百手,手有百指,不能指其一端。(林嗣环《口技》)

6.虽然、然而、然则

古代汉语中,"虽然"为两个词:"虽",连词;"然",代词。"虽然"通常表示承接上文,以引起下文的转折,意思是"虽然如此"或"即使如此"。例如:虽然,每至于族,吾见其难为。(《庖丁解牛》)六朝以后,"虽然"逐渐虚化为连词。

"然而"是指示代词"然"和转折连词"而"的连用。"然"总结上文,"而"引起下文的转折,意思是"这样却""虽然如此,可是"。例如:七十者衣帛食肉,黎民不饥不寒,然而不王者,未之有也。(《寡人之于国也》)

"然则"是指示代词"然"与连词"则"的连用。"然"总结上文,"则"引起下文的推论,意思是"既然如此,那么"。例如:然则诸侯之地有限,暴秦之欲无厌。(苏洵《六国论》)

考点5 助词

1.之

结构助词"之"的常见用法主要有以下几种。

①用于定语和中心词之间。表示修饰与被修饰的结构关系。例如:小大之狱,虽不能察,必以情。(《曹刿论战》)表示领属关系。例如:廉颇者,赵之良将也。(司马迁《廉颇蔺相如列传》)表示同一关系。例如:公输盘为楚造云梯之械。(《墨子·公输》)

②用于主语和谓语之间,取消句子独立性。例如:吾妻之美我者,私我也。(《邹忌讽齐王纳谏》)

③用于中心词和补语之间,表示被补充和补充的关系。例如:人不食,十日则死;大寒之隆,不衣亦死。(《韩非子·定法》)

④用于主语和介宾短语之间,可不译。例如:寡人之于国也,尽心焉耳矣。(《寡人之于国也》)

⑤用于前置宾语和谓语之间,作宾语前置的标志,可不译。例如:宋何罪之有?(《墨子·公输》)

2.乎

语气助词"乎"的常见用法主要有以下几种。

①用在是非问句尾,可译为"吗"。

②用在选择问句尾,可译为"呢"。

③用在特指问句尾,可译为"呢"。

④用在反问句尾,可译为"吗"或"呢"。

⑤用于祈使句尾,仍是疑问语气词,只是句中的祈请或感叹语调是主要的,疑问语气相应减弱,带有疑虑未定的色彩。

3.焉

"焉"是语气助词兼指示代词,其常见用法主要有以下几种。

①"焉"是有指代作用的语气词,用于叙述句和描写句尾,表提示性的陈述语气。一般用在不及物动词或动宾词组后面,既表示"于(介词)+是(此)"的意思,又表示提示性的煞尾语气。例如:积土成山,风雨兴焉;积水成渊,蛟龙生焉。(荀子《劝学》)

②用在形容词后,隐含"于是"之意,指代比较对象。例如:晋国,天下莫强焉。(《孟子·梁惠王上》)

③用在不及物动词后,相当于代词宾语"之",指代作用更明显。例如:非曰能之,愿学焉。(《子路、曾皙、冉有、公西华侍坐》)

④如果"焉"所指代的对象、时间、处所,在本句中的前一部分已经出现,那么"焉"就没有指代作用,而虚化为纯粹的句尾语气词。例如:南方有鸟焉,名曰蒙鸠。(荀子《劝学》)

⑤"焉"在句末也可虚化为语气词,表提示。例如:我二十五年矣,又如是而嫁,则就木焉。(《左传·僖公二十三年》)

4.也

语气助词"也"的常见用法主要有以下几种。

①用在判断句尾,表确认、肯定的判断语气。例如:和氏璧,天下所共传宝也。(司马迁《廉颇蔺相如列传》)

②用在陈述、祈使、感叹、疑问、反问句句尾,表论断、确认语气。例如:若为佣耕,何富贵也?(司马迁《陈涉世家》)

③用在句中表示停顿、舒缓的语气。例如:师道之不传也久矣!(韩愈《师说》)

5.者

助词"者"的常见用法主要有以下几种。

①"谓词性成分+者",使谓词性成分名词化,表示"……的人""……的事物"。例如:后之览者,亦将有感于斯文。(王羲之《兰亭集序》)

②"数词+者",表示几种人、几件事情或几样东西,有时也表示人的年龄。例如:知、仁、勇三者,天下之达德也。(《礼记·中庸》)

③用在"有"字的宾语后面,与"有"字宾语组成名词性短语,做主语。例如:有颜回者好学,不迁怒,不贰过。(《论语·雍也》)

④用在判断句、叙述句的主语后,表示语气停顿。例如:所谓华山洞者,以其乃华山之阳名之也。(王安石《游褒禅山记》)

⑤用在时间名词后,表示语气停顿。例如:今者有小人之言,令将军与臣有郤。(司马迁《鸿门宴》)

⑥用在假设分句或结果分句后,表示语气停顿。例如:入则无法家拂士,出则无敌国外患者,国恒亡。(《生于忧患,死于安乐》)

二、词类活用

1.名词活用为一般动词

名词用作动词的情况可根据以下结构进行判断。

①名词前面有能愿动词、副词、"所"字等成分修饰时。例如：

假舟楫者，非能水也，而绝江河。（荀子《劝学》）——"水"受能愿动词"能"修饰，用作动词，意为"游水"。

恐托付不效。（诸葛亮《出师表》）——"效"受否定副词"不"修饰，用作动词，意为"奏效、有效果"。

乃丹书帛曰"陈胜王"，置人所罾鱼腹中。（司马迁《陈涉世家》）——"罾"受特殊指示代词"所"修饰，用作动词，意为"用网捕"。

②名词与名词、代词等成分连用时。例如：

籍吏民，封府库。（司马迁《鸿门宴》）——"籍"在名词"吏民"前，用作动词，意为"登记"。

以故其后名之曰"褒禅"。（王安石《游褒禅山记》）——"名"在代词"之"前，用作动词，意为"命名"。

③名词后接介词短语时。例如：

浴乎沂，风乎舞雩，咏而归。（《子路、曾皙、冉有、公西华侍坐》）——"风"在介词短语"乎舞雩"前，用作动词，意为"吹风"。

2.名词的使动用法

名词的使动用法是指名词用作动词时，它的宾语成为该名词所表示的人或事物，或者发生与该名词有关的动作行为。例如：

然得而腊之以为饵，可以已大风、挛踠、瘘、疠，去死肌，杀三虫。（柳宗元《捕蛇者说》）——"腊"原意为"干肉"，在此句中意为"使……成为干肉"。

3.名词的意动用法

名词的意动用法就是把名词后的宾语看成这个名词所表示的人或事物。例如：

孔子师郯子、苌弘、师襄、老聃。（韩愈《师说》）——"师"原意为"教师"，在此句中意为"以……为师"。

4.名词用作状语

①名词用以表示动作行为的状态、特征时，作状语。例如：

天下云集响应，赢粮而景从。（贾谊《过秦论》）——"云""响""景"，用作状语，意思分别为"像云一样""像回声一样""像影子一样"。

②名词用以表示动作行为发生的方式时，作状语。例如：

群臣吏民能面刺寡人之过者，受上赏。（《邹忌讽齐王纳谏》）——"面"，用作状语，意为"当面"。

③名词用以表示动作行为发生时所使用的工具时，作状语。例如：

黔无驴，有好事者船载以入。（柳宗元《黔之驴》）——"船"，用作状语，意为"用船"。

④名词用以表示动作行为发生的处所时，作状语。例如：

夫以秦王之威，而相如廷叱之。（司马迁《廉颇蔺相如列传》）——"廷"，用作状语，意为"在朝廷上"。

⑤时间名词用以表示动作行为发生的频率或表示情况逐渐发生变化时，作状语。例如：

园日涉以成趣，门虽设而常关。（陶渊明《归去来兮辞（并序）》）——"日"，用作状语，意为"每日、天天、每天"。

而乡邻之生日蹙。（柳宗元《捕蛇者说》）——"日"，用作状语，意为"一天天地、一天比一天地"。

⑥方位名词位于动词前，表示动作行为发生的位置或动作行为的趋向时，作状语。例如：

上食埃土,下饮黄泉,用心一也。(荀子《劝学》)——"上""下",方位名词作状语,分别意为"向上""向下"。

考点2 动词的活用

1.动词活用为名词

古代汉语中,动词活用为名词是指动词在句子中不再表示动作行为,而是表示与该动作行为有关的事物,即被当作名词使用。例如:

殚其地之出,竭其庐之入。(柳宗元《捕蛇者说》)——"出""入",动词作名词,分别意为"出产的东西""收入的东西"。

2.动词的使动用法

(1)不及物动词的使动用法

在古代汉语里,不及物动词常有使动用法。不及物动词本来不带宾语,用于使动时,后面便可带宾语。例如:

卒廷见相如,毕礼而归之。(司马迁《廉颇蔺相如列传》)——"归",动词的使动用法,"归之"意为"使之归"。

今以钟磬置水中,虽大风浪不能鸣也。(苏轼《石钟山记》)——"鸣",动词的使动用法,"不能鸣"意为"不能使(之)鸣"。

(2)及物动词的使动用法

及物动词的使动用法较为少见。及物动词本来就可带宾语,和使动用法在形式上没有区别,区别只在意义上。例如:

沛公旦日从百余骑来见项王。(司马迁《鸿门宴》)——"从",意为"使……跟从"。

考点3 形容词的活用

1.形容词活用为一般动词

形容词一般不带宾语,如果带了宾语,而又不是使动、意动的用法,就是用作一般动词。例如:

楚左尹项伯者,项羽季父也,素善留侯张良。(司马迁《鸿门宴》)——"善"本是形容词,意为"友善",在这里用作动词,意为"与……交好"。

卒使上官大夫短屈原于顷襄王。(司马迁《屈原列传》)——"短"本是形容词,意为"不足、欠缺",在这里用作动词,意为"诋毁、说坏话"。

2.形容词的使动用法

形容词的使动用法是使宾语代表的人或事物具有这个形容词所表示的性质或状态的用法。例如:

域民不以封疆之界,固国不以山溪之险,威天下不以兵革之利。(《得道多助,失道寡助》)——"固"原指"牢固、坚固",这里为使动用法,意为"使……牢固"。

3.形容词的意动用法

形容词的意动用法中,谓语具有"认为宾语怎么样"或"把宾语看作什么"的意思。例如:

孔子登东山而小鲁,登泰山而小天下。(《孟子·尽心上》)——"小鲁"意为"感到鲁国很小";"小天下"意为"感到天下很小"。

4.形容词活用为名词

形容词的主要功能是作谓语、定语,如果一个形容词作了主语或宾语,这个形容词就可能活用为名词了。例如:

将军身被坚执锐,伐无道,诛暴秦。(司马迁《陈涉世家》)——"坚""锐"本是形容词,意为"坚固、坚硬""锐利",这里用作名词,指"坚固的盔甲""锐利的武器"。

侍中、侍郎郭攸之、费祎、董允等,此皆良实,志虑忠纯,是以先帝简拔以遗陛下。(诸葛亮《出师表》)——"良实"本是形容词,意为"善良诚实",这里用作名词,指"善良诚实的人"。

三、古今异义

考点1　古今词义异同的情况

①古今词义一致。例如:山、水、雪、母、心、目。
②古今义完全不同,即古代和现代用的是同一个字,但古义与今义迥然不同。
③大多数词的古今义既有联系又有区别。

考点2　古今词义的差别

①义项的数量不同。一个词的意义的多少往往会产生变化,有的旧义消亡了,有的新义产生了。例如:"池"的古义是"护城河、池塘";今义是"池塘或旁边高中间洼的地方"。
②词义的侧重点不同。例如:"售",古义侧重行为的结果,指把商品卖出去;今义侧重行为本身,指卖。
③词义的轻重程度不同。例如:"恨"的古义轻,表"遗憾、不满";今义重,表"仇恨、愤恨"。"怨"的古义重,表"仇恨、怨恨";今义轻,表"埋怨、不满"。
④词义的感情色彩不同。例如:"下流"古中今贬,古义指负罪受辱的处境,今义指卑鄙龌龊;"爪牙"古褒今贬,古义指得力的助手或武士,今义指坏人的党羽;"锻炼"古贬今褒,古义指玩弄法律条文对人进行诬陷,今义指通过体育运动使身体强壮或通过生产劳动、社会活动和工作实践,使觉悟、工作能力等提高。
⑤词义所指的名物制度不同。名物制度不同又分为三种情况。一是词义所指的名物制度范围扩大,例如:"腿"古义指小腿,今义指整个下肢。二是词义所指的名物制度范围缩小,例如:"谷"古义是谷类的总称,今义指北方的粟(去皮后为小米)、南方的稻谷。三是词义所指的名物制度发生转移,例如:"兵"古义指兵器,今义指军人、士兵。

四、通假字

所谓通假字,就是在已有专用字的情况下不用专用字,而借用来代替专用字的字。原本专用的字叫本字,又叫"正字";临时用来代替本字的字称为通假字,又叫"借字"。

通假的特点是"因音通假",音同或音近是通假的必备条件。"音同""音近"中的"音",指的是上古音。音同,指声母和韵部相同;音近,指声母相同、韵部相近,或韵部相同、声母相近,或声母相近、韵部也相近。通假字与本字虽在当时音同或音近,但因语音发展变化,今音有的已不同,因此在读通假字时,要读本字的今音。

第二节　基本句法

考点1　省略句

古代汉语中最常见的省略句式有以下几种。

1.省略主语

判断句子中是否省略了主语,需分析上下文的意思或整个语言环境。翻译时,要根据具体情况补充省略的主语。

①承前省。例如:廉颇为赵将,(廉颇)伐齐,大破之。(司马迁《廉颇蔺相如列传》)

②蒙后省。例如:沛公谓张良曰:"……(公)度我至军中,公乃入。"(司马迁《鸿门宴》)

③对话省。例如:(孟子)曰:"独乐乐,与人乐乐,孰乐?"(王)曰:"不若与人。"(《孟子·梁惠王下》)

2.省略谓语

在内在结构并列的句子中,如果一句中运用了某一动词,则另一句中的同一动词就可以省略。有时省略的谓语需要根据上下文补出,补充完整后不影响意思的表达。

①承上文谓语而省略。例如:军中无以为乐,请以剑舞(为乐)。(司马迁《鸿门宴》)

②蒙下文谓语而省略。例如:杨子之邻人亡羊,既率其党(追之),又请杨子之竖追之。(《列子·说符》)

③共喻省略。共喻省略根据上下文一看便会明白省略的是什么。例如:及左公下厂狱,史朝夕(俟)狱门外。(方苞《左忠毅公逸事》)

3.省略宾语

古代汉语中省略动词或介词后的宾语的情况是比较普遍的,所省多是代词"之"。

①省略动词后的宾语。例如:项伯乃夜驰之沛公军,私见张良,具告(之)以事。(司马迁《鸿门宴》)

②省略介词后的宾语。例如:成视之,庞然修伟,自增惭怍,不敢与(之)较。(蒲松龄《促织》)

4.省略兼语

"使""命""令"等使令动词的宾语常兼作后面主谓短语的主语,这个宾语被称作兼语,多为代词"之","之"常被省略。例如:不如因而厚遇之,使(之)归赵。(司马迁《廉颇蔺相如列传》)

5.省略介词

"于""以""自"等介词与后面的宾语组成介宾短语作补语时,介词常常被省略。

①省略介词"于"。例如:荆州之民附操者,逼(于)兵势耳。(司马光《赤壁之战》)

②省略介词"以"。例如:试与他虫斗,虫尽靡;又试之(以)鸡,果如成言。(蒲松龄《促织》)

③省略介词"自"。例如:或王命急宣,有时朝发(自)白帝,暮到江陵。(郦道元《三峡》)

考点2　倒装句

1.主谓倒装

例如:"渺渺兮予怀"(苏轼《赤壁赋》)中的谓语"渺渺兮"前置,起强调作用。

2.宾语前置

古代汉语中的宾语在某些特定的语法条件下,需放在动词的前面,这种现象被称为"宾语前置"。常见的宾语前置一般有以下几种情况。

(1)叙述句中宾语前置

叙述句中为强调宾语,把宾语前置,在宾语后用"是"或"之"复指,构成"宾语+是(之)+动词"或"(惟)宾语+是(之)+动词"的格式。如果被提前的宾语是"是",则可以不用复指。例如:

吾以子为异之问,曾由与求之问。(《论语·先进》)

昭王南征而不复,寡人是问。(《左传·僖公四年》)

鬼神非人实亲,惟德是依。(《左传·僖公五年》)

(2)否定句中代词宾语前置

否定句中,代词宾语前置需要具备两个条件:一是宾语是代词;二是句子是否定句,由"不""毋""未""莫"等否定词表示。在这种情况下,代词宾语要放在动词之前、否定词之后。例如:"三岁贯女,莫我肯顾"

（《诗经·硕鼠》）中的"莫我肯顾"应理解为"莫肯顾我"。

（3）疑问句中代词宾语前置

疑问句中，疑问代词作动词或介词的宾语时，必须放在动词或介词的前面。如果动词前有助动词，疑问代词就放在助动词前面。例如：

大王来何操？（司马迁《鸿门宴》）

沛公安在？（司马迁《鸿门宴》）

微斯人，吾谁与归？（范仲淹《岳阳楼记》）

（4）介词"以"的宾语前置

这类宾语前置句往往不是疑问句也不是否定句。介词"以"的宾语往往不受语法条件限制，可直接放在"以"的前面。例如：

将子无怒，秋以为期。（《诗经·氓》）

《诗》三百，一言以蔽之，曰："思无邪。"（《论语·为政》）

3.状语后置

例如："战于长勺"（《曹刿论战》）中的介词"于"与名词"长勺"构成介词短语作状语。为强调状语"于长勺"而将其置于动词之后，原句应该理解为"于长勺战"。

4.定语后置

例如："居庙堂之高则忧其民，处江湖之远则忧其君"（范仲淹《岳阳楼记》）中的"高""远"分别作"庙堂""江湖"的定语，为强调"高""远"而后置。

考点3　判断句

用名词或名词性短语表示判断的句子，叫作判断句。在绝大多数情况下，古代汉语借助语气词来表示判断。常见的判断句式有以下几种。

①在谓语后面用语气词"也"表示判断，即"……，……也"式。翻译时"也"不译，只在主谓之间加"是"。例如：张衡字平子，南阳西鄂人也。（范晔《张衡传》）

②主语后面用语气词"者"表示提顿，在谓语后面用语气词"也"表示判断，即"……者，……也"式。例如：有亭翼然临于泉上者，醉翁亭也。（欧阳修《醉翁亭记》）

③主语后面用语气词"者"表示提顿，而谓语后面不用语气词"也"，即"……者，……"式。翻译时"者"不译，只在主语和谓语之间加判断词"是"。例如：柳敬亭者，扬之泰州人，本姓曹。（黄宗羲《柳敬亭传》）

④既不在主语后面用"者"提顿，也不在谓语后面用"也"表示判断，即"……，……"式。例如：秦，虎狼之国。（司马迁《屈原列传》）

⑤"为"表示判断。例如：中峨冠而多髯者为东坡。（魏学洢《核舟记》）

⑥谓语前面用"乃""即""则""皆""必"等副词可加强肯定判断的语气，用副词"非"可表示否定判断。例如：

今公子有急，此乃臣效命之秋也。（司马迁《信陵君窃符救赵》）

此则岳阳楼之大观也。（范仲淹《岳阳楼记》）

此非君子之言，齐东野人之语也。（《孟子·万章上》）

⑦"是"表示判断。例如：巨是凡人，偏在远郡。（司马光《资治通鉴·卷六十五》）

考点4　被动句

在古代汉语中，主语是受事的句式叫被动句。常见的被动句有以下几种形式。

①用介词"于"引进施事，即"动词+于+名词/代词"。例如：夫赵强而燕弱，而君幸于赵王，故燕王欲结

于君。（司马迁《廉颇蔺相如列传》）

②用介词"为"引进施事，"为"后面的宾语有时可以省略，即"为+（名词/代词）+动词"的形式。例如：

身客死于秦，为天下笑。（司马迁《屈原列传》）

父母宗族，皆为戮没。（《荆轲刺秦王》）

③用介词"为"引进施事，在动词前加"所"，构成"为+（名词/代词）+所+动词"的形式。例如：

有如此之势，而为秦人积威之所劫。（苏洵《六国论》）

不者，若属皆且为所虏！（司马迁《鸿门宴》）

④在动词前面用"见"表示被动，如果需要把施事介绍出来，可在动词后加介词"于"，即"见+动词（+于+名词）"。例如：

举世混浊而我独清，众人皆醉而我独醒，是以见放。（司马迁《屈原列传》）

臣诚恐见欺于王而负赵。（司马迁《廉颇蔺相如列传》）

⑤在动词前面用"被"表示被动，构成"被+动词"的形式。例如：

信而见疑，忠而被谤，能无怨乎？（司马迁《屈原列传》）

"被"在汉代以前是一个表示被动的助词，和助词"见"一样不能引进施事。汉代以后，"被"逐渐发展为像"为"一样的介词，便可以引进施事了。例如：

舞榭歌台，风流总被雨打风吹去。（辛弃疾《永遇乐·京口北固亭怀古》）

⑥无任何标志的被动句。这种被动句中没有任何被动词，翻译时可以根据上下文的意思补出。例如：兵挫地削，亡其六郡。（司马迁《屈原列传》）

考题再现

【2019年·山东临沂·单选】下列句子中，句式不同于其他三项的一项是（　　　）。

A.每自比于管仲、乐毅，时人莫之许也

B.古之人不余欺也

C.然而不王者，未之有也

D.身死人手，为天下笑者，何也

【答案】D。解析：A、B、C三项均为宾语前置句。其中，A项的正常语序为"每自比于管仲、乐毅，时人莫许之也"。B项的正常语序为"古之人不欺余也"。C项的正常语序为"然而不王者，未有之也"。D项为被动句，"为"是"被"的意思，全句意为"秦王子婴为项羽所杀，被天下人耻笑，这是为什么呢"。

第三节　常用辞格

古代汉语里的辞格很多，有的辞格现代汉语里仍在使用，如比喻、夸张、比拟、反语、双关、对偶等，其性质和作用古今也基本相同。下文主要介绍那些在现代汉语中不常见或与现代汉语里的辞格不尽相同的古代汉语辞格。

考点1　用典

用典又称用事、援引，是通过引用古代的历史故事或古人的言论、俗语、成语等，来印证论点或抒发思想感情的辞格。

1.从形式上分为明典和暗典

①明典。从字面一看便知道使用了某个典故,即明用典故,这种现象在古代诗词中最为常见。例如:苏轼《江城子·密州出猎》中的"持节云中,何日遣冯唐?"明用"冯唐持节赦魏尚"的典故。

②暗典。用典处与上下文句融合,不细察则不知为用典,即暗用典故。例如:苏轼《江城子·密州出猎》末句"会挽雕弓如满月,西北望,射天狼",表面看来好像是写"出猎",描写猎人挽弓射天狼的情状,实则暗用了《九歌·东君》"举长矢兮射天狼"的典故。

2.从内容上分为正用典故和反用典故

①正用典故。正用典故就是依照所引故事或语句的原意来用。例如:李白《宣州谢朓楼饯别校书叔云》中的"蓬莱文章建安骨,中间小谢又清发",以典代人,通过文章既赞李云,也赞自己。

②反用典故。反用以前的典故,使作品产生意外效果,即翻典。例如:辛弃疾《满江红·送李正之提刑入蜀》极力鼓励李正之入蜀做一番事业,首句"蜀道登天"化用李白《蜀道难》中的"蜀道之难,难于上青天"。李白在《蜀道难》中要突出的是蜀道的高危艰险,而辛弃疾在《满江红·送李正之提刑入蜀》中却强调通过艰苦的攀登可以到达青天,这就是典型的反用典故。

考点2 互文

互文又叫互言、互辞,是由上下文义互相交错、互相渗透、互相补充来表达一个完整句意的辞格。具体说来,即上下两句或一句话中的两个部分,看似各说一件事,互不相干,实则互相呼应,互相阐发,互相补充,说的是一件事。互文一般分为以下几种类型。

1.单句互文

单句互文,即在同一句子中,前后两个词语在意义上相互交错、渗透、补充。例如:杜牧《泊秦淮》中的"烟笼寒水月笼沙"应理解为"烟雾和月光笼罩着寒水也笼罩着沙"。

2.对句互文

对句互文就是对(下)句中含有出(上)句已经出现的词,出(上)句里含有对(下)句将要出现的词,对句与出句在意义上相互补充说明。例如:辛弃疾《西江月·夜行黄沙道中》中的"明月别枝惊鹊,清风半夜鸣蝉",应理解为"(半夜里)明月升起,惊飞了树上的鸟鹊,惊醒了树上的眠蝉;轻拂的夜风中传来了鸟叫声和蝉鸣声"。

3.隔句互文

隔句互文是指两句互文之间,有其他句子相隔的互文句式。例如:王勃《滕王阁序》中的"十旬休假,胜友如云;千里逢迎,高朋满座"中的"十旬休假"和"千里逢迎"是隔句,"胜友如云"和"高朋满座"是互文。"胜友""高朋""如云""满座"相互交错、补充说明,"胜友如云""高朋满座"应理解为"胜友如云,胜友满座;高朋满座,高朋如云"。

4.排句互文

排句互文是指互文的句子在两句以上,而且是互相渗透、互相补充,来表达完整意思的互文句式。例如:《木兰诗》中的"东市买骏马,西市买鞍鞯,南市买辔头,北市买长鞭"意指跑遍了许多集市,购买出征所需之物,而不是指在某一个集市上只买某一样物品。

考题再现

【单选题】下列句子没有使用互文的一项是( )。

A.秦时明月汉时关   B.薄帷鉴明月,清风吹我襟

C.枝枝相覆盖,叶叶相交通   D.主人下马客在船

【答案】B。解析:B项,诗句意为"明亮的月光透过薄薄的帐幔照了进来,清风吹拂着我的衣襟",其中并未使用

互文手法。互文,即上下两句或一句话中的两个部分,看似各说一件事,实则互相呼应,互相阐发,互相补充,从而表达一个完整句子意思的辞格。

考点3 回文

回文也称回纹、回环,是把相同的词汇或句子,在下文中调换位置或颠倒过来,产生首尾回环的情趣的辞格。回环的辞格运用得当,可以表现两种事物或现象相互依靠或排斥的关系。例如:《道德经》中的"知者不言,言者不知""信言不美,美言不信"。

考点4 变文

变文就是在连续的几个句子中,在各分句中用同义词来表达相同意思的辞格。运用变文的辞格可以避免词语重复单调,使文章语句华美,音律和谐,在铺陈变化中增强语言气势。例如:贾谊《过秦论》中的"有席卷天下,包举宇内,囊括四海之意,并吞八荒之心","席卷""包举""囊括""并吞"都是"夺取、吞并"的意思,"天下""宇内""四海""八荒"都是"天下"的意思。

古代汉语的辞格还有委婉、夸饰、藏词、错位、合叙等。这里不一一介绍,考生可根据需要自行了解。

强 化 练 习

单项选择题

1.下列句子中,加点的"之"字与"无丝竹之乱耳"中的"之"字用法相同的一项是（ ）。

A.小大之狱,虽不能察,必以情　　　　　B.予独爱莲之出淤泥而不染

C.愿陛下亲之信之　　　　　　　　　　　D.马之千里者

2.下列句子中,加点词用法与其他三项不相同的一项是（ ）。

A.凄神寒骨　　　　　　　　　　　　　　B.大王必欲急臣

C.侣鱼虾而友麋鹿　　　　　　　　　　　D.项伯杀人,臣活之

3.下列句子中,加点词语的解释错误的一项是（ ）。

A.夸父与日逐走（跑）　　　　　　　　　香远益清,亭亭净植（立）

B.虽乘奔御风,不以疾也（飞奔的马）　　肉食者鄙,未能远谋（目光短浅）

C.自康乐以来,未复有能与其奇者（和）　余立侍左右,援疑质理（引,提出）

D.下车引之,元方入门不顾（拉）　　　　野芳发而幽香,佳木秀而繁阴（繁茂）

4.下列不属于倒装句的一项是（ ）。

A.秦,虎狼之国　　　　　　　　　　　　B.何陋之有

C.甚矣,汝之不惠　　　　　　　　　　　D.古之人不余欺也

参考答案及解析

单项选择题

1.【答案】B。解析:"无丝竹之乱耳"中的"之"字是助词,用在主谓语之间,取消句子独立性,不译。A项,"小大之狱"中的"之"字是助词,用于定语和中心词之间,相当于"的"。B项,"予独爱莲之出淤泥而不染"中的"之"字是助词,用在主谓语之间,取消句子独立性,不译。C项,"愿陛下亲之信之"中的两个"之"字都是第三人称代词,可译为"他们"。D项,"马之千里者"中的"之"字是助词,用在中心词之后,是定语后置的标志,无实际意义。

2.【答案】C。解析:C项,"侣"和"友"是名词的意动用法,分别意为"把……当作伴侣""把……当作朋友"。A、B、D三项中的加点词都是形容词的使动用法。

3.【答案】C。解析:A、B、D三项加点词语的解释均正确。C项,"未复有能与其奇者"的"与"意为"参与",这里有"欣赏""领悟"的意思,整句意为"就再也没有人能够欣赏这种奇丽景色了"。

4.【答案】A。解析:A项,"秦,虎狼之国"意为"秦国是像虎狼一样的国家",属于判断句。B项,"何陋之有"意为"有什么简陋的呢",属于宾语前置句,正常语序为"有何陋"。C项,"甚矣,汝之不惠"意为"你太不聪明了",属于主谓倒装句,正常语序为"汝之不惠甚矣"。D项,"古之人不余欺也"意为"古代的人没有欺骗我啊",属于宾语前置句,正常语序为"古之人不欺余也"。其中,A项不属于倒装句,B、C、D三项均属于倒装句。

第三章 阅 读

第一节 古诗词阅读

一、鉴赏古诗词的形象

考点1 古诗词形象的含义及分类

古诗词形象指的是诗歌作品创造出来的生动具体、寄寓了作者生活理想和思想感情的艺术形象,包括人物形象、景(事)物形象。

人物形象包括抒情主人公即作者本身的形象,也包括作者之外的人物形象,即作者在诗词作品中塑造的人物形象。景(事)物形象是指抒情诗词中表达主观情感时所借助的客观物象(山川草木等),也就是含有"意"的形象,即"意象"(寄情藏意的物象)。

考点2 古诗词形象鉴赏的方法技巧

1.人物形象分析

（1）人物形象的分类

①抒情主人公自己的形象

诗词中的形象"我",一般指抒情主人公,即作者自己。

②诗词中刻画的主人公形象

抒情主人公与诗词中刻画的主人公形象不是毫无关系的,诗词中着力刻画主人公形象,往往是为了更好地表达作者的感情。

（2）分析人物形象型题目的形式

①你从诗(词)中看到了一个什么样的形象? 作者为什么要描写这一形象?

②请简要概括诗(词)中作者的形象特点。

（3）分析人物形象的方法

①区分诗(词)中人物形象是作者自己还是作者之外的形象。

②注意作者塑造人物形象的方法。一般来说,作者在塑造人物时往往会综合运用多种描写手法,如语言描写、动作描写、肖像描写、正面描写、侧面描写等。

③结合作者对于人物的描写,概括出人物的特点。

④分析作者塑造人物的意义。

⑤结合作者的处境和诗(词)的写作背景,知人论世。

（4）分析人物形象型题目的一般解答模式

①概括某一句或整首诗(词)写了什么内容,刻画了什么形象。

②概括所描摹场景的特点或使用的描写手法。

③概括人物形象的特征、社会意义或其中所蕴含的作者的情感。

【2019年·山东泰安·古诗词阅读】阅读以下唐诗,回答问题。

牧童

〔唐〕吕岩

草铺横野六七里,笛弄晚风三四声。

归来饱饭黄昏后,不脱蓑衣卧月明。

问题:

后两句诗刻画了牧童怎样的形象?寄寓了作者怎样的感情?

【参考答案】

后两句诗通过描写牧童归家后的一系列活动,写出了牧童生活的闲逸与舒适,刻画了一个辛勤劳动又无忧无虑、充满自然气息的牧童形象,寄寓了作者内心世界的追求,表达了作者对远离喧嚣、安然自乐的生活的向往。

2.意象分析

(1)古诗词中常见意象的分类

意象是诗词中熔铸了作者主观感情的客观物象。古诗词在漫长的发展历程中,形成了很多传统的意象,它们蕴含的意义基本是固定的。

①愁苦类意象(或表达忧愁、悲伤心情,或渲染凄冷、悲凉气氛),例如:梧桐、芭蕉、杜鹃、猿猴。

②送别类意象(或表达依依不舍的心情,或叙写离别后的思念),例如:杨柳、长亭、南浦。

③思乡类意象(或表达对家乡的思念,或表达对亲人的牵挂),例如:月亮、鸿雁。

④抒怀类意象(或展现高洁的品质,或抒发感慨),例如:菊、梅、松、柏、竹。

⑤战争类意象(或表达对战争的厌恶,或表达对和平的向往,或表达杀敌报国的决心),例如:长城、楼兰、关山、号角。

⑥爱情类意象(表达爱恋、相思之情),例如:红豆、莲、连理枝、比翼鸟、红叶、青鸟。

⑦闲适类意象(或表达闲适恬淡的心境,或表达对隐居生活的向往),例如:五柳、东篱、三径。

(2)分析意象型题目的形式

请说明诗(词)中使用某种意象的作用。

(3)分析意象的方法

①熟记常见意象的象征意义。

②结合作者的处境,了解作者的身世,分析作者的情感态度和所用意象的象征意义。

(4)分析意象型题目的一般解答模式

①总结诗(词)中描绘歌咏的主要意象。

②结合诗(词)句分析意象的特点,关注描写用语的感情色彩,分析其内在的神韵。

③结合作者自身经历、思想感情剖析所托之物、所抒之情。

3.意境分析

(1)诗词意境的构成模式

①触景生情,情随景生

作者原本没有某种情意,却因遇到某种物境,触发了某种情意,于是借对物境的描写,把自己的情意表达出来。例如:杜牧的《江南春》。

②移情入景,景中生情

作者心中具有某种强烈的感情,在接触物境时,便借对物境的描写,将这种感情抒发出来,使客观的物境带上主观的情感。例如:杜甫的"感时花溅泪,恨别鸟惊心"(《春望》),"花溅泪""鸟惊心"明显带有诗人

"感时""恨别"的主观色彩。

（2）分析意境型题目的形式

①这首诗（词）营造了一种怎样的意境？

②这首诗（词）描绘了一幅怎样的画面？表达了作者怎样的思想感情？

③从"情"和"景"的角度对这首诗（词）进行赏析。

（这首诗/词描写了哪些景物？抒发了怎样的情感？营造了怎样的氛围？说说它与这首诗/词所表达的感情的关系……）

（3）分析意境的方法

意境是诗词通过形象描写表现出来的境界和情调，是诗词中呈现的情景交融、虚实相生的形象及由该形象所引发和开拓的审美想象空间。分析诗词意境，一要注意物象的特点，二要注意作者在描摹的事物中所寄托的情感。

（4）分析意境型题目的一般解答模式

①描绘诗（词）中所展现的图景画面。描述时一要忠实于原诗（词），二要抓住诗（词）中的主要景物，用自己的联想和想象进行再创造，力求语言优美。

②概括景物所营造的氛围特点。一般用两个双音节词即可，如孤寂冷清、恬静优美、雄浑壮阔、萧瑟凄凉。

③分析作者的思想感情。根据意境氛围来分析作者的思想感情，并说出景与情之间的内在联系。回答要具体，切忌空洞。

二、鉴赏古诗词的语言

考点1 "炼字"

"炼字"即锤炼词语，是指作者经过反复琢磨，挑选出最妥帖、最精确、最形象生动的词语，以形象地描摹事物或精确地表情达意。根据所炼词语的词性而言，炼字型题目往往以炼动词、叠词、形容词、拟声词、副词居多。从所炼词语在诗句中的位置来看，五言诗句以炼第三个字居多，七言诗句以炼第五个字居多。

1.炼字型题目的形式

①这一句中最生动传神的字是哪个？为什么？

②某字历来为人称道，你认为它用得好不好？好在哪里？

③请结合诗（词）句评析某字的艺术效果。

2.炼字型题目的解答方法

解答炼字型题目时不应把该字孤立起来解释，而应将其放在句中，结合全诗（词）的意境情感来分析。

3.炼字型题目的一般解答模式

①首先表明自己的看法。

②用一两句话解释该字在诗（词）句中的含义，或者指出这个字特殊的语法现象或修辞手法，如词类活用、拟人、通感、化静为动等。

③结合诗（词）的有关内容具体分析这个字所描述的景象。

④联系诗（词）的创作背景，适当展开联想和想象，说说这个字营造了怎样的意境，表达了怎样的感情，有什么样的艺术效果，分析这个字对主旨、意境和结构所起的作用。

【2019年·山东东营·古诗词阅读】阅读以下词作,回答问题。

天仙子

〔宋〕张先

水调数声持酒听,午醉醒来愁未醒。送春春去几时回?临晚镜,伤流景,往事后期空记省。

沙上并禽池上暝,云破月来花弄影。重重帘幕密遮灯,风不定,人初静,明日落红应满径。

问题:

工于炼字炼句是张先词主要的艺术特色之一。请你赏析"云破月来花弄影"一句用字的妙处。

【参考答案】

作者在暮色降临之时到园中闲步,借以排遣从午前一直滞留在心头的愁闷,不料云满晴空,并无月色。恰在这时,令人意外的景色变化出现在作者眼前:起风了,刹那间云层被吹开了,月光透出来了,而花被风吹动,在月光照耀下婆娑弄影。词句炼字精妙,一个"破"字将风吹开云层的动态生动地展现出来,一个"弄"字赋予花以人的行为和动作,生动地写出了花在风的吹拂下起舞弄影的姿态,传达出了作者欣喜的情绪。作者以工巧之笔营造了朦胧的意境,寥寥数字便赋予了词句无限的韵味和美感,并将一幅风吹云散、月照花摇的生动图景展现在读者面前,使读者从中感受到了无尽的喜悦之情。

考点2 "诗(词)眼"

诗有"诗眼",词有"词眼","诗眼""词眼"有时是精练传神的字,有时是传达主旨的关键词、关键句,一般是动词或形容词。分析诗(词)眼就是分析其在拓深诗(词)的意境、传达作者情感上所起的作用。

1.诗(词)眼型题目的形式

①这首诗(词)的诗(词)眼是什么?为什么?

②全诗(词)围绕某字展开,请结合全诗(词)分析。

③有人认为某字(词)是全诗(词)的关键,你同意吗?请说明理由。

2.诗(词)眼型题目的一般解答模式

①首先表明自己的看法,然后解释某字(词)在句中的含义,指出该字(词)在表达主旨上所起的作用。

②结合诗(词)句进行梳理,列举全诗(词)围绕该字(词)写了哪些内容。

③分析某字(词)在结构上所起的作用。

考点3 名句赏析

1.名句赏析型题目的形式

①描述名句所展现的画面,并解释其含义。

②解释名句的意思,并分析其情与景的关系。

③解释名句的意思,说出它们表达了作者怎样的思想感情。

④结合全诗(词)赏析某句的表达效果。

2.名句赏析型题目的解答方法

名句赏析型题目往往要求从景、情、意(理)三个方面分析诗(词)句的含义或表达效果。

3.名句赏析型题目的一般解答模式

①明确名句中的具体景物形象。

②展开想象和联想,用自己的语言再现景物形象。

③概括作者描绘景物的特点。

④分析名句表达了作者什么样的思想感情或给人什么样的启示和思考。

考点4　语言特色

1.古诗词主要语言特色分类

（1）清新雅致

清新雅致的特点是用语新颖,不落俗套。写景的诗词作品风格一般比较清新,语言比较通俗,比喻新颖独到,包含着作者的喜悦之情。例如:杨万里的"小荷才露尖尖角,早有蜻蜓立上头"(《小池》),周邦彦的"叶上初阳干宿雨,水面清圆,一一风荷举"(《苏幕遮》),都具有清新之美,给人以愉悦之感。

（2）平实质朴

平实质朴的特点是选用确切的字眼直接陈述,或者用白描,不加修饰,真切深刻,平易近人。例如:陶渊明的"采菊东篱下,悠然见南山。山气日夕佳,飞鸟相与还"(《饮酒》),语言质朴无华,但于平淡中蕴含着深意。

（3）含蓄隽永

古诗词富有灵气,其灵气在于隽永,在于"字短情长",字里行间总是留有启人联想、开人悟性的"空白"。例如:李商隐的"君问归期未有期,巴山夜雨涨秋池。何当共剪西窗烛,却话巴山夜雨时"(《夜雨寄北》),寥寥四句,深婉隽永,将分处异地的二人对秉烛夜谈的憧憬显于言外,隐于空白。

（4）绚丽飘逸

李白的诗大都写得色彩缤纷、景象绮丽、变幻莫测,具有绚丽飘逸之美。例如:李白的"日照香炉生紫烟,遥看瀑布挂前川。飞流直下三千尺,疑是银河落九天"(《望庐山瀑布》),运用了比喻、夸张和想象的手法,构思奇特,绚丽飘逸,引人遐想。

（5）雄浑壮阔

雄浑壮阔指诗歌骨力雄健,气势浩瀚,境界辽阔。雄浑壮阔是盛唐诗歌的风格,它反映了盛唐朝气蓬勃的活力和欣欣向荣的景象。以高适、岑参、王昌龄为代表的边塞诗人的诗作大多具有雄浑壮阔的特征。例如:王昌龄的《出塞》(秦时明月汉时关)气势浩瀚,雄伟壮丽;王之涣的《凉州词》(黄河远上白云间)想象丰富,意境辽阔。

（6）形象生动

古诗词作品的语言往往因生动形象而感人至深。例如:苏轼的"乱石穿空,惊涛拍岸,卷起千堆雪"(《念奴娇·赤壁怀古》),既是诗又是画,有形有色地描绘了赤壁气势雄伟、境界开阔的壮丽景色。

（7）豪放旷达

豪放即豪迈奔放,狂荡不羁;旷达即通脱豁达,潇洒飘逸。语言豪放旷达的作品通常想象奇特,力拔山河,气吞宇宙,志向高远,襟怀旷达。例如:李白的"君不见黄河之水天上来,奔流到海不复回"(《将进酒》),气势浩荡,一泻千里;"燕山雪花大如席,片片吹落轩辕台"(《北风行》),想象奇特,用语夸张。苏轼的《念奴娇·赤壁怀古》也带有明显的豪放旷达的色彩,其《江城子·密州出猎》也表现出了雄健豪放的磊落之气。

（8）沉郁顿挫

沉郁指情感的深沉蕴藉,顿挫指声调的抑扬起伏。作者似乎有千言万语积压在胸,而后沉吟再三,勃发于笔端。例如:杜甫的"万里悲秋常作客,百年多病独登台。艰难苦恨繁霜鬓,潦倒新停浊酒杯"(《登高》),"万里悲秋"已是凄怆不已,"艰""难""苦""恨"四个字的叠加更是使得愁绪百转千回,但最终却又偏偏暂停了消愁的酒杯,语言可谓低回起伏,缓慢深沉。

（9）慷慨悲壮

语言慷慨悲壮类的诗词通常出语高昂,充满着对时代的感慨,其主题或是怀才不遇,或是感时伤乱,或是忧国忧民,或是愤慨不平。例如:陈子昂的"前不见古人,后不见来者。念天地之悠悠,独怆然而涕下"(《登幽州台歌》),句式长短不齐,音节抑扬变化,虽然只有四句,却在悲怆之中蕴蓄着一种积极奋发的豪气。

(10)婉约细腻

婉约细腻风格的作品往往体现出"曲""细""柔"的特点,曲径通幽,情调缠绵,表达感情细如抽丝。例如:李清照的"才下眉头,却上心头"(《一剪梅》),仅仅八个字,便将心中顿然欣慰却又无限相思的曲折变化表达得生动细腻。

其他用来鉴赏古诗词语言风格的常用语言还有"华美""精练""粗犷豪放""缠绵哀怨""含蓄蕴藉""悲怆幽怨""音律和谐""言简意赅""言有尽而意无穷""含不尽之意见于言外"等。

2.语言特色型题目的形式

①这首诗(词)在语言上有何特色?
②分析这首诗(词)的语言风格。
③谈谈该诗(词)的语言艺术。

3.语言特色型题目的解答方法

语言特色型题目不是要求揣摩个别字词运用的巧妙之处,而是要品味整首诗(词)的语言风格。这类题目要求考生知人论世,因为不同的作者语言风格是不一样的。有的豪放飘逸,有的沉郁顿挫,有的晓畅明快,有的田园风味十足,等等。有时候即使不熟悉作者也可以从诗(词)中读出其语言风格。

4.语言特色型题目的一般解答模式

①用一两个词或一句话,准确点明语言特色,如清新自然、朴实无华、华美绚丽、明白晓畅、委婉含蓄、雄浑豪放、简练生动。
②结合有关诗(词)句具体分析这种特色是如何体现的。
③指出该诗(词)表达了作者怎样的思想感情。

三、鉴赏古诗词的表达技巧

表达技巧是作者在塑造形象、创设意境、表达思想情感时所采用的特殊手法的总称。诗词的表达技巧既包括各种表达方式、表现手法,也包括各类修辞手法和巧妙的艺术构思。

考点1 表达方式

古诗词作品中主要运用叙述、描写、议论、抒情四种表达方式,其中描写、抒情是考查的重点。描写方式有正面(直接)描写、侧面(间接)描写、细描(工笔)、白描、肖像描写、动作描写、心理描写、景物描写等;抒情方式有直接抒情和间接抒情。直接抒情即直抒胸臆,间接抒情有借景(事)抒情、借物抒情(托物言志)、寓情于景(物)、情景交融等。

1.正面描写与侧面描写

正面描写又称直接描写,是一种直接描绘人物的肖像、心理、语言和行动的表达方式。侧面描写又称间接描写,是一种通过对其他人物的描写来映衬、烘托所写人物,或者通过别人的评述来描写人物,即以"烘云托月"的手法,来达到以"虚"写"实"目的的表达方式。例如:《陌上桑》中的"头上倭堕髻,耳中明月珠。缃绮为下裙,紫绮为上襦。行者见罗敷,下担捋髭须。少年见罗敷,脱帽著帩头。耕者忘其犁,锄者忘其锄。来归相怨怒,但坐观罗敷",前四句是对秦罗敷的正面描写,后八句是对秦罗敷的侧面描写。

2.细描与白描

细描即"细节描写",指使用大量生动、贴切的比喻,绚丽的文字,斑斓的色彩,对所见所闻进行浓笔涂抹;也指抓住生活中细微而具体的典型情节,进行生动细致的描绘。白描以质朴的文字,抓住人物或事物的特征,寥寥几笔就勾勒出人物或事物的形象。例如:杜甫的"迟日江山丽,春风花草香。泥融飞燕子,沙暖睡鸳鸯"(《绝句》),前两句为白描,粗笔勾画出阔远明丽的景物;后两句为细描,细致地描写了飞燕衔泥、鸳鸯静睡的景象。整个画面和谐统一,构成一幅色彩鲜明、生机勃发、极具美感的初春景物图。

3.直接抒情

直接抒情又称直抒胸臆,是一种由作者直接对有关人物、事件等表明爱憎态度的抒情方式。直接抒情的特点是抒情时情感直露,感情强烈,节奏紧张。它可以使感情表达得朴实真切,震撼人心。例如:杜甫的"呜呼!何时眼前突兀见此屋,吾庐独破受冻死亦足!"(《茅屋为秋风所破歌》)就直截了当地表现了诗人甘愿为天下贫寒的读书人的幸福而牺牲自己的高尚情操。

4.寓情于景(物)、情景交融

寓情于景(物)、情景交融是一种将感情融汇在特定的自然景物或生活场景中,借对自然景物或生活场景的描摹刻画来抒发感情的间接而含蓄的抒情方式。例如:杜甫的"感时花溅泪,恨别鸟惊心"(《春望》),寓情于景,表达了诗人对国家前途命运的忧虑和对家人的思念之情。

考题再现

【2021年·山东菏泽·古诗词阅读】阅读以下古诗,回答问题。

高都护骢马行

〔唐〕杜甫

安西都护胡青骢,声价欻然来向东。此马临阵久无敌,与人一心成大功。

功成惠养随所致,飘飘远自流沙至。雄姿未受伏枥恩,猛气犹思战场利。

腕促蹄高如踣铁,交河几蹴曾冰裂。五花散作云满身,万里方看汗流血。

长安壮儿不敢骑,走过掣电倾城知。青丝络头为君老,何由却出横门道?

问题:
本诗四段布局颇具匠心,请简要分析其巧妙的艺术构思。

【参考答案】

①本诗共十六句,分为四段,每四句为一段。第一段写骢马的来历及身价,并且表明骢马战功赫赫;第二段写骢马的性格及其不愿被养在槽枥终老的英雄气魄;第三段写骢马的非凡形貌;第四段写骢马的才力和高尚志愿。段落层次清楚,内容关联紧密,相互照应。

②全诗借物抒情,托物言志,以马喻人,以骢马的遭遇来关联诗人困守长安的遭际,以骢马的才力来隐喻诗人的才志,以骢马的高尚志向来隐喻诗人的报国雄心,明在写马,实为写人,构思精巧,颇具匠心。

考点2　表现手法

古诗词作品中常见的表现手法有渲染、烘托、象征、映衬(正衬、反衬)、对比、比兴、铺陈、虚实结合、动静结合、化静为动、以小见大、欲扬先抑、远近高低结合、联想、想象、借古讽今、意象组合等。

1.渲染与烘托

渲染用于艺术创作,是指从正面着意描写。例如:"江南可采莲,莲叶何田田,鱼戏莲叶间。鱼戏莲叶东,鱼戏莲叶西,鱼戏莲叶南,鱼戏莲叶北"(汉乐府民歌《江南》)中,"鱼戏莲叶东……鱼戏莲叶北"四句运用了渲染的表现手法,使得全诗生动活泼,音调优美,把鱼儿在荷叶下欢快穿梭的画面活灵活现地展现在读者面前。

烘托,即从侧面着意描写,使所要表现的事物鲜明突出。可以是以人烘托人,例如:《陌上桑》中借"行者""少年"等人的反应来烘托秦罗敷惊人的美貌;也可以是以物烘托物,例如:"蝉噪林逾静,鸟鸣山更幽""月出惊山鸟"等;更多的是以物烘托人,例如:《琵琶行》中写"东船西舫悄无言,唯见江心秋月白",借对江中之月及周围环境的描写,烘托了琵琶声的美妙动听及琵琶女技艺的高超。

2.反衬

反衬是指为了突出事物的特色，用相反或相对的事物与之进行对照，包括以乐景写哀情、以动衬静、以静衬动等。例如：白居易的"春江花朝秋月夜，往往取酒还独倾"（《琵琶行》），便是以乐景写哀情。

3.虚实结合

虚实结合的表现手法可使作品的结构更加紧凑，形象更加鲜明，并为作品增加容量。例如：王维的《九月九日忆山东兄弟》前两句诉说诗人独自在他乡漂泊，每逢佳节便倍加思念家乡及亲人的感受，是实写；后两句诗人想象远在家乡的兄弟们插着茱萸登高，想念身在远方的自己，是虚写。诗歌通过虚实结合的手法，表达了诗人浓烈的思乡之情。

4.借古讽今

借古讽今是指将历史人物或历史事件某方面的经验教训，作为现实社会某方面的借鉴。观古鉴今，两相对照，或颂古非今，或贬古刺今，以表达作品的题旨。鉴赏这类作品，必须结合作者写作的时代背景和创作时的心境。例如：刘禹锡的"台城六代竞豪华，结绮临春事最奢。万户千门成野草，只缘一曲后庭花"（《台城》）。全诗以"台城"这一六朝帝王起居临政之地的名字为题，前两句描写了六朝帝王纵情作乐的荒淫生活。第三句，诗人将台城昔日的豪华与其今日野草丛生的凄凉进行对比，把严肃的历史教训化作触目惊心的具体形象，总结了陈朝亡国的教训，抨击了陈后主的荒淫，寄托了吊古伤今的无限感慨。

5.意象组合

意象组合是指作者根据表达需要，将一些意象按照某种逻辑，有机地组合在作品中，给人以鲜明的形象感的一种表现手法。例如：温庭筠的"鸡声茅店月，人迹板桥霜"（《商山早行》），用"鸡声""茅店""月""人迹""板桥""霜"六个意象写早行的情景，是意象与意境俱足的佳句。

考点3　结构技巧

古诗词通常是先写景叙事，后议论抒情，前面的景或事为后面的议论或抒情做铺垫，后面的观点态度和思想感情也一定是在前面写景叙事的基础上来阐发的。常见的诗词结构技巧有开门见山、伏笔照应、层层深入、先总后分、先景后情、画龙点睛、过渡、铺垫、起承转合等。

①开门见山。无论是说理还是叙事，都不拐弯抹角，开端即直截了当地切入主题。

②伏笔照应。作者在描写、叙述的过程中，对后面要表现的内容，提前给出适当的提示或暗示，前后呼应。这种安排可以使作品结构严谨、脉络分明。

③先景后情。情与景分别咏写，贵在层次分明，层层递进。

④画龙点睛。点睛之笔常用在诗词的结尾，因而又被称为"卒章显志"。

⑤起承转合。起承转合一般指对绝句的四句、律诗的四联在写作上的要求。

四、分析古诗词的思想情感

考点1　不同题材古诗词的思想感情特征

古诗词作品无论是写景、叙事，还是咏物、怀古，都会寄寓作者一定的思想感情。

1.山水田园类

山水田园类诗词可进一步分为山水类诗词和田园类诗词。山水类诗词多以自然山水为描写对象，田园类诗词多以农村景物、田园生活，以及农人、渔父等人的劳动场景为主要描写对象，创造出一种田园牧歌式的生活。山水田园类诗词的思想内容主要有三类。

①热爱自然，钟情山水。例如：王维的《山居秋暝》，描绘了生机盎然又清新宁静的山水风光，表达了诗

人寄情于山水的情怀与志趣。

②淡泊宁静,不与世俗同流合污,向往隐逸生活的高洁情怀。例如:陶渊明的《归园田居(其一)》,借"园田"与"尘网"的对比,表达了诗人对世俗风气的厌恶,以及对隐逸生活的向往。

③宁静闲适、悠然自得的心境。例如:孟浩然的《过故人庄》,通过描写简朴的田家生活,表达了诗人闲适、自得的心境。

2.边塞征战类

边塞征战类诗词多描写边塞军旅生活,或表现边塞苦寒的生活环境,或表现奇异壮丽的边塞风光。边塞征战类诗词常抒发渴望建功立业、报效国家的豪情;状写戍边将士浓重的乡愁和家中思妇的离情别绪;讽刺或劝谏拓土开边、穷兵黩武的统治者;惊叹边地绝域的奇异风光和民间风俗。例如:岑参的《逢入京使》,以朴实简洁的语言,表达了诗人在赴边塞途中对家乡亲友的无限思念。又如:高适的"战士军前半死生,美人帐下犹歌舞"(《燕歌行》),通过"战士"与"美人"的对比,表达了诗人对为官为将者寻欢作乐的不满。

3.咏物抒怀类

咏物抒怀类诗词往往运用托物言志或借物抒情的手法,即作者通过对所咏之物进行细致、形象的描绘,在所咏之物中寄寓自己的情怀和志向,使笔下的物具有美感。例如:陆游的《卜算子·咏梅》,作者借梅来表明自己的心志,即坚贞自守和矢志不移的信念。又如:于谦的《石灰吟》,其中"清白"二字,不只是对所咏之物外形特点的吟咏,也是作者对自身品格的高度概括。这首诗的价值就在于作者处处以石灰自喻,表达自己为国尽忠、不怕牺牲的意愿和坚守高洁情操的决心,咏石灰就是在歌咏自己光明磊落的襟怀和崇高清白的人格。

4.咏史怀古类

咏史怀古类诗词以历史人物、事件、陈迹为题材,来感慨兴衰、寄托哀思、托古讽今。这类诗词一般不仅叙古事,还会融入作者自己的感受和评论,委婉地表达对现实的看法。咏史怀古类诗词或怀古伤今,借古讽今,描绘昔盛今衰之景,例如:刘禹锡的《西塞山怀古》,看似只是吟咏西晋灭吴这一段历史,实则暗含对现实中骄奢腐败的唐王朝的担忧;或怀人伤己,抒发怀才不遇、壮志难酬的愤懑之情,例如:苏轼的《念奴娇·赤壁怀古》,作者借对昔日英雄人物的怀念与敬仰,抒发了自己功业未成却华发早生的悲慨。

5.赠友送别类

赠友送别类诗词往往表达分别时对友人的留恋、劝勉与祝福,抒发分别后对友人的思念与牵挂,以及自己的孤寂与落寞。例如:刘长卿的《重送裴郎中贬吉州》,既有同病相怜的悲慨,又有临别时对友人的担忧。又如:高适的《别董大》,"莫愁前路无知己,天下谁人不识君"表达了诗人对友人的劝勉。

6.羁旅行役类

所谓"羁旅",即因谋求仕途、游历山水、遭受贬谪、探亲访友等原因漂泊异地、寄居他乡。羁旅行役类诗词抒发的情感大致有以下几类。

①叙写羁旅之苦,抒发内心的孤独寂寞、凄凉失落。例如:张继的《枫桥夜泊》,一个"愁"字便将漂泊在外的孤寂、凄凉与愁苦和盘托出,既有羁旅之苦,又有家国之忧。

②叙写独居异乡的孤寂,表达对家乡亲友的思念之情。例如:张九龄的《望月怀远》,诗人望见月亮而思念远方亲友,以致彻夜难眠,渴望与亲友在梦中相遇,悠悠情思,令人回味不已。

③抒发独居他乡、怀才不遇、报国无门的孤寂、愤慨之情。例如:杜甫的《登高》,诗人独居他乡,内心孤独惆怅,同时心中又交织着忧国伤时的情操和壮志未酬的郁闷。

需要注意的是,这几类感情并不是完全割裂的,一首诗词中往往交织着多种感情。

7.闺怨类

闺怨类诗词多描写少女、妇人在闺阁之中的情思、愁苦和怨恨,或由女性抒写,或由男性以女性的口吻抒写。在思想感情上,或表达对心上人的思念与眷恋,或抒发对时光易逝的感慨与思考。例如:晏殊的"欲寄彩笺兼尺素,山长水阔知何处"(《蝶恋花》),含蓄地表达了女主人公因心上人迟迟未归、杳无音讯而忧愁苦闷的情绪。又如:白居易的"辽阳春尽无消息,夜合花前日又西"(《闺妇》),在表达思念的同时,又抒发了韶华易逝、青春不再的忧愁与无奈。

考点2　古诗词中常见的思想感情

1.忧国伤时

①揭露统治者的昏庸腐朽,例如:杜牧《过华清宫》。

②揭露统治者的穷兵黩武,例如:杜甫《兵车行》。

③反映离乱的社会现实,例如:杜甫《春望》。

④同情人民的疾苦,例如:杜甫《茅屋为秋风所破歌》、白居易《卖炭翁》。

⑤对国家、民族前途命运的担忧,例如:杜甫《登楼》。

2.建功报国

①建功立业的渴望,例如:曹操《龟虽寿》、苏轼《江城子·密州出猎》。

②保家卫国的决心,例如:王昌龄《从军行》。

③舍生取义的气节,例如:文天祥《过零丁洋》。

④不受重用、报国无门的悲愤,例如:辛弃疾《丑奴儿·书博山道中壁》。

⑤年华消逝、壮志难酬的悲叹,例如:辛弃疾《破阵子·为陈同甫赋壮词以寄之》。

⑥理想不为人所知的愁苦,例如:屈原《涉江》。

3.思乡怀人

①羁旅愁思,例如:孟浩然《宿建德江》、温庭筠《商山早行》。

②思念亲友,例如:王维《九月九日忆山东兄弟》、苏轼《江城子·乙卯正月二十日夜记梦》。

③边关思乡,例如:范仲淹《渔家傲·秋思》。

④闺中怀人,例如:王昌龄《闺怨》、欧阳修《踏莎行》(候馆梅残)。

4.离愁别绪

①依依不舍的留恋,例如:柳永《雨霖铃》(寒蝉凄切)、王维《送元二使安西》。

②情深意长的劝勉,例如:王勃《送杜少府之任蜀州》。

③坦陈心志的告白,例如:王昌龄《芙蓉楼送辛渐》。

5.生活杂感

①寄情山水、田园的悠闲,例如:王维《终南别业》、范成大《四时田园杂兴》。

②昔盛今衰的感慨,例如:姜夔《扬州慢》(淮左名都)、刘禹锡《乌衣巷》。

③借古讽今的情怀,例如:辛弃疾《永遇乐·京口北固亭怀古》。

④年华易逝的感慨,例如:晏殊《浣溪沙》(一曲新词酒一杯)。

⑤仕途失意的苦闷,例如:白居易《琵琶行》。

⑥告慰平生的喜悦,例如:杜甫《闻官军收河南河北》。

考题再现

【2020年·山东临沂·古诗词阅读】阅读以下诗歌,回答问题。

贼平①后送人北归

〔唐〕司空曙

世乱同南去,时清②独北还。

他乡生白发,旧国见青山。

晓月过残垒,繁星宿故关。

寒禽与衰草,处处伴愁颜。

【注】①贼平:指平定"安史之乱"。②时清:指时局已安定。

问题:

本诗清简省净,但却蕴含丰富,感慨深沉,韵味悠长,请结合全诗分析其情感内涵。

【参考答案】

①战后离乱之悲。首联将战乱一笔带过,但颈联和尾联的"残垒""寒禽""衰草"等意象,描绘了战后荒凉的景象,表达了作者内心的悲凉。

②送别友人的不舍之情。作者送友人回乡,自己却独自留在他乡,更增添了忧愁、不舍之情。颈联通过想象友人行路途中早行夜宿的情状及途中所遇之景来表达对友人的惜别之意。

③羁旅之愁和怀乡之思。首联通过一个"独"字,表明友人独自回乡的寂寞,同时也暗指作者独自滞留他乡的悲凉;尾联一个"愁"字既写出友人的离愁,同时也借友人之愁表达出作者的羁旅之愁和怀乡之思。

④对时间流逝的无奈。颔联中作者借"生白发"暗示时间的流逝,"旧国见青山"一句借故国只有青山依旧,表达出作者对时间流逝、物是人非的无奈与感慨。

第二节 文言文阅读

一、文言词语的解读

考点1 文言实词的解读

1.字音推断法

古代汉语多单音节词,现代汉语多双音节词,后者是在前者的基础上发展演变而来的,二者之间存在一定的联系。推断某个文言实词的含义时可以将其扩充为双音节词,再依据语境进行取舍。例如:朝——朝廷、朝见、朝代;辞——言辞、文辞、推辞、辞让、告辞。

如果根据词语的本义或引申义解释不通,可以试着找通假字,从而推断出符合语境的意思。例如:"丞相有子就举,欲以属公"(《宋史·萧燧传》)中"属"通"嘱",意为"嘱托"。

2.字形推断法

在文言文中,形声字、会意字占大多数,这为推断词义提供了有利条件。例如:"陶澍就擢巡抚"(《清史稿·陶澍传》)中的"擢",从"擢"字的构成部件大体能推断出该字与"手"有关,结合上下文语境,可以推断出"擢"是"提升"的意思。

3.结构推断法

文言文中的排比句、对偶句和并列结构的短语、句子非常多,其中位置对应的词语一般词性相同,意义相同、相近或相反,可以借此来推断词义。例如:"殚其地之出,竭其庐之入"(柳宗元《捕蛇者说》),句式整齐,前后语意连贯,可由"竭"的含义推断出"殚"的意思是"竭尽"。

4.语法推断法

汉语中的主语、宾语大多由名词、代词充当,谓语大多由形容词、动词充当,定语由形容词充当,状语由副词充当。根据它们的语法特点,可以推知它们的词性,进而推知它们的意义。例如:"百姓孰敢不箪食壶浆以迎将军者乎"(陈寿《隆中对》)中的"箪""壶"作谓语,名词用作动词,意为"用箪盛""用壶装"。

5.语境推断法

语境可分为内部语境和外部语境。内部语境指的是句子本身的语言环境,外部语境则是针对整段文字、整篇文章而言的大语境,即上下文语境。有些实词的含义可以借助句子内部语境来推断。例如:"愿以运费增价就籴之"(《宋史·何灌传》),内部语境为"希望能将运输粮草的费用拿来就地加价购买粮草",由此可推知"籴"在此处意为"买进"。

6.邻字推断法

邻字推断法即根据相邻的字的意义来推断该词的意义的方法。该方法主要适用于文言文中合成词词义的分析。此类合成词通常由两个同义或反义的单音节词构成,分为同义复词和偏义复词。例如:"曹操之众远来疲敝"(司马光《资治通鉴》)中的"疲敝"为同义复词,运用邻字推断法进行分析,可知"敝"与"疲"意义相同,均意为"疲劳"。

考点2 文言虚词的解读

1.分清虚词实词

有些文言词语兼有虚词和实词的双重性质。根据上下文语境,如果一组句子中,同一个文言词语的词性不一样,其用法肯定也不同。例如:

东临碣石,以观沧海。(曹操《观沧海》)

古人秉烛夜游,良有以也。(李白《春夜宴从弟桃花园序》)

点拨:前句中"以"是连词,表目的;后句中"以"是名词,意为"原因、缘故"。

2.分析语法结构

虚词主要表达一定的语法功能,因此,从分析句子的语法结构入手,也可以推断出虚词的意义和用法。例如:

臣之壮也,犹不如人。(《烛之武退秦师》)

此亡秦之续耳。(司马迁《鸿门宴》)

点拨:前句中的"之"放在主语"臣"和谓语"壮"之间,取消句子的独立性,不译;后句中的"之"用在定语"亡秦"和中心语"续"之间,是结构助词,相当于"的"。

3.厘清逻辑关系

有些虚词可以表达一定的逻辑关系,因此,可以通过分析上下文之间的逻辑关系,来推断虚词的意义和用法。例如:

吾尝跂而望矣,不如登高之博见也。(荀子《劝学》)

朝济而夕设版焉。(《烛之武退秦师》)

点拨:前句中"而"连接的是状语和中心语,表修饰关系;后句中"而"连接的是两个偏正短语,并且这两个短语在逻辑上有先后,顺序不能颠倒,故"而"表承接关系。

4.联系语境推断

文言虚词的用法比较灵活,要确定一个虚词的意思就必须联系语境做具体分析,做到"字不离句,句不离篇"。例如:

受任于败军之际。(诸葛亮《出师表》)

室西连于中闺。(归有光《项脊轩志》)

点拨:"受任于败军之际"是说在兵败的时候接受任务,这里的"于"是介词,意为"在";"室西连于中闺"是说室西和中闺相连,"于"是介词,意为"和、与、跟"。

5.看清标志

有些虚词是构成特殊文言句式的标志性词语。熟记一些有代表性的标志词或句式,有利于快速判断该

虚词的意思。例如:

以牒为械。(《墨子·公输》)

身死人手,为天下笑者,何也?(贾谊《过秦论》)

点拨:前句为"以……为……"的固定格式,相当于"把……当作……";后句是被动句,"为"是"被"的意思。

二、文言文断句

考点1　文言文断句的原则

一般来说,文言文断句要依据以下三个原则:第一,通读全文,整体把握文章的内容和主题;第二,仔细体会词语的含义和词语之间的关系;第三,先易后难,逐步缩小范围,直至断开全文,加上正确的标点。

考点2　文言文断句的方法

1.利用文言文词汇特点

(1)找名词、代词

名词、代词在文言文中常常做主语或宾语,因此在名词、代词之前或之后一般要进行断句。文言文中常见的名词主要有人名、地名、事名、物名、朝代名、国名、官职名等;常见的代词有人称代词、指示代词、疑问代词等。例如:

湖阳公主新寡帝与共论朝臣微观其意。(司马光《资治通鉴》)

句中共有三个名词:湖阳公主、帝、朝臣。其中,"湖阳公主"位于句首,只能作主语;"帝"不能作动词"寡"的宾语而只能作主语;"朝臣"作动词"论"的宾语。因此,断句如下:湖阳公主新寡,帝与共论朝臣,微观其意。

(2)找对话标志

文言文对话标志"曰""云""言"等后面一般要断开。例如:

吾妻归宁述诸小妹语曰闻姊家有阁子且何谓阁子也?(归有光《项脊轩志》)

上述句子中出现对话标志"曰",因此可推断,"曰"字后面要断开。断句如下:吾妻归宁,述诸小妹语曰:"闻姊家有阁子,且何谓阁子也?"

需要注意的是,并不是"曰""云""言"的后面都要断句,断句时,需分清转述、引用、对话等不同情况。例如:

自云先世避秦时乱,率妻子邑人来此绝境,不复出焉,遂与外人间隔。(陶渊明《桃花源记》)

"云"后面是转述的话,"云"后不需要断句。

(3)找虚词

虚词在文言文中的位置、作用都比较固定。发语词、部分副词一般用于句首,语气助词一般用于句尾,连词有时用于句中,有时用于句首。

①"夫""盖""且""惟""唯""若夫""且夫""至若"等发语词常用于句首,这些词的前面一般要断开。

②谦敬副词"敬""请""窃",范围副词"凡"等,常用于句首,这些词的前面一般要断开。

③"虽""纵""假使""苟""故""是故""则""然则""况""而况""且"等连词常用于句首,这些词的前面一般要断开。

④"也""矣""焉""耳"等常用于陈述句尾;"耶""与(欤)""邪"等常用于疑问句尾;"哉""夫"等常用于感叹句尾。这些词的后面一般要断开。

⑤部分虚词的位置不定。"以""于""为""而""则"等虚词往往用于句中,其前后一般不断句。但是,当"而"表转折且其后是一个比较长或比较完整的句子时,其前面要断开;当"则"表顺承且其后是一个比较长或比较完整的句子时,其前面也要断开。"斯",作连词时一般用于句首,作语气词时一般用于句中或句末。

2.分析文言文句法结构

(1)分析句法成分

谓语是一个句子的核心部分,其次是主语、宾语,以及定语、状语、补语等修饰语。一般来说,时间状语常位于句首,单独成句。分清句子的主、谓、宾、定、状、补等成分,便可厘清句子主干,从而进行断句。例如:

是岁七月七日予在湖州曝书画见此竹废卷而哭失声。(苏轼《文与可画筼筜谷偃竹记》)

"七月七日"是时间,与主语"予"之间有停顿。句中的动词"曝""见""废""哭",作主语"予"的谓语,"书画""竹""卷"等名词只能分别作"曝""见""废"的宾语。因此,断句如下:是岁七月七日,予在湖州曝书画,见此竹,废卷而哭失声。

需要注意的是,古代汉语的句法结构包括定语后置、宾语前置、主谓倒装等特殊句式,断句时需加以辨别。

(2)熟知特殊句式和固定结构

文言文中一些常见的句式和固定结构已成为断句的显性标志。常用典型句式有"如……何""若……何""奈……何""奚以……为""何以……为""无乃……乎""得无……乎""况……乎""孰与……乎""其……与""唯/惟……是……""不亦……乎""焉用……""何……之有""于……何有""何有于……""与其……孰若……"。这些句式中间通常不作停顿。

(3)把握文言文修辞谋篇

古人写文章讲究语言的工整,多运用对偶、排比、顶真、反复等修辞手法,句式整齐匀称,富有节奏感。因此,可以根据句子的对称、节奏等进行断句。例如:

秦孝公据崤函之固/拥雍州之地/君臣固守以窥周室/有席卷天下/包举宇内/囊括四海之意/并吞八荒之心/当是时也/商君佐之/内立法度/务耕织/修守战之具/外连衡而斗诸侯/于是秦人拱手而取西河之外。(贾谊《过秦论》)

这几句中,"据崤函之固""拥雍州之地"是对偶;"席卷天下""包举宇内""囊括四海""并吞八荒"是排比;"内""外"是对照。

考题再现

以彰其德。<u>且吾万岁之后,欲以为式。</u>"谥为恭侯,赠以印绶,车驾亲送葬。

（选自《后汉书·樊宏列传》,有删改）

对文中画波浪线部分的断句,正确的一项是(　　　)。

A.父重/字君云/世善农/稼好货殖重/性温厚/有法度三世/共财子孙朝夕礼敬/常若公家

B.父重字君云/世善农/稼好货殖/重性温厚有法度/三世共财/子孙朝夕礼敬常/若公家

C.父重/字君云/世善农稼/好货殖/重性温厚/有法度/三世共财/子孙朝夕礼敬/常若公家

D.父重/字君云/世善农稼/好货殖重/性温厚/有法度/三世共财/子孙朝夕礼敬常/若公家

【答案】C。解析:"农稼"指"农业",中间不能断开,故排除A、B两项;"货殖"指"商业",后面的"重"即樊重,作"性温厚"的主语,"货殖"后应该断开,故排除D项。全句的意思是"父亲樊重,字君云,世代善于经营农业,喜好经商。樊重性格温和宽厚,(治家)有法度,一家三代共享家产,子孙早晚都向长辈问安致礼,规矩得像在官府",故本题选C。

三、文言句子的翻译

翻译文言文中的句子时,应达到"信""达""雅"的标准。文言文翻译最基本的方法:留、补、删、换、调。

1.留

"留"就是保留。古今意义相同的词,以及古代的人名、地名、物名、书名、官名、国号、年号、度量衡单位、古代专有名词等,翻译时都可保留。例如:

元丰七年六月丁丑,余自齐安舟行适临汝。(苏轼《石钟山记》)

点拨:"元丰七年六月丁丑"是时间,"齐安"和"临汝"是地名,翻译时可保留。全句可翻译为"元丰七年六月丁丑,我从齐安乘船到临汝"。

2.补

古代汉语中常常省略一些成分,翻译成现代汉语时必须把这些省略的成分补充完整,否则就会导致语意不明。例如:

召入,使拜夫人。(方苞《左忠毅公逸事》)

点拨:补充后的句子为"(左光斗)召(史可法)入(家),使(史可法)拜夫人"。全句可翻译为"左光斗叫史可法来自己家里,让他拜见夫人"。

另外,古代汉语以单音节词为主,现代汉语以双音节词为主,翻译时要把单音节词补成对应的双音节词。例如:

项燕为楚将,数有功,爱士卒。(司马迁《陈涉世家》)

点拨:"楚"指"楚国","将"指"将领","功"指"战功","爱"指"爱护"。全句可翻译为"项燕是楚国将领,多次立下战功,爱护自己的士兵"。

3.删

"删"就是删去不需要翻译的词语。古汉语中有不少虚词起凑足音节、停顿等作用,没有实际意义,翻译时这类词可不译。例如:

路曼曼其修远兮,吾将上下而求索。(屈原《离骚》)

点拨:"其"是助词,起调节音节的作用,无实际意义,可不译。全句可翻译为"前方的道路又远又长,我将要不断地追求和探索"。

另外,有些词直译为现代汉语后,语句会不通顺,此时便可删去其中的赘余成分。例如:

置之地,拔剑撞而破之。(司马迁《鸿门宴》)

点拨:"而"是连词,表示承接关系,但无须译作"并"或"并且"。全句可翻译为"放在地上,拔出剑把它击碎"。

4.换

随着时间的推移,古代汉语中某些词的意义已经发生较大变化,翻译时应多加注意这些古今异义词。例如:

小大之狱,虽不能察,必以情。(《曹刿论战》)

点拨:"狱"古义为"案件",今义为"监狱",翻译时应取其古义。全句可翻译为"大大小小的案件,虽然不能都了解清楚,但一定要根据自己的诚心处理"。

5.调

古代汉语中的倒装句翻译成现代汉语时,应调整语序,使其符合现代汉语的规范化要求。例如:

古之人不余欺也!(苏轼《石钟山记》)

点拨:"古之人不余欺也"为宾语前置句,正常语序为"古之人不欺余也",全句可翻译为"古人没有欺骗我"。

文言文翻译以直译为主,意译为辅。直译即逐字逐句地翻译,意译则译出大意即可。另外,意译时要注意古汉语中的一些修辞手法,如比喻、借代、用典等。除了掌握以上原则和方法,翻译时还必须遵循"解词—串意—顺句"的步骤。

考题再现

【2021年·山东菏泽·文言文阅读】阅读以下文言文,回答问题。

秦假道韩、魏以攻齐,齐威王使章子将而应之。与秦交和而舍,使者数相往来,章子为变其徽章,以杂秦军。候者言章子以齐入秦,威王不应。顷之间,候者复言章子以齐兵降秦,威王不应。而此者三。有司请曰:"言章子之败者,异人而同辞。王何不发将而击之?"王曰:"此不叛寡人明矣,曷为击之!"

顷间,言齐兵大胜,秦军大败,于是秦王拜西藩之臣而谢于齐。左右曰:"何以知之?"曰:"章子之母启得罪其父,其父杀之而埋马栈之下。吾使章子将也,勉之曰:'夫子之强,全兵而还,必更葬将军之母。'对曰:'臣非不能更葬先妾也。臣之母启得罪臣之父。臣之父未教而死。夫不得父之教而更葬母,是欺死父也。故不敢。'夫为人子而不欺死父,岂为人臣欺生君哉?"

(有删改)

问题:
请将文中画横线的句子翻译成现代汉语。
(1)与秦交和而舍,使者数相往来。
(2)夫不得父之教而更葬母,是欺死父也。

【参考答案】
(1)(章子率领的齐军)与秦军对阵,两军的使者多次互相来往。
(2)不得到父亲的允许就改葬母亲,是欺骗死去的父亲。

四、分析整合文言文内容及思想

考点1 筛选文中信息

筛选文中的信息,即筛选符合题目要求,具有某些特定含义的文言词语、句子。文中的信息分为明示性信息和隐含性信息两种。教师招聘考试常以对某一问题直接提问的方式考查考生筛选文中信息的能力。

考点2　归纳内容要点,概括中心意思

1.考点概述

"归纳内容要点,概括中心意思"就是要求我们对文中的信息加以提炼和整合,对所叙事件或所说道理做出合理判断和推理。具体要求有两个:①概括中心意思必须准确、全面;②归纳内容要点必须分清文章体裁。中心意思是作者通过文章所表达的最基本或最主要的意思,它是作者的写作意图,是作者对客观事物的判断和态度。概括中心意思既指对文章的高度概括,也指对作者表达的思想观点和写作意图的概括。因此,概括时既要准确,又要全面。要做到准确,就要对关键性语句有正确的理解,对言外之意或隐含信息的揣摩、体味要合理;要做到全面,就要梳理文章主要材料并进行合理的归纳和概括,将叙述性内容、说明性内容、阐释性内容的关系分析清楚,避免出现遗漏。

2.命题陷阱

(1)无中生有

选择题的某些选项中一部分信息是正确的表述,能在文中找到对应的信息点,但另一部分信息在文中找不到依据,甚至是捏造的"事实"。

(2)弄错时态

古代作品中事情的发生、发展在时态上是客观的,某些选项却混淆时态,将原文中没有发生的或将要发生的事情当作已发生的事情,将原文中可能出现的情况当作已出现或必然出现的情况。

(3)曲解文意

利用词的多义性或某些容易望文生义的词,干扰正确选项,故意曲解文意。

(4)颠倒顺序

史传文中事情的发生、发展的先后顺序是客观的,某些选项的表述往往将这种客观顺序颠倒。

(5)弄错信息筛选涉及的对象

题干要求根据某角度对某人进行信息筛选,选项中往往出现不属于这个人的信息。

(6)弄错信息筛选的角度

题干明确要求根据某角度筛选出与题干所提供的角度相符的内容。选项中往往出现不属于该角度的信息。

考题再现

【2019年·山东泰安·文言文阅读】阅读以下文言文,回答问题。

　　继隆,字霸图,幼养于伯父处畴。及长,以父荫补供奉官。处畴贬淄州,继隆亦除籍。会长春节,与其母入贡,复旧官。乾德中平蜀,选为果、阆监军,年方弱冠,母忧其未更事,将辅以处畴左右。继隆曰:"是行儿自有立,岂须此辈,愿不以为虑。"母慰而遣之。会征江南,领雄武卒三百戍邵州,止给刀盾。蛮贼数千阵长沙南,截其道,继隆率众力战,贼遁去,手足俱中毒矢,得良药而愈,部卒死伤者三之一。太祖闻其勇敢而器重之。复从李符督荆湖漕运,给征南诸军。吴人以王师不便水战,多出舟师断饷道,继隆屡与斗,粮悉善达。又与梁迥治决河。迥体肥硕,所乘舟弊不能济,继隆易以己舟。已而继隆舟果覆,栖枯桑杪,赖他舟以度。后为镇州都监,契丹犯边,与崔翰诸将御之。初,太宗授以阵图,及临阵有不便,众以上命不可违。继隆曰:"事有应变,安可预定,设获违诏之罪,请独当也。"即从宜而行,败之于徐河。李继迁叛,命继隆率兵击之。四月,出银州北,破悉利诸族,追奔数十里,斩三千余级,俘蕃汉老幼千余,枭代州刺史折罗遇首。从曹彬征幽州,矢中左股,血流至踵,获契丹贵臣一人。彬欲上其功,继隆止之。俄而傅潜、米信军败众溃,独继隆所部旅振而还。即命继隆知定州,寻诏分屯诸军,继隆令书吏尽录其诏。旬余,有败卒集城下,不知所向,继隆按诏给券,俾各持诣所部。太宗益嘉其有谋。真宗咸平二年,丁内艰,起复。王师失利于望都,继隆累表求诣阙面陈边事,因乞自效。真宗慰谕之。景德二年春,加开府仪同三司。

　　诏始下,会疾作,上亲临问。卒,年五十六。车驾临哭之恸,为制服发哀。乾兴初,诏配享真宗庙庭。

(选自《宋史·李继隆传》,有删改)

问题:

下列对原文有关内容的概括和分析,不正确的一项是(　　)。

A.继隆年轻有为,做事颇有自信。他年方二十,母亲担忧其不懂世事,要李处耘身边的人辅助他,他却认为自己会有所建树

B.继隆随机应变,行事有责任感。契丹侵犯边境,太宗传授的作战部署图不合实际,他认为作战应从实际情况出发,于是独自承担了违反诏令的罪名,打败了敌人

C.继隆奋勇杀敌,受到皇帝赏识。征伐江南时,他率领人马奋力作战,手脚都被毒箭射中,所辖士兵死伤的有三分之一,但终以少胜多,太祖因而十分器重他

D.继隆做事周密,受到皇帝赏识。他任定州知州时,让人将皇帝关于各军分头驻守的诏书全部截下,后来他又按照诏书给溃散的士兵发放凭证,使他们顺利归队,因此受到太宗的赞赏

【答案】B。解析:A、C、D三项说法均正确。B项,根据原文"事有应变,安可预定,设获违诏之罪,请独当也"可知,李继隆说:"事情都是有变数的,怎能预先设定好,假如获得了违反诏令的罪名,请求让我独自承担。"选项中"独自承担了违反诏令的罪名"说法不正确。

考点3　分析概括作者在文中的观点态度

1.考点概述

作者在文中的观点态度就是指作者对文章中所提及的人物的态度,也包括作者对文中所叙述事情的态度。考生需要根据作者对人物或事件的相关表述,分析概括出作者在文中隐藏的观点态度。因此,考生关注的重点不能只是故事的内容,也应该注意作者在文中的观点。作者在文中表达观点态度的形式是多样的,有的开篇明义,直抒胸臆;有的寄寓故事,含而不露;有的通篇叙述,卒章显志……一般来讲,表达作者观点态度的句子往往是文中具有议论性的句子。考生应注意甄别筛选,以便准确把握作者的观点态度。

2.解题技巧

(1)删繁就简,锁定重点

分析概括作者的观点态度,一定要把握文中表述的重点信息。可以先在大篇幅文段中锁定重点段落,再找出其中具有议论性的句子,然后剥离文中不能直接体现作者观点的句子,最后从保留下的关键信息中分析概括出作者的观点态度。

(2)留心结语,仔细推敲

人物传记类文章的结尾大都有一段议论性的评价语言,这往往是体现作者观点态度的内容。因此,考生一定要仔细审读文章结尾部分,从中推敲出作者的观点态度。

(3)综合分析,简要概括

有时作者的观点态度并不会直接通过抒情或议论表达出来,而是蕴含在所叙述的人物或事件之中。这就要求考生综合把握事件的前因后果,然后从事件的细节中分析提炼出隐藏信息,进而简要概括出作者的观点态度。

考题再现

【2020年·山东临沂·文言文阅读】阅读以下文言文,回答问题。

徐文长传

袁宏道

徐渭,字文长,为山阴诸生,声名藉①甚。薛公蕙校越时,奇其才,有国士之目。然数奇,屡试辄蹶。中丞胡公宗宪闻之,客诸幕。文长每见,则葛衣乌巾,纵谈天下事,胡公大喜。是时,公督数边兵,威振东南,介胄之士,膝语蛇行,不敢举头,而文长以部下一诸生傲之,议者方之刘真长、杜少陵云。会得白鹿,属文长作表。表上永陵喜公以是益

奇之一切疏记皆出其手文长自负才略好奇计谈兵多中视一世士无可当意者然竟不偶。

文长既已不得志于有司，遂乃放浪曲蘖②，恣情山水，走齐、鲁、燕、赵之地，穷览朔漠。其所见山奔海立，沙起雷行，雨鸣树偃，幽谷大都，人物鱼鸟，一切可惊可愕之状，一一皆达之于诗。其胸中又有勃然不可磨灭之气，英雄失路、托足无门之悲。故其为诗，如嗔如笑，如水鸣峡，如种出土，如寡妇之夜哭、羁人之寒起。虽其体格时有卑者，然匠心独出，有王者气，非彼巾帼而事人者所敢望也。文有卓识，气沉而法严，不以摸拟损才，不以议论伤格，韩、曾之流亚也。文长既雅不与时调合，当时所谓骚坛主盟者，文长皆叱而奴之，故其名不出于越，悲夫！喜作书，笔意奔放如其诗，苍劲中姿媚跃出；欧阳公所谓"妖韶女，老自有余态"者也。间以其余，旁溢为花鸟，皆超逸有致。

卒以疑杀其继室，下狱论死。张太史元汴力解，乃得出。晚年愤益深，佯狂益甚。显者至门，或拒不纳。时携钱至酒肆，呼下隶与饮。或自持斧击破其头，血流被面，头骨皆折，揉之有声；或以利锥锥其两耳，深入寸余，竟不得死。周望言："晚岁诗文益奇，无刻本，集藏于家。"余同年有官越者，托以抄录，今未至。余所见者，《徐文长集》《阙编》二种而已。然文长竟以不得志于时，抱愤而卒。

石公③曰："先生数奇不已，遂为狂疾；狂疾不已，遂为圄圄。古今文人牢骚困苦，未有若先生者也。虽然，胡公间世豪杰，永陵英主。幕中礼数异等，是胡公知有先生矣。表上，人主悦，是人主知有先生矣。独身未贵耳。先生诗文崛起，一扫近代芜秽之习，百世而下，自有定论，胡为不遇哉？"梅客生尝寄予书曰："文长吾老友，病奇于人，人奇于诗。"余谓文长无之而不奇者也。无之而不奇，斯无之而不奇也。悲夫！

（选自《古文观止》，有删改）

【注】①藉：盛大。②曲蘖：酒。③石公：作者的号。

问题：

1.下列对文中画波浪线部分的断句，正确的一项是（　　　）。

A.表上永陵/喜公/以是益奇之/一切疏记皆出其手文长自负才略好奇计/谈兵多中/视一世士无可/当意者/然竟不偶

B.表上/永陵喜/公以是益奇之/一切疏记/皆出其手/文长自负才略/好奇计/谈兵多中/视一世士无可当意者/然竟不偶

C.表上/永陵喜/公以是益奇之/一切疏记皆出其手文长自负才略好奇计/谈兵多中/视一世士无可当意者/然竟不偶

D.表上/永陵喜/公以是益奇之/一切疏记/皆出其手/文长自负才略好/奇计谈兵多中/视一世士无可当意者/然竟不偶

2.下列对文中加点词语的解释，不正确的一项是（　　　）。

A.属文长作表　　　　　　　　　属：通"嘱"，委托

B.文长既雅不与时调合　　　　　既：向来

C.血流被面，头骨皆折　　　　　被：遍及

D.然文长竟以不得志于时　　　　竟：竟然

3.把文中画横线的句子翻译成现代汉语。

（1）薛公蕙校越时，奇其才，有国士之目。然数奇，屡试辄蹶。中丞胡公宗宪闻之，客诸幕。

（2）余同年有官越者，托以抄录，今未至。

1.【答案】B。解析：画波浪线的句子意为"表文呈上后，世宗皇帝很满意。胡公因此更加欣赏他的才能，（此后）一切奏疏表记，都出自他手。文长自信才能过人，擅长出奇计，谈论军情往往能切中要害，认为世间的事物没有合乎他的心意的。然而他终究不得志"。根据句意可知，B项断句正确。

2.【答案】C。解析：C项，"被"，意为"覆盖，遮挡"。A、B、D三项加点词语的解释均正确。

3.【参考答案】

（1）薛公蕙在浙江主持考试时，对他的才华感到震惊，把他看作国士。然而（徐文长）运气不好，屡次应试总是

第三章　阅读　99

第三节　现代文阅读

一、现代文分析与理解

考点1　段落层次的划分

1.从形式方面分析

①重视具有前后衔接、勾连、照应作用的语言标志;重视具有区分层次作用的标点符号。

②掌握文章因文体不同而具有不同结构的规律。如记叙文常以时间推移、空间转换、情景变化、思维逻辑等顺序来安排层次;议论文常采用提出问题、分析问题、解决问题的结构来论证事理;说明文常采用"总—分—总"式或并列式结构来说明某种事物。

③分析段内表达方式。有的语段语言表达方式较单一,但有的语段兼用多种表达方式。对兼用多种表达方式的语段,可根据不同的表达方式划分层次。

2.从内容方面分析

①根据句意归类。一个语段由多个句子组成,准确把握句子间的意义关系,将各个句子分别归于几个意义点中,再根据句子连接的紧密程度,从意义疏松处断开。

②把握体现思路的重要语句。中心句、提挈句等关键性语句,在语段中或领起下文,或收束上文,或承上启下,找出这些句子,便可基本弄清某层次开头、结尾的界限。

考点2　文章结构的分析

①粗读全文,分析这篇文章主要谈的是什么问题或说了一件什么事情。这一步的目的主要是把握文章全貌。

②以段为单位仔细阅读,然后用简明的一两句话把段意表示出来。这一步的目的是把长篇文章浓缩成几句话,厘清文章的脉络。

③分析段落之间的内在联系,划分文章层次。这一步的目的是厘清脉络,把握全文的结构。

考点3　段落大意的归纳

①抓段眼。所谓"段眼",就是指段落的中心句,或者能涵盖段落大意的一句话,段中其他句子的表达都围绕"段眼"展开。找准"段眼"有助于概括段落内容,也有助于培养考生的归纳和概括能力。

②抓住占据中心位置的人、事、物、情、理。有的段落没有中心句,但往往有占据中心位置的人、事、物、情、理,抓住这些内容,概括段意就会水到渠成。

③找上下文联系。文章是一个有机的整体,组成一篇文章的各个段落是密切相关的。有些段落是对下文的领起,有些段落是对上文的总结。考生理解了前后段落之间的密切关系后,再进行段落大意的概括,就会得心应手。

④归纳。有些段落运用列举的方法,把一些有共同特点的人或事物放在一段内,概括这一类段落的段意就可以先分析,再归纳。

考点4　文章思想内容的概括

1.概括文章中心思想

文章的中心思想主要指作者所表达的观点、见解、主张、感受和思想倾向。中心思想由"写什么"（主要内容）和"为什么写"（写作目的）两部分组成。"写什么"是指作者叙述的事件,描述的人物、景物、物体。"为什么写"是指作者的写作目的及在文章中表现出来的立场、观点、态度和感情等。因此,概括文章中心思想的基本公式是"主要内容+写作目的"。其表达形式根据文体的不同也会有所不同。

写人的记叙文的一般表达形式是"本文记叙了……,表现（赞扬、歌颂、表达、颂扬等）了……品质（精神）"。

写事的记叙文的一般表达形式是"本文记叙了……（事）,说明（反映）了……道理（问题）"。

写景状物的记叙文的一般表达形式是"文章描述了……,抒发了……思想感情"。

概括文章中心思想,常用的方法有以下几种。

（1）看文章的标题

有些文章的标题本身就已揭示了中心思想或是对中心思想的高度概括。从标题可以看出文章的中心思想。例如:徐志摩的《再别康桥》,全诗以离别康桥时的情感起伏为线索,抒发了诗人对康桥依依惜别的深情。

（2）看文章的开头和结尾

有些文章为了便于读者把握题旨,通常在开头或结尾处,设置点明中心的句子或段落。一般来说,这样的句子或段落在开头起统领文章的作用,在文章的结尾起总结全文、点明中心的作用。找准并分析这些句子,基本上就能准确地概括文章的中心思想。例如:《小狗包弟》的结尾处写道,"即使在'说谎成风'的时期,人对自己也不会讲假话,何况在今天？我不怕大家嘲笑,我要说:我怀念包弟,我想向它表示歉意"。这段话其实就直接揭示了本文的中心思想——对包弟的怀念与内心的忏悔。

（3）看文章的议论抒情

在文章中,记叙和描写部分若是"画龙",议论和抒情部分就是"点睛","点睛"部分往往揭示了文章的中心思想。例如:《父亲》一文先叙事后议论,最后的议论——"那一弯腰,对父亲来说,是一种孝道和良知;对我来说,是向他及天下所有像他一样的父亲乞求原谅和深情致敬啊"——表达了作者对父亲的愧疚与爱。

（4）看关键人物的语言、动作、心理活动等

对人物的语言、动作、心理活动等描写往往能够体现出文章的中心思想。例如:《包身工》一文通过大量的语言描写和环境描写,描述了包身工的悲惨生活,揭露了包身工制度的罪恶,表达了作者对包身工不幸生活的同情与关注,同时表明黑暗必将过去、光明必将到来的趋势。

2.概括文章主要内容

文章主要内容是一篇文章内容的浓缩或内容提要。概括文章主要内容时,语言要准确、精练。概括文章主要内容的方法大致有以下几种。

（1）段意合并法

段意合并法是归纳文章内容时最常用的方法。段落大意是对段落主要内容的概括。把每段大意综合起来,加以概括,就是整篇文章的主要内容。使用这种方法时要注意两点:一是要在各段大意之间加上一些过渡词语,以便读起来通顺连贯;二是要区分重点段落和非重点段落,做到详略得当。

（2）要素串联法

写人记事的文章,一般包括时间、地点、人物、事件（起因、经过、结果）等基本要素。把这几个基本要素精准提炼出来,再用词语串联,就是文章的主要内容。

（3）问题概括法

作者往往围绕一个中心，带着几个问题，按一定的顺序来写文章。阅读文章时，可以思考作者集中阐释了哪几个问题。把这些问题的答案概括出来，就是文章的主要内容。例如：学习《记念刘和珍君》一文时，可以问"刘和珍君是谁？""她发生了什么事？""她为什么这样做？""她的性格是怎样的？""作者为什么要纪念她？"——回答这些问题，就能够概括文章的主要内容。

（4）标题追溯法

有些标题能直接反映内容。根据标题追溯文章的主要内容的方法叫作标题追溯法。例如：《我有一个梦想》一文，文章的主题就是"我有一个梦想"，根据标题去阅读全文，便可快速捕捉文章的主要内容。

（5）内容借助法

内容借助法就是借助文章中的句或段来总结主要内容。例如：《父母与孩子之间的爱》一文，结尾"人从同母亲的紧密关系发展到同父亲的紧密关系，最后达到综合，这就是人的灵魂健康和达到成熟的基础"就总结了全文的主要内容。文章不是在简单地歌颂父爱与母爱，而是为了构建健康、成熟的灵魂对父爱、母爱及孩子的发展进行剖析。

不管运用哪种方法，都必须注意两点：一是尽可能用原文中的词语归纳；二是防止遗漏要点。

3.概括作者的观点态度

作者的观点态度，就是指作者对文中所写事物的看法，以及在文中所表现的思想倾向和感情倾向，包括肯定与否定、爱与憎、褒与贬，以及某种程度的保留等。作者的观点态度在不同类型的文章中有不同的表现形态。一般说来，在论说性文章中是明朗的、直白的，在叙述性的文学作品中则是含蓄的、委婉的。论说性文章中的中心论点、分论点及某些议论，通常就是作者在文中的主要观点。叙述性的文学作品一般以写人、叙事、写景见长，作者的观点态度不会直接表明，但也是可以捕捉到的。

针对"分析概括作者在文中的观点态度"这一类考题，我们可以从以下几个方面入手。

（1）抓重点句子

重点句子是分析作者观点态度的关键所在，是分析概括作者观点态度的依据。议论文的重点句子常在开头，散文的重点句子常在开头或结尾。抓住这些句子，我们就能准确把握作者的观点态度。

（2）抓议论、抒情句

记叙性文章中的议论和抒情句往往是对作者观点态度的揭示。例如：《内蒙访古》中写道，"秋天的阴山，像一座青铜的屏风安放在它们的北边，从阴山高处拖下来的深绿色的山坡，安闲地躺在黄河岸上，沐着阳光。这是多么平静的一个原野！但这个平静的原野在民族关系紧张的历史时期，却经常是一个风浪最大的地方"。作者在风景描写之后进行了抒情和议论，表达了对历史上民族关系紧张、民族之间发生战争的深深遗憾之情，以及期望各族人民珍惜民族间的情感、团结和睦的观点。

（3）抓反证、烘托句

有时作者为了把自己的态度和观点表现得更加鲜明，往往将两种不同的情况进行对比说明。如议论文中的正反论证会使正面观点更加突出，更具有说服力等。我们可以从反面论证的文字或起侧面烘托作用的文字中分析概括作者的观点态度。

（4）抓标志性词语

作者的观点态度或在文章中分散显现，或集中体现在文章的开头或结尾。文章中的某些标志词（如"认为""以为""感到"等）后的句子往往是作者直接表明观点态度的句子。找出它们也就基本抓住了作者在文中的思想动态。

（5）借助背景材料

背景材料可以帮助我们把握作者在文中的观点态度。作者的生平、思想、写作此文的目的、作品的时代背景等，都是把握作者观点态度的切入点。

二、现代文品评与鉴赏

考点1　鉴赏作品的形象

文学形象有广义和狭义之分。广义的文学形象泛指文学作品中整个形象性表现、形象体系和生活图景。作品的具体因素如环境、人物、场面、情节等可理解为文学形象的具体表现。狭义的文学形象是指作品中某个具体的人物形象。这里的形象鉴赏主要是指鉴赏作品的人物形象。

鉴赏文学作品形象的基本要点包括人物的性格特征、人物的精神风貌、人物的思想特征、人物形象的社会或时代意义等。在阅读鉴赏中，我们既要注意分析人物的性格特征，也要揭示人物的典型作用。优秀的小说和戏剧作品大都着力刻画人物性格、创造典型的人物形象。散文类作品一般不注重刻画人物性格，而是着力描绘某种生活图景，抒发某种感情。人物形象的塑造离不开对环境的描写。文学作品中的环境一般包括自然风景，生活场景，主人公活动的生活、社会环境，社会历史背景及时代特征等。塑造人物形象的方法一般有概括介绍、侧面烘托、环境描写、景物描写、肖像描写、语言描写、动作描写、细节描写、心理描写等。

考点2　鉴赏作品的语言

鉴赏文学作品的语言，就是具体评说文学作品的语言在刻画人物形象、表达思想感情方面的作用和效果。

文学作品的语言一般具有以下特点：准确简练、生动形象、含蓄蕴藉、富有音乐美。除此之外，不同体裁的文学作品对语言还有一些特殊的要求，如话剧的对白要口语化、生活化等。叙事性文学作品的语言，可以分为人物语言和叙述人语言两大类。

①人物语言，即作品中人物的对话、独白。作品中的人物语言是性格化的语言，是能充分地揭示人物的性格特征、表现人物的心理状态的语言。

②叙述人语言，即作家在作品中描绘人物、叙述事件、描写环境、评价生活等使用的语言。文学作品语言的鉴赏一般是就叙述人的语言而言的。

考点3　鉴赏作品的艺术手法

现代文阅读涉及的艺术手法主要有以下几种。

①叙述技巧，如顺叙、倒叙、插叙、补叙；描写技巧，如人物描写、景物描写、事件描写、环境描写；抒情技巧，如直接抒情、间接抒情；叙述角度技巧，如第一人称、第二人称、第三人称。

②表现手法，如象征、对比。

③结构方法，如开门见山、卒章显志、首尾呼应。

④修辞手法，如比喻、拟人、借代、夸张。

⑤艺术特征，如抑扬结合（欲扬先抑或欲抑先扬）、虚实相生、详略得当。

考点4　评价作品的思想内容及作者的观点态度

1.评价作品的思想内容

评价作品的思想内容通常指概括作品描写的事物，阐述论证的观点，介绍说明的道理，分析作品表达的思想感情，等等。

评价作品的思想内容的基本方法有以下几种。

①结合作品具体分析。分析和评价都必须紧密结合作品实际，具体分析，切忌离开作品进行漫无边际的分析或把自己的一些猜测和没有说服力的材料无限夸大。要注意评价的准确性和全面性。

②客观评价。对于作品中表现出来的思想内容,应给予客观公正的评价,而不应依据个人的好恶去随意评说。在进行评价时,作品的社会时代背景、创作实际和作家的生平思想,都是必须考虑的重要因素。

③从历史发展的角度对作品进行分析和评价。对古典文学作品和外国文学作品的评价要从社会历史的实际出发,不能用我们今天的观点去强求古人和外国作家。这就要求考生具有比较广泛的社会、历史和地理知识。

2.评价作者的观点态度

评价作者的观点态度通常指对作者的观点看法作出中肯、适当的评述,判断其正误,分析其意义,有时要写出自己对作者的观点态度的体会与认识,要融入自己对人生、社会的某一方面的感悟。作者的观点态度有些是直接表述出来的,有些则分散在多处。只有在辨别、筛选和判断后才能得出正确的评价。

评价作者的观点态度应注意以下几个问题。

①了解作者的生平和思想。

②了解作品产生的社会时代背景。

③了解作者写作此文的目的。

④分析和评价作品的思想内容、主题、艺术特色。

三、现代文阅读常见题型及作答思路

考点1 人物形象型

1.题型

①结合全文,简要分析人物形象。

②××是一个怎样的人物?

③××有哪些优秀的品质?

2.解题思路

通过文中的人物描写(如语言描写、动作描写、心理描写、肖像描写、细节描写等)、环境描写、故事情节描写,分析人物的性格特征,然后根据题目要求作答。

3.答题模板

××是一个……的人,他(她)的……(言语、行为)表现了他(她)……的性格(思想品质),揭示了文章……的主旨。

考点2 环境描写型

1.题型

描写了怎样的环境? 这样描写起了怎样的作用?

2.解题思路

明确环境描写必须为主题服务的宗旨,结合环境描写的一般作用(①烘托人物的心情;②渲染气氛;③推动情节的进一步发展;④暗示社会环境;⑤暗示或突出主题),然后根据题目要求,结合文章的具体内容作答。

3.答题模板

××具体描写了……景色,交代了时间、地点、环境;营造(渲染)了一种……气氛;奠定了……的情感基调;揭示了人物……的心境,体现了人物……的性格,烘托了人物……的思想感情;为下文……情节的展开做了铺垫,推动……情节的发展。

考点3　故事情节型

1.题型

①文中描写了××情景,在文中起到什么作用?

②××事物(人物)在文中有什么作用?

2.解题思路

明确故事情节为表现人物服务的宗旨,结合故事情节的一般作用(①制造悬念,引人入胜;②前后照应;③侧面衬托、埋下伏笔;④总结上文、点明题意;⑤贯穿全文,提供线索),然后根据题目要求,结合文章的具体内容作答。

3.答题模板

××情节(事物)为下文……埋下伏笔;与文中……相照应,反映了……内容,突出了人物……性格,点明了……主旨。

考点4　概括主题内容型

1.题型

①找出体现主题的句子(或用自己的话概括作品的主题)。

②读完全文后,你明白了什么道理(本文对你有何启迪? 谈谈你的体会)。

③结合全文主题,谈谈你对某一句话(某一个问题)的理解或看法。

2.解题思路

①从文章的情节和人物形象入手。

②联系作品的时代背景及典型的环境描写,认识人物思想性格所打上的时代烙印,把握住人物形象所折射出的时代特征。

③从文章的精巧构思中把握作品主题。

3.答题模板

通过描绘××故事情节,暗示了……,刻画了……,反映了……,抒发了……,呼吁了……。

考点5　理解标题型

1.题型

如何理解文章的标题? 文章标题有何作用?

2.解题思路

①从分析文章的主要情节入手。

②从分析文章的主要人物入手。

③从分析文章的主要内容入手。

3.答题方向

①起线索作用,贯穿全文。

②点明主题。

③交代时间、地点、环境、人物。

考点6　分析写作技巧型

1.题型

①文中运用了什么表现手法? 该表现手法在塑造人物形象时有什么作用?

②文中特有的表达方式是如何为作者表情达意服务的？

③文章在语言运用上有何特点？给读者提供了哪些艺术审美情趣？

2.解题思路

①分析表达方式。

②分析结构方式。

③分析表现手法。

④分析修辞手法。

3.答题模板

句子运用了……的方法（要点明本语句所运用的是哪一种修辞或表现手法），表现了……内容（分析这种修辞或表现手法在语句中是要表现什么内容），具有……的效果或作用（要清楚这种修辞或表现手法的一般表达效果，并结合具体语句加以分析）。

考点7 品味语言特色型

1.题型

①某一词语在文中应如何理解？

②某句在文中的含义是什么？有什么作用？

2.解题思路

①注意鉴赏人物语言的个性特色，通过语言分析人物性格。

②抓住关键词去品味语言的丰富内涵。

③鉴赏作者的语言风格。

3.答题模板

××词语（句子）运用了……手法，写了……，表现了……，具有……的效果。

考题再现

【2021年·山东泰安·现代文阅读】阅读以下文章，回答问题。

北面山河

杨海蒂

①当我来到陕北的榆林横山，目睹"龙隐之脉"横山山脉穿过黄土高原横亘天际，亲见无定河蹚过塞北沙漠漫延横山全境，我对这片土地充满了敬畏。陕北的深冬季节，让我感觉犹如置身于西伯利亚般寒冷，峁塬上衰草枯黄，刺骨寒风将我的脸抽打得生疼。我蜷缩在超厚的大棉袍里，循着时间的线索，探听四散于大地之上的历史回响。

②踏足横山这座古城，古堡古寺很多，建筑艺术一脉相承。始建于明代的响水堡龙泉大寺，是横山规模最大的寺庙，其名源于寺内的龙井。响水堡盘龙寺闻名遐迩，史志记载，盘龙山"横江怪石，盘绕无定河边，远望若踞河中，石如盘龙，故名"，盘龙寺因山得名。然而，比起大名鼎鼎的波罗堡接引寺，龙泉大寺和盘龙寺就逊色多了。

③波罗，山环水抱，万壑朝宗，秦直道纵贯其境，无定河流贯其境，古长城横贯全境；波罗，北魏建城，明初建堡，城堡雄踞大漠边关，崛立无定河畔，坐落长城脚下。波罗的来头不得了，《怀远县志》记述："波罗堡西山石峻起，上有足形，一显一晦，俗传为如来入东土返西天之所，故构接引寺，供如来像于其中。"

④黄云山上的波罗，弥漫着佛光紫气，乃"佛拿上的明珠""来自天国的地方"。

⑤然而，波罗不只有香火，还有战火；不只有诵经，还有杀伐。所以，在凝紫、重光、凤翥、通顺这四座城门里，既建有玉帝楼、三官楼、魁星阁、城隍庙、老爷庙等佛道庙宇，也建有总兵关、中协署、参将府、守备署、炮台、箭楼、钟楼等军事设施。座座城门，气势恢宏；处处城楼，尽显峥嵘。

⑥我非常喜欢波罗的建筑风格，不雕龙画凤，不金碧辉煌，大气不失精致，简约而又典雅。整座城堡呈灰色基调，

有佛门静穆之气,宜于安放心灵。无论手持玉帛者,还是手持干戈者,无论是无神论者,还是虔诚的佛教徒,这些帝王都有波罗情结:李继迁驻军于此;李元昊奉佛教为国教,将接引寺定为国寺,将波罗作为粮仓"金窖";康熙大帝御驾亲征噶尔丹时,专程绕道波罗驻跸礼佛,御笔亲题"接引寺";乾隆皇帝为接引寺御书"慈悲千古",并特赐匾额;嘉庆皇帝钦遗御用红绸,上书"奇佛一座,万古留传"。

⑦登上灵霄塔,远眺无定河,"可怜无定河边骨,犹是春闺梦里人",这悲壮又凄美的诗句,立刻涌上心头。"无定河边暮笛声,赫连台畔旅人情。函关归路千余里,一夕秋风白发生",同样令我登高望远,心中生悲。雄伟的高原,巍峨的横山,奔腾的无定河,养育了无数横山儿女,塑造了他们独特的精神气质。

⑧榆林地接甘、宁、蒙、晋,又是明清朝廷流放京官之所,历史上多民族的融合,赋予横山人强健的体魄,壮阔绝域对民众人格的潜移默化,使横山人拥有悍勇刚烈的性格。天辽阔,地苍茫,残阳似血,山峦如画,望着宇宙八荒,听着天籁之音,心底百转千回,顿生苍凉之感。

⑨"念天地之悠悠,独怆然而涕下",是文人情调的感伤,陕北劳动人民有自己的情感宣泄方式——吼信天游。当孤独的牧羊人,失意地踟蹰在拦羊的崖畔上;当辛勤的庄稼汉,孤寂劳作在空旷的圪梁梁上;当赶牲畜的脚夫,独自行走在荒凉的山道上;当窑前院落的婆姨,想起离家远行的那个人……信天游就油然而生脱口而出。高亢悠长的曲调,随天而游跌宕起伏;九曲回肠的歌声,唱尽了人生的况味。

⑩横山不仅孕育了粗犷豪放的信天游,更有横山老腰鼓留存于世。老腰鼓,又称"文腰鼓",根据庙宇石碑的文字存证,它出现的年代可追溯到明代中期。古时戍守长城的士兵,身佩腰鼓作为报警工具,发现敌情即鸣鼓为号。在骑兵阵战冲锋中,也以腰鼓助威,激发将士斗志。打了胜仗,将士击鼓起舞狂欢。边民久居塞上,也习而为之,于是腰鼓逐渐应用于民间娱乐,演变成激昂刚劲、带有军旅色彩的腰鼓艺术。

⑪声声鼓响融入陕北人的血脉。遥想当年,陕北儿女在响水堡"闹红",成立农民讲习所,农民运动开展得轰轰烈烈。之后,数万名横山儿女跟着刘志丹上横山,组建游击队与敌人浴血奋战,游击战争风起云涌,横山开创出红色根据地、诞生陕北第一个红色政权,为创建陕甘宁边区奠定了坚实的基础,后来,载入史册的横山起义(波罗起义),为中共中央转战陕北打开了通道,为建立新中国作出了卓越贡献。

⑫走在横山大地上,脚下是世界上最广最深的黄土,随处可触摸到历史的印痕,随时可感受到历史散发的华光,时刻倾听到那激越昂扬的历史交响。

⑬我对横山高山仰止。

(选自《北京文学》2019年第11期,有删改)

问题:

1.下列对本文内容的理解,不正确的一项是(   )。

A.文章首段写作者深冬季节来到横山,距离由远及近,范围由大而小,寒风刺骨,衰草枯黄,写出了陕北地区环境的艰苦

B.文章叙述陕北人"吼信天游"、发明老腰鼓,突出了横山人悍勇刚烈的性格和独特的艺术气质

C.文章不落常规游记的窠臼,而是推进到深沉厚重的深层次描写,让读者经受一次别开生面的精神之旅和文化洗礼

D.作者在敬畏中展开文章,在不同层面上彰显"北面山河"厚重的人文历史底蕴,在敬仰中收束全文,表现出横山山水人文使作者思想得到了升华

2.下列对本文艺术特色的分析鉴赏,不正确的一项是(   )。

A.文章夹叙夹议,以第一人称展开叙述,把历史与现实有机地、艺术地结合起来,给读者带来真实贴切的艺术感受

B.文章以散句为主,与整句搭配,语句错落有致,富有变化,读起来朗朗上口,令人回味无穷

C.文章引用边塞诗中悲壮凄美的诗句,烘托作者登高望远的悲情,同时增加了文章的文化底蕴

D."刺骨寒风将我的脸抽打得生疼。我瑟缩在超厚的大棉袍里"运用了比拟和夸张的修辞手法,反衬出作者探

寻横山文化的热情

3.文章第⑫段作者说,"随处可触摸到历史的印痕,随时可感受到历史散发的华光,时刻倾听到那激越昂扬的历史交响"。请结合全文概括有哪些"历史交响"。

1.【答案】B。解析:A、C、D三项理解均正确。B项,"老腰鼓"是由古时军中的腰鼓演变而来,原文并未明确提及其发明者。

2.【答案】D。解析:A、B、C三项分析均正确。D项,"抽打"一词赋予寒风以人的动作,运用了比拟的修辞手法,句中并未运用夸张的修辞手法。

3.【参考答案】
①横山古堡古寺历史悠久、底蕴深厚;
②横山人民的信天游、老腰鼓粗犷豪放、激昂刚劲;
③横山儿女"闹红",为革命前赴后继、浴血奋战。

强化练习

一、古诗词阅读题

阅读以下词作,回答问题。

浣溪沙

苏轼

风压轻云贴水飞,乍晴池馆燕争泥。沈郎多病不胜衣。

沙上不闻鸿雁信,竹间时听鹧鸪啼。此情惟有落花知!

1.下列对这首词的赏析,不正确的一项是(   )。

A.第一句写和风吹拂,薄云贴水迅飞,连用3个动词,使整个画面都鲜活起来

B.第二句点明时空,天气初晴,池馆周围,新燕衔泥,软语呢喃,春意盎然

C.第三句词人自比多病的沈约,瘦损不堪,词风从明快变为阴郁,诗人情感出现转折

D.上阕开头两句写盎然春景,第三句抒情,自伤消瘦体弱,用的是融情入景的手法

2.简要赏析词的末句"此情惟有落花知"。

二、文言文阅读题

阅读以下文言文,回答问题。

过济宁别杨千木

方苞

余与海内士大夫往还近五十年,自成童侍先君子,百年中耆旧犹间及焉。期间博记诵、富文藻、天性醇良、操行孤洁者皆有之;至于修身慎独,而以圣贤为必可几,与夫材识确然足以立事者,则未见其人也。中岁,得清涧白玫玉,其疏节矣古豪俊,其后得长沙陈公沧洲,又其后得吾千木。初定交时,以是语之,瞿然曰:"吾非其人也。吾观汉唐中智之仕任将相者,其于设施数变之后,皆究知其利害。往者,武进赵司农劾商人冒滥,请以采铜责督抚,吾心快之。不知令朝下而吏夕困,吏困而民又甚焉。以是而承国事,则偾事而枉民也必甚矣。"然余以是益喜千木用心于物理之实者,盖非一日,而果足以有立也。间语沧洲,沧洲亦以余为知言。

千木久困公车,求试于南河,久之,分司高堰。高堰自梁以来千余年,为淮扬二郡利害甚剧。千木甫受事,而洪泽湖涨,下河居民当其冲者,日夜装载离居,穷民倚担以俟。千木昼夜立水中,率吏车修救,水深没踝,凡四旬有七日,堰得不溃。时沧洲奉命巡河,叹曰:"方某果知人!"因与定交,慷慨相勖,时康熙五十九

年也。今皇帝嗣位,沧洲实授河督,以高堰地重,非千木莫属。三举监司而不与,或诧之,千木曰:"若是者乃深知我也。"及陈公卒,逾岁北上,而千木移官济宁,过其治所,河以北之诸司,民誉莫并焉。大府监司之贤者,狱有疑必付之,或有疑必咨之。<u>余既喜所期于千木之不谬,而又以叹天之生才之难,与生而用之而竟之之尤难也</u>。以玫玉之气,而老死于穷巷;沧洲则屡进而屡踬,晚达而遽亡,曾不得展措于期月之间,惟千木今始见其端倪耳。

夫命于天者不可知,君子所自定,存于己者而已。千木之致功于险艰,动协乎众志,皆其畴昔不敢自信之心所淬砺而出之者也。然是心也,疑谤交加则易动,而声实既著则易弛,时省而力充焉,庶其终有立乎? 千木乞言于余屡矣,行有日,申以勖之。

（选自《方望溪遗集》,有删改）

1.下列句子中,加点字解释不正确的一项是(   )。
A.百年中耆旧犹间及焉   间:间或,有时
B.千木甫受事   甫:刚刚,才
C.民誉莫并焉   并:一起,一并
D.沧洲则屡进而屡踬   踬:受挫,不顺
2.下列句子中,加点字的意义和用法相同的一项是(   )。
A.则未见其人也   疑谤交加则易动
B.请以采铜责督抚   穷民倚担以俟
C.吏困而民又甚焉   晚达而遽亡
D.下河居民当其冲者   大府监司之贤者
3.下列对原文内容的分析和概括,不正确的一项是(   )。
A.作者在开篇提到自己跟随父亲读书的经历,强调修身慎独,以圣贤为高,有真才实学且能够成大事的人世所罕见,借此来表达对杨千木的赞赏
B.杨千木在分管高堰时,遇洪泽湖涨水,不分白天黑夜奋战在洪水中,终保高堰无恙;陈沧洲奉命巡河感叹有加,二人于是结交,从此相互勉励
C.杨千木被举荐为监司,陈沧洲多次反对,众人对此感到惊诧,杨千木却认为陈公深知己心,毫不在意,在陈公去世后,竭心尽力地料理善后事宜
D.本文夹叙夹议,或采撷交往点滴事迹,或表达期许之情,或寄寓对人才、命运的慨叹之意,皆悉意写出,通篇不事藻饰,而事理关合,语语入情
4.将文中画横线的句子翻译成现代汉语。
余既喜所期于千木之不谬,而又以叹天之生才之难,与生而用之而竟之之尤难也。

三、现代文阅读题
阅读以下文段,回答问题。

炉火
臧克家

①金风换成了北风,秋去冬来了。冬天刚刚冒了个头,落了一场初雪,我满庭斗艳争娇的芳菲,顿然失色,鲜红的老来娇,还有各色的傲霜菊花,一夜全白了头。两棵丁香,叶子簌簌辞柯了,像一声声年华消失的感叹。

②每到这个季节,十一月上旬,我生上了炉火,一直到来年四月初,将近半年的时光,我进入静多动少的生活。每到安炉子和撤火的时候,我的心里总有些感触,季候的变迁,情绪的转换,打下了很鲜明、很深刻的印记。

③我的小四合院,每到冬季,至少要安六个炉子,日夜为它奔波,我的家人总是念咕说:安上暖气多省事,

又干净。我也总是用我的一套理由做挡箭牌：安暖气花费太大呀，开地道安管子多麻烦啊，几吨煤将放在何处？还得有人夜里起来烧锅炉……我每年这样搪塞，一直搪塞了二十一年。其实，别的都是假的，最中心的一条：我爱炉火！

④我住北房，三明两暗。左右两间有两个炉子，而当中的会客厅，却冷冷清清，娇花多盆，放上两套沙发，余地供回旋的就甚少了。客人来了，大衣也不脱，衣架子成了空摆设。到我家做客的朋友们都说我屋子的温度太低了。会客室里确实有点冷清，而我的写作间兼卧室却是暖的。炉子，作为我亲密的朋友，几十年来，它的脾气我是摸透了。它，有时暴烈，有时温柔，它伴我寂寞，给我安慰和喜悦。窗外，北风呼号，雪花乱飘，这时，炉火正红，壶水正沸，恰巧一位风雪故人来，一进门，打打身上的雪花，进入了我的内室，沏上一杯龙井，泡沫喷香，相对倾谈，海阔天空。水壶咝咝作响，也好似参加了我们的叙谈，人间赏心乐事，有胜过如此的吗？

⑤每晚，我必卧在床上，对着孤灯，夜读至十时，或更迟些。炉火伴我，它以它的体温温暖着我，读到会心之处，忽然炉子里砰砰爆了几声，像是为我欢呼。有时失眠了，辗转不能安枕，瞥看炉子里的红光一点，像只炯炯的明眸，我心安了，悠悠然，入了朦胧的境界。

⑥暖气，当然温暖，也干净，但是啊，它不能给我以光，它缺少性格与一种活力。我要光，我要性格，我要活力。

⑦我想到七八岁上私塾的时候，冬天，带上个铜"火箱"，里面放上几块烧得通红的条炭，用灰把它半掩住，"火箱"盖上全是蜂窝似的小孔，手摸上暖乎乎的，微微的火光从小孔里透露出来，给人以光辉。它不仅使人触感上感到温暖，而且透过视觉在心灵上感到一种启示与希望的闪光。

⑧有这种生活经验的人，会饶有情趣地回忆起隆冬深夜，置身在旷山大野中，几个同伴围在篝火旁边取暖的动人情景。火，以他的巨大热量使人通体舒畅，它的火柱冲天而起，在黑暗中给人一种巨大的鼓舞力量与向前冲击的勇气。在它的猛烈的燃烧中，迸出噼噼啪啪的爆炸，不像一声声鼓点吗？

⑨炉火当然不是铜"火箱"，也不是篝火，可是它们有着同样的性格：它们发热，它们发光，它们也能发出震撼人心的声响。几十年来我独持异议不安暖气，始终留恋着炉火，原因就在此。

（有删改）

1.第②段说道："每到安炉子和撤火的时候，我的心里总有些感触。"请联系全文，简要分析"感触"的含义。

2.简要分析文中的对比手法。

参考答案及解析

一、古诗词阅读题

1.【答案】D。解析：此题考查考生赏析古诗词的能力，解题时需从语言、手法、形象、情感等方面进行细致分析。A、B、C三项说法均正确。D项，"融情入景的手法"表述有误。"沈郎"即南朝名相沈约，沈约长年体弱多病，诗人化用典故，以"沈郎"自比，"以乐景写哀情"，使得眼前春意盎然的景象与自己的衰弱形成强烈反差。

2.【参考答案】

作者运用了移情的手法，把无知的落花变成了深知自己心情的知己。"惟有"二字，说明除落花之外，其他人或事物均不明白作者的心情；落花与作者孤苦、飘零的命运相似；但落花无言，即使它理解作者的心情，也不能劝慰。这样写进一步表达了诗人内心的孤苦之情。

二、文言文阅读题

1.【答案】C。解析：A、B、D三项解释均正确。C项，"民誉莫并焉"中的"并"意为"相提并论"。这句话的意思是"获得百姓称赞的人没有能与杨千木相提并论的"。

2.【答案】D。解析:A项,第一个"则"表转折关系,意为"但是,然而";第二个"则"表示因果关系,意为"那么,就"。B项,第一个"以"为介词,意为"用";第二个"以"为连词,表承接,不译。C项,第一个"而"表因果关系,意为"所以";第二个"而"表转折关系,意为"但是"。D项,两个"者"均为助词,表示"……的人"。

3.【答案】C。解析:A、B、D三项均正确。C项,原文第二段提到,"及陈公卒,逾岁北上,而千木移官济宁",并未提及杨千木在陈公去世后,为其料理善后事宜一事。

4.【参考答案】

我既为自己对杨千木的期望没错而感到欣喜,又嗟叹上天培育人才的艰难,推举人才后从始至终地任用人才更是困难。

三、现代文阅读题

1.【参考答案】

"感触"的本义是跟外界事物接触而引起的思想情绪,在文中的"感触"指的是由炉火生出的情思变化和思考,饱含了"我"对炉火的喜爱之情。"我"的感触包括两个方面:①炉火的"安"与"撤",反映了季节的变换,承载着"我"的情绪变化,即炉火伴"我"和朋友品茶交谈,使"我"感受美好的友情;炉火伴"我"读书和入睡,使"我"安享生活的乐趣。②炉火是"我"返思的触发点,能给"我"带来启示、希望、力量和勇气,让"我"产生对生活的思考,获得进取的力量。

2.【参考答案】

①文章用暖气和炉火进行对比,写出两者的不同,生动地表现出作者对炉火的偏爱。

②用铜"火箱"、篝火与炉火进行对比,写出它们的共同特点:不仅给人带来温暖,还给人以启示、希望、力量和勇气,从而赞颂了光明的力量,深化了主题。

第四章 写作

第一节 写作基础知识

一、写作能力

1.观察能力

观察能力是指借助感觉器官感知生活、体验生活、认识生活并觉察事物特征的能力,是写作能力的基础。这就要求考生学会观察、分析、积累写作素材。在写作能力结构中,有了观察能力,就具备了写作的前提和条件;反之,就失去了写作的基础。

2.阅读能力

阅读能力是指积极涉猎书海、不断接受文化熏陶、主动培养审美情趣,为作文储备知识的能力。阅读能力的培养和训练是作文成功的重要通道。一个人缺乏阅读能力或阅读能力不足,就很难对写作产生兴趣。而大量阅读古今中外文学名著与其他相关书籍,既可以丰富考生的词汇、语言、写作素材,使其掌握一些基本的写作规律,又可以开阔考生的视野,拓宽其知识面,还可以激发考生的写作欲望,提高其鉴赏能力。

3.想象能力

想象能力是指在长期观察、广泛阅读的基础上,受灵感的驱动,运用形象思维,利用大脑中对各种有关事物的形象,根据时空上的联系及事物间的类似性、差异性联想到另外的事物,并加以改造,从而创造出新的形象的能力。想象能力的培养和训练十分重要。想象可以将阅读到的内容融入自己的生活经验中,使情感得以升华,思维方向得以改变,达到"听唱新翻杨柳枝"的境界。

4.创造能力

创造能力是指发挥主观能动性,运用思维,创造出人们从未感受过,甚至现实生活中不存在的形象的能力。创造能力的培养与训练是作文成功的关键。有了创造精神,就会不断发现新信息,提出新见解,创作出新形象;没有创造精神,文章的构思就会雷同、千篇一律,文字就会缺乏特色,没有独特的创造思维。

5.表达能力

表达能力是指根据对生活的观察体验,利用知识储备,采用各种手法,准确、形象而富有创造性地进行文本创作的能力。表达能力是作文能力结构中必备的"硬件"。有材料不会编排,有故事不会叙述,有道理不会议论,有感受不会抒发,运用表达手法和驾驭语言的能力较差,文章就难以写好。要想提高表达能力,就必须在写作实践上下功夫。

二、写作过程

1.提炼、审定主题

写作,很关键的一步是提炼、审定主题。在动笔之前对所给材料或作文题目进行一番研究分析,准确理解题意,弄清题目要求。定对主题,文章才会切题,否则,文章就会偏题甚至跑题。

（1）提炼、审定主题的方法

①从对全部材料的分析研究中得出结论。

②从分析矛盾入手，抓住事物的本质。

③站在时代的高度，揭示主题的现实意义。

（2）提炼、审定主题的要求

①集中。文章只能有一个主题，只能表达一个中心思想或论述一个基本观点，切忌"多中心"。

②准确。文章反映客观事物和主观意识，要符合客观事物的本来面貌，没有偏颇，经得起实践的检验。

③深刻。主题应解释事物的本质，反映事物的内部规律，阐述有深度的思想观点。

④创新。好的主题必是新颖的，不步后尘，不落窠臼，不是"人人下笔皆有"的东西。

2.选取材料

影响一篇作文优劣的因素很多，其中"选材"是最不能忽视的因素。"选材"时需注意以下几点。

①材料要典型。要选取那些能反映事物本质的、有代表性的材料。

②材料要真实可信。"真实"包括生活真实和艺术真实。艺术真实即本质真实，是对生活真实的概括、集中和提高，能反映事物的本质和规律。

③材料要富含寓意。影响文章深度的因素有两个：一个是思想是否深刻独到，另一个是材料是否有深刻的寓意。写文章，就要选择那些带有深刻寓意的材料，让文章厚重而不臃肿，散发出耀眼的光芒。

④材料要紧扣文题。写作过程中使用的材料，既可以是古人古事，也可以是现代社会中的人和事，只要符合文章的主题思想即可。

⑤材料要新颖。写作过程中，要注重材料的新颖性、独特性，选取一些鲜为人知的素材，才能更好地吸引读者。

3.谋篇布局

（1）确定标题

一个好的作文标题不仅能吸引读者，更重要的是，它还与整个文章的立意、构思紧密相连。那么，该如何拟出比较出色的标题呢？

①借助辞格。例如："人生需要掌声"（借代）；"我需要一剂良药"（双关）；"绿树又快活了"（比拟）；"朋友最真，友情最贵"（对偶）。

②引用。例如：三毛的小说《蓦然回首》的文章名借用了宋代词人辛弃疾《青玉案·元夕》中"众里寻他千百度。蓦然回首，那人却在，灯火阑珊处"的词句；"生活，要说爱你不容易"套用歌名"想说爱你不容易"。

③借用符号。例如："成绩≠素质""10-1=……"。

④反向思维。例如："我渴望有个后妈""渴望停电"。

（2）开篇

俗话说："好的开端就是成功的一半。"好的开头通常具有较强的感染力，不仅能为文章增色，也能引起读者的兴趣。读者在阅读文章时首先看的便是第一段，所以写作时一定要写好开头段，紧紧抓住读者的目光，让读者不由自主地随着你的思路走。那么，如何才能做到这一点呢？

①开门见山，观点鲜明。例如：爱，是风雨后的七色彩虹；爱，是香浓咖啡中甘苦的味道；爱，是大雪后的一缕温暖阳光。而母亲的脚步声，是她对我深深的关怀和爱。（《母亲的脚步声》）

②设计悬念，吸引读者。例如：王熙凤是谁？《红楼梦》里八面威风的铁腕人物——在两个国公府里掌握着财政大权的琏二奶奶——可惜终究"力诎失人心"，只剩下跪诉流泪的份儿！（《当王熙凤遇上辛吉斯》）

③联想回忆，巧妙叙述。例如：每每站在窗前，目光总会定格在山脚下的小村庄，参差的树木，错落的房屋和那袅袅的炊烟，像极了我那隔山隔水的家。冥冥中，似有"喔喔"的鸡叫声、"汪汪"的犬吠声传来，一股甜蜜的亲情便会慢慢遍及全身。（《珍惜所拥有的亲情》）

④巧用修辞，展示文采。例如：盈盈月光，我掬一捧最清的；落落余晖，我拥一缕最暖的；灼灼红叶，我拾一片最热的；萋萋芳华，我摘一束最灿烂的。对人以和，待人用善，待人和善。（《待人和善》）

⑤描写环境，烘托背景。例如：晚风吹过河面最后一波涟漪，夕阳收起它最后一道余晖，秋霜目送去最后一只归雁。我们默默地站着，目光游离在那若即若离的记忆之门上。当时光都已流逝，当往事都已凋尽，我们起码还可以对自己说："别伤心，我已体验过那种感觉，虽然只是曾经拥有。"（《曾经拥有》）

⑥巧用引用，突出主题。例如："月朦胧，鸟朦胧，帘卷海棠红。"每当我吟诵这句话，心中便有说不出的陶醉。心也朦胧，眼也朦胧，眼前真个展现出一幅画来。（《陶醉》）

（3）过渡

过渡是指段与段之间的衔接。段与段之间的内容跳跃性很强时，就需要用一两句话过渡一下，这样文章的思路会更顺畅，但要注意过渡的内容不能太多，太多会显得烦琐累赘。过渡需要重点注意以下两个问题。

①文章哪些地方需要过渡？内容的转换，文章的内容由一层意思转入另一层意思，由一个部分转入另一个部分，需要过渡；表达方式的变换，如由叙转议、由议转叙、由叙议转抒情等，需要过渡；叙述方法的变换，如由倒叙转顺叙、由顺叙转插叙，也往往靠过渡来实现。例如：《祝福》中的"然而先前所见所闻的她的半生事迹的断片，至此也联成一片了"将文章由前文的顺叙过渡到倒叙祥林嫂的一生。

②怎样过渡？过渡的方法一般有三种：用段落过渡、用句子过渡、用词语过渡。另外，还可通过小标题或序数词来过渡。

（4）结尾

结尾是文章重要的组成部分，好的结尾对突出文章主题、增强文章艺术感染力具有重要作用。古人云："起句如爆竹，结句如撞钟。"撞钟者，余音袅袅，是"言有尽而意无穷"的意思。元代的文学家乔梦符也有"凤头、猪肚、豹尾"的精彩论述。现代著名教育家叶圣陶也说："若是找不到适当的结尾而勉强作结，就像行路的人歇脚在日晒风吹的路旁，总觉得不是个妥当的办法。"那么，怎样才能设计一个令人回味的结尾呢？

①画龙点睛法。这种结尾方式，就是在文章结束时，以全文的内容为依托，运用简洁的语言，把主题思想明确地表达出来，或者在全文即将收尾时，把写作意旨交代清楚。例如：我敢肯定，我就是未来的风景。（《你就是一道风景》）

②照应开头法。在结尾处使用既呼应开头，又不仅仅是对开头进行简单重复的语句，使结尾与开头相互照应。这种结尾方式能唤起读者心理上的美感，让文章产生一种首尾圆合、浑然一体的效果。

③抒发情感法。通过抒发情感的方式，直抒胸臆，从而激起读者内心的情感波澜，引起读者的共鸣，产生强烈的艺术感染力。例如：愿我们所有人都把这颗洁净之心携带在人生的道路上，让世界成为一片洁净、神圣的土地。（《我把洁净留在心灵深处》）

④设置悬念法。在文章的结尾不明确写出事情的结果，以达到引发读者思考和联想的目的，使文章产生无穷的意味。

4.语言表达

语言表达是作文评价的重要内容。没有准确生动的语言，再深刻的立意，再丰富的内容，也会黯然失色。怎样才能使作文语言富有魅力和文采呢？

①语言准确生动。这是对作文写作语言表达最基础的要求。

②变记叙为描述，以鲜明的视觉形象取胜。

③变直接议论为带有激情与诗意的说理，以情深意浓、理趣悠长取胜。

④巧用名言警句、诗文辞章，变松散为凝练，以渊雅高洁取胜。

示例:

那天,我捡到了快乐的钥匙

上天对我不公!

你瞧,我没有倾国倾城的美丽容貌,没有富甲天下的厚实家底,也没有声名显赫的傲人家世。我长相平凡,大鼻子圆脸蛋,常有几颗痘痘在脸上耀武扬威;我家境一般,零花钱常常被"充公",扒着精品店的橱窗却无法买下渴望已久的小玩意儿;我一介草民,没有后台没有靠山,升学得靠自己玩命奋斗……唉!你说说,我是不是特悲惨? **(巧用幽默的语言写"不公")**

环顾四周,旁边不是"富二代"就是高官子弟,没钱没权的好歹还有副好皮囊。而我则敝衣缊袍处其中,悲哉!吾一脸苦瓜相,心中郁郁,来往"三点一线",若行尸走肉,食之索然无味,卧而辗转哀叹,呜呼!此愁似一江春水向东流! **(借用诗词古文,引用、化用熟语,通过对比表达心中的不平;继续以幽默为主,哀而不伤。为下文做铺垫)**

今天又是无趣的一天。课间,我待在自己的座位上,脸上愁云密布,心中烦闷。座位旁同学们嬉戏打闹,我置若罔闻。正当我欲寻周公倾诉时,好友晴奔入了教室,兴奋地朝我挥手:"嘿,雨,你的作文得奖啦!"我心中一惊,立马冲出了教室,心中小鹿乱撞:莫非真的到了出头之日?来到办公室,语文老师笑眯眯地递过鲜红的获奖证书,我的心里乐开了花,耷拉着的苦瓜脸立即绽成了一朵红花。 **(以多个比喻生动地描绘了心理变化过程,动词运用也十分精准)**

回到教室,"富二代"——富家子弟们纷纷簇拥过来,艳羡之情溢于言表,就连平时很少搭理人的"班花",也热情地凑过来向我讨教。我心中的愁云一扫而空,快乐已像血一般,占据了我的心房。 **(比喻新鲜贴切)**

自从那天起,我不再哀叹上天的不公,因为我已经找到了快乐的钥匙——它的名字叫自信。相貌平平又如何?痘痘是青春的象征!家境不好又如何?勤俭才能成事!地位卑微又如何?我能靠自己的努力,登上人生的巅峰! **(照应开头所写的"不公",表现了作者的心理变化,以三个设问连成排比,否定"不公",突出"自信"的主题)**

赏析: 幽默诙谐是这位平凡无奇的女孩的特点,她的内心在无奈中却闪耀着幽默的火花。想必看过这些文字的读者,都会忍不住会心一笑。作者驾轻就熟地引用、借用、化用古诗文和熟语,比喻的修辞手法也运用得十分新鲜贴切,令人耳目一新,可见作者的文字功底相当出色。这样诙谐动人的文字,是长期学习与性格影响的产物。我们可以欣赏,也可以学习,但抓住自己的语言特点,写适合自己的文章,这才是最聪明的做法。

三、写作中表达方式的运用

根据表达方式所反映客观事物和表现主观意识的方式不同,可以将其分为两大类:记"实"与写"虚"。根据所反映的客观事物的表现手法不同,表达方式可分为记叙、描写、说明。根据所表现的主观意识的形式不同,表达方式可分为议论和抒情。

记叙,主要在于陈述"过程",把一件事情或一种现象的来龙去脉说清楚;描写,主要体现在"形象性",描摹事物应有的"样子";说明,主要在于"介绍与解说",揭示事物的属性和功能;议论,主要在于发表"见解和评论",阐述对一件事情或一种现象的看法;抒情,则主要体现在"主观感情的表露",对一些事物或现象抒发出自己的情感。

1.记叙

运用记叙这种表达方式时,可以选用不同的人称:如果要使读者感到真实、亲切,可选用第一人称;如果要使视角更开阔灵活,可选用第三人称。在叙述方式上,如果写内容庄重的叙事文章或是为了使文章脉络清晰,可以选用顺叙;如果要使文章如高山坠石,气势夺人,制造悬念,抓住读者,可以选用倒叙。另外,在行文过程中,还可以制造一些巧合与悬念,以避免流水账似的平铺直叙。例如:罗燕如的微型小说《红灯》。小说中,一个计程车司机送一位小姐去医院探望处于弥留之际的丈夫,为了能够让她尽快赶到医院与丈夫见一面,司机甘冒被罚款的风险,闯了一个又一个红灯,很快就把小姐送到了目的地。当司机怀着无限的骄傲,等待着小姐致谢时,没料到小姐却狠狠地给了他一记耳光,然后恨恨地说:"都是你们这些没道德的司机,专抢红灯,否则我先生也不会被撞得奄奄一息,躺在医院里!"这一记耳光,既在司机意料之外,又在读者意料之外,使故事情节大起大落。当小姐道出原委后,才知道原来是一个巧合,读者这才恍然大悟。情节既突然又自然,这正是巧合的妙用。

2.描写

描写比叙述的难度大,要求也高。它要求写人,栩栩如生;写景,历历在目;写事,活灵活现;写情,淋漓尽致。要想写出富有文采的文学作品,不可不讲究描写的技法,譬如白描与渲染。白描就是不设喻、不比拟、不夸张,只用质朴的语言表现事物的特征,使读者感到真切可信的一种描写。例如:马致远的《天净沙·秋思》"枯藤老树昏鸦,小桥流水人家,古道西风瘦马。夕阳西下,断肠人在天涯",通过白描的手法将十一种不同的景物组合在一起,显得无比苍凉萧瑟,构成了一幅极其典型的游子流落在外、彷徨愁苦的生活剪影。渲染就是运用夸张、设喻、比拟等修辞手法,运用富于色彩的语言,以突出事物的特征,使读者易于感知其特征的一种描写。例如:《鲁提辖拳打镇关西》中对"三拳"的极力渲染,精彩无比。描写还包括正面描写和侧面烘托。

3.说明

说明是一种用简洁的语言解说客观事物和阐释抽象事理的表达方式,是说明类文体的主要表达方式,在记叙类文体和议论类文体中都有运用。常用的说明方法有举例子、分类别、列数字、作比较、画图表、下定义、作诠释、打比方、摹状貌等。

4.议论

议论时,论点必须正确、鲜明;论据要确凿、典型、充实;论证要严密、合理。常用的论证方法主要有三种。一是归纳论证。归纳论证是通过对若干事例的分析、综合,概括出一个反映普遍规律、共同属性的结论的论证方法。二是演绎论证。演绎论证是根据已知的一般原理推导出关于个别事物的新的结论的方法。三是比较论证。比较论证是把两类(或两个)某些属性相同、相似或相反的事物放在一起进行比较,从而得出有关结论的方法。

5.抒情

抒情是指作者或作品中的人物主观情感的表现和抒发,起着感染读者和推动故事情节发展的作用。在写作过程中可以直接抒情,不借助任何其他手段直接表现和抒发自己的思想感情;也可以间接抒情,把感情融于形象之中,借助具体的人、事、景、物,使抽象的主观感情客观化、形象化,使文章达到含蓄隽永、余味无穷的效果。但无论使用何种抒情方式,都要注意感情的真实自然。

第二节　常用写作体裁分析

一、记叙文

1.记叙文写作基础知识

(1)记叙文文体知识

记叙文是考生日常接触得最多的文体。记叙文是一种以叙述表达方式为主,通过真实地记人、叙事、写景、状物来反映生活,表达作者思想情感的文体。

记叙文根据写作内容与写作对象的不同,可分为四类:①写人记叙文;②叙事记叙文;③写景记叙文;④状物记叙文。

(2)记叙文写作六要素及顺序

记叙文写作的要素——时间、地点、人物、(事件的)起因、(事件的)经过、(事件的)结果。写好一篇记叙文,记叙文六要素不可或缺。

叙述要有顺序,这样读起来才会条理分明,有层次感。记叙的顺序一般可分为顺叙、倒叙、插叙、补叙、分叙五种。

①顺叙,即按照事情发展的时间先后顺序来叙述。顺叙是最基本、最常用的组织记叙材料的方法,也是最容易掌握的记叙顺序。

②倒叙,是先写事情的结果,再叙述事情发展的过程。倒叙运用得当,能够设置悬念,使文章引人入胜,富有变化,避免内容平铺直叙。

③插叙,是在叙述中心事件的过程中,为了展开情节或刻画人物,暂时中断叙述的线索,插入一段与主要情节相关的内容,然后再接着叙述原来的内容。插叙部分对主要情节起补充、解释或衬托的作用,运用得当能使人物形象更加丰满和立体,内容更加翔实。

④补叙,是在一件事情叙述完毕之后对其进行必要的补充交代。具体来说,就是在行文中用两三句话或一小段话对前边说的人或事做一些简单的补充交代。补叙可以给读者一种豁然开朗的感觉。

⑤分叙,即叙述两件或两件以上的同一时间内不同地点发生的事情,也叫平叙(平行叙述)。其作用是把错综复杂的事情写得清楚合理、有条不紊。

在具体的写作过程中,应该根据具体事件来选择恰当的叙述方式。当然,这些叙事方式可以组合使用,这样会增添文章的波澜感。

(3)记叙文写作的基本要求

①要交代清楚写作的要素。无论是记人叙事,还是写景状物,一般都要交代清楚时间、地点、人物、起因、经过、结果,否则文章就不完整。

②线索要清楚。虽然观察的角度、记述的方式可能不同,但每一篇文章都应当有一条关联材料、统贯全篇的中心线索,否则文章结构就会显得松散。

③人称要一致。无论是用第一人称"我"记述,还是用第三人称"他"记述,都要通篇一致,不宜随意转换,否则就容易造成混乱。

④运用多种写作手法。记叙文以记叙为主,但往往也间有描写、抒情和议论。它是一种形式灵活、写法多样的文体。

2.写人记叙文

写人记叙文以描写人物的经历为主。要写好一篇写人记叙文,可以从以下几方面进行练习。

(1)选取典型事例

写人的文章离不开具体、典型的事例。例如:《我们家的男子汉》一文中,作者为写外甥要求独立,选取了他不让人搀他的手和要自己买东西两件事,表现了一个"男子汉"的性格特点。

(2)采用不同的描写方法

①外貌描写

要善于选取人物外表中最鲜明的部分进行特写。例如:《童年的朋友》一文中,作者始终从"我"——一个孩子的视角来观察和描写人物。文章多次写了外祖母的眼神,"她的嘴唇歪扭着,黑眼珠儿闪耀着气愤的光芒,她的脸在大堆的头发里变得又小又可笑""黑得像黑樱桃的眼珠儿睁得圆圆的,闪出一种难以形容的愉快光芒"。这些句子形象地表现了外祖母丰富的情感世界。若在文中多次描写人物的外貌,还要注意抓住人物外貌之间的内在联系。例如:《一面》一文中对鲁迅进行了三次肖像描写,不避重复,由远到近,由粗到细,由略到详,由整体到部分,使人物形象随着"我"的观察和感受,逐渐丰满起来。

②心理描写

例如:魏巍的《我的老师》一文,借助对"我"的心理描写,或抒发"我"对老师的感情,或展现老师的品德,或显示人物情绪的转变,增强了作品的感染力。

③语言描写

"言为心声",语言描写应努力做到使读者"闻其声,知其人",要充分展示被描写者的个性。例如:《童年的朋友》一文中,外祖母虽然对生活并不满意,但只要是和"我"说话,她就表现出无限的温情。"你睡吧! 还早着呢,——太阳睡了一夜刚起来……"这是长辈对孩子的关心,这种关心在地位上是平等的、语气上是轻松的、态度上是和蔼的。"太阳睡了一夜刚起来……"这本来就是孩子的语言,用孩子的语言和"我"说话,可见,外祖母的确是"我"的朋友。

④动作描写

动作描写一定要构想好几个关键过程,要善于抓住人物具体的、富有特征的动作。例如:《三颗枸杞豆》一文中的"将手向阳光里伸去""仔仔细细地瞧""凝神望着这朵花""把这朵花擎在我的眼前",从这几处动作描写中,我们不难看出三叔对生活的留恋之情。

(3)详略得当

在写人叙事的过程中要注意详略得当。例如:魏巍的《我的老师》一文,事例全面,详略得当,既写出了老师对学生的爱,也抒发了学生对老师的感激和怀念之情。

3.叙事记叙文

叙事记叙文是以事情的发生、发展和结果为主要内容,通过具体的事件来反映生活常态,表达作者思想感情的文体。叙事技巧有以下几点。

①写出条理。或以事物为主要线索,例如:萧乾的《枣核》以枣核为线索,表达了强烈的爱国之情。或以事件为主要线索,例如:鲁迅的《社戏》以社戏为线索,写出了小朋友之间纯真的友谊。或以思想感情为主要线索,例如:鲁迅的《藤野先生》以忧国忧民的爱国情怀为主线,也充溢着对藤野先生的怀念之情。或以时间、空间为主要线索,例如:《海滨仲夏夜》以时间为主线;《雨中登泰山》以空间为主线。

②写出趣味。例如:鲁迅在《从百草园到三味书屋》中,采取由远及近、由高到低、从静到动、先夏后冬的顺序叙述自己在百草园的生活,对百草园的景物做了有层次的描述,写得有声有色,生动有趣。

③写出真情。例如:孙景峰的《香蕉皮》中,父亲用行动诠释了什么是关爱,而"我"也未辜负父亲的期望,把关爱传递给了"我"的学生。

④写出新意。例如:莫怀戚在《散步》中,写一家人散步的情景。祖孙三代人中包含着祖孙情、母子情、夫妻情、父子情,这四种亲情交织在一起,使"我"感到了作为中年人责任的重大。

⑤写出曲折。第一,设置悬念。悬念即设置疑团,不解答,借以激发读者的阅读兴趣。例如:《三国演义》中的"孔明借箭",孔明要在三日内造十万支箭,这几乎不可能,可他却接连两天没有动静,第三日如何完成任务? 这样富有悬念的情节便会激发读者的阅读兴趣。第二,制造误会。误会是对人或物的认识所产生的一种错觉。作者在行文中故布疑云、巧设误会,并随着情节的发展在文末揭开"谜底",使人恍然大悟。误会的形成、深化乃至揭开的过程,会使得情节扑朔迷离、摇曳多姿,产生强大的吸引力。例如:《驿路梨花》全文围绕"小茅屋的主人是谁"的疑问,环环设置误会,串联了一曲"助人为乐"的颂歌,达到了"曲径通幽"的效果。第三,设计巧合。俗话说:"无巧不成书。"在情节安排上,善于抓住生活中的一个个偶然事件,使之形成巧合,巧合的情节常常能显示出生活中的某些必然,小说在这方面表现得尤为突出。例如:莫泊桑的《我的叔叔于勒》的叙事就采用了这种技法——先前被家人咒骂的于勒,因为暴富而成了家人盼望重逢的对象,而当再一次遇到于勒时,家人却发现他已身无分文,于是大家又设法躲开这个穷亲戚。看似巧合的情节,却揭示出那个赤裸裸的金钱社会中淡漠的亲情关系的必然性,使人觉得故事情节既在意料之外,又在情理之

中。第四,抑扬得当。先抑后扬或先扬后抑,即一个由贬到褒或由褒到贬的情感波澜过程,随着作者情感的变化,文势也随之跌宕起伏,形成一种落差美,从而强烈地吸引和感染读者。例如:《琐忆》一文,文章刚开始回忆鲁迅,说鲁迅"多疑""世故""脾气大""不容易接近"等,后来又写鲁迅平易近人,对青年亲切热情,从不使用教训的口吻。这种先抑后扬的描写手法,使情感波澜起伏,使文章更具有感染力。第五,做好铺垫。例如:朱自清的《背影》,开头写家中光景惨淡,为下文写父亲为"我"送行奠定了感情基础。

二、议论文

1.议论文三要素

论点、论证、论据是议论文的三要素。

论点是作者在文章中提出的对某一个问题或某一类事件的看法、观点,一般出现在文章题目或开头中。论点要正确、鲜明、有针对性。

论据是论证论点正确的证据。要想证明论点的正确,首先,论据必须让人觉得真实、可信,能够充分证明论点。其次,论据要具有典型性,具有"以一当十"的效果。最后,论据要新颖,尽可能用一些新鲜的、能给人以新的感受和启示的论据。

论证就是用论据来证明论点的过程,论证的目的在于揭示论点和论据之间的内在逻辑关系。常用的论证方法有举例论证、道理论证、对比论证、比喻论证、引用论证等。

写好议论文,应明白议论文的终极目的是"说服他人"。因此,写作时必须要增强文章的说理性,做到认识深刻、角度新颖、说理充分,也就是要抓得准、说得透、理得清。

2.议论文写作常用的论证方法

(1)举例论证

举例论证是以事实材料来证明论点的方法。这些材料可以来源于史实文献,也可以是人们耳熟能详的故事,还可以是现实中的事例。总之,这些例子应该具有代表性,不能是道听途说的虚假材料。

举例论证在议论文中运用广泛。证明观点需要用到一些典型的事例,很多考生写议论文时往往把几个事例进行堆砌,使得事例内容冗杂不堪,而深入议论的文字太少,这样就会导致文章出现"议论的根基不深,论点不能枝繁叶茂"的问题。所以考生要注意对事实论据进行筛选、整合、提炼、分析、拓展、引申,要注意议论的切入点和角度,要把论点渗透到事例中。例如"勾践灭吴"这则材料:

公元前491年,越王勾践被吴王夫差赦免回国之后,就确立了兴越灭吴的奋斗目标,并坚信这个目标可以实现。于是,他卧薪尝胆,励精图治,坚持不懈,矢志不渝,富国强兵,苦心人,天不负,他终于在公元前473年一举灭掉吴国。

若用它来论证"树立明确远大的目标是走向成功的根本"这个观点,可以这样叙述:"公元前491年,越王勾践被吴王夫差赦免回国之后,暗暗立下志向——兴越灭吴。目标就是他奋起的动力。他卧薪尝胆,虽苦其心志,劳其筋骨,空乏其身,但始终不懈怠,终于在公元前473年一举灭掉吴国,成为长江流域的霸主。"

若用它来论证"只有充满必胜的信念,才能实现自己的理想"这个观点,叙述的重心就要发生变化,可以这样叙述:"公元前491年,越王勾践被吴王夫差赦免回国之后,虽仅剩残兵败将,但他坚定将来必胜的信念。有志者,事竟成,破釜沉舟,百二秦关终属楚;苦心人,天不负,卧薪尝胆,三千越甲可吞吴。正是因为有着顽强不屈的斗志和坚定不移的信念,他才能义无反顾地投身于越国的建设之中,富国强兵,最终灭掉吴国。"

因此,根据论题对材料进行合理的取舍,才能让材料紧扣论点和主题。

(2)类比论证

类比论证就是把具有相同或相似道理的材料放在一起进行比较的方法。采用类比论证,找准相同点或相似点是关键,类比的材料一定要结合得自然、流畅,过渡衔接也要浑然一体。例如《邹忌讽齐王纳谏》中的类比论证：

　　暮寝而思之，曰："吾妻之美我者，私我也；妾之美我者，畏我也；客之美我者，欲有求于我也。"于是入朝见威王，曰："臣诚知不如徐公美。臣之妻私臣，臣之妾畏臣，臣之客欲有求于臣，皆以美于徐公。今齐地方千里，百二十城，宫妇左右莫不私王，朝廷之臣莫不畏王，四境之内莫不有求于王：由此观之，王之蔽甚矣。"

　　这是一篇典型的采用类比论证方法的文章。邹忌用妻宠、妾畏、客人有求而都说他"美于徐公"的事例，来论证作为国君，齐威王更是有人宠，有人畏，有人想利用，因而大家都称赞他的道理。进而得出齐威王应该广开言路、积极纳谏的结论。类比论证的目的在于"求同"，在类比论证中发现二者在本质上的共同点。

（3）对比论证

　　对比论证是把两种事物加以对照、比较后，推导出它们之间的差异点，使结论映衬而出的论证方法。事物的特征和本质在对比中最容易显露出来，特别是正反相互对立的事物的比较，具有极大的鲜明性，能给人留下深刻的印象。经过对比，正确的论点更加稳固。例如荀子《劝学》一文中对坚持的重要性的论证：

　　骐骥一跃，不能十步；驽马十驾，功在不舍。锲而舍之，朽木不折；锲而不舍，金石可镂。

　　荀子在文中通过"锲而舍之"与"锲而不舍"的对比来论证总论点"学不可以已"。

（4）比喻论证

　　比喻论证是运用比喻的方法来论证比较抽象、深奥，或者人们比较生疏、难以理解的道理的论证方法。这种方法能把问题说得具体、形象，使读者易于理解和接受。在比喻论证中，论据是喻体，论点是本体，两者之间有某种共同特点。比喻论证和类比论证一样，在论说文中居于次要地位，是仅起辅助作用的论证方法，时常与别的论证方法结合使用，从而达到更好的论证效果。例如作文《缺陷与完美》中的比喻论证：

　　我被这个雕像吸引，女神恬静安详，她的脸上浮现着一种神圣的美的光辉，她仿佛正从古希腊走来，要将幸福普降人间。可能很多人要叹息：要是她有一双美臂，该是多么完美啊！可是维纳斯的创造者却藐视世俗对完美的追求，毅然决然地斩断了维纳斯女神像的双臂，让人们去注意缺陷，让人们为这缺陷而扼腕叹息，让人们为这个残缺的女神魂牵梦萦，让女神在人们的记忆里永不磨灭。人们总是觉得美要完整，才能达到极致，生活中人们总因美中不足而感到遗憾。殊不知，缺陷也是一种美。正是因为月有阴晴圆缺，人有悲欢离合，我们才会更加珍惜稍纵即逝的美景，才会更加感恩那可贵的亲情和友情。

　　本文从维纳斯残缺的双臂让人顿生美中不足之感说起，进而引出正是这些遗憾，才让人更加珍惜美景、感恩人生的道理。

3.议论文的结构

（1）开宗明义，亮出观点

　　写文章犹如抽丝剥茧，找对了"头"，"丝"就会源源而出，长抽不断；找不对"头"，则会时时梗阻，纠缠错乱。开头写好了，作文就会顺畅。优秀的作文开头方法有以下几种。

　　①开门见山，直接入题。这种开头观点明确，统摄全篇，具有言简意赅的表达效果。

　　②运用题记，展示主题。题记一般语言优美，要么提示论点，要么富有哲理，能在一定程度上展示考生的写作水平，是一种使文章思路变得清晰的好方法。

　　③比兴开头，导入话题。在议论文的开头使用比兴手法，会达到引入自然、巧妙，观点明确，又富有文采的效果。

（2）逐层展开，论证观点

　　议论文中间部分是文章的主体，要做到文章思路清晰，就需要恰当设置与排列分论点。恰当地设置分论点，可紧紧围绕中心论点，从厘清逻辑关系入手，安排论证结构，使论点逐层展开。常见的设置分论点的方式有以下三种。

　　①并列法，即对中心论点进行横向分析，分解出几个分论点，以显示思维的全面性的方法。从各个方面把道理讲深、讲透，就会大大增加文章的深刻性。

②层进法，即对中心事理做纵向剖析，以显示思维的深刻性的方法。分论点在结构上要呈现出一种先后有序、环环相扣、层层深入的结构美；逻辑上要体现出由浅入深、由现象到本质的"台阶性"的思维过程。

③对比法，即将事理分解成正反两个方面，以显示出思维的鲜明性的方法。

（3）结尾扣题，重申观点

议论文开头写得观点明确、思路清晰、精彩亮丽，仅成功了一半。精彩有力的结尾能辉映全篇，对成就一篇佳作同样起着重要的作用。"好的结尾，犹如咀嚼干果，品尝香茗，令人回味再三。"优秀的作文结尾方法有以下几种。

①卒章显志，收束全文。议论文运用这种结尾方式，可以深化观点，起到卒章显志的作用，使作文的观点更加明确。

②照应开头，结构圆合。作文的优劣除了受语言和文字功底的影响外，还取决于文章的结构是否完整，而照应的"机智"则能彰显出结构的巧妙与严谨。在议论文结尾用一些恰当的话语与文章开头相照应，让中心论点贯穿始终，既能强调论点，使文章观点得以升华，又能使全文结构缜密，文章前后浑然一体，呈现出一种圆合美。

三、说明文

1.说明顺序

常见的说明顺序有时间顺序、空间顺序、逻辑顺序。

①事物演变类说明文常运用时间顺序，介绍某一事物的演变、进化等复杂的过程。例如：《从甲骨文到缩微图书》一文，作者以时间为序，清晰地介绍了书籍在"雏形阶段""古代阶段""近代阶段""现代阶段"等不同阶段的特点，使读者对书籍漫长的演变过程有了清楚的认识。

②建筑物类说明文常运用空间顺序，把建筑物的形状、结构、布局准确地介绍清楚，一般采用从南到北、由上而下等空间顺序，有时也会以作者的观察顺序为辅助。例如：《巍巍中山陵》一文，就是按由外到内、由总体到局部的空间顺序，有条不紊地介绍了中山陵园的方位、人文环境、设计特色、修建过程和规划特点，准确地说明了中山陵园的建筑特色。

③动植物类说明文常运用逻辑顺序，从形态、习性、品种、分布、功用等方面条理清晰地介绍动植物。例如：法国博物学家布封的科学小品文《松鼠》抓住了松鼠漂亮、驯良、乖巧的特点，从松鼠的外形特征入手，进而介绍松鼠的"过水动作，不冬眠，十分警觉，跑跳轻快，叫声响亮，搭窝的方法"等习性，具体生动地阐释了松鼠的诸多特点。

2.说明方法

常用的说明方法主要有下定义、举例子、列数字、打比方、作比较、作诠释、分类别、画图表和摹状貌等。运用下定义的说明方法可以使读者在阅读时对抽象字词的理解更加明白、清楚；运用举例子的说明方法可以使文章表达的意思更明确、塑造的形象更生动，增强文章的说服力；运用列数字的说明方法，既能准确客观地反映事实情况，又能使文章具有较强的说服力；运用打比方的说明方法可以使抽象的事理变得具体、生动、形象；运用作比较的说明方法能突出强调说明对象的特点（地位、影响等）；运用分类别和画图表的说明方法可以使文章条理清晰，一目了然。

①根据写作目的和说明对象的特征，灵活恰当地运用说明方法。例如：《菊花的观赏价值》的写作目的是说明菊花的观赏价值，势必要分条阐释，这就要用到分类别的说明方法；菊花的观赏价值可以分为菊花的颜色、菊花的姿态，也就是菊花的颜色有多少种、菊花是怎样的千姿百态。用打比方、列数字、举例子等说明方法逐一详加说明，才能把菊花的观赏价值解说得准确周密、层次分明，给读者留下具体、清晰的印象。

②要综合运用多种说明方法。只运用一种说明方法的说明文很少，一般情况下，一篇优秀的说明文往

往综合运用了多种说明方法。例如：《中国石拱桥》一文在以赵州桥和卢沟桥为例，说明中国石拱桥"不但形式优美，而且结构坚固"的特征时，就综合运用了多种说明方法。有打比方，如"石拱桥的桥洞成弧形，就像虹"；有摹状貌，如"这些石刻狮子，有的母子相抱，有的交头接耳，有的像倾听水声，有的像注视行人，千态万状，惟妙惟肖"；有作比较，如"永定河发水时，来势很猛，以前两岸河堤常被冲毁，但是这座桥极少出事……"。

3. 说明的角度

所谓说明的角度，就是指作者所要选择的立足点。在写作事物说明文之前，必须选好说明的角度。具体怎样选择，可以从以下几方面来考虑。

（1）根据写作目的来选择说明的角度

根据写作目的来选择说明的角度就是根据写作的目标或需要，有针对性地进行说明。例如：《苏州园林》一文就是叶圣陶先生根据一家出版社的要求，为他们即将出版的一本介绍苏州园林的摄影集写的序。"序"要求从整体上对事物进行介绍，所以叶圣陶先生就从整体介绍苏州园林这一角度来写作，最终得出苏州园林的任何一个景点都具有"图画美"这一特征的结论。

（2）根据作者来选择说明的角度

根据作者来选择说明的角度，主要是从作者喜爱的方面或作者对说明对象最为熟悉的某一方面来写作。例如：《桥之美》的作者吴冠中是现代画家，他就从画家欣赏美的角度来写桥，写出桥具有"个性美"这一特征。

（3）根据阅读对象来选择说明的角度

根据阅读对象来选择说明的角度是指作者在写作时，从读者的不同职业、年龄、学识等方面来思考、写作。例如：《故宫博物院》的作者黄传惕就是从读者未到过故宫的角度来写作，按由南到北的空间顺序依次介绍。又如：介绍马的文章，如果是写给饲养者，可以从马的生活习惯和特性的角度来写；如果是写给兽医，则可以从马的身体构造这一角度来介绍。

4. 写作结构安排

说明文的写作目的就是解说清楚，让人获得某种知识。换句话说，就是让人看了文章之后对其中所解释或说明的对象有清晰的认识。这就要求考生在写作说明文时，做到条理分明、结构清晰。

那么如何安排结构，才能使说明文具有条理性呢？一般来说，安排说明文的结构可以从以下两个方面入手。

（1）按说明对象自身的条理性来安排结构

①确定中心思想

考生首先要明确说明对象，确定是写事物说明文还是事理说明文。明确说明对象可以从审题入手。明确说明对象之后，就要立意——确定中心思想。确定中心思想时，要注意以下三点。一是正确。解说事物的本质及规律性要有科学根据，经得起实践检验。二是深刻。深刻是指要透过现象揭示本质，反映事物内部的规律性。要使读者"知其然"，也"知其所以然"。三是集中。集中就是重点突出，中心明确。我们对客观事物的认识是多方面的，感性材料是丰富的，但在确定中心时不能没有重点，不能要求在一篇文章里面面俱到。

②注意说明顺序

说明顺序主要包括时间顺序、空间顺序和逻辑顺序三种。

一般来说，运动、变化、发展的事物，它的条理性表现在时序上，不同时间有不同的形态，说明时可以按时间顺序安排结构。例如：《极光——神秘的精灵》一文在讲述人们探讨极光的过程时，就是按时间顺序来安排结构的，"从前……""13世纪时……""到了17世纪……""到了19世纪……""目前……"。

选择空间顺序进行写作时，要特别注意弄清空间的位置，注意事物的表里、大小、上下、前后、左右、东南西北等位置和方向。处于静止状态的事物，如建筑群、名胜古迹、物品等，常常从空间位置上体现文章的条理性。说明这类事物，可以按空间顺序安排结构，由表及里、由内向外进行说明。例如：贾祖璋的《南州六月荔枝丹》,文章按照空间顺序,先写荔枝的颜色、形状和大小,然后写荔枝的层膜和果肉,再写荔枝的核,由外到内,先表后里,使文章井然有序。

逻辑顺序则常以推理过程来表现。采用什么顺序,主要取决于文章所要说明的对象的特点。任何事物都有其自身的规律,掌握了这一规律并据此安排结构,便能使文章井然有序,条理分明。

(2)按人们对说明对象的认识规律来安排结构

对读者来说比较陌生或难以理解的说明对象,说明时要由具体到抽象,由表面现象到内在事理,由个别推及一般。在具体的说明过程中,可先写状态,再写功用或成因,最后揭示其本质特征。例如:《极光——神秘的精灵》是一篇事理性说明文,文章先描述极光的多彩美丽、变幻莫测,然后介绍极光产生的原因,进而谈到它的巨大能量可能给人类带来的危害,最后提出怎样利用极光为人类造福是当今科学界的一项重要使命的问题,层层推进,引人深思。

对读者来说并不陌生的事物或事理,说明时可先说一般现象,再说个别现象。这种写法宜先写性质特征,后写状态,这样人们就可先获得对事物或事理的总体认识,然后对其进行具体理解。例如:刘祥武的《鲨鱼不是"嗜血杀手"》,一般读者都知道鲨鱼凶狠,所以作者一开始就列举了一些人类遭到鲨鱼攻击的例子,然后揭示鲨鱼攻击人类并不都是鲨鱼的错,最后说明鲨鱼其实并不可怕。这种结构安排有利于读者尽快地认识事物。

5.抓住说明对象的特征

说明对象的特征,就是所要说明的事物与其他事物相比的本质区别。在写作中准确抓住说明对象的特征,需要在具体的写作中注意以下几点。

(1)仔细观察,善于"求异"

只有对所要说明的对象仔细观察才能写好文章,观察要准确、深刻、仔细。例如:著名的昆虫学家法布尔常常通过观察,仔细了解昆虫独有的生活习性。据说有一天,他趴在地上用放大镜观察蚂蚁搬死苍蝇,竟然一连看了三四个小时。正是因为他热爱科学真理,深入自然,用毕生精力去观察昆虫,探索昆虫世界,才积累了丰富的第一手写作素材,使睿智的哲思跃然纸上。

(2)认真研究,善于"求深"

如果说记叙文给人以体验,议论文给人以启迪,那么说明文,尤其是科技说明文,则给人以知识。知识从何而来?这就需要考生认真学习,认真查阅资料,认真研究资料,深入挖掘,不断反思和总结。孔子曾经说过:"吾尝终日不食,终夜不寝,以思,无益,不如学也。"如果不学习,就容易出现知识性差错。例如:某版电视剧《水浒传》第一集中,出现了一个宋江和公孙胜在玉米地中打斗的镜头。事实上,中国直到明朝才引种了玉米,宋朝是不可能出现玉米地的,这就是缺乏对历史的研究所造成的谬误。

(3)准确说明,善于"求简"

写说明文,常常需要用一两句话简要地把说明对象的特征准确地概括出来。例如:孙世恺在谈到《雄伟的人民大会堂》的写作时,用一句话概括了文章的主要内容,"通过人民大会堂雄伟、壮丽的建筑特点,反映我国工程技术人员和广大工人在党的领导下,迸发出的伟大的智慧和创造力"。又如:《苏州园林》中"务必使游览者无论站在哪个点上,眼前总是一幅完美的图画",就概括了苏州园林"图画美"的特征。另外,还需要正确使用打比方、下定义、举例子、列数字等说明方法。

四、书信

一份完整的书信主要包括五个部分:称呼、正文、结尾、署名和日期。

1.称呼

称呼也称"起首语",是对收信人的称呼。称呼要在信纸第一行顶格写起,后加冒号,冒号后不再写字。

称呼和署名要对应，明确自己和收信人的关系。这里简要说明几条细则。

①给长辈的信。若是近亲，就只写称谓，不写名字，例如：爸、妈、哥、嫂；若是亲戚关系，就写关系的称谓，例如：姨妈、姑妈。对非近亲的长辈，可在称谓前加名或姓，例如：赵阿姨、黄叔叔。

②给平辈的信。夫妻或恋人关系，可直接用对方名字、爱称加修饰语或直接用修饰语，例如：丽、敏华、亲爱的。同学、同乡、同事、朋友的信，可直接用名字、昵称或在其后加上"同学""同志"，例如：瑞生、老纪、小邹同学、小王同志。

③给晚辈的信。一般直接写名字，例如：乐毅、君平、阿明；也可在名字后加上辈分称谓，例如：李花侄女；亦可直接写关系的称谓，例如：孙女、儿子。

④给师长的信。通常只写其姓或其名，再加称谓，例如：段老师、周师傅、宏海老师。对于十分熟悉的师长，也可单称"老师"；假如连名带姓，在信首直称"孙××老师"，就显得不自然且欠恭敬；对于学有专长、德高望重的师长，往往在姓后加一"老"字，以示尊重，例如：戴老、周老；亦可在姓名后加"先生"二字；为郑重起见，也有以职务相称的，例如：董教授、陈大夫、佟工程师。

⑤给几个人（未指定姓名）的信，可写"同志们""诸位先生""××等同志"等。给机关团体的信，可直接写机关团体名称，例如：××委员会、××公司。致机关团体领导人的信，可直接用姓名加上"同志""先生"或职务作称呼，亦可直接在机关团体称呼之后加上"领导同志""总经理""厂长"等。

⑥如果信是同时写给两个人的，两个称呼可上下并排，也可一前一后，有先后顺序时应注意尊长者在前。

在上述场合中，有时还可按特殊对象，视情况加上"尊敬的""敬爱的""亲爱的"等形容词，以表示敬重或亲密。当然，对这类词语的使用要适宜，如果对好友称"尊敬的"，反而显得生疏；对无特殊关系的异性贸然称呼"亲爱的"，则显得有些轻佻。

2.正文

正文通常以问候语开头。问候是一种文明礼貌行为，也是对收信人的一种礼节，体现写信人对收信人的关心。问候语要简洁、得体。最常见的问候语是"您好！""近好！"。依时令节气不同，也常有所变化，例如："新年好！""春节愉快！"问候语应写在称呼的下一行，前面空两格，常自成一段。

问候语之后，常有几句启始语。例如："久未见面，别来无恙。""近来一切可好？""久未通信，甚念！"。

接下来便是正文的主要部分——主体文，即写信人要说的话。它可以是禀启、复答、劝谕、抒怀、辞谢、致贺、请托、慰唁，也可以是叙情说理、辩驳论证等。这一部分，动笔之前就应该成竹在胸，明白写信的主旨，做到有条有理、层次分明。若是信中同时要谈几件事，要注意主次分明，有头有尾，详略得当。最好是一件事一个段落，不要将多件事混为一谈。

3.结尾

正文写完后，还要写上表示敬意、祝愿或勉励的话，作为书信的结尾。习惯上，它被称作祝颂语或致敬语，这是对收信人的一种礼貌。祝愿的话可因人、因具体情况选用适当的词，不要乱用。结尾的习惯写法有以下两种。

①在正文写完之后，另起一行空两格写"此致"，再换一行顶格写"敬礼"。

②不写"此致"，只是另起一行空两格写"敬礼""安好""健康""平安"等词。

4.署名

写信人的姓名或名字应写在祝颂语下方空一至二行的右侧，最好还要在写信人姓名之前写上与收信人的关系。如果是写给亲属、朋友，可加上自己的称呼，例如：儿××、父××、你的朋友××。如果是写给组织的信，一定要把姓与名全部写上，有时还会在署名之后加上"恭呈""谨上""敬上"等，以示尊敬。上述自称，都要和信首的称谓相互吻合。

5.日期

日期一项，用以注明写完信的时间，应写在署名之后或下边。有时写信人还加上自己所在的地点，尤其是在旅途中写的信,更应如此。

如果忘了写某事,则可以在日期下空一行,再空两格写上"又附",再另起一行书写未尽之事。

考题再现

【2018年·山东聊城·写作】某校有一座建于20世纪50年代末的教学楼。这座教学楼里曾经走出去一批批优秀人才,其中不乏知名学者、作家、主持人。如今,这座矮小、简陋、老旧的教学楼已经不能满足学校现代化发展的需要。考虑到它的特殊性,学校想保留,但有人认为学校用地有限,修缮、养护还要花钱,建议着眼发展,将其拆除。为此,学校很犹豫。不少师生和校友表示非常关注,曾在此楼就读过的某知名作家还专程赶回母校拍照留念,并积极争取留住它。

对于以上事情,你怎么看?请给该校校长、该知名作家或其他相关方写一封信,表明你的态度,阐述你的看法。

要求:综合材料内容及含意,选好角度,确定立意,完成写作任务;明确收信人,统一以"小林"为写信人,不得泄露个人信息;不少于700字。

【参考范文】

给校长的一封信

尊敬的校长:

您好!

感谢您在百忙之中阅读此信,聆听已在学校度过三年时光的我的小小声音!

近日,对于我校那幢老教学楼的去留问题,各方争议不休,想来您也一定为此事困扰不已。一方认为学校用地有限,教学楼的修缮、养护都要花钱,无论是财力、物力还是人力,于学校而言都是严峻的现实问题;而也有一些师生和校友认为,这幢教学楼承载了他们的青春记忆,希望并在积极争取保留这幢教学楼。面对这样的问题,难道就没有一个折中的解决办法,没有一个万全之策吗?

老教学楼是广大学子心灵的归宿。作为在这所学校生活了三年的学子,我能深刻地感受到校友们对母校的怀念与爱。每天,我们迎着朝晖步入教学楼,听书声琅琅;沐浴着星辉走出教学楼,看灯火通明。明亮的教室,整洁的桌椅,一草一木都刻着鲜活的青春记忆,我们最美丽的时光和故事,都留在了这里。学校是我们的骄傲,是我们永远的家。情之所系,必然需要物质的承载,教学楼就像是旧日校友和学校联系的一个桥梁,只要它存在,就可以让昨日重现,让漂泊的心顿生无限温暖。

老教学楼也是半个多世纪历史文化发展的见证。在披星戴月、风雨前行的这六十多年里,这座教学楼逐渐被赋予了许多不一样的意义。如今,它已经成了我们社会不断进步、文化不断发展的历史缩影,而这一块小小的"缩影"一旦被破坏,就再难重现。遥想我们国家百废待兴的那个年代,受历史原因影响,各种承载了数个王朝背影的历史遗迹,被革新大潮裹挟,像多米骨牌一样依次倒下,城门不再,城墙坍塌。即使当时梁思成先生提出了可"保留旧城,另造新城"的权宜之法,最终也未能挽回。直到现在,我们想再恢复往日历史文化古迹盛景,也无可奈何、无能为力。我们的老教学楼,想来也是同一个道理。

当然,学校要规划发展,新校区的选址确实是一个问题——我们不妨去寻求政府的帮助与支持,由政府牵头引线,科学规划区域功能,统一建造新校区;与此同时,各方寻求资金支持,修缮老教学楼,使老教学楼能够成为学校文化的宣传大使。这样安排,既不会颠覆老教学楼的旧容貌,又能带动校园新区的新发展,何乐而不为呢?

希望校长能够采纳我的小小建议!祝学校越办越好!

此致

敬礼!

小林
2018年6月14日

五、演讲稿

演讲稿也叫演说辞,是在一定场合中口头发表的讲话文稿。它是演讲的书面依据,是人们在社会活动中常用的一种应用文体。演讲稿包括标题和正文两部分。标题多为形象性的、能够高度概括演讲主题的语句。正文包括开头、中间、结尾三个部分。

1.演讲稿的特点

(1)观点鲜明,内容具有鼓动性

演讲稿观点鲜明,显示着演讲者对一种理性认识的肯定,对客观事物见解的透辟程度,能给人以可信感和可靠感。演讲稿观点不鲜明,就会缺乏说服力,演讲就失去了作用。演讲之所以容易激发听众的情感,使听众的思想为之震动,精神为之振奋,情绪为之激昂,热血为之沸腾,是因为演讲的内容具有鼓动性。因此,写作时要注意语言表达的感情色彩,把说理和抒情结合起来,既有冷静的分析,又有热情的鼓动;既有所怒,又有所喜;既有所憎,又有所爱。

(2)结构清楚,层次简明

一般文稿主要是供人阅读的,为了给读者留有思考的余地,在层次结构上可以跌宕起伏,曲折多变;在内容上也可以盘根错节,错综复杂。而演讲稿则是为了口头表达,演讲语言稍纵即逝,听众几乎没有时间思考演讲中话语的深层含义,其结构特点是内容的内在联系与有声语言动态交流的统一。因此,演讲稿要特别注重结构合理,层次清晰。

(3)语言流畅,深刻风趣

要把演讲者在头脑里构思的一切都写出来或说出来,让人们看得见、听得到,就必须借助语言这个交流的工具。因此,语言的运用对演讲稿影响极大。演讲稿写作在语言运用上应注意以下几点。

①要口语化。"上口""入耳"是对演讲语言的基本要求,也就是说演讲的语言要口语化。演讲,说出来的是一连串的声音,听众听到的也是一连串的声音。听众能否听懂,要看演讲者能否说好,更要看演讲稿是否写得好。如果演讲稿不"上口",那么演讲的内容再好,也不能使听众"入耳"、听懂。由于演讲稿的语言是作者写出来的,所以受书面语言的束缚较大,因而写作演讲稿时要冲破这种束缚,使演讲稿的语言更加口语化。

②要通俗易懂。演讲要让听众听懂。列宁说过,应当善于用简单明了、群众易懂的语言讲话,应当坚决抛弃晦涩难懂的术语和外来的字眼,抛弃记得烂熟的、现成的,群众还不懂的、还不熟悉的口号、决定和结论。如果演讲的语言谁也听不懂,那么这篇演讲稿就失去了听众,失去了演讲的意义和价值。因此,演讲稿的语言要力求通俗易懂。

③要生动感人。好的演讲稿,语言一定要生动。如果只是思想内容好,而语言干巴巴的,那就算不上是一篇好的演讲稿。老舍先生曾说:"我们的最好的思想,最深厚的感情,只能被最美妙的语言表达出来。若是表达不出,谁能知道那思想与感情怎样好呢?"由此可见,要写好演讲稿,只有语言通俗直白还不够,还要力求语言生动感人。要使语言生动感人,可采用以下三种方法。一是运用比喻、比拟、夸张等手法增强语言的形象色彩,把抽象化为具体,把深奥讲得浅显,把枯燥变成有趣。二是运用幽默、风趣的语言增强演讲稿的表现力。这样,既能深化主题,又能使演讲的气氛轻松和谐;既可把控演讲的节奏,又能使听众消除疲劳。三是发挥语言音乐性的特点,注意声调的和谐与节奏的变化。

2.演讲稿的结构

(1)开头

演讲稿的开头主要有两项任务:一是建立说者与听者的联系,引起共鸣;二是打开局面,引入正题。演讲稿常用的开头方法有以下几种。

①开门见山,直奔主题。这种开头一下子就把演讲的思想观点展示在听众面前,使听众一听就知道演讲

的中心,马上集中注意力。

②提出问题,发人深思。这种开头根据听众的特点和演讲的内容,提出一些能够激发听众思考的问题,制造悬念,使听众迫切地想知道演讲者是怎么回答的,从而产生听的兴趣。

③设置情境,引人关注。这种开头设置了一种情境,烘托气氛,把听众引入演讲者所展示的天地之中,使听众不由自主地跟着演讲者往前走。

④逸闻趣事,导入正题。这种开头先讲述一些与演讲主旨有关的逸闻趣事,使听众觉得饶有趣味,从而轻松自然地导入正题。

总之,演讲稿讲究开场白的艺术。先声夺人,才能取得更好的艺术效果。

(2)中间

中间部分是演讲稿的关键所在,要求突出中心,层次清晰地展开主题,便于听众理解。中间部分在结构上要特别注意以下几个问题。

①在层次上,要根据演讲的时空特点,对演讲内容加以选取、剪辑和组合,使之形成条理清晰的结构层次;要以有声语言为标志诉诸听众听觉,显示结构层次。

②在节奏上,要根据听众的心理特点,确定演讲的节奏频率,既要鲜明,又要适度,做到张弛起伏、一波三折,始终吸引听众的注意力。

③在衔接上,由于演讲节奏要求适时变换具体内容,因此演讲内容结构容易松散,而衔接技巧正是对结构松散的一种补充。它能使内容层次变换得更为巧妙自然,使演讲稿具有浑然一体的整体感。衔接时要注意结构层次简单,行文波澜起伏。因为听众是依靠听觉来接收演讲内容的,内容太复杂会使听众越听越糊涂,太平淡则会使听众失去继续聆听的兴趣。结构层次简单并不等于平铺直叙,而是要采取各种技巧,使行文不断变化,做到波澜起伏、扣人心弦。另外需要注意的是,中间部分要紧扣一个中心,进行深入地阐述或论证。为了突出这个中心,可以反复强调,使之牢牢地印在听众的脑海中。

(3)结尾

演讲稿的结尾要言简意深,使听众不断思索,进而付诸行动。当然,也可以写得充满激情,给人以鼓舞;发出号召,给人以力量;指出目标,催人奋进。要注意把控演讲收束的时间点,适时结束演讲,从而给人以"言有尽而意无穷"的感觉,加深听众的印象。

考题再现

【2021年·山东菏泽·写作】"六一"儿童节快到了,育英小学五年级6班准备开展一次主题活动,邀请你在主题活动中面向全班学生做演讲。演讲主题是"传承革命精神,做新时代接班人"。请你写一篇不少于600字的演讲稿。

要求:①自拟题目;②不得透露个人信息;③不要套作、不要抄袭;④注意形式;⑤一般演讲主题,不作为标题。

【参考范文】

承先辈风貌,书时代风华

亲爱的同学们:

大家好!今天我演讲的题目是"承先辈风貌,书时代风华"。

时光荏苒,又到了一年一度的"六一"儿童节。同学们将在这个节日里分享喜悦,收获成长。但同学们是否知道,我们今天幸福安定的生活着实来之不易?

翻开历史的画卷,祖国昔日的沧桑历历在目。今天的中国是我们的革命先辈在前赴后继的努力和坚持中铸就的,中国发展的历程也是一次次艰苦革命的历程。纵观古今,中华民族在历史上爆发过无数次革命,我们也在不断地变革中追寻理想,寻求进步。1919年的五四运动,是由一群青年人发起的"救亡图存"的爱国运动,这场力图唤醒中国这只沉睡的雄狮的进步运动,彰显了进步青年对祖国前途命运的担忧与探索。百年以来,代代中国青年始终以五四精神激励着自己,怀揣着炙热的爱国之情,为祖国伟大的建设事业而不懈奋斗。

信仰永不褪色，精神永不磨灭。以五四精神、"长征"精神为代表的革命精神是中华民族优秀文化的一部分，是革命先辈为我们留下的优秀传统。少年智则国智，少年强则国强。如今，你们作为中国的少年一代，正处于充满生机与活力的年纪，在祖国母亲的温暖怀抱下，在老师和家长的谆谆教诲下，你们要懂得忆苦思甜，要学习并传承革命精神，做一名合格的中国少年。

百年风霜应被铭记，百年血脉不应失传。新时代的担当，不在他人，而在我华夏少年。同学们要铭记五四青年们顽强拼搏、自强不息的爱国精神，铭记改革开放以来的创新精神、奉献精神……，将其内化于心，外化于行，如此，"中国梦"才能实现，中华民族才能越来越强大。

希望同学们认真学习和践行社会主义核心价值观，弘扬传承百年的革命精神，肩负起新时代接班人的重任，为实现"中国梦"贡献自己的一份力量，书写属于我们这个时代的风华！

第三节　山东省教师招聘考试常见作文题目基本类型

一、全命题与半命题作文

1.全命题作文写作要领

（1）审清题眼和限制词

全命题作文的限制性使得题目显得"封闭"，审题稍有偏差，便可能全盘皆输。因此，写作全命题作文，审准题尤为重要。审清题意的关键是要审清题眼和限制词。具体来讲，应力争做到以下几点。

①挖掘题蕴。考生对题意的理解不能仅限于表层含义，应认真体会其深层的比喻义、引申义及语境义。例如："我想握住你的手"是一个比喻型标题，除探究其表层含义外，还应探究其深层的比喻义和象征意义。

②研究题眼。题眼一般是对于短语式或单句式的文题而言的，考生应善于对文题中的关键词或限制词进行甄别。例如："掌声又响起来"中的"又"，在次数上予以限定；"十六岁的天空"中的"十六"，意味着特定的年龄；"架起一座桥"中的"架起"，隐含着原先缺失之意。只有抓住题眼进行巧妙构思，才能在文章中体现题目预设的内涵。

③抽象概念形象化，形象文题哲理化。全命题作文的题目大致可分为抽象型和形象型两大类。抽象型文题要将其形象化，就要围绕所给词语用形象具体的人和事来反映它，避免空洞说教。例如：以"谦让"为题，不能单写什么是谦让、谦让的作用等内容，而要通过对某人、某事的形象描绘使文章显得更加有血有肉。对于形象型文题，我们可以使之哲理化。例如：以"门"为题，在对"门"进行具体的描绘之后，要上升到哲理层面，力求体现出对其内涵更深层的认识。

（2）立体拓展

"文似看山不喜平。"文章的立体感来自变化，这种变化一般表现在两个方面：一是情感，二是时空。例如：《记承天寺夜游》全文不足百字，但意蕴深厚，感情跌宕起伏，别有情致。开头"元丰六年十月十二日夜，解衣欲睡"，尽显孤独和寂寞，同时又写出作者遭受打击之后的抑郁和忧愤。"月色入户"是欣慰，当时，苏东坡是"罪人"，人人唯恐避之不及，独有月亮多情似故人，殷勤探望。"欣然起行"写出作者内心的喜悦。"念无与为乐者"是失落。"遂至承天寺寻张怀民"写急切。"怀民亦未寝"是心有灵犀，写大喜。"相与步于中庭"写愉悦，写陶醉。"何夜无月？何处无竹柏？但少闲人如吾两人者耳"写乐观豁达。而读者与苏东坡相携步于中庭，感受到的除了月色之美，更多的是他那如波涛般起伏的情感变化。至于时空变化，就是今昔对比、地点转换，而情感尽在其中。

（3）对接独特的生活体验

考场成功之作，大多注重选择新颖的个性化的材料，即选择"独特的生活体验"，以求不落窠臼，引人入胜。全命题作文的题目具有唯一性，因而容易造成选材千篇一律的现象。因此写作时，一定要尽力避免与其他考生"撞车"。例如：以"距离"为题，有考生写与邻居改善关系，楼上漏水，厨房发水灾，邻居帮助，于是消除距离，感慨"远亲不如近邻"；还有的考生写与父母消除距离，题材老套，给人的第一印象便打了折扣。而有一位考生则避开同类题材，写自己的登山感悟："人生便是一个跨越距离的过程。在乎的不是看到了多美的风景，而是看到了多少风景。距离总是漫长的，所有人都一样。当你回首往事的时候，会想到自己痛苦过、失望过、坚强过，这是我们在距离上流下的汗水。而这正是你一直梦想得到的那种精彩。"显然，这位考生的立意使"距离"这一话题有了新的内涵，写出了自己的独特体验。

独特的生活体验还体现在对生活中小人物、小事件、小场景、精彩片段、难忘瞬间等的细节描写上。例如："你那么安宁，静静地、默默地在窗台驻步，不发一语，却让人真切感受到你的存在。是的，有时一些小飞虫，从眼前滑过，在我的文字间从容不迫地踱步，也同样让我体验到生命的可爱。"其中，"在我的文字间从容不迫地踱步"，就是一个很成功的细节描写。

2.半命题作文写作要领

（1）补题要便于展示自我特长

"巧妇难为无米之炊。"写作时，能否以感人的素材入文至关重要。半命题作文正是在调用生活储存方面，为考生提供了自由。考生在补题时一定要充分展示自身的特长。例如：作文题"＿＿＿＿＿让我陶醉"，该如何补题呢？俗话说："尺有所短，寸有所长。"如果你是一位音乐迷，对动听的歌词与优美的旋律自然会情有独钟；如果你是一位文学迷，对诗词典故与文坛逸事或许可以信手拈来……结合自己的"音乐""文学"等特长下笔，能使半命题作文变得更好把握。

（2）补题要力求突出个性风采

半命题作文写作容易受到两方面的局限。一是受提示语的影响。例如：作文题"让＿＿＿＿＿走进心灵"，试题中提示可填入"勇敢""宽容""善良""快乐""音乐""幸福""正直""感恩""明月""清风""奉献""阳光"等词语。不少考生便不假思索，随意挑个词便开始写作。二是受日常习惯的影响。例如：拟写作文题目"把＿＿＿＿＿带给＿＿＿＿＿"时，考生不是写"把幸福带给父母"，就是写"把快乐带给同学"，立意平平，千篇一律，毫无新意。

其实提示语起到的只是"引"或"导"的作用，我们要学会在这条看似普通的"横线"上做文章。第一，在内容的选择上尽量摆脱提示语的拘束，学会从提示语之外寻找更合适的内容。例如：有考生拟题为"让江南烟雨走进心灵"和"让历史走进心灵"，前者充满诗情画意，后者彰显文化底蕴，这就使得立意与选材两方面都与众不同，胜出一筹。第二，在角度上力求出新。例如：有位考生从反面立意，拟题为"把失败带给同学"，极具悬念感；还有一位考生拟题为"把欢乐带给自然"，用童话故事展开写作，给人新颖脱俗之感。

（3）补题要做到紧扣题旨

半命题作文在提供中心词的同时，往往还有一个画龙点睛的题眼。因此，补好题目之后还须有一个仔细审题的过程，以便抓住题眼，紧扣题旨。例如：作文题"我多么想＿＿＿＿＿"，所写的内容应该着重表现自己充满渴望的内心世界；作文题"寻找＿＿＿＿＿"，所写内容应尽量突出"不平凡"的"寻找"过程。

二、话题作文

话题作文就是用话题限定写作范围的作文题型，它要求考生以所给的话题为中心，并围绕这个中心进行选材写作。话题作文只规定写作范围而不规定具体内容，考生写什么内容，表达什么思想，一般不受限制，只要符合话题即可。它的开放性把考生从一贯的命题作文和材料作文的限制中解放出来，使考生可以较自由地写作。仔细审题并准确把握话题作文的材料、导引语和注意事项,正确理解"话题"的含义,是写好话题作文的前提。

1.话题作文审题要素

(1)审定"话题"的内涵

话题作文总要给考生提供一个话题。一般说来,"话题"中总会出现一两个对理解题意有重要影响的字词,把握住这些关键字词,也就掌握了准确理解题意的钥匙,反之,就会造成审题上的失误。有时,话题是以一个概念的形式出现的,概念都具有特定的内涵,似是而非地理解概念的内涵就有跑题的可能。例如:以"坚强""脸"为话题。当年发生的汶川大地震让"坚强"有了特殊的背景和特定的内涵;而话题"脸",则必须由表及里,通过表面的脸推断出"脸"更深层的内涵。有时,话题是以一个短语或句子的形式出现的,这类话题要注意分析结构,厘清关系,抓住重点。例如:以"跑的体验"为话题。跑,就意味着竞争,这是个比喻性话题,可引发丰富的联想;跑,还重在体验,也可以写自身生理、心理的反应。

(2)审准"材料"的指向

多数话题作文在话题之前会有一段与之相关的背景材料,作为引出话题的由头,这往往是命题者着意营造的某种情境。不同材料的思维指向是不同的,只有审清背景材料的思维指向,才能保证写作中思维模式与文题内在文脉的贯通。例如,以"我说00后"为话题的背景材料:

当前,出生于21世纪初被称作"00后"的青少年,越来越多地受到社会的关注。有人对他们赞扬嘉许,有人对他们表示担忧,也有人认为他们是在以自己的方式诠释自己的青春……不管怎样,"00后"将担当起社会和历史赋予的重任。

审读以上材料,可以看出"00后"既是时代的骄子,又存在这样或那样的不足。因此,作文思想的指向应该是正视自身的长处与短处,认识这一代人应该肩负的历史责任,这样才有利于促进他们的健康成长,使他们将来更好地担当起社会和历史赋予的重任。

(3)审出"导引"的暗示

话题作文一般都有一段提示性的"导引"文字,它往往在材料的后面、"话题"的前面。如果说话题作文在开放中又有所限制的话,那么这些限制多出现在导引语中。考生一定要注意这些导引语透露出来的信息,并加以巧妙地利用。利用好这些导引信息,一方面,可以帮助我们轻松地理解话题,从而更好地发散思维,产生联想;另一方面,可以帮助我们明确写作方向,写出切合题意的作文。例如:有一篇话题作文的导引语是"生活中,每个人的位置可能不同,但各有其价值",实际上,这句导引语就是文章的主旨。

(4)审清"要求"的事项

作文题在引出话题之后,都有一个"要求"(或"注意"),对写作做一些限制,如写作范围、角度、文体、篇幅等,这些内容我们不仅不能忽视,而且要好好理解和把握。如有"除诗歌外,文体不限"的要求,考生就不能写诗歌;同时更应注意的是"文体不限",这是指不限于一种文体,考生有选择文体的自由,并不等于不要文体。当考生选定了一种文体,就应按照这种文体的特点来谋篇布局,力求文体特征鲜明。

2.话题作文写作要领

(1)缩小话题,以小见大

话题作文为了给考生提供比较开放的构思空间,往往设立的话题较"大",例如:"我生活的世界""教育方式"等。这有利于考生最大限度地发挥想象力和创造力。但是,如果不能准确把握话题,有效缩小写作的范围,就会出现蜻蜓点水、泛泛而谈的问题。因此,不管所给的话题多么宽泛,我们都要善于缩小"包围圈",选择一个小小的切入口,例如:一件事、一个人、一样物品、一种感受、一些看法。在写作中要集中笔墨加以突破,把你所选择的话题写细、写深、写透。外延缩小了,内涵就扩大了,这样才能更好地做到"以小见大"。

(2)拟好标题,先声夺人

俗话说"题好文一半"。标题是文章整体的一个有机组成部分,是文章的"眼睛"。写作时,如果不重视拟题,而是直接把话题当作标题,或者仅稍微改动一两个字眼,这样实际上是放弃了拟题的机会,也丧失了让标题给作文加分的可能。因此,拟一个好的标题很重要。拟写标题要力求准确、凝练、含蓄、新奇,使阅卷老师"一见钟情",从而达到先声夺人的效果。例如:针对"我说00后"的话题,就有考生拟出了"跃动的生命,不懈的追求——00后宣言""00后的诗意人生""00后的爱,00后的情"等好标题。

（3）发散思维,善于联想

话题作文是一种开放性的作文形式,要求考生发散思维,尽情地在想象的空间中驰骋,善于从多个角度展开联想。例如:话题"跑的体验",就可以由"跑"产生联想——刘翔的跑,是追求百米跨栏的十几秒;篮球场上的跑,是为了争球得分;赛车场上的跑,不是靠腿,而是靠车轮、技术;而自然界中的跑,是适者生存,弱肉强食……这样,作文的思路就会一下子开阔起来。

（4）独辟蹊径,推陈出新

话题作文既然是应试作文,就需要给阅卷老师一个好的印象,以便得到一个好的分数。因此,写出特色、写出新意是十分重要的。考生在写作时,要善于"独辟蹊径",即在立意上要有独特的感悟,不人云亦云;在选材上要有独到的眼光,不选陈题旧话;在构思上要独具匠心,不千篇一律、老生常谈;在语言上要有独特的魅力,不平铺直叙、泛泛而谈。

考题再现

【2019年·山东泰安·写作】阅读以下材料,根据要求写作。

凡益之道,与时偕行。——《周易》

不日新者必日退。——程颐、程颢《二程集》

中国青年要勇做走在时代前列的奋进者、开拓者、奉献者,毫不畏惧面对一切艰难险阻,在劈波斩浪中开拓前进,在披荆斩棘中开辟天地,在攻坚克难中创造业绩,用青春和汗水创造出让世界刮目相看的新奇迹!

——习近平在纪念五四运动100周年大会上的讲话

以上材料触发了你怎样的联想和思考?请以"青年与创新"为话题写一篇文章。

要求:①立意自定,角度自选;②除诗歌外,文体自定;③不得套作,不得抄袭;④不少于800字。

【参考范文】

青年当创新

21世纪,社会飞速发展,青年作为社会的中坚力量,承担着建设祖国的重任。而要想在时代发展的浪潮之中获得长足发展,创新是不可或缺的重要途径。因此,青年人要把握时机,锐意进取,开拓创新,用创新推动国家的繁荣发展,实现个人的人生价值。

创新需要独到的眼光。青年人拥有朝气蓬勃的精神状态,拥有活跃的思维,应该牢牢把握创新的时机,这就需要青年学会分析时代和社会发展的形势,培养自己在创新方面的独到眼光。马云具有强烈的创新意识和惊人的商业嗅觉。他看到了互联网产业发展的远大前景,1999年,他和朋友集资创办了阿里巴巴集团,刚开始只是专注于国内批发贸易。2003年开始创立购物网站淘宝网,2004年又推出支付宝这一网上支付平台,一步步使阿里成为现在的全球电子商务第一品牌,建立了属于自己的"阿里商业帝国"。正是因为他有独到的眼光,深耕产业布局,才能在商业领域实现创新发展。空谈梦想不会有实际作为,一个真正的创业者应该学会审时度势,把握时机,满足大众的需求,想要实现创新,就需要这样独到的眼光。

创新需要坚持的毅力。青年人在创新的过程中,应该具有坚持不懈的毅力,如果青年人不能在感到泄气或疲惫时以坚韧的心态坚持下去,开拓创新便只能成为空谈。知名企业家王兴是校内网、饭否网、美团网三大知名网站的联名创始人,同时他也是一名大学生创业者。王兴在青年时代的创业之路并非一帆风顺,2007年,他创办的饭否网在发展势头一片良好之际被关闭,但他并未放弃,坚持专攻互联网,通过不断的坚持、尝试和努力,最终使美团网在"千团大战"之中脱颖而出,获得了成功。一个勇于拼搏的创业者,应一直坚持做自己想做的事情。青年人要有坚持下去的毅力,才能真正实现开拓创新。

创新需要冒险的勇气。青年人应该有敢于冒险的勇气,在寻求创新的过程中,适时抓住机遇,实现突破。戴尔在大学第二年时便中断了学业,此后,他以无畏的冒险精神做起了生意,十几年后戴尔公司在电脑、服务器、工作站和互联网工具等领域的销售收入已达260亿美元。中断学业,就是断掉了与常人一样的发展轨迹,甚至是断送了稳定的生活,非议不可避免,质疑扑面而来。因此,光是做这个决定就需要非凡的勇气。戴尔能够在自己的领域有所创新,正是因为他有冒险的勇气。能看到商机的人很多,但是只有勇敢地抓住机会的人才能有所突破,获得成功。

"不日新者必日退。"创新是一个国家进步和发展的动力。青年创新则国强,青年一代要敢于创新,要不断培养创新所需要的独到的眼光、勇气和毅力,为国家的发展做出贡献。

三、材料作文

材料作文,顾名思义,指的是提供文字材料的作文。这类作文的题型有四个特点:一是题目有文字材料;二是要求考生依据材料提炼观点,然后围绕观点或记叙或议论,多角度考查考生的理解、分析和表达的能力;三是"题"的变化形式多样,可以是围绕材料直接命题,也可以是自主命题,还可以是半命题;四是一般而言,围绕材料提炼观点后进行作文,除文题有明确的文体要求外,其余情况下,最好选择写成议论文。

材料作文主要考查考生阅读、分析、写作的综合能力。考生要通过阅读、分析、提炼、联想、表达,完成试题规定的写作任务。从考试命题的角度看,由于它能极好地避开猜题、押题,又能让所有考生有据而述,有理而议,有感而发,故备受命题者的青睐。

分析材料作文,第一步是阅读文题,明确考试范围,了解写作要求。材料作文在引述材料后,都有明确的写作要求,一般有以下几点:①结合材料的内容和含义,选准角度,明确立意;②自拟标题,自选文体(诗歌除外),不少于×××字;③不得套作,不得抄袭。考生要仔细阅读写作要求,然后在将要求了然于胸的前提下再阅读材料。第二步便是阅读材料。通过对材料的阅读,初步理解材料所蕴含的意义,并在此基础上运用咀嚼、品味、联想、提炼等方法分析材料,提炼观点。这是明确材料作文立意的重要一环。

阅读材料时,要紧扣材料,切不可曲解材料的要旨,更不可置材料于不顾而"我写我素"。首先,要把握材料的中心句或关于主题的提示,找到立意的突破口。其次,要把握与材料合理衔接的情节或与材料合理衔接的论述,注意思维发散的合理性。再次,要把握多段型彼此并存的材料,从中撷取立意所需的部分。最后,要把握比喻型、寓意型、象征型的材料,在反复体味、比较中品评出材料的主旨、哲理、观点等,然后据此形成自己的观点。通过这一系列的"把握",归纳出材料的中心意思,进而提炼出文章的主要观点。而有了主要观点,文章的议论或叙述便有了依据,构思起来也就简单了。

考题再现

【2019年·山东菏泽·写作】阅读以下材料,根据要求作文。

①古人云:言为心声,文如其人。

②《论诗绝句》:心画心声总失真,文章宁复见为人。

上述材料引发了你怎样的思考?请结合自己的感悟和体验,写一篇文章。

要求:①题目自拟;②立意自定;③不得套作,不得抄袭;④不少于800字。

【参考范文】

浅论作文与做人

古人云:"言为心声,文如其人。"意思是一个人的语言往往能够反映他的思想,一个人的作品往往能够代表他的品格。然而有一些人却表里不一、貌是情非,无法做到心怀坦荡,实际的行为与写出的文章大相径庭,正如元好问《论诗绝句》中所说的"心画心声总失真,文章宁复见为人"。作文与做人截然相反的人是令人不齿的。作文应如做人,应该做到言为心声,文如其人。

能做到文如其人,是值得赞颂的。言必随心,文必符实,真正能够做到遵从本心,不说假话、空话,不做背离本心之事的人是真正的君子,这种人会受到后人的称颂。诗人曹植有"捐躯赴国难,视死忽如归"的理想抱负,也有"余情悦其淑美兮,心振荡而不怡"的浪漫情怀,而他为人不拘礼法、至真至善,不负惊才绝艳的才子之名。文如其人不仅是一种真性情,也是一种难能可贵的品质。正如"不为五斗米折腰"的陶渊明,因不满当时的黑暗现实,吟诵着"归去来兮,请息交以绝游"归隐田园;忧国忧民的范仲淹,以天下为己任,默念着"居庙堂之高则忧其民,处江湖之远则忧其君"投身国事;立志以笔作剑的鲁迅,为唤醒国人沉睡的灵魂,呼喊着"横眉冷对千夫指,俯首甘为孺子牛"奋笔疾书。这些人都做到了言为心声,文如其人,他们是伟大的,是令人敬仰的,是值得千古留名的。

作文与做人不符的人,会被历史抛弃。有些人为博取虚名而言不由衷,文章写得很漂亮,可做人却与之相反,他们的文章或许文采非凡,或许能传诵一时,但他们的为人却不会使人折服和敬佩,反而会给人留下表里不一的印象。西晋的潘岳写了一篇《闲居赋》,总结自己三十年的做官经历,描述了闲居的乐趣,表达了归隐的志向,但潘岳本人却善于逢迎,是一个非常看重功名利禄的趋炎附势之人,在后世并未落得个好名声。再如,明末文坛领袖钱谦益,在文章中透露着"清流"之风格,却没有政治立场和民族气节,其行为被乾隆皇帝不齿,著作也在禁毁之列,留下诪事阉党、降清失节的污名。将文章作为美化自己名声的工具,本身就玷污了文章的价值,写出的文章与实际的行为大相径庭,这样的行径只能为人所不齿。所谓"路遥知马力,日久见人心",经过时间的检验,"伪君子"的本性一定会暴露,脱离实际的文章也会变得一文不值。

作文如同做人,要至真、至诚,唯有遵从本心,才能赢得人们发自内心的敬佩。"言为心声,文如其人"是作文的原则,也是检验一个人品行的标准,只有做到文如其人,才是真正的表里如一,才能经得起时间和历史的检验。

四、漫画作文

漫画就是用简单而夸张的手法来反映现实生活或时事的特殊艺术形式。漫画材料一般都是比喻型材料,在表达主旨的方式方法上与寓言相似。漫画一般运用变形、比拟、象征的方法来反映事实、表明道理。漫画的主题,含贬斥意义的居多。写作时,应将其与现实生活相联系,而不应"就画论画"。与文字材料相比,漫画更直观形象,但由于漫画通常运用比喻、夸张等修辞以使讽刺意蕴更加强烈,因此,漫画所具有的含义也更复杂,更不容易把握。不过从总体上看,漫画作文与文字材料作文在写作思路、行文结构上基本一致。写漫画作文的关键是读懂漫画,审题立意。

1.读懂漫画

①阅读漫画的标题。漫画的标题是漫画的眼睛,透过这个"眼睛",可以洞察漫画的主题。

②看懂漫画的画面。漫画是一门绘画艺术,它常用简单而夸张的手法,勾画出幽默、诙谐的画面,说明某种观点。漫画画面上的每一个细节都对漫画表达的寓意有提示作用。

③品味漫画的语言文字。漫画为了表达其寓意,常常配有言简意赅的语言文字。考生要认真思考作者在这些语言文字中所隐含的观点。

④揣摩漫画的夸张之处。漫画为了说明某种观点,常常对人物行为或场景的描绘进行变形、夸张,以引起读者共鸣。夸张之处往往是漫画的弦外之音,是漫画所要表达的寓意所在。

2.审题立意

①联想引申。确定漫画主题必须运用联想,根据观察、分析的结果,进行由此及彼、由表及里的思考,进而结合漫画主旨和作者的用意,确立文章的观点或主题。

②定体明旨。结合实际,选择适合自己的内容和文体。漫画作文有着广阔的写作空间,更有利于考生发挥自身的特长。但由于自由度扩大了,考生的作文也更容易产生杂乱无章、中心不明、文体模糊的问题。因此,考生必须选择适合自己阅历和写作能力的内容和文体,扬长避短,做到内容集中,文体特点鲜明。

写作题

1.阅读以下材料,按要求作文。

人生最好的七个状态:扬在脸上的自信,长在心底的善良,丰盈在大脑里的知识,融在血里的骨气,刻进生命里的坚强,挂在嘴角的微笑,藏在心里的梦想。

任选两三个状态,形成关联,写一篇文章,不少于800字。

2.请联系教育实际,围绕"教师的教育惩戒权"这一主题,自选角度,自拟题目,写一篇议论文。字数不少于800字。

3.阅读以下材料,按要求作文。

当今世界,人们要应对自动化和人工智能等新技术带来的挑战。有关研究机构提出人工智能应用于社会福祉的150多种前景,新技术将创造新的就业机会,并大幅提升社会劳动的生产率,但研究人员同时也表示,这可能导致未来一二十年内近一半的工作被取代,中低技能的岗位将逐步消失。

上述材料引发了你怎样的思考?

要求:

①选好角度,确定立意,明确文体,自拟标题。

②不要套作,不得抄袭。

③不少于800字。

④不要出现真实的个人信息。

参考范文

写作题

1.【参考范文】

微笑洋溢自信

比大地更广阔的是海洋,比海洋更广阔的是天空,比天空更广阔的是人的心灵。微笑面对生活,你会多一份自信、少一份沉重,能够感受到来自生活的美好。微笑具有神奇的力量,它会让走在路上的你感觉花香在鼻翼萦绕,彩蝶在身边曼妙起舞。它能让人充满自信,闪闪发光。

微笑,是自信的表达,能让人从容前行。在巴黎举办的一场大型音乐会上,人们正如痴如醉地倾听着著名的小提琴家欧尔·布里精彩绝伦的演奏。突然,小提琴的一根弦断了,这让正全神贯注的布里心里一颤。但他没有迟疑,像是什么事情都没有发生过似的,继续面带微笑地演奏着他的每一首曲子。观众们和布里一起沉浸在优美的旋律当中,最终整场音乐会非常成功。终场时,欧尔·布里兴奋地高高举起小提琴谢幕,那根断掉的琴弦在半空中很醒目地飘荡着。全场观众以最热烈的掌声向这位处变不惊、技艺高超的音乐家致以深深的敬意。结束后记者采访时问他是怎么做到琴弦断掉还能带来如此精彩的演出时,布里微笑着说:"只不过是断了一根琴弦。"这一句话看似轻描淡写,却向世人传递着乐观和洒脱。这是命运在握的强者充满自信的宣言,也是从容前行的智者面对岁月中那些风雨雷电时的微笑回应。

微笑,是自信的传递,能让人逆袭成功。就读于某航空大学的小微,是一个既没有惊艳面容,也没有突出实力的毕业生,但是与她聊天的人,都会从她的微笑中感受到开心和温暖,感受到她的自信。后来,她成功入职一家心仪已久的航空公司。有人问她当初面试成功的心得,她直言:"当时,在我们那一组面试的人当中,我并不是最漂亮的,也不是专业技能最优秀的。但是考完试后老师对我说,是我自信的笑容打动了考官。她告诉我,空姐最重要的标准之一就是要将完美的微笑留给乘机的每一位旅客。"的确，微笑很重要。微笑可以让人感觉到愉快和放松，可以传递自信的感觉，可以迅速缩短人与人之间的距离。小微的经历告诉我们，微笑所带来的自信感是最能打动人心的。有充足的信心，真诚的微笑，以不卑不亢的态度与人交往，使人产生信任感，才容易被人接受和认可。

微笑，是自信的表达，是自信的传递，微笑洋溢自信，自信的微笑会让人有所收获。只要微笑面对人生，充满自信地过好每一天，那么世界也会因为你的微笑而变得多姿多彩。自信地笑吧，你一定会看到乌云散开后那道最美丽的彩虹。

2.【参考范文】

善赏慎惩

如今，教师是否应该惩戒学生，应该如何惩戒学生等问题，在社会上引起了争论。很多教师惩戒的出发点是激励学生，但有时难以把握惩戒的尺度，或者被他人的看法所干扰，在学生的成长过程中留下阴影，令学生产生叛逆心理。因此，我认为，教师应正确运用惩戒权，做到善于发现学生的优点，慎用惩戒，避免矫枉过正。

教育惩戒权是教师的权利，是一种教师依据一定的规范，以不伤害学生的身心健康为前提条件，以制止和消除学生的不良行为，帮助学生改正不良行为为目的，以惩罚为特征的教育方式。教育惩戒区别于体罚，它是遵循一定的原则而存在的，具有法理学、心理学和教育学依据，是一种教育手段，可以帮助教师更好地管理学生，制止学生的不良行为。在目前的教育现状中，网络的发达及人们观念的改变，导致人权被反复提起，许多教师在教育管理上不得不"畏手畏脚"，稍有不慎就会被谴责"有违师德"。鲜有人认识到，教育惩戒权的存在可以让教师在有理可循的基础上对学生进行有效的管理，是教师进行教育工作的重要手段。

教育惩戒权是教师进行正确教育工作的必备条件，也是教师面对社会质疑的有力依据。随着网络的发展，教师"体罚""虐待"学生等事件不断在网络涌现，也将教师这一群体不时推向舆论的风口浪尖。但是，不少新闻及信息混淆视听，将"惩戒"与"体罚"混淆，夸大事件的严重性，从而使教师这份职业饱受质疑。其实，教育惩戒权与体罚有着鲜明的区别。体罚会损害学生的人格尊严，并对学生的成长产生不良的影响，体罚是与教育原则相背而行的。因此，家庭、学校与社会应对教育惩戒权有一个清晰且完整的认知，教师也要了解惩戒权，避免对学生进行不当的处罚，影响学生身心的健康发展。

教师应做到惩戒有度，促进学生的健康发展。作为学生成长路上的引路人，教师应带领学生选择正确的人生方向，做学生学习和生活中的明灯。"教师如果对学生没有热情，决不能成为好教师。但是教师对于学生的爱是一种带有严格要求的爱。"也就是说，教师在饱含热情的同时，要做到严格要求学生，做到善赏慎惩，将赏识与惩戒有机结合，帮助学生养成正确的规则意识，培养学生良好的心理素质，在尊重学生的同时培养学生健全的人格。与此同时，家长也应避免对教师的过度关注，以配合学校教师的教育工作，对学生进行更好的教育。

教师的教育惩戒权是教师的一项权利，教师应善用赏识，慎用惩戒，把惩戒的作用发挥得恰到好处，既不对学生矫枉过正，也不对学生弃之不管，这样，学生才能全面健康地成长。

3.【参考范文】

"智能时代"教师的转变

人工智能时代，技术的发展给人们的生活带来了诸多变化，新的技术将创造新的就业机会，也必然会淘汰一些技能性不强的岗位。作为一名教师，只有顺应人工智能时代的发展要求，不断提升自身素质，树立正确的教育理念，才能与时俱进，成为一名紧跟时代步伐的人民教师。

人工智能时代要求教师提升专业素质。未来的教育将进入"人机共教"的时代，教师获取教学资源、运用数据处理技术、分析教学案例和解决问题等活动变得更加简单易行，教师的工作内容将发生根本改变，知识解惑型的"教书"任务基本上可由机器代劳，而传道授业型的"育人"任务将会成为教师的主要工作。这就要求教师提高自身的自主学习能力，培养自身的创造力，以应对人工智能进校园带来的挑战。

人工智能时代要求教师引导学生的个性发展。人工智能教学对学生的学习目标、学习内容、学习能力等都提出了新的要求。在教学上，教师要抓住人工智能与教育结合的契机，把握学生的认知规律、发展水平、心理特点，为学生制订个性化的学习培养方案，根据每个学生的智力程度、思维习惯和学习方式进行教学，实现真正的个性化教学，做到因材施教。教师要了解学生的个性特点，因势利导，引导学生不断发挥自身的优势，实现个性发展。

人工智能时代要求教师关注学生的思想与情感教育。帕斯卡尔说："人是一根能思想的苇草。"教师要清楚地认识到，再先进的科技也不能代替人类的情感，再先进的人工智能也不能取代教师对学生思想与情感的关注。未来学校培养的人才，应该是能够进行创造性研发、能够驾驭机器人的人才，而这些，都离不开高质量的情感教育，都离不开人类真善美的心灵。因此，教师在教学过程中要关注学生的思想教育与情感教育，传递正确的价值观，创造有凝聚力的文化氛围，将人文关怀贯彻于教学活动的始终。

教育行业不会为人工智能所颠覆，教师也不会为人工智能所取代。但是，教师不能因此就故步自封，而是要积极地应对新时代的挑战，与时俱进，提升自身素养，正确处理自己与科技、自己与学生之间的关系，转变教育理念，不断促进人工智能时代学生的健康成长与发展。

第五章　中外文学文化基础知识

第一节　中国古代文化常识

考点1　谥号与庙号

1.谥号

中国古代帝后、大臣死后，按其生平事迹评定的称号，即谥号。谥号有不同的含义，如经天纬地曰"文"，布义行刚曰"景"，威强睿德曰"武"，辟土服远曰"桓"，杀戮无辜曰"厉"，乱而不损曰"灵"，好内远礼曰"炀"，恭仁短折曰"哀"。帝王的谥号由礼官议定，大臣的谥号由朝廷赐予。帝王的谥号字数不一，周代一般为一至二字，唐代一般为七字，宋代一般为十六字，清代一般为二十或二十二字，清太祖皇帝为二十五字。

2.庙号

帝王死后，在太庙立室奉祀，特立名号。庙号是对已故帝王的敬称。从汉代起，第一个皇帝一般称太祖、高祖或世祖，嗣君称太宗、世宗等。

考点2　称谓

1.谦称

①君王自称：朕、孤、寡人、不穀、予一人。

②臣子自称：臣、臣子。

③一般人自称：愚、某、仆、小人、鄙人、不才、不敏、不肖、不佞、贱子。

④女子自称：妾、贱妾、婢子。

⑤自称家人：

家严、家父、家君：对别人称自己的父亲；

家慈、家母：对别人称自己的母亲；

舍弟：对别人称自己的弟弟；

拙荆：对别人称自己的妻子；

犬子、贱息：对别人称自己的儿子；

弱息、息女、小女：对别人称自己的女儿。

2.敬称

①称君王：陛下、天子、车驾。

②称同辈：先生、卿、公、子、吾子。

③称长辈：

夫子：称老师；

丈人：称老年男子；

高堂：称父母；

泰山：称妻子的父亲；

先考:称已故的父亲;

先妣:称已故的母亲。

④称对方的家人

令尊:称对方的父亲;

令堂:称对方的母亲;

令兄:称对方的哥哥;

令弟:称对方的弟弟;

令妹:称对方的妹妹;

令郎:称对方的儿子;

令爱、令千金:称对方的女儿;

令坦:称对方的女婿。

<hr>

◆◆◆ 知识拓展 ◆◆◆

常见敬辞

①"拜"字一族:用于自己的行为动作涉及对方。

拜读:阅读对方的文章。

拜访:访问对方。

拜服:佩服对方。

拜托:托对方办事情。

拜望:探望对方。

②"惠"字一族:用于对方对待自己的行为动作。

惠存(多用于送人书籍等纪念品时所题的上款):请保存。

惠临:对方到自己这里来。

惠赠:对方赠予(财物)。

③"贵"字一族:用于称与对方有关的事物。

贵干:问人要做什么。

贵庚:问人年龄。

贵姓:问人姓。

贵恙:称对方的病。

贵国(校):称对方国家(学校)。

④"高"字一族:用于称别人的事物。

高见:高明的见解。

高就:人离开原来的职位就任更高的职位。

高龄:老人(多指六十岁以上)的年龄。

高寿:问老人的年龄。

高徒、高足:称别人的学生。

高论:别人的议论。

⑤"雅"字一族:用于称对方的情意或举动。

雅教:对方的指教。

雅意:对方的情意或意见。

雅正(把自己的诗文书画等送给人时):请对方指正批评。

⑥"贤"字一族:用于平辈或晚辈。

贤弟:自己的弟弟或比自己年龄小的男性。

贤侄:侄子。

此外还有"鼎力"(大力,用于请托或感谢)、"足下"(称对方)、"包涵"(请人原谅)、"躬临"(对别人的到来表达恭敬)、"斧正"(请人改文章)、"留步"(止步,用于主人送客时客人请主人不要送)、"笑纳"(请接纳收下,用于请对方收下礼物)、"府上"(称对方家里)、"指正"(用于请人批评自己的作品或意见)、"赐教"(给予指教)、"久仰"(仰慕已久,多用于初次见面)、"璧还"(归还物品)等等。

考题再现

1.【2019年·山东泰安·单选】下列语句表达得体的一项是(   )。

A.欣闻贵校百年校庆,本人忝为校友因事不能躬临为歉

B.令尊古稀之庆,承蒙各位亲友光临,略备薄酒,敬答厚意

C.涂鸦之作,不足当先生一哂,如蒙赐正,鄙人不胜感激

D.先生惠赠大作已收到,衷心感谢,我定当拜读惠存

【答案】C。解析:A项,"贵校",敬辞,是尊称别人的学校,与"校友"身份搭配不当。"躬临",敬辞,是对别人的到来表达恭敬的说法,用在句中不得体。B项,"令尊",敬辞,是尊称别人的父亲,用在句中不得体,可改用"家父"。C项语句表达得体。D项,"惠存",敬辞,意为请别人保存,用在句中不得体。

2.【2019年·山东临沂·语言表达】以下是一份家长会邀请函的正文,该邀请函在表达上有五处不得体的地方,请找出并修改。

时光如梭,转眼间犬子即将进入生死攸关的高三年级攻坚阶段。在这个关键时期,他更希望得到您悉心的关爱。为了帮助您对孩子做有效的心理疏导,鄙校定于本月28日上午10时在学校大礼堂举行家长会,找到全国知名心理辅导专家做专题讲座。务必准时参加。

【参考答案】

①"犬子"可改为"您的孩子"。

②"生死攸关"可改为"重要"或"至关重要"。

③"鄙校"可改为"我校"或"本年级"。

④"找到"可改为"聘请"。

⑤"务必"可改为"请您"。

3.讳称

(1)关于"死"的不同说法

古代天子、太后之死称"崩""百岁""千秋""山陵崩"等;诸侯或大官之死,称"薨";有官职、有名望的人之死称"卒";士之死称"不禄";平民之死称"死"。

宗教中忌讳直接言"死",常以"西归""仙游""升天""坐化""圆寂""涅槃""就木""入土""作古""谢世"代替。

(2)避讳

"避讳"是指中国封建社会对于君主和尊长的名字,要避免直接说出或写出。避讳的方法有改字法、缺笔法、空字法、改音法等。

改字法:将应避讳的字写作其他字。

缺笔法:将应避讳的字少写一两笔。

空字法:将应避讳的字写作"某"或"□"。

改音法:读到应避讳的字时,将其变调或读作别的音。

4.称呼人

古代称呼一个人,可以称其名、字、号、谥号、籍贯、官职、官地、郡望、斋名等。

称名,例如:李清照。

称字,例如:李白,字太白,世人称其为"李太白"。

称号,例如:苏轼,号东坡居士,世人称其为"苏东坡"。

称谥号,例如:范仲淹,谥号"文正",世人称其为"范文正公"。

称籍贯,例如:孟浩然,襄阳人,世人称其为"孟襄阳"。

称官职,例如:杜甫,曾任检校工部员外郎,世人称其为"杜工部"。

称官地,例如:贾谊,曾任长沙王太傅,世人称其为"贾长沙"。

称郡望,例如:韩愈,因昌黎韩氏为望族,故自称"韩昌黎"。

称斋名,例如:杨万里,所居之处的斋名为诚斋,世人称其为"杨诚斋"。

5.称呼年龄

襁褓——不满周岁	孩提——两三岁	垂髫——三四岁至八九岁
龆龀、始龀——七八岁	总角——八九岁至十三四岁	豆蔻——女子十三四岁
及笄——女子十五岁	束发——男子十五岁	弱冠——男子二十岁
而立——三十岁	不惑——四十岁	知命——五十岁
耳顺、花甲——六十岁	古稀——七十岁	耄耋——八九十岁
期颐——一百岁	耆艾——年寿高	

6.称呼朋友关系

金兰之交:情谊契合、亲如兄弟的朋友。

刎颈之交:同生共死、患难与共的朋友。

患难之交:在遇到磨难时结成的朋友。

莫逆之交:情投意合、友谊深厚的朋友。

竹马之交:从小一起长大的朋友。

贫贱之交:贫贱且地位低下时结交的朋友。

布衣之交:以平民身份交往的朋友。

忘年交:辈分不同、年龄相差较大但交情深厚的朋友。

考点3 天文与历法

1.天文

(1)七曜

"七曜"指日、月和金、木、水、火、土五大行星。日起日落为一天,月缺月圆为一月,日、月周而复始为一年。

(2)二十八星宿

"二十八星宿"指黄道、赤道附近的二十八个星宿,每个星宿都是若干颗星的集合。二十八宿以方位分为四组,与中国古代四方保护神——东方苍龙、北方玄武、西方白虎、南方朱雀相配。古书中提到的"火"并非指火星,而是指恒星中的"大火",即东方苍龙七宿中的心宿。"七月流火"是说农历七月大火星西降,暑热渐退,天气转凉。现在也用来形容天气炎热。

东方苍龙:角、亢、氐、房、心、尾、箕;

北方玄武:斗、牛、女、虚、危、室、壁;

西方白虎:奎、娄、胃、昴、毕、觜、参;

南方朱雀:井、鬼、柳、星、张、翼、轸。

（3）分野

"分野"是古人为了用天象变化占卜人间吉凶祸福,将天上星空区域对应地上的区域。星宿与地域的对应如下:

角、亢、氐——郑和兖州　　房、心——宋和豫州　　尾、箕——燕和幽州

斗、牛、女——吴越和扬州　虚、危——齐和青州　　室、壁——卫和并州

奎、娄、胃——鲁和徐州　　昴、毕——赵和冀州　　觜、参——魏和益州

井、鬼——秦和雍州　　　　柳、星、张——周和三河　翼、轸——楚和荆州

2.历法

（1）纪年

干支纪年是中国古代的一种纪年法。

天干:甲、乙、丙、丁、戊、己、庚、辛、壬、癸。

地支:子、丑、寅、卯、辰、巳、午、未、申、酉、戌、亥。

天干与地支依次组合为六十个单位,以甲子为首,至癸亥结束,六十年一循环,故一甲子为六十年。

考题再现

【2019年·山东菏泽·单选】下列文言文常识解说,不正确的一项是(　　　)。

A."六艺经传"中的"六艺"指《诗》《书》《礼》《乐》《易》《春秋》六种经书,《乐》失传已久,这是沿用古代的说法,又被称作"六经"

B."永元中,举孝廉不行"中的"孝""廉"为汉代选举官吏的两种科目,"孝"指孝悌之人,"廉"指清廉之士,后来合称"孝廉"。"举孝廉"即官举孝子廉吏

C."岁在癸丑"中的"癸丑"是指永和九年,古人常用"天干"十二个字和"地支"十个字循环搭配来表示年月日的次序

D."建安风骨"中的"建安"是汉献帝年号。中国古代的帝王除有姓名之外,往往还有庙号、谥号、尊号和年号。这些称号多见于史书

【答案】C。解析:A、B、D三项解说均正确。C项,古人常用"天干""地支"循环搭配来表示年月日的次序。其中,"天干"有十字,分别为甲、乙、丙、丁、戊、己、庚、辛、壬、癸,"地支"有十二字,分别为子、丑、寅、卯、辰、巳、午、未、申、酉、戌、亥。

（2）纪月

①序数纪月

以序数纪月,岁首的月份为正月,依次为二月、三月、四月等。

②地支纪月

从春秋时代起,以十二支纪月,称为"月建"。通常以冬至所在的十一月配子,将十一月称为"建子之月",十二月称为"建丑之月",以此类推,循环不已。

（3）纪日

除序数纪日、干支纪日外,古代还有一种特定称谓纪日法。

"朔"指农历每月的第一天;"望"指农历每月十五(有时是十六或十七);"既望"指望日的第二天,通常指农历每月十六;"晦"指农历每月的最后一天。

（4）纪时

古人根据天色的变化,将一昼夜分为夜半、鸡鸣、平旦、日出、食时、隅中、日中、日昳、晡时、日入、黄昏、人定十二个时辰,以十二地支来表示十二时辰的变化,每个时辰相当于现在的两个小时。

表5-1　天色、地支与现代时间的对应关系

天色	地支	现代时间	天色	地支	现代时间
夜半	子	23:00~1:00	日中	午	11:00~13:00
鸡鸣	丑	1:00~3:00	日昳	未	13:00~15:00
平旦	寅	3:00~5:00	晡时	申	15:00~17:00
日出	卯	5:00~7:00	日入	酉	17:00~19:00
食时	辰	7:00~9:00	黄昏	戌	19:00~21:00
隅中	巳	9:00~11:00	人定	亥	21:00~23:00

古人将夜晚（19:00~次日5:00）分为五个时段,用鼓打更报时,故称"五更"或"五鼓"。一更即黄昏,二更即人定,三更即夜半,四更即鸡鸣,五更即平旦。

一刻:古人将一昼夜分为100刻,实算96刻,每刻15分钟。

（5）二十四节气

古人把一年分为春、夏、秋、冬四季,每个季节六个节气。西汉初年的《淮南子》中首次出现了完整的二十四节气。二十四节气比较准确地反映了气候冷暖的变化。

正月:立春、雨水。二月:惊蛰、春分。三月:清明、谷雨。

四月:立夏、小满。五月:芒种、夏至。六月:小暑、大暑。

七月:立秋、处暑。八月:白露、秋分。九月:寒露、霜降。

十月:立冬、小雪。十一月:大雪、冬至。十二月:小寒、大寒。

"二十四节气"歌谣:春雨惊春清谷天,夏满芒夏暑相连,秋处露秋寒霜降,冬雪雪冬小大寒。

考点4　古代教育

1.官学与私学

（1）官学

商周两代的学校教育均由国家管理,接受教育的是奴隶主贵族及其子弟。大体来说,西周的学校分国学和乡学。在国学中,当时的教育内容主要为"六艺",即学生需要掌握的六种基本才能:礼（礼法）、乐（音乐）、射（射箭）、御（驾车）、书（文字读写）、数（算术）。

汉代的官学有中央政府主办的太学和鸿都门学,也有地方政府主办的"郡国学"和校、庠、序等。太学始于汉武帝时期,汉武帝在京师成立的太学,是中国历史上正式设立的第一所大学。

魏晋南北朝时期,设国子学,招收五品以上官员子弟;北齐时期,改国子学为国子寺,设博士、助教等训教国子。隋朝时期,隋文帝以国子寺总辖国子学、太学、四门学等,隋炀帝改国子寺为国子监。

唐代基本承袭隋代的制度,但学校的体系更加完善。中央政府设立的学校称"六学二馆"。"六学"即国子学、太学、四门学、律学、书学、算学,由国子监统一领导;"二馆"即弘文馆、崇文馆,弘文馆归门下省管辖,崇文馆归太子东宫管辖。

明代的国子监取代了国子学,兼有行政机关和最高学府两种性质;清代的国子监取代了太学,成为国家唯一的最高学府。国子监的最高领导人为祭酒,又称"国子祭酒"。国子监的副职为"司业",协助祭酒管理国子监的事务。入国子监学习的人叫作"监生"。监生们学习的主要课程是程朱学派注释的"四书""五经",《资治通鉴》等,八股文是必修课程。

（2）私学

最早的私学创立者是孔子。孔子以后,官学与私学并重,形成了中国古代教育的双轨制。

2.书院

书院由古代的"精舍""精庐""学馆"发展而来。唐贞观九年(635年)张九宗建立的书院是最早出现的书院,这时的书院只是一个私人读书治学的场所,并非讲学授徒的教育机构。

教育书院的出现和兴起是在北宋初年。历史上关于"宋初四大书院"的说法不一。一说是石鼓书院、岳麓书院、睢阳书院(应天府书院)、白鹿洞书院;一说是嵩阳书院、岳麓书院、睢阳书院(应天府书院)、白鹿洞书院。但据古书记载,宋初已出现了六大书院:嵩阳书院、石鼓书院、岳麓书院、睢阳书院(应天府书院)、白鹿洞书院、茅山书院。

"南宋四大书院"指岳麓书院、白鹿洞书院、丽泽书院、象山书院。

明代影响较大的书院是东林书院。

考点5 选士制度

1.世卿世禄制

春秋战国之前,官吏的选拔制度为"世卿世禄制",即奴隶主贵族的子孙世代世袭为官,国君不能任意罢免。

2.客卿制

春秋时期,官吏的选拔制度为"客卿制",即从下层军士或平民中选拔将相重臣。

3.察举制与征辟制

察举和征辟是汉代选拔官吏的基本方法。

(1)察举制

"察举"是由公卿、列侯和地方郡守等官员经过考察把品德高尚、才干出众的人才推荐给朝廷,由朝廷考核后任以官职。察举的对象主要是官府的属吏和地方学校的学生,察举的科目有"贤良方正"(直言进谏者)、"秀才"(才能优秀者)、"孝廉"(孝敬廉洁者)、"明经"(通晓经义者)。

(2)征辟制

"征辟"是由皇帝或官府直接聘请有名望的人来做官。"征"是由皇帝聘请,"辟"是由官府聘请。

4.九品中正制

魏文帝曹丕当政时期,制定了九品中正制选拔人才。九品中正制将被选者分为上上、上中、上下、中上、中中、中下、下上、下中、下下九等,由朝廷任命的"中正官"进行品评,然后按等录用。曹魏后期,豪门士族把持了中正的任命权,选取标准以门第为重,出现了"上品无寒门,下品无士族"的现象,选士制度沦为门阀制度的组织保证。

5.科举制

隋文帝废除了九品中正制,采用考试的方法选拔官吏,拉开了科举制的序幕;隋炀帝在诸多科目中设立"明经""进士"二科,以考试策问取人,这是科举制的真正开始。

唐代的考试方式分常科和制科两类。常科考试最初由吏部主持,唐玄宗时改由礼部主持,设有秀才、明经、进士、明法、明字、明算、史科等多个科目,考生大致包括"生徒"和"乡贡"两种。制科又称"特科",通常由皇帝主持。武则天开"殿试"之先河。

宋代加强了皇帝对科举考试的控制,人才选拔更加符合最高统治者的需求。宋太祖建立了殿试制度,皇帝亲自主持殿试。宋太宗将殿试录取的进士按三等发榜,称为"三甲",其中,第一甲称"及第",第二甲称"出身",第三甲称"同出身"。宋神宗在国子监实行"三舍法"取士,即把国子监的学生分为上舍生、内舍生、外舍生三等。宋代科举考试十分注重对理学的理解与运用。

明清两代的科举考试愈加完备,正式考试分乡试、会试、殿试三级,考试内容以八股文为主。乡试之前通常也要经过"童生试",即县试、府试、院试,参加考试的人不论年龄大小,皆称"童生"。童生试全部及格后称"生员",俗称"秀才"。

表5-2 明清两代的三级考试

名称	别称	考试时间	考试地点	主考官	参加者	及格者	第一名	榜单
乡试（各行省的考试）	秋闱	秋八月	行省贡院	朝廷任命的朝官	秀才	举人	解元	桂榜
会试（京城的礼部考试）	礼闱、春闱	春三月	北京贡院	进士出身的一、二品大臣	举人	贡士	会元	杏榜
殿试（御试）	/	会试后	今故宫保和殿	皇帝	贡士	进士	状元	金榜、黄榜

殿试分三甲录取：一甲赐"进士及第"，二甲赐"进士出身"，三甲赐"同进士出身"。第一甲取前三名，分别称"状元""榜眼""探花"；第二甲取前十名，二甲第一名叫"传胪"。在乡试、会试、殿试中均获得第一名，称"连中三元"。

朝廷为招揽人才，在皇帝即位或其他国家大典时特别增加的一次考试，称"恩科"。光绪三十年（公元1904年）的甲辰恩科是中国科举制的最后一次考试。1905年，科举考试被废除。

考点6 古代官制

1.中央官职

（1）三公九卿

"三公"在周代时已有，据《周礼》记载，"三公"指太师、太傅、太保（一说司马、司徒、司空），其中，太师为"三公"之首。"九卿"指少师、少傅、少保、冢宰、司徒、宗伯、司马、司寇、司空。

秦朝的中央行政机关实行三公九卿制。这个时期的"三公"指丞相、太尉、御史大夫，分别负责行政、军事、监察。"九卿"指奉常、廷尉、治粟内史、典客、郎中令、少府、卫尉、太仆、宗正。三公九卿均由皇帝直接任免调动，不能世袭。

（2）三省六部

三省六部制由隋文帝创立。"三省"指中书省、门下省、尚书省。其中，中书省负责起草诏令，门下省负责审议，尚书省负责执行。"六部"指尚书省下属的吏部、户部、礼部、兵部、刑部、工部。其中，吏部掌管官员的升降任免等事务，户部掌管全国土地、赋税、户籍、财政收支等事务，礼部掌管典章法度、科举、学校等事务，兵部掌管军事事务，刑部掌管司法刑狱事务，工部掌管各项工程、工匠、屯田、水利、交通等事务。

2.古代官职的变动

古代常见的表示官职授予、升职、降职、免职、官职调动、兼任官职、暂代官职、辞官的词见下表。

表5-3 表示古代官职变动的常用词

分类	常见词语	示例
表示官职授予	拜、除、授、征、辟、封、起、拔	诏书特下，拜臣郎中。（李密《陈情表》） 公车特征拜郎中，再迁为太史令。（范晔《张衡传》）
表示升职	迁、擢、陟、拔擢、升、右迁、迁升、迁授、迁叙	过蒙拔擢，宠命优渥。（李密《陈情表》） 但有边功，方可升迁。（施耐庵《水浒传》）
表示降职	谪、贬、迁、左迁、左除、左降、左转、左宦、迁削、迁谪	庆历四年春，滕子京谪守巴陵郡。（范仲淹《岳阳楼记》） 元和十年，予左迁九江郡司马。（白居易《琵琶行（并序）》）
表示免职	免、废、罢、黜	情在骏奔，自免去职。（陶渊明《归去来兮辞（并序）》） 窦太后大怒，乃罢逐赵绾、王臧等。（司马迁《史记·魏其武安侯列传》）

分类	常见词语	示例
表示官职调动	迁、调、徙、转、改、出、补、转迁、迁官、迁调	顺帝初，再转复为太史令。（范晔《张衡传》）
		永和初，出为河间相。（范晔《张衡传》）
表示兼任官职	兼、领、判	予除右丞相兼枢密使。（文天祥《〈指南录〉后序》）
		顷之，又领益州牧。（陈寿《三国志·诸葛亮传》）
表示暂代官职	署、权、行、假、摄、守	以亮为军师将军，署左将军府事。（陈寿《三国志·诸葛亮传》）
		乃相与共立羽为假上将军。（司马迁《史记·项羽本纪》）
表示辞官	乞骸骨、乞骸、致仕、致政、休致、归田、告老、请老	上书乞骸骨，征拜尚书。（范晔《张衡传》）
		冬十月，晋韩献子告老。（《左传·襄公七年》）
其他	下车（官吏初到任）、视事（官员到职工作）、解褐（入仕为官）、迁复（离职后调复原职）	衡下车，治威严。（范晔《张衡传》）
		视事三年，上书乞骸骨。（范晔《张衡传》）
		绍惧不自容，将解褐，故容之于涛。（《世说新语》）
		虽坐流黜，俄而迁复，还为牧宰。（《新唐书·卢怀慎传》）

考题再现

【2018年·山东菏泽·单选】对下列相关内容的解说，不正确的一项是（   ）。

A. "江表"：长江以南地区，因从中原看地处长江之外，故称"江表"

B. "社稷"：原指君主祈求国泰民安所祭祀的土谷之神，后也指国家

C. "致仕"："致"意思是"获得"，"致仕"意思是"获得官职"

D. "九宾"：我国古代外交上最为隆重的礼节

【答案】C。解析：A、B、D三项说法均正确。C项，"致"在此处的意思是"送还、交还"，"致仕"意为"交还官职"，即退休。古人还常用"致事""致政""休致"等词语表示官员辞官归家。

考点7　地理常识

江表/江南：长江以南地区。

江左/江东：长江下游南岸地区。

三江：泛指长江中下游地区。

河南：黄河以南地区。

河北：黄河以北地区。

河西：又称西河，指黄河以西地区。

山东：崤山以东，一说太行山以东。

关东：函谷关以东。

关西/关中：函谷关以西。

三秦：关中地区。

三辅：西汉治理京畿地区的三个职官所辖地区。

中国：一般指中原地区。

中原：又称中土、中州。狭义的中原指今河南省一带，广义的中原指黄河中下游地区或整个黄河流域。

五岳：东岳泰山、西岳华山、南岳衡山、北岳恒山、中岳嵩山。

五湖：一般指洞庭湖、鄱阳湖、太湖、巢湖、洪泽湖。

六湖：一般指洞庭湖、鄱阳湖、太湖、巢湖、洪泽湖、千岛湖。

阴阳：古代以山之南、水之北为阳，以山之北、水之南为阴。

考点8　传统节日

1.春节

春节，又称元日、元旦、元正、新春、新正等，是我国最隆重的节日。春节之际，人们燃鞭炮、贴春联、挂年画、耍龙灯、舞狮子、拜年贺喜以示庆祝。

2.元宵节

元宵节，又称上元节、灯节、元夕、正月半，时间是农历正月十五。元宵节的习俗有赏花灯、吃元宵、闹年鼓、迎厕神、猜灯谜等。

3.清明节

清明节，时间一般在公历四月五日前后，是唯一一个与节气合一的节日。清明节的习俗有扫墓、踏青、荡秋千、放风筝、插柳戴花等。

4.端午节

端午节，又称端阳、重午、重五，时间是农历五月初五，一般认为，与纪念屈原有关。端午节的习俗有赛龙舟、喝雄黄酒、挂香袋、吃粽子、斗百草、驱"五毒"、挂菖蒲等。

5.乞巧节

乞巧节，又称七夕节、女儿节，时间是农历七月初七，源于牛郎织女的传说。过去女子常在这一天晚上趁牛郎织女鹊桥相会心情愉悦的时候，向他们乞求智慧和技巧，故名"乞巧节"。唐代以后，因唐玄宗与杨玉环的爱情故事与七夕节有关，这一天又成为男女幽会盟誓的日子。

6.中秋节

中秋节，时间是农历八月十五，农历八月在秋季之中，八月十五又在八月之中，故称"中秋节"。中秋节的习俗有赏月、祭月、观潮、吃月饼等。

7.重阳节

重阳节，时间是农历九月初九，《易经》将"九"定为阳数，两九相重，故农历九月初九为"重阳"。重阳时节，秋高气爽，风清月洁，故有登高远望、赏菊赋诗、喝菊花酒、插茱萸等习俗。

考题再现

【2019年·山东菏泽·单选】下列诗词中描述的节日，按照时间的先后顺序排列正确的一项是（　　　）。

①月上柳梢头，人约黄昏后。

②中庭地白树栖鸦，冷露无声湿桂花。

③纤云弄巧，飞星传恨，银汉迢迢暗度。

④日暮汉宫传蜡烛，轻烟散入五侯家。

A.③②①④　　　　　　　　　　　　B.①④③②

C.②③④①　　　　　　　　　　　　D.②③①④

【答案】B。解析：①句出自宋代词人欧阳修的《生查子·元夕》，描述的是农历正月十五元宵节。②句出自唐代诗人王建的《十五夜望月寄杜郎中》，描述的是农历八月十五中秋节。③句出自宋代词人秦观的《鹊桥仙》（纤云弄巧），描述的是农历七月初七七夕节。④句出自唐代诗人韩翃的《寒食》，描述的是清明节（公历4月5日前后）前一二日的寒食节。上述节日按照时间的先后顺序排列应为①④③②，故本题选B。

考点9 宗法礼俗

昭穆:宗庙、墓地和神主的辈次排列,左为昭,右为穆。

七庙:太祖庙居中,左三昭,右三穆,泛指帝王的宗庙。

太庙:封建皇帝为祭拜祖先而修建的庙宇。

嫡母:封建家庭中妾所生的子女对父亲正妻的称呼。

嫡出:正妻所生子女。

庶出:妾所生子女。

伯(孟)仲叔季:兄弟行辈中长幼排行顺序,一般来说,"伯(孟)"是老大,"仲"是老二,"叔"是老三,"季"是老四或最小的一个。

社稷:原指君主祈求国泰民安祭祀的"土神"和"谷神",后用"社稷"代表国家。

封禅:古代帝王祭拜天地的活动。

太牢:指牛、羊、豕三牲全备,是古代帝王祭祀社稷时的礼制。

少牢:只有羊、豕,没有牛,为诸侯、卿大夫祭祀时所用。

九宾:九名傧相立于殿廷,迎接并施礼,是古代外交最为隆重的礼节。

坐:古代席地而坐,坐时双膝着地,臀部贴着脚跟。为了表示对人尊重,坐法颇有讲究:"虚坐尽后,食坐尽前。""尽后"是尽量让身体坐后一点,以表谦恭;"尽前"是尽量把身体往前倾,以免饮食污染座席而对人不敬。

跪:有急事或表示谢罪时往往用"跪"。

丁忧:也称"丁艰",古代官员的父亲或母亲去世,官员必须停职守制,处于丁忧期间的人一般不得为官。

室内座次尊卑:室内最尊贵的座次是坐西面东,其次是坐北向南,再次是坐南向北,最后是坐东向西。

官位尊卑:古时官场以右为尊,"右迁"表示升职,"左迁"表示降职。

车座尊卑:古人乘车以左为尊,左边的位置常留给宾客。

身份尊卑:古时称贵族为右族或豪右,"闾左"表示贫贱者的居住地。

考点10 古代刑罚

髡(kūn)刑:剃去犯人的头发。

黥(qíng)刑:又称墨刑,用刀刺刻犯人的额颊,再涂上墨。

劓(yì)刑:割去犯人的鼻子。

笞刑:用小荆条或小竹板抽打臀、腿、背。

杖刑:用大荆条或大竹板抽打臀、腿、背。

刖(yuè)刑:砍掉双脚或脚趾。

膑(bìn)刑:剔去膝盖骨。

宫刑:破坏人的生殖系统。

车裂:用五辆车把人体撕裂致死,俗称"五马分尸"。

凌迟:零割犯人肉体致其死亡。

炮烙:用炭烧铜柱使之发热,令犯人爬行其上,人堕入火炭中被烧死。

汤镬(huò):把人投入滚烫的热水中煮死。

腰斩:将犯人从腰部斩断。

菹醢(zūhǎi):将犯人剁成肉泥。

考点11 对联

对联从古典诗歌发展而来,讲究工整、对仗、平仄。它所显示的是一种整齐对称的形式美和抑扬顿挫的韵律美,写景状物要有意境美,抒怀吟志也要有哲理美。一般来说,对联首先要上下联字数相等,这是对联最基本的特点。字数多少不限,少的只有一个字,例如:1931年"九一八"惨案后,有人为死难者写了一副挽联,上联为"死",下联是倒着的"生";多的长达1612字,是清末四川文人钟云舫作的江津临江楼联。其次是词性要相同,例如:秦皇安在哉,万里长城筑怨;姜女未亡也,千秋片石铭贞。再次是结构要相应,即上下联的句法结构要互相照应,主谓结构对主谓结构,动宾结构对动宾结构,偏正结构对偏正结构,例如:佛脚清泉,飘飘飘飘,飘下两条玉带;源头活水,冒冒冒冒,冒出一串珍珠。最后是平仄要相对,即上联用仄声字,下联就应当用平声字,例如:人从宋后羞姓桧;我到坟前愧姓秦。但这不是绝对的,一般来说,可以"一三五不论,二四六分明",有时为了不以词害意,在"二四六"的地方也可以灵活处理。在具体的对仗方面,有"拆字对""嵌字对""迭字对""回文对""谐音对""异字同音对""同字异读对"等方法。

考题再现

【2019年·山东菏泽·单选】下列与"万卷古今消永日"相对最工整的对句是(　　)。

A.一窗昏晓送流年　　　　　　B.三径红香舞蝶忙

C.一帘花影云拖地　　　　　　D.兰风度槛入诗情

【答案】A。**解析:**题干诗句出自陆游《题老学庵壁》中的颔联"万卷古今消永日,一窗昏晓送流年"。根据格律诗"一三五不论,二四六分明"和"一联之中,平仄相对"的规则,与题干诗句相对的对句平仄应为"(平)平(仄)仄(仄)平平",A、D两项符合要求。题干诗句与A项诗句对仗工整,"万卷"对"一窗","古今"对"昏晓","消永日"对"送流年"。故本题选A。

考点12 其他

春秋五霸:历史上关于"春秋五霸"的说法不一,较为常见的有两种。一说为齐桓公、宋襄公、晋文公、秦穆公与楚庄王;一说为齐桓公、晋文公、楚庄王、吴王阖闾与越王勾践。

战国七雄:齐国、楚国、燕国、韩国、赵国、魏国、秦国。

战国四公子:魏国的信陵君魏无忌、赵国的平原君赵胜、楚国的春申君黄歇、齐国的孟尝君田文。

我国"四大民间传说":《牛郎织女》《孟姜女哭长城》《梁山伯与祝英台》《白蛇传》。

我国"十大古典名曲":《高山流水》《梅花三弄》《汉宫秋月》《阳春白雪》《渔樵问答》《胡笳十八拍》《广陵散》《平沙落雁》《十面埋伏》《春江花月夜》(《夕阳箫鼓》)。

五行:指金、木、水、火、土五种物质。

五味:指甜、酸、苦、辣、咸五种味道。

五官:指耳、目、口、鼻、舌五种器官。

五色:指青、黄、赤、白、黑五种颜色。

五谷:通常指稻、黍、稷、麦、豆五种谷物。

五毒:指蝎、蛇、蜈蚣、壁虎、蟾蜍五种动物。

五音:指宫、商、角、徵、羽五声音阶。

七声:指宫、商、角、变徵、徵、羽、变宫七声。

考题再现

【2019年·山东东营·单选】下列说法中,与具体内容对应不正确的一项是(　　)。

A.初唐四杰:王勃、杨炯、卢照邻、骆宾王

B.四大古典名著:《红楼梦》《三国演义》《水浒传》《西游记》

C.四大民间传说:《牛郎织女》《梁山伯与祝英台》《白毛女》《白蛇传》

D.世界四大短篇小说巨匠:契诃夫、莫泊桑、马克·吐温、欧·亨利

【答案】C。解析:A、B、D三项说法均正确。C项,四大民间传说为《牛郎织女》《孟姜女哭长城》《梁山伯与祝英台》《白蛇传》。"晋察冀"边区白毛仙姑的民间传说故事中的主人公"喜儿",因饱受旧社会的迫害而成为少白头,被称为"白毛女"。1945年延安鲁迅艺术学院据此集体创作出歌剧《白毛女》,此作品后来被改编成多种艺术形式,流传至今。

第二节　中国古代文学

考点1　《山海经》

《山海经》是一部志怪古籍,除了保存着丰富的神话资料之外,还记载着中国古代的地理、植物、动物、矿物、巫术、宗教、医药、民俗、民族等内容,反映的文化现象包罗万象。《山海经》是我国古代保存神话最多的著作,全书现存18篇,其中有山经5篇、海外经4篇、海内经5篇、大荒经4篇。《山海经》中的著名神话有夸父逐日、精卫填海、鲧禹治水、黄帝擒蚩尤、刑天舞干戚等。

《山海经》中虽然有大量的幻想成分,但这种幻想是以现实生活为基础的,其种种解释和描述虽不免荒唐可笑,但绝不是纯意识和心理的活动,而是和自然与生活斗争的反映。例如:精卫填海、夸父逐日明显地反映出原始人在实际生活中同自然做斗争的坚决意志;讙头国人有翼和鸟喙,在海中捕鱼,这也是当时人们与生活做斗争的反映。在劳动生活中减少困难、减轻劳动,是当时人们普遍的愿望和要求。

考题再现

【2017年·山东菏泽·单选】我国古代保存神话最多的著作是(　　　　)。

A.《山海经》　　　　　　　　　　　　B.《诗经》

C.《淮南子》　　　　　　　　　　　　D.《吕氏春秋》

【答案】A。

考点2　《诗经》

《诗经》是我国第一部诗歌总集,收录了西周初年至春秋中期的305篇诗歌,又称"诗三百",与《楚辞》合称"风骚",与《尚书》《礼记》《周易》《春秋》合称"五经",与《尚书》《礼记》《周易》《春秋》《乐经》合称"六经"。《诗经》按用途和音乐特点分为"风""雅""颂"三部分,其中的"风"是指各地的民间歌谣,"雅"大部分是贵族的宫廷正乐,"颂"是周天子和诸侯用以祭祀宗庙的音乐。《诗经》的主要表现手法是"赋""比""兴"。其中铺陈直叙叫"赋",以彼物比此物叫"比",先言他物以引起所咏之辞叫"兴"。"赋""比""兴"与"风""雅""颂"合称"六义"。《诗经》中的经典名篇有《关雎》《蒹葭》《氓》《君子于役》《七月》《硕鼠》《采薇》《桃夭》等。

1.《诗经》的艺术特点

《诗经》抒情绵密深沉、隽永辗转、婉转多姿,多采用复沓、比兴等艺术手法,语言生动精致、凝练整饬,体现了非常高的艺术水平。其艺术特点主要表现在以下三个方面。

①从表现手法看,《诗经》最显著的特点是"赋""比""兴"手法的运用。

②《诗经》中的作品绝大部分都是抒情诗,这些作品主要运用了现实主义的创作方法,从各个方面反映了社会生活,构成了一幅幅真实而生动的画卷。

③《诗经》主要采用四言的形式,但也有一些作品句式长短变化灵活,语气自然。

2.《诗经》的历史地位及影响

①《诗经》开创了我国抒情诗的传统。自《诗经》以后,抒情诗成为我国诗歌的主要形式。

②《诗经》是我国第一部现实主义诗歌总集。其所表现出的关注现实的热情、强烈的政治和道德意识,以及积极真诚的人生态度,被后人概括为"风雅"精神,对后世文人的创作产生了深远的影响。

③《诗经》中的比兴手法在艺术表现手法上为后世作家提供了学习的典范。

④从诗歌的体裁结构和语言艺术上讲,《诗经》的四言句式对后世的文学创作也产生了深远影响。

3.《关雎》

《关雎》选自《周南》,是《诗经》的第一篇。整首诗写得自然清新,直率坦诚,生动形象地讲述了一个年轻男子爱慕一个美丽贤惠的姑娘,以致思念成疾,想象若能和她在一起,将要"琴瑟友之""钟鼓乐之"的故事。

4.《蒹葭》

《蒹葭》选自《秦风》,关于这首诗的内容,历来都有不同的解读,归纳起来主要有"刺襄公"说、"招贤"说、"爱情"说三种。

5.《氓》

《氓》选自《卫风》,是一首叙事诗,全诗以女主人公的命运为线索,采用追述和对比的写作手法,描述了一个沉痛的婚恋悲剧,揭露了男权社会里,男女地位不平等的社会现实。《氓》真实地反映了现实生活,直率地表达了思想感情,体现了朴实自然的艺术风格。

6.《硕鼠》

《硕鼠》选自《魏风》。全诗纯用比体,以"硕鼠"喻剥削者,不但写出了奴隶们的痛苦与反抗,而且写出了奴隶们的追求和理想。因此,它比单纯揭露性的作品更具思想意义与鼓舞力量。

7.《七月》

《七月》是《诗经》中最典型的农业生活诗,是"风"中最长的一篇。全诗共八章,基本上是按季节的先后,逐月来写男女奴隶们的劳动和生活的。它所叙述的内容反映了当时奴隶们一年到头的繁重劳动和无衣无食的悲惨境遇,所以可以把它看作是反剥削、反压迫的诗篇。

8.《式微》

《式微》选自《邶风》,共两章。全诗通过描写天色将晚时,家人期盼服役在外的亲人早日回家的急切心情,表现了受奴役者的艰难处境,以及他们对统治者的满腔愤懑。

9.《子衿》

《子衿》选自《郑风》,共三章。诗歌采用倒叙的手法,通过大量的心理描写,叙述了一位女子对心上人的思念。其中,"一日不见,如三月兮"的咏叹,将这份相思之苦表现得如怨如诉,深挚缠绵。

▰▰▰ **知识拓展** ◆▰◆

《诗经》中必知的经典名句

1.靡不有初,鲜克有终。(《大雅·荡》)

2.他山之石,可以攻玉。(《小雅·鹤鸣》)

3.战战兢兢,如临深渊,如履薄冰。(《小雅·小旻》)

4.昔我往矣,杨柳依依。今我来思,雨雪霏霏。(《小雅·采薇》)

5.呦呦鹿鸣,食野之苹。我有嘉宾,鼓瑟吹笙。(《小雅·鹿鸣》)

6.溥天之下,莫非王土;率土之滨,莫非王臣。大夫不均,我从事独贤。(《小雅·北山》)

7.桃之夭夭，灼灼其华。(《周南·桃夭》)

8.投我以木桃，报之以琼瑶。匪报也，永以为好也。(《卫风·木瓜》)

9.手如柔荑，肤如凝脂，领如蝤蛴，齿如瓠犀，螓首蛾眉，巧笑倩兮，美目盼兮。(《卫风·硕人》)

10.桑之落矣，其黄而陨。自我徂尔，三岁食贫。淇水汤汤，渐车帷裳。女也不爽，士贰其行。士也罔极，二三其德。(《卫风·氓》)

11.知我者，谓我心忧；不知我者，谓我何求。悠悠苍天，此何人哉？(《王风·黍离》)

考点3 《楚辞》

《楚辞》是我国第一部浪漫主义诗歌总集，由于诗歌的形式是在楚国民歌的基础上加工形成的，篇中又大量引用楚地的风土物产和方言词汇，所以叫"楚辞"，又称"楚词"。"楚辞"广义上是指运用楚地的文学样式、方言声韵，叙写楚地的山川人物、历史风情，具有浓厚的地方特色的作品；狭义上专指刘向所辑录的以《离骚》《九歌》等为代表的诗集。汉代时，刘向把屈原的作品及宋玉等人"承袭屈赋"的作品编辑成集，命名为《楚辞》。《楚辞》成为继《诗经》之后对我国文学具有深远影响的一部诗歌总集。代表作品有《离骚》《九歌》《天问》《招魂》等。

《楚辞》中屈、宋作品所涉及的历史传说、神话故事、风俗习惯，以及所使用的艺术手段，所体现的浓郁的抒情风格，无不带有鲜明的楚文化色彩。这是《楚辞》的基本特征，它们是与中原文化交相辉映的楚文化的重要组成部分。

《楚辞》开创了一种新的诗歌形式，句式、结构上自由且富有变化，词语繁复，重视外在形式的美感，感情热烈奔放，想象奇幻。

考点4 屈原《离骚》

屈原，名平，字原，战国末期楚国丹阳人，中国伟大的浪漫主义诗人。屈原创立了"楚辞"这种文体，开创了"香草美人"的意象传统。屈原对内主张举贤任能，对外主张联齐抗秦，深得楚怀王的信任，后遭奸佞陷害而被楚怀王流放。楚怀王死后，顷襄王继位，屈原再次遭奸佞陷害并再次被放逐。最终，屈原投汨罗江而亡。屈原对自己受到的不公正待遇充满了哀怨、愤激之情，并借诗歌倾泻出来。代表作品有《离骚》《九歌》《天问》《招魂》《九章》等。

《离骚》共370多句，是中国古代最早的长篇抒情诗。诗人从身世、品德、理想写起，抒发自己遭谗被害的苦闷与矛盾心情，斥责楚王昏庸、群小猖獗与朝政日非，抨击黑暗现实，表达了诗人坚持"美政"的理想，抒发了诗人不与邪恶势力同流合污的斗争精神和至死不渝的爱国热情。全诗运用香草美人的比喻、大量的神话传说和丰富的想象，形成绚烂的文采和宏伟的结构，表现出积极的浪漫主义精神，开创了中国文学史上的"骚体"诗歌形式，对后世诗歌创作产生了深远影响。

《离骚》的艺术特色主要表现在以下几个方面。

①《离骚》是一首具有现实意义的浪漫主义抒情诗，诗中无论是对主人公形象的塑造，还是对一些事物特征的描绘，都大量采用夸张的浪漫主义表现手法。神话传说的充分运用更加强了《离骚》的浪漫主义色彩。

②《离骚》以香草美人来象征人格和君臣关系，开辟了"托物言志"的表现手法。香草被屈原用来比喻

或象征自己的品质和修养,美人是圣君的象征,或象征贤臣,或自喻,用以向楚王陈述爱国之心和被遗弃的哀怨,用婚姻爱情来象征君臣关系,使得诗歌有着更深厚浓郁的抒情意味,诗歌中的情感更加幽怨悲愤。

③《离骚》的句式较《诗经》更为自由且富有变化,往往是在四言或六言句中增加一个"兮"字,构成五言或七言句式,显得哀婉缠绵。这种新的诗歌形式对塑造复杂的艺术形象,抒发更幽深、激烈的情感,有着重要的作用。这些句式和委婉轻灵的楚声相结合,极富表现力。

◆ 知识拓展 ◆

《九歌》(共11篇)包括《东皇太一》《云中君》《湘君》《湘夫人》《大司命》《少司命》《东君》《河伯》《山鬼》《国殇》《礼魂》。

《九章》(共9篇)包括《惜诵》《涉江》《哀郢》《抽思》《怀沙》《思美人》《惜往日》《橘颂》《悲回风》。

考题再现

【2019年·山东菏泽·填空】"路曼曼其修远兮,吾将上下而求索"出自屈原的《_____》。

【答案】离骚

考点5 《春秋》

《春秋》即《春秋经》,我国最早的编年体史书,相传由孔子修订而成,是儒家典籍"五经"之一。它记载了自鲁隐公元年(公元前722年)至鲁哀公十四年(公元前481年)之间的历史。《春秋》中用于记事的语言极为简练,以一字寓褒贬,在谨严的措辞中表现出作者的爱憎,被后人称为"春秋笔法",又称"微言大义"。

考点6 《左传》

《左传》又名《左氏春秋》或《春秋左氏传》,相传是春秋末年鲁国史官左丘明为解释孔子的《春秋》而作。《左传》记载了自鲁隐公元年(公元前722年)至鲁哀公二十七年(公元前468年)的史料,以及战国初年的个别史料,是我国现存第一部叙事较为完备的编年体史书,也是我国第一部真正意义上的叙事作品。《左传》与《春秋公羊传》《春秋穀梁传》合称"春秋三传"。

1.《左传》的叙事特点

《左传》的叙事特点主要有以下几点。

①《左传》以《春秋》的记事为纲,在叙事的基础上,加入了大量的历史事实和传说,丰富了历史事件,描写了各色历史人物,将《春秋》的简短记事发展成完整的叙事散文。

②《左传》作为一部编年体史传著作,基本是按照时间顺序来记述事件的。但为了更加清晰细致、丰富翔实地表述事情的全过程,《左传》在顺叙之外,还采用了倒叙、插叙、补叙、预叙等手法。

③《左传》重视完整地叙述事件的过程和因果关系。《左传》善于描述战争,书中对大大小小几百次战争的叙述,不但交代了战争过程,还深入揭示了战争的起因、酝酿过程和后果。《左传》对于事件因果关系的叙述,常有道德化与神秘化的特点。这一特点是春秋时期人们世界观和认识水平的反映,具有鲜明的时代特色。

④《左传》对事件的叙述颇具戏剧性,这使得整部作品充满故事性。不但如此,《左传》有的叙事记言还出自臆测和虚构。这种写法,可看作后代小说家为人物虚拟对话的萌芽。

⑤《左传》中的人物形象个性鲜明。《左传》很少集中描写一个人物,一个人物往往分散记录在不同事件中,故只有将一个人物在不同年代的事迹联系起来,才能综合了解这个人物完整的形象。同时,《左传》在对人物形象进行描述时,也展现了人物性格的丰富性和复杂性,体现了人物性格的变化。《左传》表现人物形象时,很少对人物的外貌和心理等进行描写,主要是通过人物在重大历史事件中的言行来展现人物形象的。

⑥《左传》的细节描写很成功。《左传》对战争过程、政治事件中的琐事细节及许多与战局关系不大的细节进行了详细描写,使得叙述更加生动、人物形象更加饱满。

⑦《左传》的叙述语言简练蕴藉,词约义丰,浅近平实且富有表现力。其语言达到了先秦文学的最高水平,并对后世散文有着深刻的影响。

2.《曹刿论战》

《曹刿论战》选自《左传·庄公十年》。本文记叙了一场以弱胜强的战争——长勺之战,其内容可分为三部分:第一部分写战前的政治准备——取信于民;第二部分写曹刿指挥鲁军战胜齐军的经过;第三部分为本文的中心,写曹刿论述赢得战役的原因,即作战要把握好反攻("彼竭我盈")和追击("辙乱""旗靡")的时机。

《曹刿论战》塑造了曹刿和鲁庄公两个典型的人物形象。曹刿,爱国爱民、有勇有谋、军事才能卓越;鲁庄公,治国、治军能力较弱,却礼贤下士、不耻下问。

◆ 知识拓展 ◆

出自《左传》的常见四字成语:包藏祸心、筚路蓝缕、表里山河、宾至如归、病入膏肓、唇亡齿寒、从善如流、大义灭亲、甘拜下风、怙恶不悛、掎角之势、人心如面。

出自《左传》的常见多字成语:多行不义必自毙;风马牛不相及;冒天下之大不韪;皮之不存,毛将焉附;匹夫无罪,怀璧其罪;庆父不死,鲁难未已;人非圣贤,孰能无过。

考点7 《国语》

《国语》又称《春秋外传》,是我国第一部国别体史书。全书共21卷,分周、鲁、齐、晋、郑、楚、吴、越八国记事,是各国史料的汇编。《国语》主要反映了儒家崇礼重民等观念,主张人神并重,由对天命的崇拜转向对人事的重视,重视人民的地位和作用,以民心的向背为施政的主要依据。

《国语》的特点主要表现在以下几个方面。

①《国语》以记言为主,往往通过言论反映事实,通过人物之间的对话刻画人物形象,其叙述语言在形象思维和逻辑思维方面都很缜密,同时又有通俗化、口语化的特点。

②《国语》尽管以记言为主,但同时也以杰出的叙事技巧和情节构思展示了一系列生动的人物形象。

③《国语》常集中篇幅写一人,有向纪传体过渡的趋势。但需要注意的是,其写人的篇章仅仅是材料的汇集,是各自独立的小故事的组合,尚未把一个人的事迹有机结合为一篇完整的、独立的人物传记。

◆ 知识拓展 ◆

出自《国语》的常见四字成语:道路以目、积重难返、如火如荼、贪欲无艺、以怨报德、引以为戒、有名无实、众口铄金、众志成城。

出自《国语》的常见多字成语:从善如登,从恶如崩;防民之口,甚于防川;有过之而无不及。

考点8 《论语》

《论语》是儒家学派的经典著作之一,由孔子(名丘,字仲尼,春秋时期鲁国人)的弟子及再传弟子纂录而成,与《孟子》《大学》《中庸》合称"四书"。《论语》以语录体和对话体为主,记录了孔子及其弟子的言行,集中体现了孔子的政治主张、伦理思想、道德观念及教育原则等。作为一部优秀的语录体散文集,《论语》言简意赅、含蓄隽永。

《论语》的说理性主要表现在以下几个方面。

①《论语》是一家之说,虽然没有构成整篇的文章集中地对某一问题进行剖析和论述,但把它散在各章的有关某一问题的言论集中起来,其观点具有内在的一致性,能从不同的角度说明一个中心问题,因而符合

弥贯群言、精研一理的论著的基本要求。

②《论语》中论断的逻辑性较强,全书五分之四以上的章节带有说理性质,分别运用直言、假言、选言等复杂的判断形式和因果、类比、演绎、归纳等推理方法,表现深刻的思想。

③全书用当时的"雅言"形式写成,语言明白简练,意蕴丰厚,有的生动活泼,有的满怀深情,使用多种修辞手法来说理。

考题再现

【2021年·山东菏泽·填空】《论语·雍也》中"质胜文则野,_____"阐述了"文"和"质"的关系。

【答案】文胜质则史

考点9 《孟子》

《孟子》一书是孟子(名轲,字子舆,战国时期邹人,有"亚圣"之称)言论的汇编,由孟子及其弟子共同编写而成,是记录孟子的道德伦理观、政治观点(仁政、王霸之辩、民本、格君心之非、民贵君轻)和政治活动的儒家经典著作。孟子在人性问题上提出"性善论",即"人之初,性本善",倡导"仁政""王道",主张德治。《孟子》说理畅达,气势充沛,长于辩论,逻辑严密,代表着传统散文写作的一个高峰。

《孟子》的说理性主要表现在以下几个方面。

①《孟子》在叙述风格上明显不同于《论语》,它常常抽象地论述一些概念,如"仁义""心性"等,在论述方式上,以说理的方式发展了诸子散文艺术,提高了诸子文章的理论品格。

②《孟子》有很强的逻辑力量,气势磅礴,咄咄逼人,感情色彩极为强烈,有着明显的战国时代的特征和突出的个性精神。其文章虽是以辩论为主的对话体,但仍不失典型的议论风格。

③《孟子》展示了儒家士人以"道"自任的人格力量,表现出对"道"的热切追求和对人事的深切关怀。在游说中,孟子往往能抓住对方的心理特征,循循善诱,层层推进。

④《孟子》还善于在论辩中使用比喻和寓言故事说理,其比喻大多取材于现实生活,通俗易懂。

考题再现

【2019年·山东菏泽·填空】我国传统文化中,既提倡"_____,达则兼济天下"的修己达人,又提倡"_____,_____,威武不能屈"的大丈夫精神,更提倡"安得广厦千万间,_____"的家国情怀。

【答案】穷则独善其身;富贵不能淫;贫贱不能移;大庇天下寒士俱欢颜

考点10 《荀子》

《荀子》由荀子(名况,字卿,战国后期赵国人)及其弟子所著。"性恶论"是荀子礼乐法术论的理论基础。荀子强调社会教化作用,赞成革新,其思想具有唯物主义色彩。荀子认为"君子必辩",特别强调论辩的重要性,擅长说理文的论辩。

《荀子》具有以下几个特点。

①《荀子》中的文章往往先总论后分论,构思周密,说理清晰,论辩透辟,思想深邃,大量运用反驳的论证手法,是后世论述文的典范。

②《荀子》多使用日常生活中常见的事物作为譬喻,深入浅出,生动巧妙,其中的经典名篇有《劝学》《性恶》《议兵》等。

③《荀子》中的文章十分注意句式的安排,论述时常使用排比和骈偶句式,韵律和谐,富有节奏感。

④《荀子》文章风格沉着深厚,语言朴素简洁而辞采缤纷。

考点11　司马迁《史记》

司马迁，字子长，西汉伟大的史学家、思想家、文学家，被后人尊称为"史圣"。他最大的贡献是创作了中国第一部纪传体通史《史记》（原名《太史公书》）。司马迁与司马光并称"史界两司马"，与班固并称"班马"。

1.《史记》简介

《史记》记载了自黄帝至西汉武帝时期约3000年的历史，被认为是中国史书的典范。《史记》全书包括十二本纪（按帝王顺序记叙各朝兴衰始终）、三十世家（主要为贵族之家的历史）、七十列传（不同阶层、不同类型的人物传记，其中最后一篇为自序）、十表（排列帝王侯国间大事）、八书（有关经济、文化、天文、历法等方面的专门论述），共130篇。

司马迁的修史宗旨是"究天人之际，通古今之变，成一家之言"。《史记》与后来的《汉书》（班固）、《后汉书》（范晔）、《三国志》（陈寿）合称"前四史"；与司马光的《资治通鉴》（我国最大的一部编年体通史）并称"史学双璧"；被鲁迅誉为"史家之绝唱，无韵之《离骚》"。

2.《史记》的思想内容

①《史记》从唯物主义思想和批判的精神出发，对封建帝王持有与当时封建统治者不同的态度。如在《高祖本纪》中，司马迁没有大肆宣扬阴阳五行之学，而是本着实事求是的精神，既写了刘邦坚韧不拔的精神，也写了他的一些无赖行为和奸诈性格。

②《史记》对历史人物给予较为公正的评价。如《陈涉世家》中对陈胜起义过程的详细描写和对陈胜反抗精神的歌颂，以及对陈胜起义最终失败的同情，都体现了司马迁作为史学家的公正思想。

③与那些正统的思想家、学者不同，《史记》在描写出身中下层的人物时，常常热情地歌颂他们身上的一些优良品质。如歌颂了《刺客列传》中的聂政、荆轲的英勇无畏和《游侠列传》中的朱家、郭解的侠义精神等。

3.《史记》的艺术特色

①历史人物形象的成功塑造。《史记》描写人物多，范围广，将人物刻画得形神兼备，大多具有典型性。作者在塑造人物形象时，往往能够准确捕捉历史人物的特征并精心选材，善于描写矛盾冲突，常通过虚实相生、细节描写、心理描写、对比映衬等手法来刻画人物。

②《史记》中的场面描写，或悲壮慷慨，或诙谐滑稽。《史记》中塑造的人物具有悲壮之美，与此相应，其叙事与场面描写也多具悲壮色彩。《史记》的叙事和场面描写具有诙谐滑稽的戏剧美。这类描写虽不及前者多，但也具有突出的特色，如《滑稽列传》中人物的言谈举止，均注重讽谏，诙谐幽默。

③《史记》的叙事十分生动，很多作品情节曲折，刻画生动，矛盾冲突紧张激烈，故事性强。作者围绕情

节的展开，运用铺垫、渲染、照应等手法，大胆设置悬念，产生了引人入胜的艺术效果。

④《史记》具有浓郁的抒情性。司马迁的不幸遭遇使他满怀悲愤，他将这种浓郁强烈的感情融入《史记》创作中，因而其笔下的人物刻画和论赞中都跳跃着诗人般的激情。如《屈原贾生列传》《项羽本纪》《伯夷列传》等。

⑤艺术风格具有多样性和丰富性。《史记》既有阴柔之美，又有阳刚之美。总体来看，全书以阳刚之美为主，主要表现为气魄宏伟，笔力千钧；内容奇伟，惊心动魄；气势凌厉，一泻千里。

⑥结构上，《史记》在编排人物传记时显示出高超的技巧，生动地体现了历史和逻辑的统一，形成了自己独特的叙事脉络。《史记》各层次人物传记的排列基本上以时间为序，但又兼顾各传记之间的内在联系，遵循着以类相从的原则。《史记》的人物传记有分传，有合传。

⑦《史记》的语言是在当时口语的基础上创造而成的，既平易朴素，又丰富多彩、准确生动。其语言雄浑朴茂，感情色彩浓厚，富有节奏感和气势美。此外，《史记》还大量吸收了来自民间的俗语、谚语和歌谣，使其语言更加生动活泼。

4.《史记》的地位和影响

①《史记》是我国纪传体史学的奠基之作，同时也是我国传记文学的开端。《史记》的出现，标志着中国古代史传文学的发展已经达到高峰。

②《史记》是传记文学名著，但它具有诗的意蕴和魅力。《史记》既继承了《诗经》《楚辞》的文学传统，又借鉴了战国散文的文学风格，充分体现了对先秦文学传统的继承和融会。

③司马迁在《史记》中大力弘扬人文精神，为后世作家树立起一面光辉的旗帜。《史记》中塑造的一系列血肉丰满的人物形象，成为后代作家仰慕和思索的对象，给他们以鼓舞和启迪，影响深远。

④《史记》是古代散文的楷模，传记文学的典范，其写作技巧、文章风格、语言特点，令后世散文家翕然宗之。《史记》的语言平易简洁而又富有表现力，不刻意追求对仗工稳，也不避讳重复用字，形式自由，不拘一格，被视为古文的典范。

⑤《史记》的许多传记情节曲折，人物形象栩栩如生，为后世小说创作积累了宝贵的经验。《史记》中的许多故事广为流传，成为后世小说、戏剧的取材对象。

5.《陈涉世家》

《陈涉世家》是秦末起义军首领陈胜、吴广的传记。文中真实、具体、完整地记述了这次农民大起义爆发的起因、经过和结局，从中反映了农民阶级的智慧、勇敢和大无畏的斗争精神。文章也比较生动地描写了陈胜和吴广的形象。陈胜出身雇农，胸怀大志，有政治远见，他希望将人民从"苦秦"中解放出来；他聪明果断，具有组织群众、制定策略、指挥战争的卓越才干，是农民阶级的杰出领袖。文章对吴广的描述虽然简略，但从他与谋起义、诱杀将尉等事迹中，也可以看出他非凡的智慧和勇敢的反抗精神。在他们身上，都充分地表现了我国古代劳动人民因不甘忍受黑暗统治而勇于反抗的英雄气概。文章也写到了起义军内部的不和及陈胜称王后贪图享受、信用奸邪、脱离群众的问题，表明了封建社会农民阶级自身的局限性。

考点 12 《古诗十九首》

《古诗十九首》是中国古代文人五言诗选辑，由南朝梁萧统从传世无名氏古诗中选录十九首编入《昭明文选》而成。《古诗十九首》代表了汉代文人五言诗的最高成就，是乐府古诗文人化的显著标志，深刻地再现了文人在汉末社会思想大转变时期，追求的幻灭与沉沦、心灵的觉醒与痛苦，抒发了人生最基本、最普遍的几种情感和思绪。诗歌语言朴素自然，描写生动真切，具有浑然天成的艺术风格，处处表现了道家与儒家的哲学意境。

《古诗十九首》除了游子之歌，便是思妇之词，抒发游子的羁旅情怀和思妇的闺愁是其基本内容。例如：《涉江采芙蓉》通过一系列的动作描写，表达了主人公对亲人的思念，进而引发"同心而离居"的忧伤。《明月何皎皎》中"客行虽云乐,不如早旋归",写出了他乡明月激发了主人公难以遏制的思乡之情。《行行重行行》中"思君令人老,岁月忽已晚。弃捐勿复道,努力加餐饭",用妻子的口吻诉说对远行丈夫的思念,表现妻子的孤凄哀怨,抒发离愁别恨。《迢迢牵牛星》中"盈盈一水间,脉脉不得语",写出牛郎织女虽是隔河相望,却咫尺天涯的愁苦心情,表现爱情受阻的痛苦感受。另外,《古诗十九首》中也有抒发世态炎凉之感的作品。例如:《明月皎夜光》中"昔我同门友,高举振六翮。不念携手好,弃我如遗迹",写同门好友飞黄腾达后不念旧交,表达了诗人对人情冷暖、世态炎凉的慨叹。

考点13 曹操《观沧海》《龟虽寿》《短歌行》

曹操,字孟德,东汉末年杰出的政治家、军事家、文学家,三国时期曹魏政权的奠基人。曹操采用乐府古题写时事,其诗于悲凉之中含跌宕慷慨之气,语言古朴率真,诗风古直悲凉。曹操的乐府诗有的采用代言的写法,对民歌的原题材进行新创作;有的用旧的题目写新的内容,反映了汉末战乱的现实和人民的苦难;有的则表达了他的政治主张和统一天下的雄心壮志。代表作有《观沧海》《龟虽寿》《短歌行》等。后人因其文学上的造诣而将他与其子曹丕、曹植合称"三曹"。

1.曹操诗歌的创作成就

①曹操的诗全用乐府,内容和写作方法继承了汉乐府"感于哀乐,缘事而发"的传统。其四言诗为已经板滞僵化的四言体注入了新的活力。

②曹操采用乐府古题写时事,既反映现实,又饱含深沉的感慨。其中一部分诗歌反映了汉末战乱的现实和人民遭受的苦难,被后人称为"汉末实录"。

③诗歌语言古朴率真,情与景不断变化,悲凉之中含有跌宕慷慨之气,常给人以壮阔邃远之感。

2.《观沧海》

《观沧海》是曹操登临碣石山时所作。这首四言诗是我国现存的第一首较为完整的山水诗,诗人借登山观海所见的自然景物,描绘了大好河山的雄伟壮丽,表达了豪迈乐观的进取精神。

3.《龟虽寿》

《龟虽寿》是一首抒发人生志向的咏志诗。诗人以神龟、腾蛇、老骥作比,表明宇宙万物有生必有死是自然的规律,人应该利用有限之年建功立业,始终保持昂扬乐观、积极进取的精神。

4.《短歌行》

《短歌行》是一首政治性很强的诗作,主题是"求贤"。诗歌主题明确,即通过宴会的歌唱来表达诗人求贤若渴的心情和统一天下的雄心壮志。诗歌充分发挥了诗歌创作的特长,准确而巧妙地运用了比兴手法,达到了寓理于情、以情感人的目的。

考点 14　李密《陈情表》

李密，字令伯，一名虔，犍为武阳（今四川彭山）人。幼年丧父，母何氏改嫁，由祖母抚养成人。后李密以对祖母孝敬甚笃而名扬于乡里。李密师事著名学者谯周，博览五经，尤精《春秋左氏传》，著有《述理论》10篇，不传世。其代表作为《陈情表》。

《陈情表》是李密写给晋武帝的奏章。文章从自己幼年的不幸遭遇写起，说明自己与祖母相依为命的特殊感情，叙述祖母抚育自己的大恩，以及自己应该报养祖母的大义；除了感谢朝廷的知遇之恩以外，又倾诉自己不能从命的苦衷，辞意恳切，真情流露，语言简洁，委婉畅达。此文为中国文学史上抒情文的代表作之一，有"读诸葛亮《出师表》不流泪不忠，读李密《陈情表》不流泪不孝"的说法。

考点 15　王羲之《兰亭集序》

王羲之有"书圣"之称，与其子王献之合称"二王"，著有骈文《兰亭集序》。其书法作品《兰亭集序》被誉为"天下第一行书"。

《兰亭集序》是王羲之为《兰亭集》所作的一篇序文。文章前半篇主要记叙兰亭集会的盛况，描写山川之美，表达吟咏之乐，后半篇作者由眼前之景产生联想，阐明对人生的看法，抒发了对盛世不常、人生难久的感叹。

《兰亭集序》是一篇极具审美价值的骈文。其审美价值主要表现在以下两个方面。

①结构精巧，条理明晰。文章开篇简单交代了时间、地点、事件和人物，接着描写兰亭周围的美景，表达宴游之乐，然后引发对自然山川的美景常在而人生短促的感慨，最后交代了写作的缘由。文章虽然简短，却引发了人们对生死这一大命题的深刻思考。

②语言精练清新，恬淡隽永，对仗整齐，音韵和谐。写山时，仅用"崇山峻岭，茂林修竹"八个字就表现出了山川高峻、树木茂盛的特点；写水时，仅用"清流激湍，映带左右"八个字就生动地展现了清澈的溪水汩汩流淌的画面。

考题再现

【2018年·山东潍坊·填空】固知一死生为虚诞，_____。（王羲之《兰亭集序》）

【答案】齐彭殇为妄作

考点 16　陶渊明《桃花源记》《归园田居》《饮酒》（结庐在人境）

陶渊明，又名潜，字元亮，号五柳先生，世称靖节先生，东晋诗人、辞赋家、散文家。田园生活是陶渊明诗的主要题材，陶渊明的代表作品有《饮酒》《归园田居》《桃花源记》《五柳先生传》《归去来兮辞（并序）》等。

1.陶渊明诗歌的艺术特征

陶渊明诗歌的总体艺术特征是"自然"。陶渊明将日常生活诗化，不再将社会政治题材作为诗歌的重点，而开始用家常话写普通人的生活，诗意盎然。具体来说，陶渊明诗歌的艺术特征表现在以下两个方面。

①情、景、事、理浑融一体。陶诗发乎事，源乎景，缘乎情，而统摄于理。陶诗中的田园风物，都是其生活中的不可或缺之物，陶渊明已与它们融为一体，陶诗无意模山范水，而是通过生活中平凡普通的事物表达超乎世人之情，阐述世人难以参悟之理。

②平淡中见警策，朴素中见绮丽。一方面，陶诗中描绘的景象，都是最平常的，但经过陶渊明的笔触，诗歌往往于平淡中见警策；另一方面，陶诗于朴素之中可见绮丽，通常只运用白描等朴素的手法，语言不加雕饰，极尽纯净之美。

2.陶渊明散文的艺术特征

陶渊明现存散文不多，但几乎每一篇都是精品，如《桃花源记》《闲情赋》《归去来兮辞（并序）》等。总体来看，陶渊明文章的风格和当时文坛流行的骈俪繁缛的风格相反，处处以自然平和的语气、朴实无华的文字来表达自己真挚的情感，没有华丽的辞藻和刻意的雕饰，却能以平淡中蕴含的真情打动读者。他的文章往往有一种诗意美，他善于在叙述中提炼日常生活意象，营造浑融清新的意境，而这一切就像是信手拈来，没有刻意经营的痕迹。

3.《桃花源记》

《桃花源记》采用虚实结合的手法，以武陵渔人进出桃花源的行踪为线索，按时间先后顺序，描绘了一个没有剥削、没有压迫，自食其力、自给自足、和平恬静、人人自得其乐的世外桃源，与当时的黑暗社会形成了鲜明对比。文章寄托了作者的社会理想，反映了广大人民的美好愿望，表达了作者对理想生活的向往和对现实的不满与反抗。

4.《归园田居》

《归园田居》一共5首。诗篇生动地描写了诗人归隐后的生活和感受，抒发了作者辞官归隐后的愉快心情和乡居乐趣，从而表现了他对田园生活的热爱与劳动的喜悦。同时又隐含了对官场黑暗腐败生活的厌恶之感，表现了作者不愿同流合污，为保持完整独立的人格和高尚的情操而甘受田间艰辛生活的志向。

5.《饮酒》（结庐在人境）

《饮酒》（结庐在人境）是陶渊明创作的组诗《饮酒二十首》的第五首。这首诗主要写诗人于劳动之余，饮酒致醉之后，在晚霞的辉映下，在山岚的笼罩中，采菊东篱，遥望南山的情境，表现了诗人归隐田园后的悠闲自得的心境，抒发了诗人对田园生活的热爱、对黑暗官场的鄙弃和厌恶。

考题再现

【2020年·山东临沂·填空】久在樊笼里，＿＿＿＿＿＿＿＿。

【答案】复得返自然

考点17　王勃《滕王阁序》

王勃，字子安，初唐诗人，与杨炯、卢照邻、骆宾王以诗文齐名，合称"初唐四杰"，亦称"王杨卢骆"。著有诗文集《王子安集》，代表作品有《滕王阁序》《送杜少府之任蜀州》等。

《滕王阁序》原题为《秋日登洪府滕王阁饯别序》。全文共分四部分：第一部分历叙"洪都"雄伟的地势、游玩的时间、珍异的物产、杰出的人才及尊贵的宾客，紧扣题中"洪府"二字来写；第二部分展示了一幅流光溢彩的滕王阁秋景图，近观远眺，都是浓墨重彩，写出了滕王阁壮美而又秀丽的景色，紧扣题目"秋日""登""滕王阁"六字来写；第三部分由对宴会的描写转而引出对人生的感慨，紧扣题目中的"饯"字来写；最后一部分自叙遭际，表示当此临别之际，既遇知音，自当赋诗作文，以此留念，紧扣题目中的"别""序"二字来写。由此看来，全文层次井然，脉络清晰；由地及人，由人及景，由景及情，可谓丝丝入扣，层层扣题。

《滕王阁序》的写景颇有特色。作者精心勾画，细致经营，运用灵活多变的手法描写山水，体现了一定的美学特征。其特色主要表现在以下几个方面。

①色彩变化。文章不惜笔墨，浓墨重彩，极写景物的色彩变化。尤其是"潦水尽而寒潭清，烟光凝而暮山紫"一句，不囿于静止的画面色彩，着力表现水光山色之变化，上句朴素淡雅，下句设色凝重，被誉为"写尽九月之景"之句。

②远近变化。作者采用恰当的方法，犹如电影的拍摄技术，由近及远，构成一幅富有层次感和纵深感的全景图，体现了作者立体化的审美观，把读者带进了如诗如画的江南胜境。

③上下浑成。"层峦耸翠"四句，借视角变化，使上下相映成趣，天上地下，城里城外，相与为一，不可分

离,体现了作者整齐划一的审美观。而"落霞与孤鹜齐飞,秋水共长天一色"更是写景名句,水天相接,浑然天成,构成一幅色彩明丽的美妙图画。

④虚实相衬。"渔舟唱晚"四句,凭借听觉联想,用虚实结合的手法描写远方的景观,使读者开阔眼界,视通万里。虚实结合,相互协调,相互映衬,极尽铺叙写景之能事。

考点18　张若虚

张若虚,初唐诗人,与贺知章、张旭、包融并称"吴中四士"。他的诗仅存二首,其中一首《春江花月夜》奠定了他在唐诗史上的大家地位。

张若虚和刘希夷的诗歌,将真切的生命体验融入美的兴象,诗情与画意相结合,以浓郁的情思氛围营造出空明纯美的诗境。例如:《春江花月夜》一诗,诗人先从宁静的春江月夜美景入手,展现大自然的神奇美妙,再由时空的无限,引发对人生的思索,画意、诗情与对宇宙奥秘和人生哲理的体察融为一体,情景交融,诗境玲珑透彻,诗的末句"不知乘月几人归,落月摇情满江树"有一种令人回味无穷的悠长韵味。

考题再现

【2021年·山东菏泽·填空】_____,月照花林皆似霰。(张若虚《春江花月夜》)

【答案】江流宛转绕芳甸

考点19　王维

王维,字摩诘,盛唐诗人,有"诗佛"之称,曾任尚书右丞,世称"王右丞",与孟浩然同为山水田园诗派代表诗人,著有诗集《王右丞集》。王维的山水田园诗基调自然优美、清雅冲淡,具有浓厚的乡土气息和生活情趣。"味摩诘之诗,诗中有画;观摩诘之画,画中有诗"是苏轼对王维诗画的赞誉。王维送别友人、怀念亲人的代表作有《送元二使安西》《九月九日忆山东兄弟》等;描写山水田园的代表作有《山居秋暝》《渭川田家》等;以军旅和边塞生活为题材的代表作有《从军行》《使至塞上》等。

考点20　孟浩然

孟浩然,盛唐诗人,襄阳(今湖北襄阳)人,世称"孟襄阳"。孟浩然写诗以山水田园诗为主,与王维合称"王孟"。因他未曾入仕,又被称为"孟山人"。其诗风格"清""淡""幽""雅",包含着丰富的自然美、含蓄美,体现了隐士性情;语言多以平淡质朴取胜。代表作有《过故人庄》《春晓》《望洞庭湖赠张丞相》《与诸子登岘山》等。

考题再现

【2017年·山东菏泽·填空】绿树村边合,_____。_____,把酒话桑麻。(孟浩然《过故人庄》)

【答案】青山郭外斜;开轩面场圃

考点21　王昌龄

王昌龄,字少伯,盛唐边塞诗人,擅长七绝,被后人誉为"七绝圣手"。王昌龄一生身居下僚,后贬官江宁,有"诗家夫子王江宁"之称。王昌龄的诗歌主要包括边塞诗、闺怨诗、宫怨诗和赠别诗四种。王昌龄的边塞诗充分体现了他的爱国主义、英雄主义精神,也蕴含了对下层人民的人文关怀,体现了广阔的视野和博大的胸怀。王昌龄在写作方式上擅长寓情于景,情景交融。代表作有《出塞》《从军行》《塞下曲》《芙蓉楼送辛渐》《闺怨》《秋兴》等。

考点22 高适

高适,字达夫,盛唐边塞诗人,世称"高常侍",有《高常侍集》等作品传世,与岑参并称"高岑",与岑参、王昌龄、王之涣合称"边塞四诗人"。高适的诗作笔力雄健,气势奔放,洋溢着盛唐时期所特有的奋发进取、蓬勃向上的时代精神。其边塞诗的最大特色和最高成就在于思想深刻,触及深层次的社会内容,具有强烈的现实意义。其诗直抒胸臆,不尚雕饰,以七言歌行最富特色。代表作有《燕歌行》《别董大》《蓟门行》等。

考题再现

【2019年·山东菏泽·填空】战士军前半死生,_____。

【答案】美人帐下犹歌舞

考点23 岑参《白雪歌送武判官归京》

岑参,盛唐边塞诗人。岑参工诗,长于七言歌行。岑诗的主要思想是慷慨报国的英雄气概和不畏艰难的乐观精神;艺术上气势雄伟,想象丰富、夸张,色彩绚丽,立意新奇,风格峭拔;内容上最有特色的是对边塞风光、边地风俗的描写,充满了新鲜的异域情调和浪漫的传奇色彩。代表作有《白雪歌送武判官归京》《走马川行奉送封大夫出师西征》等。

《白雪歌送武判官归京》以一天雪景的变化为线索,描写西域八月飞雪的壮丽景色,记叙送别归京使臣的过程。诗人寓情于景,表达了对友人的不舍和因友人返京而产生的惆怅之情。全诗结构紧密,文思开阔,内涵丰富,气势磅礴,意境鲜明独特,具有极强的艺术感染力,堪称盛唐边塞诗的压卷之作。其中,"忽如一夜春风来,千树万树梨花开""山回路转不见君,雪上空留马行处"等诗句已成为广为传诵的名句。

考点24 李白

李白,字太白,号青莲居士,有"诗仙"之称,唐代伟大的浪漫主义诗人。李白创造了古代积极浪漫主义的文学高峰,为唐诗的繁荣与发展打开了新局面;他批判继承前人传统并形成了独特的风格,歌行体和七绝达到后人难以企及的高度,开创了中国古典诗歌的黄金时代。李白诗歌在思想内容上最突出的特点是表现自我,塑造了自身飘逸潇洒、傲岸不屈的形象。这一形象揭示的社会意义有三点:一是表达自己建功立业、奋发向上的雄心和怀才不遇、备受压抑的苦闷;二是抒发对理想生活的憧憬、追求和歌颂;三是宣扬对崇高人性及人权的向往、奋斗与赞美。代表作有《蜀道难》《将进酒》《行路难》《长干行》《梦游天姥吟留别》等,有《李太白集》传世。

1.李白诗歌的艺术个性

①感情饱满丰富、昂扬强烈,带有强烈的主观色彩。李白常在诗中表现洒脱不羁的性格、傲世独立的人格、豪迈无畏的气概和激昂热烈的情怀,其诗情感一泻千里,语调抑扬顿挫,节奏变换多样。

②想象丰富、奇特、瑰丽。李白诗歌中的想象变幻莫测,随意生发,跳跃性极大。他常把想象世界当作现实世界的对照物加以歌咏,而他对幻想的追求,正是对现实不满的一种曲折反映。

③意象丰富,既阔大壮观又清新明丽。李白常通过描写江、河、沧海、大鹏等壮观事物来营造雄奇壮美的意境,也常通过描写日、月、清溪、白露等清丽事物来表情达意,丰富诗歌内涵。

④语言风格清新、自然、明快。李白善于吸取乐府诗淳朴的格调和清新的表现手法,在抒情时,也毫无掩饰吞吐之语与矫揉造作之态。

2.李白在文学史上的地位与影响

①李白的诗歌是继屈原的诗歌之后,我国古代积极浪漫主义文学的新高峰。在李白的诗中,理想主义、反抗精神和英雄性格得到了全面表现和进一步发展,并达到了高度成熟的水平。

②李白极大地开拓了诗歌的艺术境界，丰富了诗歌的艺术技巧。

③李白以其诗歌创作理论和实践完成了陈子昂诗歌革新的伟业，一扫六朝绮靡浮艳的诗风，为唐诗的繁荣和发展打开了新的局面。

④李白通过学习前人优秀的诗歌技巧，使古典诗歌的内容和形式都得到了创造性的发展，极大地丰富了唐诗的思想意义，提高了其艺术水平。

考题再现

【2021年·山东菏泽·填空】_____，砯崖转石万壑雷。（李白《蜀道难》）

【答案】飞湍瀑流争喧豗

考点25　杜甫

杜甫，字子美，自号少陵野老，唐代现实主义诗人，曾任左拾遗、检校工部员外郎，因此后世称其为"杜拾遗""杜工部"。其祖父杜审言是初唐"文章四友"之一。杜甫的代表作有"三吏"（《新安吏》《石壕吏》《潼关吏》）、"三别"（《新婚别》《无家别》《垂老别》）、《兵车行》《秋兴八首》《闻官军收河南河北》《登岳阳楼》《登高》《春望》《蜀相》《茅屋为秋风所破歌》等。杜甫忧国忧民，人格高尚，诗艺精湛，被后世尊称为"诗圣"，他的诗被后人称为"诗史"。

1.杜诗的艺术风格

①杜诗的主要风格特征为沉郁顿挫。沉郁是指杜甫感情的悲慨深厚，顿挫既是指诗歌声调的抑扬起伏，又是指杜甫情感的跌宕起伏，反复低回。杜诗无论是写民生疾苦、怀友思乡，还是写自己的穷困潦倒，都蕴含着深沉阔大的情感，悲慨是其诗歌主要风格的感情基调。

②萧散自然是杜诗的另一重要特征。这一风格的诗多作于诗人居于成都草堂期间，此时，他的诗歌情趣闲适，境界安静明秀，景物描写细腻，从而形成了萧散自然的风格特征，透露出诗人生活的安定与闲适。

2.杜诗的地位与影响

①杜甫的诗歌集六朝、盛唐诗歌之大成。他的诗里有与屈原相似的深沉忧思，有仁政思想的传统精神，也有司马迁的实录精神。

②杜甫继承了《诗经》和汉乐府的传统，同时也批判地吸收了六朝以来诗歌在音韵格律、遣词造句等方面的技巧，将现实主义诗歌推向高峰。杜甫的现实主义精神和"即事名篇"的新乐府诗，直接影响了中唐的新乐府运动。

③杜甫的诗歌在思想情操方面对后世影响深远。他心系国家安危、关注民生疾苦的高尚情操，为历代士人所崇仰，对士人人格的形成具有巨大的影响。

考题再现

【2021年·山东菏泽·填空】出师未捷身先死，_____。（杜甫《蜀相》）

【答案】长使英雄泪满襟

考点26　刘禹锡《秋词》《酬乐天扬州初逢席上见赠》

刘禹锡，字梦得，有"诗豪"之称，与柳宗元合称"刘柳"，与白居易合称"刘白"。他的诗歌善用典实而透脱不滞，辞采丰美而笔致流利，意境明丽清远而风神俊爽，又有一种恢宏的气度和骨力。代表作有《秋词》《酬乐天扬州初逢席上见赠》《乌衣巷》《竹枝词》《陋室铭》《浪淘沙》等。

1.刘禹锡的诗歌类型

刘禹锡的诗分为讽喻诗、感遇诗、咏史诗和民歌体诗四类。

①他的讽喻诗和感遇诗多作于被贬期间。讽喻诗词旨隐晦而寓意深刻,感遇诗寄慨遥深而正气凛然。

②他的咏史诗多为登临历史遗迹的怀古之作,一般采用五言或七言律绝的形式。通过对与前朝史实有关的古迹风景的描写,抒发千古兴亡之感,含有精辟的议论和卓识。

③他的民歌体诗清新质朴、真率自然,如《竹枝词》和《杨柳枝词》,注意吸收民间口语,并学习民歌悠扬婉转的情调,富有浓郁的生活气息和地方特色。

2.《秋词》

《秋词》共两首,是诗人被贬为朗州司马时所作。这两首诗的可贵之处在于诗人一反过去文人悲秋的传统,歌颂了秋天,唱出了昂扬向上的励志高歌。全诗气势雄浑,意境壮丽,熔情、景、理于一炉,表现出诗人高昂的精神和开阔的胸襟。

3.《酬乐天扬州初逢席上见赠》

《酬乐天扬州初逢席上见赠》为诗人与同样被贬的白居易相遇时所作。颔联运用了"闻笛赋""烂柯人"的典故,暗示诗人被贬时间之久,表达了诗人对老友的怀念、对物是人非及世态变迁的怅惘之情。颈联"沉舟侧畔千帆过,病树前头万木春"本是诗人感叹身世的愤激之语,但由于包含着新旧交替、变化发展的自然规律,因而成为千古传颂的哲理名句。

考题再现

【2019年·山东东营·填空】巴山楚水凄凉地,二十三年弃置身。怀旧空吟闻笛赋,到乡翻似烂柯人。_____,_____。今日听君歌一曲,暂凭杯酒长精神。(刘禹锡《酬乐天扬州初逢席上见赠》)

【答案】沉舟侧畔千帆过;病树前头万木春

考点27　李贺

李贺,唐代著名诗人,字长吉,世称李长吉、鬼才、"诗鬼"等,其创作的诗文被称为"鬼仙之辞"。有"太白仙才,长吉鬼才"之说。与李白、李商隐三人并称唐代"三李"。有《雁门太守行》《李凭箜篌引》等名篇。著有《昌谷集》。留下了"黑云压城城欲摧""雄鸡一声天下白""天若有情天亦老"等千古佳句。

李贺诗歌的艺术特征主要表现在以下几个方面。

①奇峭独特的诗体。李贺在诗体方面既沿袭楚辞和古歌谣、古乐府等的艺术风格,又力求变革创新,例如:《猛虎行》《雁门太守行》用旧题写新诗,又加入大量的阴间阳界、神鬼魔幻等内容。

②奇异丰富甚至荒僻怪诞的想象。李贺诗的取材脱尽常规,出人意料,追求新奇不俗,常以飘忽不定、跳跃跌宕的思路,把那些丰富奇特的想象串联起来,其诗构思跳跃性极大。

③奇诡新颖的意象。李贺诗善用象征性手法,在诗歌创作的意象方面不蹈袭前人,不囿于传统,思维超出常规,修辞惨淡经营,意象奇诡新颖。

④奇幽冷艳的意境。李贺喜欢刻意描绘阴森恐怖的境界,他憎恨黑暗的现实而又无力改变现状,欲超脱却不能,只好借助非现实的幻想再现内心的苦闷和迷惘。

⑤奇特瑰丽的语言。李贺诗歌创作大量运用通感的艺术手法,用独特的思维方式精心构思篇章、锤炼语言,刻意追求"语不惊人死不休"的艺术效果。

考题再现

【2019年·山东菏泽·填空】李贺的《雁门太守行》中表现大军压境的诗句是"_____,甲光向日金鳞开"。

【答案】黑云压城城欲摧

考点28 韩愈《师说》

韩愈,字退之,自谓"郡望昌黎",世称"韩昌黎",有"文章巨公"和"百代文宗"之称。韩愈与柳宗元共同倡导了唐代"古文运动",与柳宗元合称"韩柳",二人与欧阳修、苏轼合称"千古文章四大家",与宋代的欧阳修、王安石、曾巩、苏洵、苏轼、苏辙合称"唐宋八大家"。宋代苏轼评价他"文起八代之衰",明人推他为"唐宋八大家"之首。韩愈的文章备受后人推崇,常和杜甫的诗相提并论;他的诗歌想象奇特、气势宏伟,追求散文化的语言风格,吸收了杜甫诗歌中某些新的特点,把散文的篇章结构用于诗歌创作,把少量的议论引进诗歌中,创造出"以议论为诗""以赋为诗"的独特风格。代表作有《早春呈水部张十八员外》《左迁至蓝关示侄孙湘》《师说》《马说》等。

1.韩愈散文的艺术成就

韩愈散文的艺术成就主要表现在以下几个方面。

①韩愈提出了"文以载道"和"文道结合"的主张,反对六朝以来的骈偶之风,提倡先秦、两汉的散文风格,文学上主张"辞必己出""惟陈言之务去"。

②韩愈的语言极富表现力。韩愈主张为文"气盛言宜",提倡"去陈言",又强调"文从字顺""体备""词足",善于将骈文的艺术融于散文中。他的文章言简意赅,句式丰富多变,笔力雄健,词锋震烁,语言准确、生动、凝练。

③韩愈基于改革现实的深刻愿望,主张儒道复兴,善于在文中感怀言志,重在反映现实,揭露矛盾,表达对现实社会的种种感慨。

④韩愈行文构思巧妙,善于叙事描摹,在写法上能不拘格套,打破传统,善用变化多端的构思方法组织文章,善于通过比喻、排比、细节描写来丰富文章的形象性,增强文章的感染力,创立了一种与上古文截然不同的新的散文规范和秩序。

2.《师说》

《师说》是韩愈散文中一篇重要的论说文。文章论述了从师学习的必要性和原则,批判了当时社会上"耻学于师"的风气,表现出作者不顾世俗、独抒己见的精神。本文在写作上的特点是运用对比的方法,反复论证,论点鲜明,结构严谨,正反对比,事实充分,说理透彻,气势磅礴,并辅之以感叹句来加强说服力,有极强的感染力。

考题再现

【2019年·山东临沂·填空】《师说》中,"＿＿＿＿＿＿＿＿,＿＿＿＿＿＿＿＿"打破了老师的神秘地位,强调应该辩证地看待老师和学生的关系。

【答案】是故弟子不必不如师;师不必贤于弟子

考点29 柳宗元

柳宗元,字子厚,世称"柳河东""河东先生",因官至柳州刺史,又称"柳柳州"。柳宗元与刘禹锡合称"刘柳",与王维、孟浩然、韦应物合称"王孟韦柳","唐宋八大家"之一,"千古文章四大家"之一。柳宗元在诗歌、辞赋、散文、杂文、游记、寓言及文学理论等方面,都有突出贡献,代表作有诗歌《江雪》等,散文"永州八记"、《捕蛇者说》等。

柳宗元重视文章的内容,主张文以明道,认为"道"应于国于民有利,切实可行。他注重文学的社会功能,强调文需有益于世。他提倡思想内容与艺术形式的完美结合,指出写作必须持认真严肃的态度,强调作家道德修养的重要性。其散文的艺术成就主要表现在以下几个方面。

①柳宗元的论说文涉及政治、社会、哲学等方面,见识高深,思想深刻,逻辑严密,极具思辨性,文风俊杰

雄健、无可置辩。

②柳宗元的寓言结构精巧而富有哲理,细节刻画生动形象,表现了对人生及社会的反思,寄托了深厚的现实感。其寓言标志着我国古代寓言文学的完全成熟,对后世寓言文学具有深远的影响。

③柳宗元的山水游记善于选取深奥优美的景物,善于细致观察、刻画,艺术地表现自然,展现高于自然原型的艺术之美,赋予其"凄神寒骨"的幽微意境。其游记中常寄托高绝的意趣,语言清峻自然,造诣颇高。

④柳宗元的传记文和抒情文善于通过人物本身的活动与矛盾冲突刻画人物,带有一定的寓言和传奇色彩,有较高的文学价值和思想价值。

⑤柳宗元的杂文善于巧借形似之物,正话反说,多用问答体,语言辛辣,笔无藏锋,善于在嬉笑怒骂中抨击政敌和现实,抒发内心的感慨。

考点30 白居易《长恨歌》《琵琶行》《钱塘湖春行》

白居易,字乐天,号香山居士,中唐时期伟大的现实主义诗人,有"诗魔"和"诗王"之称,有《白氏长庆集》传世。白居易是新乐府运动的倡导者,主张"文章合为时而著,歌诗合为事而作"。其诗歌题材广泛,形式多样,语言平易通俗,写实性强。

白居易将自己的作品分为讽喻、闲适、感伤、杂律四类,体现了他"奉而始终之"的兼济、独善之道,其中讽喻类诗作成就最高。白居易的诗歌主张,也主要是就讽喻诗的创作而发。早在元和初年所作的《策林》中,白居易就表现出重写实、尚通俗、强调讽喻的倾向,认为诗的功能是惩恶劝善,补察时政,诗的手段是美刺褒贬,炯戒讽喻,他反对脱离内容单纯地追求"宫律高""文字奇",更反对齐梁以来的艳丽诗风。他还在《新乐府序》中强调诗歌语言须质朴通俗,议论须直白显露,写事须绝假纯真,形式须流利畅达,具有歌谣色彩,即诗歌必须写得既真实可信,又浅显易懂,还便于入乐歌唱,才算达到了极致。

白居易讽喻类诗歌的代表作有《秦中吟》《新乐府》等;闲适类诗歌的代表作有《春眠》《忆江南》等;感伤类诗歌的代表作有《长恨歌》《琵琶行》等;杂律类诗歌的代表作有五律《偶眠》、七律《钱塘湖春行》等。

1.《长恨歌》

《长恨歌》借助历史人物和传说,以精练的语言,叙事和抒情结合的手法,叙述了唐玄宗、杨贵妃在安史之乱中的爱情悲剧,是一首长篇叙事诗。这首诗在写实的基础上,采用了幻想手法,情节离奇,引人入胜,富有浪漫主义色彩。诗歌以景写情,情中见景,字里行间处处充溢着感情,将感情的抒发与景物的描写融为一体。

2.《琵琶行》

《琵琶行》是一首长篇叙事乐府诗。作者通过亲身见闻,叙写"老大嫁作商人妇"的琵琶女的不幸命运,并由此联想到自己被贬的遭遇,表达对不幸者命运的同情,发出"同是天涯沦落人"的深沉感慨。诗歌语言优美而不浮华,精练而不晦涩,内容贴近生活而又有广阔的社会性。

《长恨歌》与《琵琶行》是白居易成就最高的作品。这两首诗的艺术成就主要表现在以下几个方面:抒情因素的强化;以精选的意象来营造恰当的氛围、烘托诗歌的意境;语言明白晓畅而又精纯恰当;善于运用想象、虚构、比喻等手法。

3.《钱塘湖春行》

七言律诗《钱塘湖春行》是白居易任杭州刺史时所作,诗中描绘了春日里的西湖美景,字里行间流露出初春的勃勃生机,以及诗人对西湖美景的喜爱与眷恋,笔触真实而又富于韵味,真切地反映了诗人当时的生活情状。

考题再现

【2021年·山东菏泽·填空】_____,幽咽泉流冰下难。(白居易《琵琶行》)
【答案】间关莺语花底滑

考点31　杜牧《阿房宫赋》

杜牧,字牧之,号樊川居士,晚唐杰出诗人,与李商隐合称"小李杜",著有《樊川文集》,代表作有《江南春》《泊秦淮》《过华清宫》《山行》《清明》《秋夕》等。杜牧擅长文赋,其《阿房宫赋》为后世传诵。杜牧的文学创作有多方面的成就,诗、赋、古文在中国文学史上都有一定的地位。晚唐诗人中,杜牧第一个大量用七绝写咏史诗,用史论笔法,寓褒贬议论于含蓄的诗味中,创作了许多有"二十八字史论"之誉的咏史作品。这些作品针对具体的史事抒发议论,寄托了深刻的现实关怀。杜牧还写过一些出色的伤别诗,纪行、写景诗也有颇多佳作。他善于选择清新明朗、能给人以快感的景物来抒写情怀,用色彩鲜明的语言,创造出情景交融的优美诗境。其作品风格可归结为"时政之作,感时伤世,忧国忧民;抒情小诗,风格清丽,画面鲜艳,意境深远"。

《阿房宫赋》属于历史评说类文章。作者借阿房宫的兴建及毁灭,生动形象地总结了秦朝统治者骄奢亡国的历史教训,并以此向唐朝统治者发出警告,表现了正直文人忧国忧民、匡时济俗的情怀。

考题再现

【2019年·山东临沂·填空】《阿房宫赋》中作者用"_____,_____"两句给当朝统治者敲响警钟。

【答案】后人哀之而不鉴之;亦使后人而复哀后人也

考点32　李商隐

李商隐,字义山,号玉溪生,又号樊南生。唐朝著名诗人,擅长诗歌写作,其创作的骈文文学价值也很高。他是晚唐最出色的诗人之一,和杜牧合称"小李杜",与李贺、李白合称唐代"三李",与温庭筠合称"温李"。其诗文因与同时期的段成式、温庭筠风格相近,且三人都在家族里排行第十六,故称"三十六体"。李商隐为我们所熟知的作品有《夜雨寄北》《锦瑟》《无题》(相见时难别亦难)等。

李商隐成就最大的是无题诗,他的无题诗以男女之情为中心,深入开掘人内心世界的丰富情感,表现出极大的艺术创造性。在艺术上,无题诗采用的诗体有五古、七古、五言六句小律、五律、七律等,但写得最成功的是七律。首先,这些诗典型地反映了李商隐的艺术追求,显现出表现心灵世界的特点。无题诗表现爱情体验,并不重视记述具体的爱情经历,而是具体表现心灵对爱情的最深刻的感受。其次,其无题诗将情感写得非常细腻,善于运用比兴象征手法,寄托内心情感,同时构造朦胧多义的诗境,表现内心的复杂体验。最后,李商隐的无题诗开创了一种新的诗歌体式。

李商隐的诗歌构思新奇,风格凄艳,文辞清丽,意韵深微,善于描写和表现细微的感情,尤其是一些爱情诗和无题诗写得缠绵悱恻,优美动人。但其诗好用典,导致有些诗可做多种解释,过于隐晦迷离,难于索解,以至有"诗家总爱西昆好,独恨无人作郑笺"之说。李商隐的格律诗继承了杜甫在技巧上的传统,也有部分作品风格与杜甫相似。

考题再现

【2019年·山东菏泽·填空】_____,蜡炬成灰泪始干。

【答案】春蚕到死丝方尽

考点33　周敦颐

周敦颐,字茂叔,谥号元公,世称"濂溪先生",北宋著名理学家。其代表作有《爱莲说》等。

《爱莲说》共分为两大部分。第一部分主写莲花的高洁形象及"出淤泥而不染"的高尚品格,第二部分则分评菊花的隐逸、牡丹的富贵与莲花的高洁,托物言志,以莲自况,通过对比、反衬,凸显出了本文"爱莲"的主题,表现出作者对理想人格的肯定,对洁身自好的美好情操的追求,对贪图富贵、追名逐利的世俗心态的鄙弃。

考点34　李煜《虞美人》(春花秋月何时了)

李煜,字重光,南唐最后一位国君,世称"南唐后主""李后主"。李煜精书法、工绘画、通音律,在诗文方面也有一定造诣,尤以词的成就最高。李煜的词不假雕饰,语言明快、形象生动、用情真挚,风格鲜明。其作品内容可分两类:第一类为降宋前所写,主要反映宫廷生活和男女情爱,题材较窄;第二类为降宋后所写,这一时期的词作大多哀婉凄凉,主要抒发了自己凭栏远望、梦里重归故土的情感,表达了对往事的无限眷恋,代表作有《虞美人》(春花秋月何时了)、《相见欢》(无言独上西楼)、《浪淘沙》(帘外雨潺潺)等。

《虞美人》(春花秋月何时了)大约作于李煜归宋后的第三年,是李煜的绝命词。这首词运用比喻、对比、设问等多种修辞手法,回首往事,感慨物是人非,表达了词人对故国的深切怀念,表现了一个亡国之君的无穷哀怨。

考点35　柳永

柳永,北宋词人,原名三变,字景庄,后改名柳永,字耆卿,因排行第七,又称"柳七"。柳永是婉约词派最具代表性的人物,史有"豪苏腻柳"之称。柳词清新婉约,细腻独到,又多用新腔、美腔,旖旎近情,富有音乐美。代表作有《望海潮》(东南形胜)、《雨霖铃》(寒蝉凄切)、《八声甘州》(对潇潇暮雨洒江天)等。柳永的词在词史上具有开创性的意义,主要表现在以下几个方面。

①对慢词的发展和对词调的丰富。柳永全力创作慢词,慢词篇幅大,词的容量空前扩展,展现社会生活的能力也因此得到提高,为宋词的进一步繁荣奠定了基础。

②将词的审美格调由"雅"转向"俗"。柳永词的内容由士大夫的闲情逸致转向市民的世俗情调,人称"凡有井水饮处,即能歌柳词"。

③柳词多描绘北宋繁华的城市风光和歌妓生活,尤长于抒写羁旅行役之情。

柳永词从多方面展现了北宋繁华富裕的都市生活和丰富多彩的市井风情。最具代表性的是《望海潮》(东南形胜),该词以铺叙之笔从自然形胜和经济繁华两个角度真实描写了杭州的美景和民众的乐事,展现了当地宁静祥和的生活景象。

考点36　欧阳修《醉翁亭记》

欧阳修,字永叔,号醉翁,晚年又号六一居士,以"庐陵欧阳修"自居,北宋文学家,宋代散文的奠基人。欧阳修与唐代的韩愈、柳宗元和宋代的苏洵、苏轼、苏辙、王安石、曾巩合称"唐宋八大家",与韩愈、柳宗元、苏轼合称"千古文章四大家"。代表作有宋词《踏莎行》(候馆梅残)、《蝶恋花》(庭院深深深几许),散文

《醉翁亭记》《秋声赋》,史论《五代史伶官传序》等。

1.欧阳修的文学革新主张

①欧阳修反对文风浮靡的西昆体与怪僻生涩的"太学体",主张文道并重,为北宋诗文革新建立了正确的指导思想。

②欧阳修改以单笔散体作赋,突破了排偶、押韵的限制,创造了文赋,增强了赋体的抒情性。

③欧阳修在旧制四六体的基础上,参用散体单行的古文笔法,少用典故成语,不注重对偶工切,使四六体焕发了新的生机。

④欧阳修文章的语言简洁凝练,轻快流畅,平易纡徐,开创了一代新文风。

━━━━◆━ **知识拓展** ━◆━━━━

西昆体

宋初,受唱和风气的影响,《西昆酬唱集》应运而生,西昆体因此而得名。《西昆酬唱集》是杨亿、刘筠、钱惟演等17位诗人的唱和诗集。诗集中的诗大多师承李商隐诗的雕润密丽、音调铿锵,整体呈现出对仗工整、文字华美、整饬典丽的艺术特征,与平直浅陋的五代诗风相比,具有一定的进步性。

西昆体的不足主要表现在两个方面:一是题材狭隘,其诗歌题材主要有怀古咏史、咏物、描写馆阁生活内容三类,缺乏时代气息;二是诗歌重模仿,缺乏内在的气韵与真挚情感。

2.欧阳修辞赋的特点

①欧阳修对前代的骈赋、律赋进行了改造,不再以排偶、限韵为规定,改以单笔散体作赋,创造了"文赋"这一文体,对文赋形式的确立具有里程碑式的意义。

②欧阳修对骈文也进行了革新。他在遵守旧制沿用四六体的基础上,常参用散体单行笔法,少用成语故事,不求对偶工切,为"骈四俪六"的文体注入了新的生机与活力。

3.欧阳修诗歌的特点

欧阳修在韩愈诗歌"资谈笑,助谐谑,叙人情,状物态,一寓于诗而曲尽其妙"的特点上,提出了"诗穷而后工"的诗歌理论。其诗歌特点主要表现为"以文为诗"和形式自由。

①内容上,诗歌作品主要表现个人的生活经历、抒发个人的情怀和对历史题材的吟咏,还有一些作品是以社会现实为题材的。

②创作上,受韩愈的影响较大,采用散文手法,以议论入诗,借鉴散文的叙事手段,将议论、叙事和抒情融为一体,既得韩诗畅尽之致,又无枯燥艰涩之失。

③语言上,吸收了李白清新流畅的语言风格,结合欧诗自身委婉平易的章法,形成了流丽婉转的风格。

4.《醉翁亭记》

《醉翁亭记》既属于台阁名胜记,也属于山水游记,主要描写了醉翁亭的秀丽环境和自然风光,勾勒出一幅太守与民同乐的图画,情景交融,抒发了作者的政治理想和寄情山水的豁达心境,表达了对平和安定、与民同乐的理想社会的向往。

考题再现

【2021年·山东菏泽·填空】欧阳修《五代史伶官传序》中"忧劳可以兴国,_____"与孟子"生于忧患,死于安乐"句意相近。

【答案】逸豫可以亡身

考点37　王安石

王安石,字介甫,号半山,封荆国公,是北宋时期也是中国历史上杰出的政治家、文学家、思想家、改革家，"唐宋八大家"之一。著有《临川先生文集》。代表作有散文《伤仲永》《答司马谏议书》《游褒禅山记》《祭欧阳文忠公文》等，诗歌《明妃曲二首》《书湖阴先生壁》《泊船瓜洲》《登飞来峰》《梅花》《元日》等，词作《桂枝香·金陵怀古》《清平乐》（云垂平野）等。

王安石既重视诗歌的实际功用，也不忽视诗歌抒情述志的功能，偏重于抒写个人的情怀，反映的生活内容也较为丰富。

王安石前期的诗歌注重反映社会现实，长于说理，倾向性十分鲜明，涉及许多重大而尖锐的社会问题，关注下层人民的痛苦，替他们发出不平之声。王安石后期的隐居生活，使他的诗歌创作发生了变化。他流连、陶醉于山水田园中，抒发闲适情趣，大量的写景诗、咏物诗取代了前期的政治诗，他的诗风也从直截刻露转变为深婉不迫。题材与前期相比较为狭窄，但在艺术表现上却臻于圆熟，雅丽精绝，脱去流俗。

考点38 苏轼

苏轼，字子瞻，号东坡居士，北宋文学家、书画家，与其父苏洵、其弟苏辙合称"三苏"。以儒学体系为根本而浸染释、道的思想是苏轼人生观的哲学基础。苏轼能够以平常心对待一切变故，贬谪生涯使苏轼更深刻地理解了社会和人生，也使他的创作更深刻地表现出内心的情感波澜。苏轼在文学艺术方面堪称全才：其文汪洋恣肆，明白畅达，与宋代欧阳修合称"欧苏"，为"唐宋八大家"和"千古文章四大家"之一，与唐代韩愈有"韩潮苏海"之称；其诗清新豪健，善用夸张、比喻，在艺术表现方面独具风格，与黄庭坚合称"苏黄"；其词开豪放一派，对后世影响深远，与辛弃疾合称"苏辛"；擅长行书、楷书，能自创新意，用笔丰腴跌宕，有天真烂漫之趣，与黄庭坚、米芾、蔡襄合称"宋四家"。代表作有《水调歌头》（明月几时有）、《念奴娇·赤壁怀古》、《江城子·密州出猎》、《赤壁赋》、《石钟山记》、《饮湖上初晴后雨》、《记承天寺夜游》等。

1.苏轼散文的特点

苏轼的散文创作极为丰富，成就极高，叙事、抒情、记游文字富有趣味，结构细密而思理自在；笔记小品文意境超然，韵味无穷；议论文论说技巧高超，善于变化，展现出开阔的思路。苏轼还有许多杂说、书札、序跋，往往夹叙夹议，兼带抒情，引人入胜。其共同特点是长于议论和抒情，行文能做到随物赋形，触处生春，既自然流畅，又摇曳多姿、富有变化。

2.苏轼词的艺术成就

①就填词而言，苏轼突破了"词为艳科""词以婉约为宗"等传统词学观念。苏轼使词由音乐的附属品转变为独立的抒情诗体，将与婉约风格截然不同的豪放风格带进了词中，为词的创作开辟了新的路径，从根本上改变了词史的发展方向，为词的进一步发展、繁荣创造了条件。

②苏轼在理论上破除了"诗尊词卑"的观念，提出了词须"自是一家"的创作主张。即追求壮美的风格和阔大的意境，作词应像作诗一样抒发自我真实的性情和独特的感受。

③苏轼扩大了词的表现功能，丰富了词的情感内涵，开拓了词境。将传统的表现女性化、表现爱情的柔情之词变革为表现男性化、表现性情的豪放之词，使词像诗一样可以充分表现作者的性情抱负和人格个性。苏轼的词中常常表现对人生的思考，这种对人生命运的理性思考，增强了词境的哲理意蕴。

④苏轼将诗的表现手法移植到词中，"以诗为词"，大量运用题序和典故，丰富了词的审美内涵，发展了词的表现手法，对后来词的发展产生了重大影响。苏轼的许多作品都表现出奔放豪迈、倾荡磊落如天风海雨般的新风格，创造了一种新的美学风范。

考点39　晏几道

晏几道,字叔原,号小山,北宋词人,晏殊之子,与其父晏殊分别被称为"小晏"和"大晏"。晏几道的词属婉约派,工于言情,善写小令,多写男女悲欢离合之情,语言清丽,情感直率、真挚。对爱情生死不渝的追求,几乎是晏几道人生主要的精神寄托。晏几道著有《小山词》,语淡情深是小山词的风格特色。其代表作有《临江仙》(梦后楼台高锁)、《清平乐》(留人不住)等。

《临江仙》(梦后楼台高锁)是晏几道为怀念歌女小蘋所作。这首词含蓄真挚,字字关情。词的上阕写梦后含恨望高楼,景中有情,表达痛苦和迷惘之情;下阕回忆初见小蘋时的情景,叙说相思之情。全词结构严谨,情景交融,具有极强的感染力。

考点40　李清照

李清照,号易安居士,宋代(南北宋之交)女词人,婉约词派代表人物之一,有"千古第一才女"之称。她的词被誉为"词家一大宗"。她的词分前期和后期。前期词作真实地反映了她的闺中生活和思想感情,题材集中于自然风光和离别相思,代表作品有《一剪梅》(红藕香残玉簟秋)、《如梦令》(昨夜雨疏风骤)、《醉花阴》(薄雾浓云愁永昼)等;后期词作主要是抒发伤时念旧和怀乡悼亡的情感,表达了自己在孤独生活中的浓重哀愁,代表作品有《声声慢》(寻寻觅觅)、《武陵春·春晚》等。

李清照从词的本体论出发,在理论上确立了词体的独特地位,提出了词"别是一家"的主张。"别是一家",即词是一种不同于诗的独立的抒情文体,词对音乐性和节奏感的要求更为独特,既要有平仄之分,又要"分五音,又分五声,又分六律,又分清浊轻重",以便"协律""可歌"。只有这样,词才能不被诗所替代,保持自身独立的文体特性,才能在文学之林中占有独立的地位。

考点41　陆游

陆游,字务观,号放翁,有"小李白"之称,南宋诗人,与杨万里、尤袤、范成大合称南宋"中兴四大诗人"。陆游创作的诗歌作品今存9000余首。陆游的词兼有豪放与婉约之风,杨慎谓其词"纤丽处似淮海(秦观),雄慨处似东坡"。陆游著有《剑南诗稿》《渭南文集》《老学庵笔记》等,代表作有《十一月四日风雨大作》《游山西村》《临安春雨初霁》《书愤》《示儿》等。

陆游诗歌的特点主要有以下几点。

①陆游的诗歌作品主要有两大类:一类是爱国主题,悲愤激昂,抒发政治抱负,渴望为国家报仇雪耻,收复丧失的疆土,拯救沦陷的人民;一类是日常生活主题,闲适细腻,吟咏日常生活的深永滋味,玩味当前景物的曲折情状。

②陆游抒写抗金杀敌的豪情和对外敌仇恨的诗歌,风格雄奇奔放,沉郁悲壮,洋溢着强烈的爱国主义激情,在思想和艺术上取得了卓越成就。

③陆游性格豪放,胸怀壮志,追求雄浑豪健的诗风,鄙弃纤巧细弱的诗风。其诗歌兼有李白的飘逸豪放

和杜甫的沉郁顿挫。

④陆游善写七言诗,诗歌语言平易晓畅,章法整饬谨严。

考点42　辛弃疾

辛弃疾,字幼安,号稼轩,南宋军事将领、词人,豪放词派代表人物之一,与苏轼合称"苏辛",与李清照合称"济南二安"。辛弃疾现存词600余首,著有《稼轩长短句》,今人辑有《辛稼轩诗文钞存》,代表作有《青玉案·元夕》《水龙吟·登建康赏心亭》《永遇乐·京口北固亭怀古》《破阵子·为陈同甫赋壮词以寄之》等。

辛弃疾平生以气节自负,以功业自诩,既有词人的气质,又有军人的豪情。他渴望上阵杀敌,尽展雄才伟略,却无奈官场失意,身负闲职。他作词有明确的创作主张,即弘扬苏轼的传统,借词抒怀,表现自我的行藏出处和精神世界。其词或抒写力图恢复国家统一的爱国热情,或倾诉壮志难酬的悲愤,或吟咏祖国河山,或谴责执政者的屈辱求和。情怀的雄豪激烈,意象的雄奇飞动,境界的雄伟壮阔,语言的雄健刚劲,构成了辛词独特的艺术个性和主导风格。

1.辛弃疾对词境的开拓

①辛弃疾塑造了独一无二的英雄形象。唐五代以来,词中主要有三类抒情主人公,即唐五代时的红粉佳人,北宋时的失意文士和南渡初年的苦闷志士。辛弃疾则拓展出一类虎啸风生、气势豪迈的英雄形象。辛弃疾作词,注重从人物的行为活动中展现抒情人物的心态情感和个性形象,使其词具有独特的生命情怀,擅长以雄健之笔抒发沉郁情思,风格豪放而凄美。其词中的英雄人物形象丰满鲜活,富有立体感,且具有变异性和阶段性。

②辛弃疾继承并发扬了南渡词人的创作精神,并对此进行了深广的拓展,表现出更为深广的社会忧患和个体人生的苦闷,其词具有更为强烈的批判性和战斗性。

③对乡村田园生活和隐逸情趣的表现,是辛弃疾拓展词境的又一体现。辛弃疾通过对乡村人物和山水的多角度描绘,为词的创作增添了一道清新自然、极富生活气息的乡村风景线。

2.辛弃疾词的艺术成就

①抒情意象的军事化,是辛词独具的艺术特色。密集的军事意象群,使得辛词具有雄豪壮阔的审美境界。辛弃疾在此基础上,抒发了坚定的抗战决心,炽热的爱国热情,顽强的斗争精神和豪迈的英雄气概。

②辛弃疾开创了"以文为词"的新技法,以散文、辞赋的方式营造语境,章法独特绝妙。他将经史子集中的大量词汇融入词中,还巧妙引用典故,丰富了词的历史文化内涵。

③刚柔并济、亦庄亦谐的艺术风格。辛弃疾写豪气时,以深婉之笔而出;抒柔情时,则透露出英雄的豪气。其词悲壮中有婉转,豪气中有缠绵,柔情中有刚劲,自成一派。

考题再现

【2021年·山东菏泽·填空】蓦然回首,那人却在,＿＿＿＿＿＿＿＿。(辛弃疾《青玉案·元夕》)

【答案】灯火阑珊处

考点43　文天祥《〈指南录〉后序》

文天祥,字履善、宋瑞,号文山,又号浮休道人,南宋诗人、著名将领,与陆秀夫、张世杰并称"宋末三杰"。代表作品有《过零丁洋》《正气歌》《〈指南录〉后序》等。文天祥的诗歌收录在《文山先生全集》中。他的诗首次将国家命运与个人命运结合在一起,是一部名副其实的爱国主义奋斗史,也是继杜甫的作品之后的又一部"诗史"。

1.文天祥诗歌的特征

从内容上看,受生活环境的影响,文天祥前期诗歌大部分都是酬唱赠答与抒怀言志之作;后期的作品大多收录在《指南录》《指南后录》《吟啸集》《集杜诗》中，这一时期文天祥被元兵囚禁，但他的忠贞之心并未改变，创作量也很大，这一时期他的诗风主要是效法杜甫，以诗记时事，以诗记遭遇。

从语言上看，文天祥的诗歌大多直抒胸臆，能够以通俗易懂、口语化的语言表达出深刻的感情，使诗歌极富表现力。同时，文天祥的诗歌也多使用文学典故。在宋代，当时的理学派倡导质直诗风，文天祥又从小受儒家思想的影响，所以文天祥在诗歌创作中多使用比兴的手法。

2.《〈指南录〉后序》

《〈指南录〉后序》是文天祥为自编诗集《指南录》所作的一篇序文。文章慷慨激昂，气势奔放，第一至三段简明扼要地自述了出使元营的始末，第四段一连列举了20种直面死亡的情况，道尽了九死一生的艰险，第五段说明了诗集的编次和内容，最后又是一番充满了血和泪的感叹，抒发了这位忧国忧民、沉浮半生的英雄的爱国情感和救国宏愿。

考点44　关汉卿《窦娥冤》

关汉卿，字汉卿，号已斋叟，元代杂剧作家，与马致远、郑光祖、白朴并称"元曲四大家"，被誉为"曲家圣人"。关汉卿著名的作品有《单刀会》《窦娥冤》《救风尘》《望江亭》《拜月亭》《鲁斋郎》《五侯宴》等。

关汉卿生性开朗通达，胸襟开阔，其作品既是对封建价值观念的挑战，也是狂傲倔强、疏放自尊的人生态度的自白。关汉卿的杂剧作品以完整的戏剧形态摆脱了宋金杂剧相对散漫的结构方式，是元杂剧走向文体成熟的重要标志。他借助杂剧，深刻揭露社会的腐败与黑暗，将受迫害者的痛苦经历和他们的悲惨命运描述出来；赞扬了卑贱者奋起抗击邪恶、善用智慧、见义勇为的非凡气概和坚毅品格。其创作思想蕴含着热切的人道主义情怀。

1.关汉卿杂剧的艺术特点

①关汉卿的杂剧内容具有高度的现实性和强烈的反抗精神，弥漫着昂扬的战斗精神。其作品题材广泛，形式多样，杂剧作品中有悲剧，有喜剧，有英雄事迹，有爱情故事，有家庭妇女问题，有官场公案，大多反映丰富广阔且真实具体的社会生活，深刻地揭示出社会各方面的矛盾，充溢着浓郁的时代气息，既揭露了官场的黑暗，又热情讴歌了人民的反抗斗争精神，对不幸者寄予了深厚同情，具有高度的思想性与艺术性。慷慨悲歌，乐观奋争，构成了关汉卿剧作的基调。

②关汉卿杂剧剧本能根据主题需要而剪裁取舍，情节安排紧凑，布局引人入胜，主线清晰，节奏紧凑，不全采用大团圆结局的惯例。

③关汉卿塑造的人物个性鲜明，有血有肉。他笔下的窦娥、赵盼儿等人物形象均栩栩如生。

④关汉卿善于驾驭语言，语言风格与题材互相配合，吸收了民间文学的土语方言及古典诗词的鲜活字词，并加以提炼，恰如其分地反映出剧中人物的身份性格，也善于烘托渲染，充分展现元杂剧"本色"。

2.《窦娥冤》

《窦娥冤》全称《感天动地窦娥冤》，是我国古代悲剧的代表作，讲述了窦娥从幼时抵给蔡婆婆做童养媳到蒙冤被杀，再到沉冤昭雪的全过程。作品紧扣当时的社会现实，真实而深刻地反映了当时中国社会极端黑暗、残酷、混乱的现实，表现了平民坚强不屈的斗争精神和争取独立生存的强烈要求。该作品成功地塑造了"窦娥"这个悲剧形象，使其成为元代被压迫、被剥削的妇女的代表，成为元代社会底层善良、坚强、敢于反抗的妇女的典型。

窦娥是一位具有悲剧性格的人物。在与张驴儿对簿公堂时，为了使蔡婆婆免受毒打，窦娥忍受着屈辱和不公，含冤招认，无辜受罪。她的悲剧是孝顺与抗争对立统一的结果，是张驴儿的蛮横行径与官府的颠倒黑白造成的。她的悲剧性格是在与张驴儿等恶势力的斗争中逐渐显现出来的。窦娥的遭遇，是典型的善良的弱者被推向深渊的过程。

考点45　王实甫《西厢记》

王实甫,名德信,元代著名杂剧作家,与关汉卿齐名。王实甫著有杂剧14种,现存《西厢记》《丽春堂》《破窑记》完本和《贩茶船》《芙蓉亭》曲文各一套。王实甫将唐诗宋词精美的语言和元代民间生动活泼的口头语言融合在一起,创造了文采璀璨的元曲词汇,成为中国戏曲史上"文采派"最杰出的代表。

《西厢记》讲述了书生张生在寺庙中遇见崔相国之女崔莺莺,两人产生爱情,历经坎坷,在婢女红娘的帮助下,终于冲破封建礼教束缚而结合的故事。《西厢记》结尾处"愿普天下有情的都成了眷属"的美好愿望,是中国文学史上首次对这一思想做出的正面表达,展现了作者反对封建礼教、封建婚姻制度、封建等级制度,鼓舞青年男女为争取爱情自由、婚姻自主而抗争的进步主张。

《西厢记》是元杂剧的"压轴之作",不仅表现了反对封建礼教和封建婚姻制度的进步思想,还在戏剧冲突、结构安排、人物塑造等方面都取得了极高的艺术成就。《西厢记》的结构规模在中国戏剧史上是空前的,它突破了元杂剧的一般惯例,用长篇巨制来表现一个曲折动人的完整的爱情故事。文辞优美,诗意浓厚,曲文感情色彩强烈,富有节奏美,历来为人们所传颂。《西厢记》最为突出的艺术成就是成功地塑造了栩栩如生、性格各异的人物形象。

①崔莺莺是一个性格深沉内向、内心热烈,表面幽静矜持,实则敢于大胆反抗封建传统的少女形象。她重情义而轻名利,热情而冷静,在追求爱情的过程中,因长期受到封建礼教的熏陶,加上对红娘有所顾忌,又显得聪明而狡狯。

②张生是一个对爱情专一的"志诚种"。他才华出众、风流潇洒,面对爱情时却鲁莽痴迂。他以自己的志诚和专一赢得了崔莺莺的爱慕,也赢得了爱情的最后胜利。张生的形象体现了作者"愿普天下有情的都成了眷属"的美好理想。

③红娘是一个淳朴善良、耿直机敏的侍女形象。红娘虽出身低贱,却非常有主见,她淳朴善良,聪明机智,勇敢泼辣,热情而富有正义感,不仅促成崔张二人的结合,而且勇敢地与老夫人进行斗争并取得了最后的胜利。

考点46　《三国演义》

《三国演义》是《三国志通俗演义》的简称,是中国第一部长篇章回体历史演义小说,我国古典文学"四大名著"之一,约成书于明初,作者罗贯中。小说内容以战争为主,描写了从东汉末年到西晋初年间近百年的历史,大致分为黄巾之乱、董卓之乱、群雄逐鹿、三国鼎立、三分归晋五个部分。该作品在广阔的背景中,上演了一幕幕波澜起伏、气势磅礴的战争场面。

1.《三国演义》的思想内容

①《三国演义》以儒家的政治道德观念为核心,政治上向往"仁政",人格上重道德,才能上尚智勇,具有明显的"拥刘反曹"倾向。这在一定程度上表现了对导致天下大乱的昏君贼臣的痛恨和对创造清平世界的明君良臣的渴慕。

②《三国演义》在人格构建上的价值取向,是恪守以"忠义"为核心的伦理道德规范。全书写人论事,善恶分明,不分派别,不问出身,均以"忠义"为标准区分善恶,评定高下。

③《三国演义》在悲怆和迷惘中追寻传统文化精神,具有悲剧美。作者从儒家的政治道德观念出发,融合了千百年来人民大众对于明君贤臣的渴望心理,把刘备、诸葛亮等人作为美好理想的寄托。但事与愿违,历史的最终结果是暴政战胜了仁政,奸邪压倒了忠义。

2.《三国演义》的艺术成就

①特征化性格的艺术典型。《三国演义》善于抓住人物的主要特征,突出其某一方面,运用对比、衬托的方法,使人物个性鲜明生动,形象丰富饱满,性格具有特征化。

②虚与实的结合。《三国演义》利用虚实结合的手法进行创作。作品基于三国史实的基干和框架,按照一定的政治道德观念重塑历史,根据一定的美学理想进行艺术的创造,使实服从于虚,描绘了一幅波澜壮阔、气势恢宏的历史画卷。

③非凡的叙事才能。《三国演义》在叙事时,将各个空间分头展开的故事化成以时间为序的线性流程,以汉亡为引,以晋国一统天下为结局,以魏、蜀、吴三方的兴亡为主线,以魏、蜀的矛盾斗争为主干来组织全书的故事情节,形成了宏伟壮阔、严密精巧、脉络分明的结构。

④全景式的战争描写。《三国演义》长于描述战争,描写战争时间长、次数多、形式多,充分表现了战争的复杂性和多样性;既写出了战争的激烈、紧张、惊险,又不显得凄惨,具有昂扬的格调,堪称"全景性军事文学作品"。

⑤历史演义体语言。《三国演义》所用的语言是"文不甚深,言不甚俗"的浅近文言,作品偏叙述而少描写,叙述语言以粗笔勾勒为主,简洁明快,生动有力,形成了一种适用于历史演义的独特的语体风格。

考点47 《水浒传》

《水浒传》又名《忠义水浒传》,作于元末明初,是我国古典文学"四大名著"之一,是中国历史上最早用白话文写成的章回体小说,一般被认为是施耐庵作,罗贯中编次。小说以宋江领导的起义为主要内容,通过一系列梁山英雄反抗压迫、英勇斗争的生动故事,塑造了108位个性鲜明的梁山英雄形象,批判了北宋末年统治阶级的腐朽和残暴,揭露了当时尖锐对立的社会矛盾和"官逼民反"的残酷现实。按120回本计,前70回分别讲述众多好汉上梁山的前因后果,后50回主要讲述以宋江为首的梁山众人接受招安为朝廷效力,最终却被奸臣所害的过程。

1.《水浒传》的主题思想

①《水浒传》广泛而深刻地描绘了封建统治阶级中贪官污吏的种种恶行,揭示了"官逼民反"和"替天行道"的主题思想,是一曲以"忠义"为主旋律的悲歌。

②作为一部英雄传奇小说,《水浒传》歌颂了反抗压迫和黑暗势力的英雄的智慧与真诚,肯定了他们反抗贪官污吏斗争的正义性及合理性。小说中的鲁智深、李逵等人物不拘礼法,不计名利,"任性而行,率性而动",他们的精神带有一定的市民意识,小说也带有一种特殊的江湖豪侠气息。

③《水浒传》客观上展示了我国封建社会中的一场农民起义运动,是一部悲壮的农民起义的史诗。作者站在起义英雄的立场上,揭示了封建社会的基本矛盾,希望封建统治者面对现实,吸取教训。

2.《水浒传》的人物塑造

①《水浒传》采用在民间口语的基础上加以提炼、净化的文学语言,塑造了一大批传奇英雄,标志着我国古代运用白话语体创作小说已经成熟,对整个白话文学的发展具有深远的意义。

②《水浒传》注意多层次地刻画人物性格,能够将性格类似的人物写得各不相同,善于运用对比、夸张、细节描写等手法,塑造个性鲜明、有血有肉的典型人物形象。

③在塑造人物时,作者既植根于现实,又把自己的爱憎感情熔铸在人物身上,使他们具有叱咤风云的英雄气概和不畏艰险的乐观精神,结合了现实主义和浪漫主义的写作手法。这样就使得传奇性与现实性结合了起来,增强了作品的生活气息和真实感。

④《水浒传》善于把人物置身于真实环境中,紧扣人物的身份、经历、遭遇,成功地塑造了李逵、鲁智深、林冲、武松等众多鲜明的英雄形象。而在英雄人物的塑造上,总是把人物置于生死存亡的关头,以其行为和语言表现其性格特点。

表5-4 《水浒传》主要人物及其绰号

人物	绰号	人物	绰号	人物	绰号	人物	绰号
宋江	及时雨	朱仝	美髯公	阮小二	立地太岁	王英	矮脚虎
卢俊义	玉麒麟	杨志	青面兽	阮小五	短命二郎	扈三娘	一丈青
吴用	智多星	鲁智深	花和尚	阮小七	活阎罗	鲍旭	丧门神
公孙胜	入云龙	武松	行者	张顺	浪里白条	穆春	小遮拦
关胜	大刀	刘唐	赤发鬼	杨雄	病关索	周通	小霸王
林冲	豹子头	李逵	黑旋风	石秀	拼命三郎	施恩	金眼彪
秦明	霹雳火	史进	九纹龙	解珍	两头蛇	白胜	白日鼠
呼延灼	双鞭	穆弘	没遮拦	解宝	双尾蝎	时迁	鼓上蚤
花荣	小李广	雷横	插翅虎	燕顺	锦毛虎	顾大嫂	母大虫
柴进	小旋风	燕青	浪子	吕方	小温侯	孙二娘	母夜叉

考点48　汤显祖《牡丹亭》

汤显祖，江西临川人。中国明代戏曲家、文学家。其在戏曲创作方面，反对拟古和拘泥于格律。代表作《牡丹亭》(又名《还魂记》)、《邯郸记》、《南柯记》、《紫钗记》，合称"玉茗堂四梦"，又称"临川四梦"。四部作品中，以《牡丹亭》最为著名。在戏曲史上，汤显祖和关汉卿、王实甫齐名，在中国乃至世界文学史上有着重要的地位，被誉为"东方的莎士比亚"。

《牡丹亭》是汤显祖艺术成就最高的一部剧作。该剧通过描写杜丽娘为情而死，又因情而复生，最终与柳梦梅永结同心的故事，表现了青年男女对爱情的大胆追求和坚决反对封建礼教的精神，揭露、批判了程朱理学"存天理、灭人欲"的虚伪和残酷，对封建社会没落时期思想文化专制造成了强烈的冲击。

《牡丹亭》是一部具有浪漫主义风格的传奇，其浪漫主义情调主要表现在以下几个方面。

①奇幻与现实的紧密结合。《牡丹亭》中的天上地下、虚实奇正达到了一种从心所欲的境界。理想与现实的融合，提醒人们要做现实中的浪漫主义者和理想中的现实主义者。

②强烈的主观精神追求和浓郁的抒情色彩。《牡丹亭》中的《惊梦》《寻梦》《写真》《闹殇》等场次都是杜丽娘情感抒发的展现，表达了杜丽娘对自由和个性解放的追求，具有强烈的主观性。

③《牡丹亭》又是一部兼悲剧、喜剧、趣剧和闹剧因素于一体的复合戏。这种悲喜交融、彼此映衬的戏曲风格，正是富有中国戏曲特色的浪漫精神的具体呈现。

《牡丹亭》塑造了杜丽娘和柳梦梅两个典型的人物形象。

杜丽娘——《牡丹亭》中描写得最成功的人物形象。在她身上有着强烈的叛逆情绪，这不仅表现在她为寻求美满爱情所做的不屈不挠的斗争方面，也表现在她对封建礼教给妇女安排的生活道路进行的反抗方面。作者细致地描写了她的反抗性格的成长过程。

柳梦梅——一个满腹才华但又存在着较浓厚的功名富贵庸俗思想的青年。在爱情上，他始终如一，具有不畏强暴、刚强坚毅的反抗性格。

考题再现

【2019年·山东菏泽·填空】杜丽娘是《_____》中的女主角。

【答案】牡丹亭

考点49 《西游记》

《西游记》是我国古典文学"四大名著"之一,作者是明代的吴承恩。小说主要描写了唐僧师徒西天取经,途中历经九九八十一难,最终取得真经的故事。《西游记》不仅内容极其丰富,故事情节完整严谨,而且人物塑造鲜活丰满,想象多姿多彩,语言也朴实通达。更为重要的是,《西游记》在思想境界、艺术境界上都达到了前所未有的高度。

1.《西游记》的哲理意蕴

《西游记》这部神魔小说,没有直接地抒写现实生活,与史前的原始神话也不同。这部小说在神幻奇异的故事之中,诙谐滑稽的笔墨之外,蕴含着某种深意和主旨。

①《西游记》借孙悟空的形象宣扬了"三教合一"的心学思想,也就是使受外物迷惑而放纵不羁的心,回归到良知的自觉境界,表达了对人性自由的向往和对自我价值的肯定。

②孙悟空大智大勇的英雄精神及其为理想而奋斗到底的献身精神和强烈的个性精神,是有个性、有理想、有能力的人性美的象征。《西游记》在游戏中呼唤这样的英雄出现,实际上也折射出了作者渴望建立"君贤臣明"的王道之国的政治理想。

③《西游记》整体的内涵是十分丰富的,它既有总体性的寓意,也有局部性的象征。《西游记》借唐僧师徒在取经路上经历的八十一难,折射出人间现实社会的种种情况,表达了对现实的不满和改变现实的愿望。

2.《西游记》的艺术特色

《西游记》是用浪漫主义创作方法创作的一部长篇章回体神魔小说,代表着浪漫主义文学的高峰。《西游记》的艺术特色主要表现在以下几个方面。

①《西游记》以丰富的想象、极度的夸张,突破时空与生死,突破神、人、魔的界限,创造了一个光怪陆离、神异奇幻的境界,构筑了一个统一和谐的艺术整体,展现出奇幻美。而小说在展现"极幻"的同时,又充满极真之情,寓有极真之理。

②《西游记》在尖锐的矛盾冲突中,巧妙结合故事情节,将人物置于日常的平民社会中,多角度、多色调地表现人物复杂的内心世界,突出刻画人物的性格,使其有血有肉,栩栩如生,做到了物性、神性与人性的统一。

③《西游记》"以戏言寓诸幻笔",中间穿插大量的游戏笔墨,使全书充满着喜剧色彩和诙谐气氛。

考点50 《聊斋志异》

《聊斋志异》收录短篇小说近500篇,是清代蒲松龄(世称"聊斋先生")创作的文言短篇小说集。《聊斋志异》中的多数作品通过谈狐说鬼,对当时社会的腐败、黑暗进行了有力批判,在一定程度上揭露了社会矛盾,表达了人民的愿望,但其中也夹杂着一些封建伦理观念和因果报应的宿命论思想。作品成功地塑造了众多的艺术典型,人物形象鲜明生动,故事情节曲折离奇,结构布局严谨巧妙,文笔简练,描写细腻,堪称中国古典文言短篇小说之巅峰。鲁迅在《中国小说史略》中评价此书是"专集之最有名者";郭沫若为蒲氏故居题联,赞蒲氏著作"写鬼写妖高人一等,刺贪刺虐入骨三分";老舍评价蒲氏"鬼狐有性格,笑骂成文章"。

考题再现

【2019年·山东菏泽·填空】《聊斋志异》的作者是_____。

【答案】蒲松龄

考点51 《儒林外史》

《儒林外史》是由清代吴敬梓创作的一部长篇章回体小说,也是我国文学史上一部杰出的现实主义的长篇讽刺小说,奠定了我国古典讽刺小说的基础。小说取材于现实士林,主要描写了封建社会后期知识分子及官绅的生活和精神面貌,批评讽刺了封建科举制度对士人灵魂的腐蚀和毒害,对封建科举制度下知识分子的命运进行了深刻的思考和探索。

《儒林外史》的叙事艺术主要表现在以下几个方面。

①《儒林外史》突破了传统通俗小说靠紧张的情节互相勾连、前后推进的通常模式,采取了编年和纪传相结合的方法,以时间为序,结合作者自己的经历、经验和思考,把"片段的叙述"贯穿在一起,写出了一代二三十个人物的情状,创造了一种长篇小说的独特结构。鲁迅先生概括说:"惟全书无主干,仅驱使各种人物,行列而来,事与其来俱起,亦与其去俱讫,虽云长篇,颇同短制;但如集诸碎锦,合为帖子,虽非巨幅,而时见珍异,因亦娱心,使人刮目矣。"

②《儒林外史》摆脱了传统小说的传奇性,淡化了故事情节,主要通过精细的白描再现客观生活,塑造人物。《儒林外史》所写的人物更贴近人的真实面貌,人物性格摆脱了类型化,而被赋予丰富的个性,写出了人物内心世界的复杂性。在有限的情节里,体现出人物性格的非固定性,即性格的发展变化。

③《儒林外史》中对自然景物的描写舍弃了章回小说长期沿袭的模式化、骈俪化的韵语,运用口语化的散文,对客观景物做了精确的、不落俗套的描写。

④《儒林外史》改变了传统小说中说书人的评述模式,以第三人称隐身人客观观察的叙事方式,给读者提供一个观察角度,大大缩短了小说人物形象与读者之间的距离。

⑤《儒林外史》将讽刺艺术发展到了一个新的境界。吴敬梓在《儒林外史》中能针对不同人物做不同程度、不同方式的讽刺,反映了严格的现实主义精神,他的讽刺艺术是从生活的实际出发,而不是从概念和公式出发的。吴敬梓能够真实地展现出讽刺对象中悲喜交织的二重结构,显示出滑稽的现实背后隐藏着的悲剧性内蕴。

考点52 《红楼梦》

《红楼梦》又名《石头记》,共120回,前80回为曹雪芹所作,后40回一般认为是高鹗续作。小说以贾、王、史、薛四大家族的兴衰为背景,以贾府的家庭琐事、闺阁闲情为中心,以贾宝玉、林黛玉、薛宝钗的爱情婚姻故事为主线,描写了"金陵十二钗"的人性美和悲剧美,歌颂追求光明的叛逆者,通过叛逆者的悲剧命运预见封建社会必然走向灭亡,揭示出封建社会末期的危机。《红楼梦》是一部具有世界影响力的人情小说,举世公认的中国古典小说巅峰之作,中国封建社会的百科全书,传统文化的集大成者。

1.《红楼梦》的叙事艺术

①《红楼梦》将写实与诗化完美融合。作者用诗人的敏感去感受生活,将自己的人生体验诗化,使作品婉约含蓄。他笔下的生活既现实又充满了诗意朦胧的甜美感,既写实又理想,既悲凉慷慨又充满激情和深刻的思考。作品借景抒情,移情于景,从而创造出诗画一体的优美意境,使得作品的叙事具有一种空灵、高雅、优美的风格。而象征手法的运用,给读者留下了更多想象的空间,也让作品充满诗意。

②结构上,比较彻底地突破了中国古代小说单线结构的方式,采用多条线索齐头并进、交相联结又互相制约的网状结构。全书通过僧道携石的神话世界、大观园内的理想世界、贾府及封建社会的现实世界这样三个世界的立体交叉重叠构成了宏大的布局结构。

③《红楼梦》改变了说书人全知角度的叙述,以多角度复合叙述,将作者与叙述者分离,第一次自觉采用了颇有现代意味的叙述人叙事方式,有利于体现作家的个人风格,展示人物的真实面貌,从而达到人物个性化的目的。

④《红楼梦》在语言上,采用接近口语、通俗浅显的北方官话,用词准确生动,新鲜传神,简洁纯净,自然流畅,准确精美,具有浓厚的生活气息和强烈的感染力。

2.主要人物形象

（1）贾宝玉

贾宝玉是一个极为复杂的形象，他不满贵族阶级的出身和生活，却又不知道什么是更有意义的生活，因而常常陷入矛盾和苦闷当中。这也刺激了他在思想和行动上对一系列封建制度的怀疑和否定。他对八股文深恶痛绝，不肯入仕，不愿同官场人物交际，却对封建社会最底层的艺人和奴婢怀有深深的同情。他追求自由的爱情生活，却又多少夹杂了些纨绔习气。

（2）林黛玉

林黛玉同封建社会的矛盾斗争集中表现在她同贾宝玉的恋爱上。她热烈追求爱情自由，但她的内心又因封建礼教的束缚而不断地受到煎熬。她既渴望贾宝玉向她诉衷肠，却又在贾宝玉真的向她袒露爱意时，"气得说不出话来"，认为那是"说胡话"。林黛玉的爱情具有极大的悲剧性。

（3）王熙凤

王熙凤是全书刻画得最为成功的形象之一。她精明能干，威重令行，又巧于应酬。她辛苦支撑贾府的目的是满足自己的权力欲望，让这个家庭供其支配和剥削。"机关算尽太聪明，反误了卿卿性命"，她也在这个大家庭的没落中走向了毁灭。

考题再现

【2019年·山东菏泽·填空】"一抔净土掩风流""质本洁来还洁去"（《葬花吟》）出自我国古典文学名著《_____》。

【答案】红楼梦

第三节　中国现当代文学

考点1　鲁迅

鲁迅，原名周树人，字豫才，伟大的文学家、思想家、革命家，中国现代文学的奠基人，著有小说集《呐喊》《彷徨》《故事新编》，散文集《朝花夕拾》，散文诗集《野草》等。

1.《呐喊》

《呐喊》是鲁迅的第一部小说集，收录了鲁迅于1918年至1922年所作的《狂人日记》《药》《明天》《阿Q正传》等14篇小说。作品主要涉及农民和知识分子两类人物，真实地描绘了从辛亥革命到五四运动时期的社会生活，揭示了种种深层次的社会矛盾，对旧中国的制度及部分陈腐的传统观念进行了深刻的剖析和比较彻底的否定，表现出对民族生存浓重的忧患意识和对社会变革的强烈愿望。作品通过写实主义、象征主义、浪漫主义等多种手法，以传神的笔触和"画眼睛""写灵魂"的艺术技巧，塑造了孔乙己、阿Q等一批不朽的艺术形象，既批判了封建主义，揭露了国民本性，也探索了知识分子的道路。

2.《彷徨》

《彷徨》是鲁迅的一部短篇小说集，收录了鲁迅于1924年至1925年所作的《祝福》《在酒楼上》《伤逝》等11篇小说。整部小说集贯穿着对生活在封建势力重压下的农民及知识分子"哀其不幸，怒其不争"的关怀，在深广的历史图景中，准确地记录、描述了辛亥革命到新文化运动这一新旧交替的历史时期中国社会各阶层知识分子的生活和思想，表达了作者彻底地、不妥协地反对封建主义的精神。

3.《故事新编》

《故事新编》是鲁迅以远古神话和历史传说为题材创作的短篇小说集，收录了鲁迅在1922年至1935年间创作的8篇短篇小说,包括《补天》(原名《不周山》)、《铸剑》、《奔月》、《非攻》、《理水》、《采薇》、《出关》、《起死》。

《故事新编》具有独创性,其主要特征是古今贯通,打破了客观的时空关系,大大增强了历史题材小说的现实感,也增加了小说的荒诞色彩和喜剧色彩。在它的很多篇目中,都或隐或现、或浓或淡地存在"庄严"与"荒诞"两种色彩和语调,互相补充、渗透和消解。

4.《野草》

《野草》是鲁迅唯一的一本散文诗集。这些散文诗语言俏奇瑰丽,意象玄妙奇美,把深刻的人生哲理、独特的人生体验和丰富奇幻的主观想象结合起来,具有极高的思想价值和艺术价值。它以曲折幽晦的象征,表达了20世纪20年代中期作者内心世界的苦闷和对现实社会的抗争。《这样的战士》《淡淡的血痕中》《一觉》等表达了作者对现实的失望与愤懑;《影的告别》《死火》《墓碣文》等描绘了作者对自我深刻解剖之后的迷茫心境;《希望》《死后》等写出了作者对未来的疑惧,深刻地表现了作者的人生哲学。

5.《朝花夕拾》

《朝花夕拾》是鲁迅于1926年所作的回忆性散文的结集,共10篇。这10篇散文是"回忆的记事",记述了作者童年时期的生活和青年时期求学的历程,追忆了那些难以忘怀的人和事,抒发了对往日亲友和师长的怀念之情。这些篇章在夹叙夹议中,生动地描绘了清末民初的社会生活画面,对反动、守旧势力进行了抨击和嘲讽,是中国现代散文中的经典作品。

6.《阿Q正传》

（1）主题思想

《阿Q正传》收录于小说集《呐喊》中,是鲁迅唯一的一部中篇小说。《阿Q正传》通过对阿Q和他周围人的冷漠进行描写,形象地揭示了旧时国民的麻木和不觉悟,既揭示了国民性的弱点,也折射出中国资产阶级革命的致命弱点,对整个旧社会和旧的意识形态进行了批判,体现了鲁迅深刻的启蒙主义思想。

（2）艺术特色

①小说塑造了典型环境中的典型性格。鲁迅娴熟地运用典型化的创作方法,采用熔现实与历史于一炉的手法,"杂取种种人,合成一个",创造典型形象,勾勒出沉默的国民灵魂,从而使典型具有极大的艺术概括力。

②小说采用了悲喜交融的表现手法。作品虽能引起人们的阵阵笑声,但却是一出写得异常沉重的悲剧,寓庄于谐,亦庄亦谐,在笑声里隐含着深沉的忧郁与哀痛。

③小说用"传记"式结构,塑造了一个圆满的典型形象。小说继承了我国传统小说以叙述为主,把情景和场面描写融入叙述的表现手法,以此来表现人物的复杂命运和性格。

④小说将小说笔法与杂文笔法相结合,使生动的场面描写与辛辣的议论分析熔于一炉。

（3）阿Q的形象

阿Q是辛亥革命时期一个落后的、不觉悟的流浪雇农,他在政治上受压迫,在经济上受剥削,处在赤贫的地位,甚至连姓氏都模糊不清。他身上有封建思想的余毒,存在不少封建落后意识。阿Q性格中最突出的特征是"精神胜利法"。"精神胜利法"是一种病态心理,主要症状是妄自尊大、欺弱怕强、自轻自贱、麻木健忘等。

7.《狂人日记》

《狂人日记》是中国现代文学史上第一篇现代白话小说,主要描写了一个患"迫害狂"的精神病人的心理活动和精神状态,小说有意识地把对社会生活的清醒描写和对狂人特有的内心感受的刻画杂糅在一起,通过写实与象征相结合的手法,揭露了封建宗族制度和封建礼教对人的迫害,指出中国封建社会的历史是"人吃人"的历史。"救救孩子!"这是鲁迅作为反封建斗士发出的第一声"呐喊"。

鲁迅作品体裁分类

小说集：

《呐喊》（共14篇）包括《狂人日记》《孔乙己》《药》《明天》《一件小事》《头发的故事》《风波》《故乡》《阿Q正传》《端午节》《白光》《兔和猫》《鸭的喜剧》《社戏》。

《彷徨》（共11篇）包括《祝福》《在酒楼上》《幸福的家庭》《肥皂》《长明灯》《示众》《高老夫子》《孤独者》《伤逝》《弟兄》《离婚》。

《故事新编》（共8篇）中属于神话题材的有《补天》《奔月》，属于传说题材的有《理水》《铸剑》《起死》，属于历史题材的有《采薇》《出关》《非攻》。

散文诗集：《野草》（共23篇）包括《秋夜》《影的告别》《求乞者》《我的失恋》《复仇》《复仇（其二）》《希望》《雪》《风筝》《好的故事》《过客》《死火》《狗的驳诘》《失掉的好地狱》《墓碣文》《颓败线的颤动》《立论》《死后》《这样的战士》《聪明人和傻子和奴才》《腊叶》《淡淡的血痕中》《一觉》。

散文集：《朝花夕拾》（共10篇）包括《狗·猫·鼠》《阿长与〈山海经〉》《二十四孝图》《五猖会》《无常》《从百草园到三味书屋》《父亲的病》《琐记》《藤野先生》《范爱农》。

杂文集：《热风》《华盖集》《华盖集续编》《而已集》《三闲集》《二心集》《南腔北调集》《伪自由书》《准风月谈》《花边文学》《且介亭杂文》《且介亭杂文二集》《且介亭杂文末编》《坟》《集外集》《集外集拾遗》。

考点2　郭沫若《女神》

郭沫若，现代著名诗人、剧作家，中国新诗的奠基人，继鲁迅之后革命文化界公认的领袖，著有诗集《女神》，诗文集《星空》等。郭沫若的历史剧以历史人物及事实为依据，但不拘泥于历史，往往会在"失事求似"（不追求历史的具体真实，而追求历史精神的真实）的创作原则下，根据剧情和主题的需要，虚构人物和事件，具有一定的浪漫主义色彩。郭沫若的浪漫主义历史剧均是英雄悲剧，悲剧人物均是杀身成仁、舍生取义的英雄和仁人志士。剧作冲突庄重严肃，格调高昂悲壮，富有崇高感。代表作有《屈原》《虎符》《棠棣之花》《孔雀胆》《筑》《南冠草》等。

《女神》在诗歌形式上突破了旧格套的束缚，创造了雄浑奔放的自由诗体，为五四运动之后自由诗的发展开辟了新天地，堪称中国现代新诗的奠基之作。

（1）《女神》的思想内容

《女神》是五四狂飙突进精神的典型体现，它的思想内容集中在以下几个方面。

①个性解放、争取圆满人格的强烈要求

《女神》要求张扬自我，尊崇个性，以自我内心表现为本位。个性解放的呼声通过对"自我"的发现和自我价值的肯定表现出来。例如：《天狗》中的"天狗"，这种冲破一切罗网、破坏一切旧事物的强悍形象，正是那个时代个性解放要求的极度夸张；《浴海》的自我形象，同样是实现自我个性解放的诗的宣泄。诗人不仅着眼于自我本身，还着眼于整个社会的改造，将个体的解放作为社会、民族、国家解放的前提。

②反抗、叛逆与创造精神的歌唱

《女神》诞生之时，整个中国是一个黑暗的大牢笼，这激发了诗人反抗、叛逆的精神。例如：《凤凰涅槃》集中体现旧我的毁灭和新生的欢欣，诗中凤凰双双自焚前的歌唱，是对朽败的旧世界做的极真切而沉痛的描绘。凤凰的自焚，乃是与旧世界彻底决绝的反抗行动，是叛逆精神的强烈爆发与燃烧。《女神》的创造精神表现在三个方面：一是相信不断的毁坏和不断的创造是万事万物发展的法则，如《立在地球边上放号》；二是对20世纪科学文明的讴歌，如《笔立山头展望》；三是对大自然神奇力量的歌唱，诗人笔下的大自然被充分地人格化，如《晨安》《光海》。

③爱国情思的抒发

《女神》所创造的现代自我形象，是将自我与祖国联系在一起的，体现了中国知识分子忧国忧民的精神。《炉中煤》中的年轻女郎、《凤凰涅槃》中更生的凤凰等形象，都体现出诗人对祖国的深沉眷恋与无限热爱。

（2）《女神》的艺术特色

《女神》的艺术特色主要体现在以下几个方面。

①浪漫主义精神。浪漫主义注重主观，强调自我表现。《女神》是"自我表现"的诗作，诗中的凤凰、天狗等都是诗人的"自我表现"。诗中的"自我"主观精神，是强烈的反抗、叛逆精神，是追求光明的理想主义精神。

②喷发式宣泄的表达方式。直抒胸臆是浪漫主义诗歌的主要表达方式，诗中的直抒胸臆表现为喷发式的宣泄，《凤凰涅槃》等诗最典型地体现了这一表达特点。

③奇特的想象和夸张。如把民间天狗吞月的传说，想象为天狗把全宇宙都吞了，"如大海一样地狂叫"等。这种极度夸张的奇特想象最能表现诗人强烈的个性解放要求和反抗旧世界的精神。

④在形象描绘的方式上，具有英雄主义的格调。

⑤诗歌语言带有强烈的主观性色彩。

考点3　郁达夫《春风沉醉的晚上》《沉沦》

郁达夫，原名郁文，字达夫，中国现代著名小说家、散文家、诗人，代表作有短篇小说《春风沉醉的晚上》《沉沦》等。郁达夫在中国现代抒情小说史上具有重要地位。其抒情小说的特点主要体现在三个方面：强烈的自我情绪表现、感伤浓郁的抒情格调、不重情节的散文形式。

1.《春风沉醉的晚上》

《春风沉醉的晚上》在艺术上的一个突出特色是结构严谨精美，故事情节步步设伏，层层推进，前后勾连，适时解"扣"，安排上又不露痕迹，十分自然。如由于房屋狭窄，陈二妹每次回来，"我"都要站起身来让路，这样陈二妹自然感到过意不去，于是就有了赠食物的情节出现；由于"我"神经衰弱，夜里外出散步，这就有使陈二妹产生误会的契机，故事由此生出波澜，推动了后来的"规劝""解释"等一连串的情节；当误会消除后，两人的友谊进一步发展，故事也由此推向了高潮。另外，这篇作品在表现人物心理、描写人物心路历程方面也有独到之处。作品多次直接袒露"我"的内心活动，再现了人物复杂微妙的精神世界。如作品提到陈二妹规劝"我"不要吸烟，尤其不要吸她所在的那家烟厂的烟时，作者这样描写"我"的心理："我知道这是她为怨恨 N 工厂而滴的眼泪，但我的心里，怎么也不许我这样的想，我总要把它们当作因规劝我而洒的。"这段人物心理的剖白，真实地表现出作品中"我"因陈二妹的规劝而产生的复杂而又真切的内心感受。在作品的尾部，故事进入高潮，当陈二妹发现自己误会了"我"而坦诚地道歉时，作者又适时地描写了一段"我"的内心活动，从而将人物情感与理性的冲撞及人物灵魂净化的心路历程都细致入微地表现了出来。作品采用的这种独具特色的表现手法，不仅使人物变得更加真实生动，而且也使作品具有了一种浓郁的抒情色彩。《春风沉醉的晚上》是作者较早描写工人的作品，也是中国现当代文学中最早表现工人生活的作品之一。由于它在思想上、艺术上都有较高的成就，历来被认为是五四优秀短篇小说园地中的一朵奇葩。

2.《沉沦》

《沉沦》采用第三人称，以"自叙传"式的写法进行创作，注重心理分析，无所顾忌地抒发了主观感情，大胆地暴露了主人公的心理状态。《沉沦》中的主人公"他"是一个在日本留学的学生，因为追求自由和个性解放，反抗封建专制，曾被学校开除，为社会所不容。他以青年人所特有的热情追求真挚的友谊和纯洁的爱情，但受到"弱国子民"身份的拖累，这种热情受到侮辱和嘲弄。在异国他乡，他倍感孤独和空虚，成了"忧郁症"患者。他不甘沉沦，但又不可自拔地沉沦下去，在彷徨失措中，来到酒馆妓院，毁掉了自己纯洁的情操。事情过后，他自悔自伤，感到前途迷惘，最终在绝望中投海自杀。他在异国的遭遇，与祖国民族的命运密切相连。小说强烈地表达了青年一代要求自由解放、渴望祖国富强的心声。

考点4　茅盾《子夜》

茅盾，原名沈德鸿，字雁冰，文学研究会重要成员，著名的作家和理论家，被誉为"20世纪的巴尔扎克"和"20世纪的别林斯基"。代表作有中篇小说《蚀》三部曲（《幻灭》《动摇》《追求》），长篇小说《子夜》《腐蚀》，短篇小说"农村三部曲"（《春蚕》《秋收》《残冬》）、《林家铺子》等。

《子夜》标志着中国现代长篇小说创作走向成熟。小说通过吴荪甫与买办资产阶级既联合又斗争的这条主线，反映了在帝国主义列强的经济侵略下、国民党军阀间的大规模内战中，民族工业破产、农村经济凋敝、民不聊生的状况。通过吴荪甫与工人的矛盾，揭露了民族资产阶级为了自保，加紧剥削工人阶级的罪行，讴歌了工人阶级的革命精神。通过吴荪甫与双桥镇农民的冲突，揭露了民族资产阶级与封建地主阶级共同压迫农民的罪行，表现了农民运动的波澜壮阔，揭示了当时中国社会的主要矛盾，说明在帝国主义压迫和国民党政府统治下，资本主义道路是行不通的，形象地驳斥了中国托洛茨基派的"谬论"。

《子夜》塑造了吴荪甫这一典型的民族资本家形象。吴荪甫的性格具有鲜明的悲剧性。从吴荪甫的社会身份、阶级地位来看，他的性格具有二重性和矛盾性。吴荪甫与帝国主义及买办资产阶级之间存在矛盾，他的诸多行动都体现了一定的反抗精神。他积极兴办工业，也在一定程度上反映了他的爱国精神和强烈的民族自信心。但吴荪甫对工人进行残酷的剥削和压榨的行为，以及他与官僚资本家赵伯韬的对抗与勾结，都说明了他的反动性。吴荪甫性格的二重性和矛盾性是中国民族资本家阶级属性的体现。他的失败，是中国民族资产阶级在帝国主义、封建主义的双重夹击中的必然结局。

考点5　老舍《四世同堂》《骆驼祥子》《茶馆》

老舍，原名舒庆春，字舍予，现代著名小说家、戏剧家，杰出的语言大师，中华人民共和国成立后第一位获得"人民艺术家"称号的作家。代表作品有小说《二马》《骆驼祥子》《四世同堂》，话剧《茶馆》《龙须沟》等。

1.《四世同堂》

《四世同堂》是一部长篇小说，全书分为"惶惑""偷生""饥荒"三部分。小说在卢沟桥事变爆发、北平沦陷的时代背景下，以北平一个普通的小羊圈胡同作为故事展开的具体环境，以几个家庭众多小人物屈辱、悲惨的经历来反映北平市民在抗日战争中惶惑、偷生、苟安的社会心态，再现他们在国破家亡之际缓慢、痛苦而又艰难的觉醒历程。

2.《骆驼祥子》

《骆驼祥子》是老舍的代表作，描写的是20世纪20年代末和30年代初北平城内人力车夫的生活。小说通过描写人力车夫祥子买车丢车，三起三落，劳苦终生，一无所获的悲惨遭遇，表现了在中国半殖民地化过程中，城市底层劳动者由"人"蜕化为"兽"的过程，深刻揭露了当时社会的黑暗，控诉了统治阶级对劳动者的剥削、压迫，表达了作者对劳动人民的深切同情。

作品通过对祥子一生遭遇的描写，揭示了祥子悲剧产生的原因。首先，祥子的悲剧是半殖民地半封建的中国社会的悲剧。其次，祥子的悲剧也是旧社会中小生产者个人奋斗思想与性格的悲剧，这是其悲剧产生的主观原因。最后，祥子悲剧的产生也和虎妞有关，祥子与虎妞的结合是畸形社会的一种反映，是不平等的阶级关系和经济关系在两性关系中的一种体现。

3.《茶馆》

《茶馆》是一部三幕话剧。话剧的主要内容：茶馆老板王利发一心想让父亲的茶馆兴旺起来，为此他八方应酬，然而他常被严酷的现实嘲弄，最终被冷酷无情的社会吞没；经常出入茶馆的民族资本家秦仲义雄心勃勃搞实业救国却最终破产；豪爽的八旗子弟常四爷在清朝灭亡以后走上了自食其力的道路。故事还揭示了刘麻子等一些小人物的生存状态。全剧以老北京一家大茶馆的兴衰变迁为背景，向人们展示了从清末到抗日战争胜利后的50年间,北京的社会风貌及各阶层人物的命运。

考题再现

【2017年·山东临沂·判断】老舍和郁达夫都是中国现代作家。老舍,原名舒庆春,代表作品有《骆驼祥子》《茶馆》等。郁达夫,原名郁文,代表作品有《沉沦》《屐痕处处》等。　　　　　　　　　(　　　)

【答案】√。

考点6　巴金《家》《寒夜》《随想录》

巴金,原名李尧棠,现代著名作家、出版家、翻译家。代表作品有长篇小说"爱情三部曲"(《雾》《雨》《电》)、"激流三部曲"(《家》《春》《秋》)、《寒夜》,短篇小说集《神·鬼·人》,散文集《随想录》等。

1.《家》

《家》以觉慧与鸣凤,觉新与钱梅芬、李瑞珏,觉民与琴等青年爱情上的不同遭遇,以及他们所选择的不同生活道路为主干,揭露了封建家庭的败落,其矛头不仅指向旧礼教,而且更集中地指向作为封建统治核心的专制主义。同时,小说还着力表现了青年一代在五四新思潮影响下的觉醒和与封建势力的斗争,热情地歌颂了他们反抗封建家庭和封建制度的革命行动。

《家》以五四时期的四川成都为背景,写了大家族高公馆三代中的四类人物:一类是封建大家庭的维护者,例如:老一代的高老太爷;一类是封建大家庭的维持者,例如:高克明、高觉新;一类是封建大家庭的反抗者,例如:高觉慧、高觉民;再一类是那些封建大家庭的受害者,例如:钱梅芬、李瑞珏和鸣凤等女性。巴金在谈到《家》的创作时曾说过,他写作这部长篇小说的目的是"控诉"。

2.《寒夜》

《寒夜》是巴金在中华人民共和国成立前创作的最后一部长篇小说,代表了巴金在小说上的最高艺术成就。小说成功地塑造了汪文宣、曾树生、汪母这三个人物形象,深刻地写出了抗日战争时期勤恳、忠厚、善良的小知识分子的命运。

《寒夜》描写的是凡人小事,既无重大事件的惊险曲折、复杂离奇,又无众多的人物、阔大的场面,但其心理描写十分突出,具有强烈的吸引力和艺术感染力,令人读来心潮起伏,感叹不已。

3.《随想录》

《随想录》分为《随想录》《探索集》《真话集》《病中集》《无题集》5集,共收录150篇文章,统称《随想录》。巴金在《随想录》中以罕见的勇气"说真话",真实地记录了"文革"给他和他的家人及朋友带来的身心摧残,揭示了"文革"的恶劣影响并未随着它的结束而消失的事实。他以噩梦中与鬼怪搏斗的场景不断警醒自己,反复呼吁"建立一个'文革'博物馆",为世人留下这一民族灾难的见证。

《随想录》的独特与深入之处,是其中对"文革"的反省从一开始就与巴金向内心追问的"忏悔意识"结合在一起,而不是像很多"文革"的受害者那样,简单地把一切责任都推给"四人帮",认为粉碎"四人帮"就解决了所有问题。巴金的反思包含了对历史和未来更大的忧虑,是人性意识和人道主义精神的深刻体现。

考点7　沈从文《边城》

沈从文，现代作家、历史文物研究家，京派小说的代表作家。其代表作品有短篇小说集《如蕤集》《八骏图》，中篇小说《一个母亲》《边城》，长篇小说《旧梦》《长河》，散文集《从文自传》《湘行散记》《湘西》等。

1.沈从文小说的独特风格

①注重意境创造。沈从文常在抒情笔致中把自然景观、乡土风俗和特定的地方民族生命形式融为一体，使其作品带有诗的意境、旋律和情怀，给人以美的享受。

②出色的心理描写。沈从文结合西方的心理分析与古典小说从行动和语言表现人物的特点，向人的下意识领域推进，呈现出一种微妙、细腻的艺术气象，或以行动披露心理信息，或通过下意识状态表现人物的心情、心境。

③文体形式具有独创性。沈从文的小说一般结构单纯，善于在小说结尾处陡然收笔，令人回味无穷。

④语言格调古朴，句式简峭。

2.《边城》

《边城》展现了沈从文浓郁的乡愁情结和情爱体验，是支撑他所构筑的湘西世界的心灵支柱。小说以20世纪30年代川湘交界的边城小镇茶峒为背景，以兼具抒情诗和小品文特征的优美笔触，描绘了湘西地区特有的风土人情；借船家少女翠翠的纯爱故事，展现了人性的善良美好与心灵的澄澈纯净，反映了湘西人民在"自然""人事"面前不能把握自己命运的惨痛事实。

考点8　曹禺《雷雨》《日出》

曹禺，原名万家宝，中国现代杰出的剧作家，著有《雷雨》《日出》《原野》《北京人》等作品。

1.《雷雨》

四幕话剧《雷雨》是一部杰出的现实主义家庭悲剧，是"中国话剧现实主义的基石"，标志着中国话剧艺术开始走向成熟。欧洲古典主义戏剧创作规定了"三一律"创作原则：剧本的情节、地点、时间三者必须保持"整一"，即要求一幕戏中所叙述的故事应发生在一天之内，地点应在一个场景之内，情节应服从于一个主题。《雷雨》基本遵循这一创作原则，在一天的时间（上午到午夜两点钟）、两个场景（周家客厅和鲁家住房）内集中展开了周（周朴园、繁漪、周萍等）、鲁（鲁侍萍、四凤、鲁大海等）两家前后30年的复杂矛盾，以封建家庭的毁灭预示了不合理的社会制度必然崩溃的历史趋势，既揭示了封建专制制度造成的人生悲剧，又从关注人类自身命运和复杂人性的角度出发，深入人物内心，以细腻的笔触描摹人物的灵魂，使这部经典剧作的意义超越了社会政治，超越了时代历史，上升到对人性与命运的双重思考的高度。

2.《日出》

四幕话剧《日出》以20世纪30年代初的天津为背景，以交际花陈白露为中心，以陈白露住的某大旅馆（惠中饭店）华丽的休息室和三等妓院（翠喜的房间）为活动地点，通过方达生寻找"小东西"的过程来展现社会最底层人们的苦难遭遇，展示了"有余"和"不足"两类截然不同的社会生活，揭示了在资本主义世界经济恐慌影响下的半殖民地半封建的都市中光怪陆离的社会图景，暴露了大都市腐朽势力的黑暗面，控诉了剥削制度"损不足以奉有余"的本质，揭露了资本主义制度的罪恶。

陈白露是一个"有心人",也是一个"献祭者",最终因"小东西"的惨死而精神崩溃,选择了自杀。她的自杀,既是一种悲剧性的献祭,也意味着精神上的复活。

考点9　戴望舒

戴望舒,现代派诗人,被称为现代诗派"诗坛的首领"。诗歌《雨巷》是戴望舒的成名作,戴望舒也因此被称为"雨巷诗人"。诗集《我底记忆》是戴望舒现代派诗歌创作的起点。其代表作有诗集《望舒草》《望舒诗稿》《灾难的岁月》,诗歌《雨巷》《我用残损的手掌》等。

戴望舒注重表现诗歌总体上的朦胧美,以奇特观念的联络和繁复的意象来传达诗的内涵,用独特的青春、病态的心灵咏叹浊世的哀音,表达人生的寂寞惆怅和对社会的不满。在追求诗歌的朦胧意象方面,在大量运用象征主义手法方面及在表达人生深深的寂寞和惆怅方面,戴望舒的诗歌都充分体现了现代诗派的基本特点和倾向。在诗歌形式上,他强调"诗的韵律不在字的抑扬顿挫上,而在诗的情绪的抑扬顿挫上,即在诗情的程度上"。

考点10　艾青《大堰河——我的保姆》

艾青,现代诗人,被称为"吹芦笛的诗人",著有诗集《大堰河》《北方》《他死在第二次》《旷野》,诗歌《大堰河——我的保姆》《我爱这土地》《雪落在中国的土地上》等。艾青的诗歌标志着五四运动以后自由体诗的发展进入一个重要阶段,对以后的新诗创作产生了很大影响。

1.艾青诗歌的艺术成就

①艾青汲取了新月派、象征派和现代派诗人之长,摒弃其短,将现实的内容与艺术的技巧相结合,被人们誉为"中国诗坛泰斗"。

②艾青的诗歌一方面植根于民族的深厚土壤,既有革命现实主义的特色,又有五四革命时期情感炽烈的浪漫主义精神;另一方面,他又吸取了世界诗艺的优点,将现实主义、浪漫主义和现代主义相融合,使其诗歌具有无比的丰富性。

③艾青的诗歌以"土地""太阳"为中心意象,反映了民族和人民的苦难和命运,反映了现实生活的斗争,鲜明地传达了时代的呼唤和人民的心声。

④艾青以实际创作提倡自由体诗,创作不受诗歌形式的拘泥,通过有规律的排比、复沓使诗歌在变化中现统一,在层次中现和谐,用排比和长句实现诗歌感情的尽情抒发及意象的完整描摹。

2.《大堰河——我的保姆》

《大堰河——我的保姆》是一首带有自传性的抒情诗。诗人以幼年生活为背景,集中描述了自己的保姆——大堰河一生的悲苦经历。诗人通过对自己乳母的回忆与追思,抒发了对贫苦农妇大堰河的怀念、感激和赞美之情,表达了对旧中国广大劳动妇女悲惨命运的同情和对这"不公道的世界"的强烈控诉。

全诗不押韵,各段的句数也不尽相同,但每段首尾呼应,各段之间有着紧密的内在联系。诗歌不刻意追求诗的韵脚和行数,但排比的恰当运用,使诸多意象繁而不乱,统一和谐。这使得诗歌流畅浅易,并且意蕴丰富。诗人善于从平凡的生活中提炼典型的意象,以散文化的诗句谱写强烈的节奏。诗歌以一种奔放的气势、优美流畅的节奏,表达了诗人来不可遏、去不可止的感情,完美体现了自由诗体风格。

考点11　钱锺书《围城》

钱锺书,现代作家、文学研究家,代表作有散文集《写在人生边上》,短篇小说集《人·兽·鬼》,长篇小说《围城》等。

《围城》是现代杰出的讽刺小说。小说在广阔的社会背景下,精细入微地描绘了抗日战争时期中国知识分子的众生相,揭示了人性的弱点和人生、社会的荒凉。小说通过主人公方鸿渐的命运变迁,艺术地概括了20世纪30年代末至40年代半殖民地半封建社会的中国一代欧化知识分子的特征和命运,被誉为"新儒林外史"。

《围城》的艺术特色主要表现在以下几个方面。

①刻画了人物群像且人物性格鲜明。小说塑造了众多人物,无论是主要人物还是次要人物,都有其独特的情态和性格特征。

②"儒林外史"式的结构样式。作品没有贯穿始终的故事情节,而是写了众多小故事,通过方鸿渐这一人物将这些故事串联起来。

③出色的肖像描写和细腻的心理刻画。作者善于捕捉人物的外貌特征,以传神的笔法描绘具有鲜明个性特征的人物肖像。细腻而深刻的心理描写,在揭示人物内心世界、人物性格方面起了重要作用。

④绝妙的讽刺。作者采用比喻、讽刺、反语、夸张等艺术手法,形成了夹叙夹议、取喻设譬、犀利隽永、旁逸斜出的语言风格,使这部小说形成了绝妙的讽刺艺术风格。

考点 12　赵树理《小二黑结婚》

赵树理,原名赵树礼,现代小说家,"山药蛋派"创始人。赵树理创作了许多脍炙人口的农村题材作品,反映农村社会的变迁和其间存在的矛盾斗争,故事情节饶有趣味,语言清新活泼、真诚质朴,乡土气息浓厚。他善于刻画农村中那些具有浓厚小生产者狭隘意识的个性鲜明的人物,被人们称为描写中国乡土文化的"铁笔圣手"。代表作品有短篇小说《小二黑结婚》,中篇小说《李有才板话》及长篇小说《李家庄的变迁》《三里湾》等。

《小二黑结婚》通过讲述解放区青年小二黑和小芹争取恋爱自由、婚姻自主的故事,描写了农村中新生的进步力量同落后愚昧的迷信思想及封建反动势力之间的尖锐斗争,以小二黑和小芹在新政权的支持下突破阻碍结为夫妻的结局,显示出民主政权的力量和新思想的胜利。

《小二黑结婚》的艺术特点主要表现在以下几个方面。

①在结构上,采用单线发展的手法。情节连贯,故事性强,结构严谨,首尾照应。作者按照民间习俗、老百姓爱听故事的习惯,把矛盾斗争一环扣一环地集中起来,发展下去。

②在人物塑造上,以人物自身的行动和语言来显示性格;在情节开展中,运用白描手法和细节描写来刻画人物。

③通过人物的语言和行动展现人物的心理。"不宜栽种""恩典恩典"——二诸葛的迷信、迂腐;"米烂了""看看仙姑"——三仙姑的泼、赖。这部小说在语言运用方面真正做到了大众化(群众化、口语化)。除了人物对话,一般叙述的描写也具有口语化的特点。

④人物的类型化。将主要人物分成三类,分别灌注了三种具有抽象理论特性的观念。

⑤山西的地方特色。山西风味的语言——对三仙姑"下了霜的驴粪蛋"的比喻,给人物起诨号的手法,具有浓厚的淳朴的地方风味,幽默风趣。

考题再现

【2017年·山东临沂·判断】我国当代著名作家孙犁的小说和散文独树一帜,对当代文学产生极大影响,形成了"白洋淀派"作家群,与周立波风格的"山药蛋派"齐名。　　　　　　　　　　　　　　　(　　)

【答案】×。解析:周立波是"茶子花派"的代表作家,"山药蛋派"的代表作家是赵树理。

考点 13　孙犁《荷花淀》

孙犁,当代著名文学家,被誉为"荷花淀派"的创始人。代表作品有短篇小说《荷花淀》,中篇小说《铁木前传》,长篇小说《风云初记》,诗集《白洋淀之曲》等。

1.孙犁小说的艺术特点

孙犁小说的艺术特点主要表现在以下几个方面。

①以小见大——选材采取侧面入手、以小见大的方法,将笔触伸向后方人民的日常生活,截取日常生活片段,加以细致描绘,从不同的侧面表现时代的风云变幻。

②诗情画意——这不仅表现在作品中一组组美丽的画面上,还表现在写景和抒情的结合上,更表现在作品中富有人性美、人情美的鲜活动人的人物形象上。

③人物塑造——追求、表现人性及真善美,着重表现农村劳动妇女的灵魂美是孙犁小说的显著特色。

④散文笔法——孙犁的小说不囿于结构,不埋伏线,自然平易、蕴藉淡远,宛如行云流水,颇具散文的优美意蕴。

⑤作品集生活与艺术于一身,将通俗与优美、直率与含蓄、清淡与浓烈完美和谐地融合在了一起,语言清新明快,感情浓郁。

2.《荷花淀》

《荷花淀》是孙犁的代表作。在激烈残酷的抗日战争的大背景下,小说选取小小的白洋淀一隅,展现了农村妇女温柔多情、坚贞勇敢的性格和精神。

《荷花淀》的艺术特点主要体现在以下几个方面。

①通过日常生活画面展示时代和人物风貌。在充溢着"家务事、儿女情"的日常生活中表现时代和社会的变化,表现人物的人性美和人情美。

②深入细腻地表现人物的内心世界和心灵美。

③善于凭借细节和对话来描写人物。《荷花淀》中,水生嫂的语言虽然简洁含蓄,却包含了丰富复杂的情感内容,体现出人物丰富的心灵世界。

④小说塑造了一系列光彩照人的农村劳动妇女形象。

⑤小说具有散文化、诗化的特征,语言清新,宁静优美。

考点14　食指

食指,朦胧诗代表人物,被当代诗坛誉为"朦胧诗鼻祖",被称为新诗潮诗歌第一人。代表作有《相信未来》《海洋三部曲》《这是四点零八分的北京》等。

《相信未来》是批判现实的朦胧诗代表作,写于1968年,诗人在经历了初期的盲动,被政治浪潮冲向农村"广阔天地"之后,对现实已有了一些较为清醒的看法,曾经热烈、单纯的理想遭到了现实狂风暴雨的冲刷,作者的内心充满了失落、迷茫和悲哀,但他又不甘于轻易地放弃理想和希望。于是,希望与绝望的剧烈冲突,经由他的笔流淌出来。在这样一个混乱、迷惘的年代,诗人和有相同境遇的人深深感到命运的悲剧性,随即写下这首诗来自我鼓励,恪守自己对明天的承诺。该诗以深刻的思想、优美的意境、朗朗上口的诗风让人们懂得了在逆境中,怎样好好地生活,怎样自我鼓励,怎样矢志不渝地恪守自己对明天的承诺。该诗曾以手抄本的形式在社会上广为流传,并迅速传颂于一代青年人的口中,食指也因此拥有了"知青诗魂"的称号。

考点15　舒婷《致橡树》《双桅船》

舒婷,原名龚佩瑜,代表作品有诗歌《致橡树》《双桅船》《会唱歌的鸢尾花》《祖国啊,我亲爱的祖国》《始祖鸟》,散文集《心烟》等。舒婷崛起于20世纪70年代末的中国诗坛,她和北岛、顾城、梁小斌等以异于前人的诗风,在中国诗坛上掀起了一股"朦胧诗"热潮。

1.《致橡树》

《致橡树》热情而坦诚地歌唱了诗人的人格理想。"橡树"象征着刚强的男性之美,而有着"红硕的花朵"的木棉显然体现着具有新的审美气质的女性人格。"木棉"象征的女性人格脱弃了旧式女性人格中纤柔、妩媚的秉性,充溢着丰盈、刚健的生命气息,这正与诗人所歌咏的女性独立自重的人格理想互为表里。

《致橡树》采用了内心独白的抒情方式,坦诚、开朗地直抒诗人的心灵世界;同时,以整体象征的手法构造意象("橡树""木棉"象征着爱情双方的独立人格和真挚感情),使得哲理性很强的思想、意念得以在亲切可感的形象中生发、诗化。

2.《双桅船》

《双桅船》是诗人运用朦胧诗的写法,采用象征的表现手法,运用多种意象来表达人的主观情绪、伸张人性的佳作。全诗表现了诗人双重的心态与复杂的情感。诗中所表现的情绪与心态,既是诗人自我的、个性的东西,又是那个特定时代的青年们所普遍感受到而难以言表的东西。本诗的语言自然流畅,所蕴含的感情凝重而又细腻,既有浓浓的个人感叹,又有开阔的时代情怀。

考题再现

【2017年·山东临沂·判断】食指的《相信未来》,戴望舒的《红烛》,艾青的《大堰河——我的保姆》,舒婷的《双桅船》等新诗,无不折射着诗人深切的忧患意识。（ ）

【答案】×。解析:《红烛》的作者是闻一多;食指的《相信未来》主要表达的是怎样自我鼓励、怎样矢志不渝地恪守自己对明天的承诺;艾青的《大堰河——我的保姆》主要抒发对大堰河的怀念之情、感激之情和赞美之情,表达对旧社会的仇恨和诅咒。

考点16 贾平凹《高老庄》

贾平凹,当代著名作家,著有长篇小说《高老庄》《浮躁》《商州》《白夜》《秦腔》《废都》,中篇小说《腊月·正月》《天狗》,散文集《月迹》《爱的踪迹》《心迹》等。2008年,小说《秦腔》获第七届茅盾文学奖。

贾平凹善于挖掘人物灵魂深处的意识,表现人物对现实的态度和对理想的终极追求。他的作品以独特的视角深刻准确地表现了中国在改革开放以来的现代化进程中痛苦而悲壮的社会现实,完整再现了现实生活中当代中国人的心灵世界;以中国传统文化为主要内容,大量运用引用和象征手法,真实地描述了现代中国人的生活和情感。

《高老庄》是贾平凹的第七部长篇小说。小说中,教授高子路携妻西夏回故里高老庄给父亲吊丧,于是与离婚未离家的前妻菊娃、地板厂厂长王文龙、葡萄园主蔡老黑及苏红等人发生了错综复杂的感情纠葛。小说描写了大生命、大社会、大文化三个空间,又融入最底层、最日常、甚至有些琐碎的生活流程。

考点17 陈忠实《白鹿原》

陈忠实,当代作家,代表作有长篇小说《白鹿原》,中篇小说集《初夏》《四妹子》,短篇小说集《乡村》《到老白杨树背后去》,散文集《告别白鸽》,文论《寻找属于自己的句子》等。其中,《白鹿原》于1997年获第四届茅盾文学奖。

《白鹿原》被称为"民族灵魂的秘史"。小说以陕西关中地区白鹿原上的白鹿村为缩影,以白嘉轩为叙事核心,通过讲述白姓和鹿姓两大家族祖孙三代的恩怨纷争,全方位地展示了20世纪上半叶中国政治、经济、文化的状态,勾勒出了一幅凝重深厚的社会历史画卷。

《白鹿原》结构宏大,叙事明晰,意蕴深厚。在思想内容上,深入到传统文化深处,对传统文化精神进行了一分为二的审视与观照,具有鲜明的民族特色;在艺术形式上,具有鲜明的史诗风格。作者着力塑造了白嘉轩这一典型形象,白嘉轩作为民族文化的人格代表,身上凝聚了民族文化的温情与乖谬。此外,作者还从文化哲学的角度,透视社会历史变革过程中民族文化的深刻裂变,以及在这种文化制约下民族与个人命运的跌宕起伏。

考点18　莫言《红高粱》《蛙》

莫言，当代作家，代表作有《红高粱》《蛙》《透明的红萝卜》《生死疲劳》等。2012年10月11日，莫言获得诺贝尔文学奖，成为首位获得此殊荣的中国籍作家。

莫言受美国作家福克纳、哥伦比亚作家加西亚·马尔克斯的影响和启发，取外域文学之精华，同时植根于本土文化进行创作，其作品具有鲜明的民族特色。莫言的小说超越了现实的局限，表现出对自由的渴望和对强有力的生命形态的呼唤，其作品中显示出的先锋意识对当代文学的写作和阅读产生了重要影响。

1.《红高粱》

《红高粱》取材于作者故乡山东高密东北乡祖辈们的传奇生活，表现了高密东北乡这块土地上世代繁衍的生灵的生命本性与精神。小说主要描写的是"我爷爷"余占鳌率领的武装伏击日本汽车队，以及这次战争开始之前发生在"我爷爷"余占鳌与"我奶奶"戴凤莲之间的爱情故事。小说采用第一人称全知视角的叙事方式，以追忆的姿态来讲述发生在高密东北乡的故事，成功地塑造了两位新农民的形象。"红高粱"象征着伟大的民族精神，作者以当代人的心灵与意识让我们直面民族的过去，呼唤"红高粱"精神，寻找我们遗失的家园。《红高粱》"标志着历史战争题材的新的战线的开辟，直接引诱了一批没有战争经历的青年军旅作家写出自己'心中的战争'"。

2.《蛙》

《蛙》是莫言潜心创作的第11部长篇小说。这部小说以中华人民共和国成立之后近60年波澜起伏的农村生育史为背景，通过讲述从事妇产科工作50多年的乡村女医生"姑姑"的人生经历，在形象描述国家为了控制人口剧烈增长、实施计划生育国策所走过的艰巨而复杂的历史进程的同时，成功塑造了一个生动鲜明、感人至深的农村妇科医生形象，并结合计划生育过程中的复杂现象，剖析了以叙述人"蝌蚪"为代表的知识分子卑微、尴尬、纠结、矛盾的精神世界。

小说由剧作家蝌蚪写给日本作家杉谷义人的五封信构成，结构新颖而缜密。前四封信附当了50多年妇科医生的姑姑的所见所闻，当中也加入了蝌蚪本人的生活故事；第五封信则附有一部关于姑姑和蝌蚪自己的话剧。因此，这是一部将书信、元小说叙事和话剧巧妙地融为一体，拓宽了小说艺术表现空间的作品，是莫言创作中的又一次具有开创意义的艺术尝试。

考题再现

【2017年·山东临沂·填空】小说《蛙》主要讲述的是姑姑的一生，这个姑姑的职业是_____。

【答案】乡村医生

考点19　余华《活着》《许三观卖血记》

余华，当代作家，先锋派小说的代表人物，代表作品有小说《十八岁出门远行》《鲜血梅花》《世事如烟》《活着》《许三观卖血记》《兄弟》等。

1.《活着》

《活着》从一个作家下乡采风写起，写到一个老农与一头老牛的对话，慢慢地引出关于人类生生死死的无穷悲剧：拥有年轻力壮的身体、善良美好的心灵的人们，本该幸福地活着，却被命运之神无情地扼杀了；而本来最不该活着的福贵和那头牛，却像化石一样活着，作为这个不义世界的见证者。小说叙事超越了具体时空，把对一个时代的反省上升到抽象的人类命运的普遍意义上，具有强烈的民间色彩。

2.《许三观卖血记》

《许三观卖血记》讲述了许三观靠卖血渡过了人生的一个个难关，战胜了命运强加给他的惊涛骇浪，而当他老了，知道自己的血再也没有人要时，精神崩溃的故事。小说以温情的方式描绘了许三观的艰难人生，以激烈的故事形式表达了人在面对厄运时求生的欲望。全篇语言平白质朴，采用对话、重复的叙述模式，以敏捷的思维和丰富的情感使"客观的叙述""单纯的对话""简单的重复"达到"心动"的效果。

考点20　阿城《棋王》

阿城，当代作家，代表作品有《棋王》《树王》《孩子王》《威尼斯日记》《闲话闲说》等。他的作品以白描的手法渲染民俗文化的氛围，表达了浓厚隽永的人生逸趣，寄寓了关于宇宙、生命、自然和人的哲学玄思，对人类的生存方式的关心，表现了传统文化的现实积淀。

《棋王》以"知青"生活为题材，着重表现了对传统文化中理想精神的寻找，一直被视为寻根文学的代表作。小说以远赴云南边境"上山下乡"的一群"知青"为主人公，描写了他们在特殊环境里的人生经历。在作品中，政治事件和社会矛盾被淡化，"知青"生活和"文革"背景或许并不是小说中人物生存和活动的全部环境和依据，中国传统文化中的道家思想才真正影响到了王一生等人的为人处世乃至精神世界。老庄哲学中的淡泊宁静，无为而为，身处俗世、不耻世俗的"超脱境界"，或许正是他们梦寐以求的人生理想，也是小说所要建立的文化立场。

第四节　外国文学

考点1　古希腊神话

古希腊神话大约产生于公元前8世纪以前，是口头或文字上一切有关古希腊的神、英雄、自然和宇宙历史的神话，是原始氏族社会的精神产物、欧洲最早的文学形式。它在希腊原始初民长期口口相传的基础上形成基本规模，后来在《荷马史诗》和赫西俄德的《神谱》及古希腊的诗歌、戏剧、历史、哲学等著作中被记录下来，后人将它们整理成现在的古希腊神话故事，分为神的故事和英雄传说两部分。

古希腊神话的特点主要有以下几点。

①发展得最系统、最完美，受宗教影响较小，典型地反映了人类童年时代天真、烂漫、纯朴、可爱的特色，充满了积极进取的乐观主义精神和自由奔放的人生态度。

②神人同形同性是古希腊神话最大的特点。神和人同样具有七情六欲，懂得喜怒哀乐。古希腊神话中的神实际上是人化了的神，而人，尤其是英雄，则是神化了的人。这显示了古希腊神话的进步性、现实性。

③古希腊神话以艺术和哲理的方式反映古希腊氏族社会最本质的面貌。在艺术手法上既有浪漫主义的夸张和幻想，又有现实主义的真实描写。其哲理性显示了古希腊人征服自然、改造自然的理想和愿望，体现出一种高层次、高水平的神话思维。

考点2　《荷马史诗》

《荷马史诗》相传由古希腊盲诗人荷马创作，由《伊利亚特》和《奥德赛》两部长篇史诗组成。作为史料，它反映了公元前11世纪到公元前9世纪古希腊的社会状况，再现了古代希腊的社会图景，是研究古希腊早期社会的重要资料。《荷马史诗》是早期英雄时代的大幅全景，也是艺术上的绝妙之作。它以整个希腊及四周的汪洋大海为背景，展现了自由主义的自由情景，为日后希腊人甚至整个西方社会的道德观念确立了典范。《荷马史诗》被誉为"希腊的圣经"。

《荷马史诗》的艺术特征主要表现在以下几个方面。

①史诗中已经出现现实主义和浪漫主义这两种最基本的创作方法，将现实的因素和神话的因素相结合。

②结构的独创性。善于截取片段来反映事件的全貌,穿插众多的插曲和人物对白、独白,使作品具有戏剧性,主干与插曲相结合的手法,丰富了史诗的内容。

③采用客观的叙事方法。作者从旁观者的角度进行叙述,没有主观的抒情和直接的评论。

④把英雄放在特定的情境中,以夸张的手法和色彩浓重的诗句,具体描写人物的语言、行动和心理,凸显其性格特征。

⑤多用、善用比喻。这些比喻或来自大自然,或来自日常生活,被称为"荷马式比喻",对刻画人物形象、加强诗句的形象性、丰富诗篇的文学色彩有着不可忽视的作用。

1.《伊利亚特》

《伊利亚特》是《荷马史诗》中直接描写特洛伊战争的英雄史诗,它以希腊联军统帅阿伽门农和勇将阿喀琉斯的纷争为中心,集中地描写了战争结束前几十天发生的事件。希腊联军围攻特洛伊十年未克,而勇将阿喀琉斯愤恨统帅阿伽门农夺其女俘,不肯出战,后因其好友战死而重返战场。特洛伊王子赫克托尔英勇地与阿喀琉斯作战而亡,特洛伊国王哀求讨回赫克托尔的尸体,举行葬礼。

《伊利亚特》的主题是赞美古代英雄的刚强威武、机智勇敢,讴歌他们在同异族的战斗中所建立的丰功伟绩和表现出的英雄主义、集体主义精神。《伊利亚特》结构严谨,布局精巧。全书以"阿喀琉斯的愤怒"为主线,其他人物、事件都围绕这条主线展开。《荷马史诗》善于用动物的动作或自然景观、生活现象进行比喻,构成富有情趣的"荷马式比喻",节奏强烈,语调昂扬,既适于表现重大事件,又便于口头吟诵。

阿喀琉斯是《伊利亚特》的中心人物之一。他的性格是鲜明且多面的:一方面,他是一个英勇善战、忠于朋友、有同情心、热爱生活的人;另一方面,他也是一个任性、残忍、执拗的人。阿喀琉斯是古希腊氏族社会中英雄人物的典型。

2.《奥德赛》

《奥德赛》着重描写了奥德修斯十年海上漂泊中最后一段时间的事情。奥德修斯历尽艰险最后到达斯刻里亚岛,受到国王菲埃克斯的隆重接待,酒席间应邀讲述他遇风暴、遇独目巨人、遇风袋、遇女妖、遭雷击等海上经历。随后,他化装成乞丐返乡,设计比武,杀死了聚集在他宫中向他妻子逼婚的众多贵族,并与忠贞不渝的妻子佩涅洛佩、勇敢的儿子忒勒马科斯团圆。《奥德赛》以海上冒险和家庭生活为中心,描写了奥德修斯的不畏艰险和佩涅洛佩的坚贞,歌颂了英雄们在与大自然和社会的斗争中表现出的勇敢机智和坚强乐观的精神。

奥德修斯是《荷马史诗》中奴隶主特征最明显的一个人物。他足智多谋,能言善辩,具有百折不挠的勇毅,虽历尽磨难仍一心要返回家乡;他对爱情专一,抵制住了女神们的种种诱惑并最终回到了妻子身边;他关心下属,同情奴隶,受人爱戴。同时,他也有虚伪狡诈的一面,对不忠的家奴也极其残忍。

考点3 "古希腊三大悲剧"

"古希腊三大悲剧"是指《被缚的普罗米修斯》《俄狄浦斯王》《美狄亚》。

1.埃斯库罗斯《被缚的普罗米修斯》

埃斯库罗斯,古希腊悲剧诗人,与索福克勒斯、欧里庇得斯合称"古希腊三大悲剧作家"。埃斯库罗斯有"悲剧之父"的美誉,代表作有《被缚的普罗米修斯》《阿伽门农》《奠酒人》等。其最著名的悲剧《被缚的普罗米修斯》与他的另外两部现已失传的作品《被释放的普罗米修斯》《带火的普罗米修斯》构成"三部曲"。

埃斯库罗斯的悲剧风格崇高,语言优美,抒情气氛浓烈,具有完备的形式。埃斯库罗斯注重人物形象的塑造,笔下的人物都有坚强的意志和刚毅的性格。他的悲剧大部分取材于神话,用三联剧形式创作,衔接严谨。剧本情节不复杂,但矛盾冲突激烈,抒情色彩浓厚,风格庄严、崇高,人物形象雄伟、高大。埃斯库罗斯的创作属于希腊悲剧早期发展阶段,他把剧中演员由一个增加到两个,开始了真正的戏剧对话,因而被誉为"希腊悲剧的创始人"。

《被缚的普罗米修斯》塑造了一个高大的、敢于为人类幸福而反抗众神之主宙斯的英雄形象——普罗米修斯。作品情节虽简单，却有尖锐的戏剧冲突。剧中场面宏大，气氛庄严，风格夸饰，洋溢着浓郁的抒情气氛，具有早期希腊悲剧恢宏庄严的特征。

2.索福克勒斯《俄狄浦斯王》

索福克勒斯是雅典奴隶制民主国家全盛时期的悲剧诗人，代表作有《安提戈涅》《俄狄浦斯王》。其中，《俄狄浦斯王》被亚里士多德称为"悲剧艺术的典范"。

《俄狄浦斯王》取材于希腊神话传说中俄狄浦斯杀父娶母的故事，展现了富有典型意义的悲剧冲突——人与命运的冲突，被认为是命运悲剧的代表作品。全剧共有两条线索。一条线索是忒拜牧人曾说拉伊俄斯死在三岔口，其妻子伊俄卡斯特曾提到拉伊俄斯的相貌、年龄、侍从人数及被杀的时间。这一切都证明俄狄浦斯是杀死拉伊俄斯的凶手，但俄狄浦斯仍未想到那人是他的父亲。另一条线索是科任托斯牧人告诉俄狄浦斯，他并非波吕波斯的儿子。当这两个牧人相遇时，两条线索交织在一起，真相也就大白了。该剧通过倒叙的手法，环环相扣，一步步地把戏剧冲突推向高潮，悲剧气氛也随之趋于顶点：伊俄卡斯特自杀，俄狄浦斯自刺双目后离开忒拜城，行乞涤罪。

3.欧里庇得斯《美狄亚》

欧里庇得斯一生共创作了90多部作品，保留至今的有18部，包括《美狄亚》《希波吕托斯》《特洛伊妇女》《酒神的伴侣》等17部悲剧和1部羊人剧《独目巨怪》。他喜欢在剧中谈论哲学问题，因而被称为"舞台上的哲学家"。欧里庇得斯的悲剧不再围绕着旧式的英雄主题，而是取材于日常生活，剧中出现了平民、奴隶、农民等人物形象。剧中所采用的语言也更加平民化，通俗易懂。他的悲剧标志着传统英雄悲剧的终结及传统戏剧向世态戏剧的过渡。

《美狄亚》是欧里庇得斯最著名的悲剧之一。美狄亚是个异国女子，她曾背叛自己的家庭，帮助伊阿宋取得金羊毛，同他一起前往希腊的伊奥尔科斯。她在那里为伊阿宋报了杀父之仇，但伊阿宋未能恢复王权，二人被赶出家乡，流亡到了科林托斯，并生下了两个儿子。不久，伊阿宋变了心，他要做科林托斯国王的女婿，并要把妻儿赶走。美狄亚愤怒不已。她先设计毒杀了国王和公主，又为了绝伊阿宋的后嗣而杀害了自己的两个儿子，最后独自乘龙车飞往雅典。《美狄亚》旨在批判不合理的婚姻制度和男女地位的不平等，斥责男子的不道德和自私自利。

考点4　塞万提斯《堂吉诃德》

1.作者简介

塞万提斯是人文主义者与现实主义者，文艺复兴时期西班牙最重要的作家，主要作品有长篇小说《堂吉诃德》，短篇小说集《警世典范小说集》。

2.《堂吉诃德》

（1）主题思想

《堂吉诃德》模仿骑士小说的写法，主要讲述了堂吉诃德与桑丘·潘沙主仆二人三次游历的故事。作品反映的是16—17世纪西班牙的社会现实，涉及政治、经济、宗教、道德、风俗等多个方面，反映了封建制度的黑暗和广大人民备受剥削压迫的现实，揭露了西班牙王国表面强大，实际已经开始衰落的本质。小说中贯穿着理想与现实的冲突，充满了美好理想遭到嘲弄和践踏的悲剧色彩。

（2）艺术特色

《堂吉诃德》的艺术特色主要表现在以下几个方面。

①小说采用对比、讽刺和夸张的艺术手法，把现实与幻想结合起来，表达塞万提斯对时代的见解。现实主义的描写在《堂吉诃德》中占主导地位。

②小说在结构上，融合了以往各种类型的长篇叙事文学的结构特点，包括英雄史诗、故事传奇、田园小说

等,尤其是流浪汉小说和骑士小说的艺术形式和方法,形成了现代小说最基本的结构模式。

③小说在人物塑造上,大量运用夸张和反复的手法,善于将人物放在不同场景中,在重复中强调人物性格;同时善于运用虚实结合的方法,否定中有歌颂,荒诞中有寓意,具有强烈的艺术性。

④小说着重写主观动机与客观后果之间的矛盾,在喜剧性情节中展现悲剧内涵。

⑤小说在语言风格上,汲取了古典艺术和民间艺术的养分,寓庄严于谐趣,潇洒幽默、生动机智、妙趣横生。

(3)人物形象

①堂吉诃德

堂吉诃德的形象具有复杂性。他耽于幻想,行动盲目,是一个喜剧型的人物。同时他又是理想与现实脱节,动机高尚而行动错误的悲剧型人物。他是可笑的、可悲的,又是可爱的、可敬的。他性格中的矛盾正是社会现实和他本人世界观之间矛盾的反映。堂吉诃德形象的高度概括性,使他成为世界文学中不朽的典型之一。

②桑丘·潘沙

桑丘·潘沙是一个普通的农民,既勤劳善良、机智幽默,又目光短浅、贪图小利。他游侠的最初目的是升官发财,但在与主人相处的过程中,受主人宽厚胸襟这一特点的影响,变得正直无私,在海岛当"总督"时,切实为百姓做了很多好事。桑丘·潘沙这一形象的务实精神与堂吉诃德人文精神的结合既体现了作者对民主精神的追求,又体现了作者推动人文主义社会理想实现的愿望。

考点5 莎士比亚

莎士比亚是文艺复兴时期英国的戏剧家和诗人,代表作有"四大悲剧"(《哈姆莱特》《奥赛罗》《李尔王》《麦克白》),"四大喜剧"(《仲夏夜之梦》《威尼斯商人》《第十二夜》《皆大欢喜》),历史剧《亨利四世》《亨利五世》《理查二世》,正剧《罗密欧与朱丽叶》等。本·琼森称他为"时代的灵魂",马克思称他和古希腊的埃斯库罗斯为"人类最伟大的戏剧天才"。

1.莎士比亚的喜剧

(1)《威尼斯商人》

《威尼斯商人》的主要内容:威尼斯富商安东尼奥为了成全好友巴萨尼奥的婚事,向高利贷者夏洛克借债。但由于安东尼奥贷款给别人时从不收取利息,并且曾经帮助夏洛克的女儿私奔,夏洛克始终对其怀恨在心。夏洛克趁此机会,设下圈套,伺机报复——先是佯装不收取安东尼奥的贷款利息,后又要求如果逾期未还贷款,就要从安东尼奥身上割下一磅肉。然而,双方定下合约后不久,就传来了安东尼奥的商船失事的消息。安东尼奥因资金无法周转,无力偿还贷款,顿时陷入困境。夏洛克到法庭控告安东尼奥,要求安东尼奥依照法律条文履行合约。为了救下安东尼奥,巴萨尼奥的未婚妻鲍西娅假扮律师,出庭为安东尼奥辩护,她假意应允夏洛克的要求,但同时指出安东尼奥被割的肉只能是一磅,不能多也不能少,更不能让安东尼奥流一滴血。夏洛克因无法按约执行而败诉,害人不成反而失去财产。

《威尼斯商人》以歌颂仁爱、友情、爱情为主题,通过描写男女主人公的思想与言行,传达出人文主义精神,展现了资本主义早期商业资产阶级与高利贷者之间的矛盾。该作品的一大重要文学成就是塑造了夏洛克这一典型的唯利是图、冷酷无情的"吝啬鬼"形象。

◆◆◆ **知识拓展** ◆◆◆

世界名著中的四大"吝啬鬼"形象

1.莎士比亚《威尼斯商人》中的夏洛克。

2.莫里哀《悭吝人》(又名《吝啬鬼》)中的阿巴贡。

3.巴尔扎克《欧也妮·葛朗台》中的葛朗台。

4.果戈理《死魂灵》中的泼留希金。

注：中国"吝啬鬼"形象的典型是吴敬梓《儒林外史》中的严监生。

（2）《仲夏夜之梦》

《仲夏夜之梦》是莎士比亚喜剧创作走向成熟的标志，具有强烈的幻想性和抒情性。《仲夏夜之梦》讲述了由"魔汁"引起的冲突及冲突被解决，有情人终成眷属的故事。整部戏剧情调轻松，总的来说就是一个"乱点鸳鸯谱"的故事。剧中穿插了小闹剧当作笑料，即众工匠为婚礼所排的"风马牛不相及"的喜剧及排戏经过。这部戏剧没有什么深远的社会意义与内涵，它所包含的只有纯净的快乐，仿佛是一部戏剧的狂欢，中间也有过一丝爱情的烦恼，但仍是欢乐化、喜剧化的。

2.莎士比亚的悲剧及正剧

莎士比亚的悲剧主要是写理想与现实的矛盾和理想的破灭。人文主义理想和现实社会恶势力之间的矛盾构成戏剧冲突。剧中塑造了一批具有人文主义理想的人物，描写他们与恶势力进行的悲剧斗争及毁灭的过程。

（1）《哈姆莱特》

《哈姆莱特》写的是丹麦王子哈姆莱特回国奔丧，父王的鬼魂向他诉冤，嘱其报仇的故事。哈姆莱特装疯，安排"戏中戏"，证实了新王克劳狄斯杀兄的罪行。哈姆莱特错杀大臣后，被打发出国，后洞察新王阴谋，中途折回。新王备下毒酒毒剑，挑唆大臣之子雷欧提斯与哈姆莱特决斗，欲置哈姆莱特于死地，最后三人同归于尽，王后也误饮毒酒而死。

哈姆莱特作为一个人文主义者，有着复杂的性格和崇高的理想，对人类与世界有新颖的看法。他目光敏锐，思考深刻，又有高度的社会责任感。但过于内向和审慎的性格及势单力薄的处境，使得他行动延宕。他虽有行动的决心，并能不断督促自己，但最后只能与敌人同归于尽。哈姆莱特是欧洲近代文学史上一个比较完整的理想人物形象。整个剧本通过描写哈姆莱特与新王的宫廷斗争，反映了人文主义理想与英国社会现实之间的矛盾，反映了时代的先进力量与强大的社会恶势力之间的斗争，既揭示了社会矛盾，又歌颂了正义的理想。

（2）《罗密欧与朱丽叶》

《罗密欧与朱丽叶》讲述了罗密欧与朱丽叶二人于舞会一见钟情后得知对方身份，为了冲破双方家族的世仇走到一起，朱丽叶先服毒假死，醒来发现罗密欧自尽后，也随之自尽的故事。《罗密欧与朱丽叶》最大的艺术特色就是含有大量的抒情艺术形象。男女主人公用死亡这一极端的方式，让他们为尘世所不容的恋情得到了认可，并且化解了两个家族的仇恨。他们的死显示了爱情的巨大力量，向现实世界投射出无限光芒。

（3）莎士比亚刻画悲剧人物的特点

①莎士比亚不是孤立地描写一个事件，也不是单纯地描写主人公的个人命运，而是描写整个时代和社会的变化。他的戏剧往往囊括了上至宫廷、下至市井的广泛的社会生活画面，虽然上层人物的活动占主要地位，但是他们的背后也有劳动人民的积极活动。多重线索手法的运用体现了情节的生动性和丰富性。

②莎士比亚善于把人物放在内外两重的矛盾冲突之间，一方面是主人公与客观环境的冲突，另一方面是主人公的内心冲突。他善于在人物对比中突出主人公的性格，并充分利用人物的独白，深入人物的内心世界，展现人物思想性格发展的脉络。

③莎士比亚的戏剧语言既是丰富多彩的，又是高度形象化与个性化的。他特别善于运用比喻及隐喻等形象化语言，这些语言有的是一针见血的褒贬，有的是深刻的哲理，有的是粗俗的市井俚语。这样的个性化的语言是莎士比亚刻画人物性格极其重要的艺术手段。

④莎士比亚还善于渲染气氛，营造悲剧性的氛围，以突出人物的心理活动。

【2017年·山东临沂·判断】英国伟大的剧作家莎士比亚写有多部以意大利为背景的作品,如《罗密欧与朱丽叶》《威尼斯商人》等。（　　）

【答案】√。解析:《罗密欧与朱丽叶》的故事发生在意大利的维罗纳城,威尼斯是意大利的水上城市。

考点6　莫里哀《伪君子》《悭吝人》

莫里哀,法国喜剧作家、演员、戏剧活动家,法国芭蕾舞喜剧的创始人,法国17世纪古典主义文学最重要的作家之一,古典主义喜剧的创建者,代表作有《伪君子》《悭吝人》《无病呻吟》等。

1.《伪君子》

《伪君子》主要讲述了伪装圣洁的教会骗子答尔丢夫混进商人奥尔贡家,图谋勾引其妻子并夺取其家财,最后阴谋败露,锒铛入狱的故事。该剧深刻揭露了教会的虚伪和丑恶,答尔丢夫也因此成为“伪君子”的代名词。《伪君子》结构严谨,人物性格和矛盾冲突鲜明突出,语言机智生动,手法夸张滑稽,风格泼辣尖锐,在许多方面都突破了古典主义的陈规旧套,对世界喜剧艺术的发展产生了深远的影响。其艺术特色主要表现在以下几个方面。

①《伪君子》是一部古典主义创作原则与民间喜剧手法相结合的杰作。《伪君子》的创作方法符合古典主义的“三一律”。全剧五幕,情节单一集中,地点单一（只在奥尔贡家）,时间在一天之内。

②《伪君子》的情节结构精巧紧凑、层次分明。全剧五幕完全围绕着展现答尔丢夫的虚伪性格来安排。整个戏剧节奏急促,高潮迭起。

③《伪君子》打破了古典主义关于悲、喜剧的严格界限,在喜剧中融入了悲剧的因素,这些悲剧性因素足以显示伪善者的掠夺本性,增强了作品的批判力量。

④《伪君子》的语言生动灵活,富有个性化色彩。莫里哀在作品中向民间闹剧学习,吸收了许多生动活泼、富有生活气息的情节和技巧,增强了作品的艺术效果。

2.《悭吝人》

《悭吝人》（又译《吝啬鬼》）深刻地揭示了资产阶级的拜金主义本质,是莫里哀继《伪君子》之后的又一杰出剧作。剧本取材于古罗马喜剧家普劳图斯的《一坛黄金》。经过作者的再创造,古罗马的喜剧被赋予了新的社会意义。高利贷者阿巴贡悭吝贪婪,爱钱如命。他要儿子娶有钱的寡妇,要女儿嫁给不要陪嫁的半百老头,自己则看中年轻貌美的玛丽亚娜,想娶她为继室,还希望从中得到一笔丰厚的妆奁。但是,玛丽亚娜恰好是儿子的意中人。儿子的仆人为了成全少主人的婚姻,偷走了阿巴贡的钱,迫使阿巴贡放弃娶玛丽亚娜的念头,并使其同意了儿女的婚事。

莫里哀运用夸张、讽刺的手法,成功地塑造了阿巴贡这个贪婪吝啬的资产阶级守财奴形象,由于其巨大的艺术概括性,“阿巴贡”在法语中成了“守财奴”和“吝啬鬼”的代名词。剧中莫里哀还以独到的艺术眼光写出了金钱与贪欲对人性和亲情的泯灭,他敏锐地指出,在资本原始积累时期,金钱已经开始变成年轻人婚姻幸福的障碍,成为破坏“温情脉脉”的家庭关系的巨大力量。莫里哀在欧洲文学史上第一次以这样的高度揭示资产阶级的贪欲,对后来巴尔扎克等作家的创作产生了较大影响。

考点7　笛福《鲁滨孙漂流记》

笛福,英国小说家、新闻记者,被誉为“欧洲小说之父”。其代表作《鲁滨孙漂流记》一直闻名于世,鲁滨孙也成为与困难抗争的典型,笛福因此被视作英国现实主义小说的开创者之一。

《鲁滨孙漂流记》被认为是第一部用英文以日记形式写成的小说,也是英国第一部现实主义长篇小说。小说讲述了海难幸存者鲁滨孙在一个偏僻荒凉的热带小岛上度过了28年的故事,赞扬了新兴资产阶级的代表——鲁滨孙身上所表现出的勤劳、智慧、勇敢、顽强和坚韧的美好品德，也反映了处于资本原始积累时期，新兴资产阶级对个性自由的要求和发挥个人才智、勇于冒险、追求财富的进取精神。

鲁滨孙是一个劳动者，同时又是资产者和殖民者，具有剥削掠夺的本性。他几次出海的目的都是到非洲贩卖奴隶，他用火枪和《圣经》慑服土著人，使"星期五"心甘情愿地做了他的忠实奴仆。火枪和《圣经》就是欧洲殖民主义者对殖民地人民所惯用的两种武器。鲁滨孙顽强不息地与自然做斗争，既是为了生存，也是为了占有财富和土地。鲁滨孙是生活的创造者，又是新兴的剥削者，这个形象是资产阶级创业年代的产物，它反映了创业时期资产阶级的才干和进取精神，成为西方文学中第一个资产阶级的正面形象，这是欧洲小说史上的创举。鲁滨孙身上的双重性，充分体现了作者自身的时代与阶级的局限性。

考点8　歌德《浮士德》《少年维特之烦恼》

歌德，18世纪中叶到19世纪初德国乃至欧洲最重要的剧作家、诗人、思想家，代表作有诗剧《浮士德》，书信体小说《少年维特之烦恼》等。

1.《浮士德》

诗剧《浮士德》共两部。第一部除序曲外，共25场，不分幕；第二部分为五幕。《浮士德》是一部时代精神发展史，是从文艺复兴时期到19世纪初资产阶级上升期文化发展的生动缩影。全剧描写了主人公浮士德对人生理想的不断追求与探索，展示了他的思想发展历程和他的经历：学者生活、爱情生活、政治生活、追求古典美和改造大自然。浮士德为了寻求新生活，和魔鬼靡非斯特签订契约，把自己的灵魂抵押给魔鬼，而魔鬼要满足浮士德的一切要求。如果有一天浮士德认为自己得到了满足，那么他的灵魂将归魔鬼所有。于是靡非斯特使用魔法，让浮士德有了一番奇特的经历。浮士德返老还童，尝过了爱情的欢乐与辛酸，在治理国家中显过身手，在沙场上立过奇功，又想在一片沙滩上建立起人间乐园……就在他沉醉在对美好未来的憧憬中时，他不由自主地说："停一停吧，你真美丽！"随即倒地。最后，天使在魔鬼之前赶来，挽救了浮士德的灵魂。

《浮士德》的基本结构形式是戏中戏，大悲剧中套着许多小悲剧，其中有些小悲剧可以独立成篇，如葛丽卿悲剧。在艺术表现上，为了充分表现各种人物和场面，歌德采用了现实主义与浪漫主义结合的创作方法。在塑造人物时采取了直抒胸臆、对比烘托（不同时期、不同场合、不同事物）等方法。为了适应诗剧丰富多彩、变化万千的内容，歌德还采用了多种多样的诗歌形式和表现手段，恰当地描写环境、烘托气氛、塑造形象。诗中的语言风格也变化多端，有颂扬、有嘲讽、有诙谐、有庄严、有明喻，显示了作者高超的艺术才能。《浮士德》还善于运用矛盾对比的方法来安排场面，配置人物，以浮士德为中心，其他一些重要人物，都与他形成对比。在全诗的构思中，光明与黑暗、崇高与卑劣常常是交替出现的。此外，歌德还将神话、传说、幻想等交织在一起，组成了作品多彩的色调。

2.《少年维特之烦恼》

《少年维特之烦恼》由维特与友人、绿蒂的通信，以及他的日记片段连缀而成，主要讲述了维特困于爱情与事业的双重苦恼中，感觉不到任何的人生价值，最终选择自杀的故事。在爱情上，维特爱上了已经订婚的绿蒂并全身心投入，试图在爱情中寻找慰藉，但他受封建婚姻制度和传统社会习俗的影响，以及金钱和门第的制约，始终不敢向绿蒂敞开心扉；在事业上，由于官场等级森严，维特受市民出身的限制，受到了排挤和歧视，他因此陷入了烦恼，变得孤独忧郁。维特的烦恼，充分体现了进步的启蒙思想和黑暗的社会现实之间的矛盾。

维特受卢梭思想的影响，追求自由与平等，痛恨等级制度和贵族特权，是18世纪德国进步知识青年的典型形象。但从根本上说，他缺乏积极的行动力，不能意识到只有反抗和争取的人生才会有价值，总是希望社会改变而从不积极地改变自己，是一个消极的反抗者的形象。黑格尔曾说他是"幽美的灵魂"。

考点9　雨果《巴黎圣母院》

1.作者简介

雨果,法国浪漫主义作家,法国文学史上卓越的资产阶级民主作家,被人们称为"法兰西的莎士比亚"。代表作有长篇小说《巴黎圣母院》《悲惨世界》《海上劳工》《笑面人》《九三年》,诗集《光与影集》和《秋叶集》,短篇小说《"诺曼底"号遇难记》等。

2.《巴黎圣母院》

(1)作品主题

《巴黎圣母院》是雨果第一部大型浪漫主义小说,它以离奇的想象和丰富的"美丑对照"原则描写了一个发生在15世纪法国的故事。小说揭露了宗教的虚伪,宣告了禁欲主义的破产,歌颂了下层劳动人民的善良、友爱、舍己为人,反映了雨果的人道主义思想。

(2)内容简介

长相丑陋的聋人卡西莫多被巴黎圣母院的副主教克洛德收养,在巴黎圣母院做敲钟人。外表正经的副主教克洛德自从遇见美丽的吉卜赛少女爱斯梅拉达后,被其美色所诱而神魂颠倒,并指使卡西莫多强行掳走爱斯梅拉达,途中爱斯梅拉达被骑兵上尉队长弗比斯所救,因而爱上了他。弗比斯生性风流,遭到怀恨在心的克洛德刺杀,但弗比斯没有死。克洛德却将此事嫁祸于爱斯梅拉达,使她被判死刑。行刑时,卡西莫多将爱斯梅拉达救走并藏于圣母院中,乞丐群众为救爱斯梅拉达而冲入教堂,误与卡西莫多大战,爱斯梅拉达被克洛德带领的军队绞杀在广场上,卡西莫多愤然将克洛德从教堂顶楼推了下去,最后卡西莫多抚着爱斯梅拉达的尸体殉情。

(3)人物形象

①爱斯梅拉达

爱斯梅拉达是雨果塑造的一个理想人物,是人性美与善的象征。她纯洁善良,酷爱自由,性格豪爽,品格坚贞。她善良地对待每一个人,挽救了误入乞丐王国的诗人甘果瓦的生命;她不计前嫌送水给受刑时的卡西莫多;她对爱情抱着坚贞不渝的信念,丝毫不怀疑心上人的忠诚,不相信他的背叛,也不允许别人说一句他的坏话;面对克洛德的淫威,她宁死不屈。她的毁灭,是对残酷的封建专制统治和教会邪恶势力的有力控诉,同时也唤起了人们对真善美的追求。

②卡西莫多

卡西莫多是雨果理想中"善"的化身,是雨果根据美丑对照原则创造的人物形象。他有着丑到极点的相貌:几何形的脸,四面体的鼻子,马蹄形的嘴,参差不齐的牙齿,独眼,耳聋,驼背……似乎上帝将所有的不幸都降临在了他的身上,但他内心崇高,是一个富有正义感、情感丰富的人。他对爱斯梅拉达的爱慕是一种混合着感激、同情和尊重的柔情,一种无私的、永恒的、高贵的、质朴的爱,完全不同于克洛德那种邪恶的占有欲,也不同于花花公子弗比斯的逢场作戏。雨果通过这一形象,树立起一个人类灵魂美的典型。这一形象还体现了善战胜恶、真诚战胜虚伪的真理。

③克洛德

克洛德是一个有着双重性格的人物。一方面,他是宗教恶势力的代表,道貌岸然,内心阴险毒辣,为满足自己的欲望不择手段。他出于淫欲指使卡西莫多劫走爱斯梅拉达,出于嫉妒刺伤弗比斯并嫁祸于爱斯梅拉达,又因得不到爱斯梅拉达的爱而将她置于死地。另一方面,他又是宗教禁欲主义的牺牲品,长久的禁欲扭曲了他的灵魂。他越是意识到自己失去了人间的欢乐,便越是仇恨世人,仇视世间一切美好的事物。克洛德是小说中塑造的最有深度的人物。

(4)艺术特色

《巴黎圣母院》是一幅瑰丽多姿的浪漫主义艺术画卷。首先,作者充分运用浪漫主义的"美丑对照"手法,把善与恶、美与丑、崇高与卑下对照起来描写,并在环境、事件、情节的安排及人物形象的塑造上,夸张地突出某些特性,形成强烈的对比。其次,小说还具有丰富的想象、怪诞的情节和奇特的结构。最后,作者运用拟人化的手法,把圣母院中人与兽的浮雕和帝王的神龛,当作目睹人间沧桑的见证者,增添了小说的浪漫主义色彩。

考点10 司汤达《红与黑》

司汤达是19世纪法国杰出的批判现实主义作家。他以准确的人物心理分析和凝练的笔法而闻名,被认为是最重要和最早的现实主义的实践者之一。其最有名的作品是长篇小说《红与黑》和《帕尔马修道院》。

《红与黑》被称为19世纪现实主义的奠基之作。小说围绕主人公于连个人奋斗的经历,尤其是他的两次爱情进行描写,广泛地展现了19世纪初"压在法国人民头上的历届政府所带来的社会风气",真实而准确地再现了法国当时的社会风貌和政治形势。于连的两次爱情都与时代紧密相连,这是当时阶级角逐的一种表现。他对德·雷纳尔夫人的感情,是出于小市民对权贵的报复心理;对玛蒂尔德小姐的爱情则纯属政治上的角逐。他认为只要与玛蒂尔德小姐结婚就可以爬上高位,青云直上,所以不惜去骗取她的爱情。作者强烈地抨击了复辟王朝时期贵族的反动、教会的黑暗和资产阶级新贵的卑鄙庸俗、利欲熏心。于连的两次爱情都以失败告终,这是因为在复辟时期,封建势力向市民阶层猖狂反扑。于连不属于统治阶级,而封建统治阶级也绝不会容忍于连这样的人实现宏愿。

在艺术上,小说以深刻细腻的笔调,广泛运用独白和自由联想等多种艺术手法,充分展示了主人公的内心世界,挖掘出了主人公的深层意识活动,开创了后世"意识流小说""心理小说"的先河。

《红与黑》成功塑造了于连这一典型形象。于连是波旁王朝复辟时期出现的小资产阶级青年的艺术典型,强烈的自我意识是他性格中核心的、深层的内容,这种自我意识在环境外力的作用下,又生出自由平等的观念、反抗意识和强烈的个人野心。于连一生奋斗,心中激荡着追求自由平等的政治热情,也充满了追求个人幸福的利己主义欲望。在他身上既体现了大革命过后英雄主义尚存的法国社会的时代精神,同时也映射出司汤达自身的人生体验和心理欲望。于连身上所表现出的反压迫、求自由,坚定地追寻自我生命价值的精神,体现了人的一种普遍的生存需求,具有深刻的象征意义。

考点11 巴尔扎克《人间喜剧》

巴尔扎克,19世纪法国伟大的批判现实主义作家,欧洲批判现实主义文学的奠基人和杰出代表,法国现实主义文学成就最高者之一。他创作的《人间喜剧》共包含91部小说、2400多个人物,充分展示了19世纪上半叶法国的社会生活,是人类文学史上罕见的丰碑,被称为"法国社会的百科全书"。

《人间喜剧》采用分类整理和人物再现的方法,将作品组合成一个有机的整体,反映的生活画面极其广阔,涉及社会各个阶层、各个领域、各个角落。巴尔扎克在创作时,力图找出"产生这些社会现象的多种原因或一种原因,寻出隐藏在广大的人物、热情和故事里面的意义"。《人间喜剧》还塑造了典型环境中的典型人物,为了更加真实地再现生活面貌、塑造典型人物,巴尔扎克对环境和人进行了真实、准确的描写。

《人间喜剧》中最有名的小说是《欧也妮·葛朗台》和《高老头》。这两部小说都表现了资产阶级唯利是图、自私自利的本性,揭露了资本主义社会人与人之间赤裸裸的金钱关系。

《欧也妮·葛朗台》主要讲述了一个贪婪、吝啬的老头毁掉自己女儿一生幸福的故事。老葛朗台原本是个木匠,在大革命期间,他靠着灵活的头脑,不择手段地攫取金钱,成了百万富翁。他虽然有钱,却从不舍得花,家里过着穷酸的日子,甚至连自家的楼梯坏了也不舍得花钱修。他把自己的女儿当作鱼饵,诱惑那些向女儿求婚的人,自己从中渔利。他的女儿欧也妮爱上了自己的堂兄查理,老葛朗台却将查理从家里赶走,还把欧也妮关在阁楼上惩罚她,每天只让她喝冷水,吃劣质面包,冬天也不生火。老葛朗台死后,给女儿留下了1800万法郎的遗产,可女儿已失去了青春、爱情和幸福。

《高老头》主要讲述了退休的面粉商人高里奥的故事。他有两个女儿,一个嫁给了大贵族,一个成了银行家的太太。高里奥为了满足两个女儿的奢侈生活,不惜耗尽财产,结果却被女儿遗弃,在孤独痛苦中死去,最终还是一个名叫拉斯蒂涅的青年设法安葬了他。拉斯蒂涅是复辟时期青年野心家的典型,小说通过写他先后在鲍赛昂子爵夫人、伏脱冷、高老头那里受到的社会教育,表现了他作为政治野心家成长的过程,揭露了统治阶级的卑鄙丑恶,抨击了资产阶级的道德原则,揭示了物欲横流的社会现实。

考点12　狄更斯《双城记》

狄更斯是19世纪英国批判现实主义小说家。他特别注重描写生活在英国社会底层的"小人物"的生活遭遇,反映当时英国复杂的社会现实,为英国批判现实主义文学的开拓和发展做出了卓越的贡献。代表作有《双城记》《大卫·科波菲尔》《匹克威克外传》《雾都孤儿》《老古玩店》《艰难时世》《我们共同的朋友》等。其中最著名的作品是描写劳资矛盾的长篇小说《艰难时世》和描写法国大革命的小说《双城记》。前者描写了工人阶级的团结斗争,揭露了工业资本家对工人的残酷剥削和压迫,批判了为资本家剥削辩护的自由竞争原则和功利主义学说;后者用法国贵族的荒淫残暴、人民群众的重重苦难和法国大革命的历史威力,来影射当时英国的社会现实,预示这场"可怕的大火"也将蔓延到英国。

《双城记》在法国大革命广阔的历史背景下,以虚构人物梅尼特医生的经历为主线,采用倒叙、插叙、铺垫等手法,把冤狱、爱情与复仇三个互相独立而又互相关联的故事交织在一起,深刻地揭露了法国大革命前深深激化了的社会矛盾,强烈地抨击了贵族阶级的荒淫残暴,表现了对下层人民苦难的深切同情。作品尖锐地指出,人民群众的忍耐是有限度的,在贵族阶级的残暴统治下,人民群众迫于生计,必然奋起反抗。小说还描绘了起义人民攻占巴士底狱等壮观场景,表现了人民群众的伟大力量。作者站在人道主义的立场上,既反对残酷压迫人民的暴政,也反对革命人民使用极端的暴力。

《双城记》塑造了三类人物:第一类是以厄弗里蒙地侯爵兄弟为代表的封建贵族,他们"唯一不可动摇的哲学就是压迫人",是作者痛加鞭挞的对象;第二类是以得伐石夫妇为代表的革命群众,他们是一群被失控的自己所扭曲的人物形象;第三类是理想化人物,是作者心目中以人道主义解决社会矛盾、以博爱战胜仇恨的榜样,包括梅尼特父女、劳雷和卡尔登等。

考点13　普希金《叶甫盖尼·奥涅金》

普希金,俄国伟大的诗人、小说家,现代俄国文学的创始人,19世纪俄国浪漫主义文学的主要代表,被誉为"俄罗斯文学之父""俄罗斯诗歌的太阳"。代表作有诗体长篇小说《叶甫盖尼·奥涅金》,童话诗《渔夫和金鱼的故事》,长篇小说《上尉的女儿》,中篇小说《杜勃罗夫斯基》,短篇小说集《别尔金小说集》等。《别尔金小说集》中的《驿站长》是俄罗斯短篇小说的典范,在俄国文学史上第一次提出"小人物"主题。

《叶甫盖尼·奥涅金》中,诗人以精湛的现实主义艺术手法塑造了典型环境中的典型人物,用奥涅金的冷漠、怀疑,连斯基的理想主义热情,达吉雅娜的纯洁、孤寂,突出反映了19世纪20年代俄国黑暗的社会现实和知识分子追求光明、自由时的困惑、迷惘的心理。这部诗体小说反映了19世纪20年代俄国的社会生活,真实地表现了当时俄国青年的苦闷、探求和觉醒,提出了许多重要的社会问题,因此别林斯基把它称为"俄罗斯生活的百科全书"。

作品生活场景广阔,人物形象鲜明,语言优美,体裁别具一格。它用诗体写成,兼有诗和小说的特点,客观的描写和主观的抒情有机交融。普希金独特的"奥涅金诗节"(每节十四行,根据固定排列的韵脚连接)语言流畅,富有节奏感。

普希金在奥涅金身上准确地概括了当时一部分受到进步思想影响但最终又未能跳出其狭小圈子的贵族青年的思想面貌和悲剧命运,从而成功地塑造出了俄国文学中的第一个"多余人"形象。"多余人"是19世纪俄国文学中描绘的贵族知识分子的一种典型形象。他们出身贵族,生活在优裕的环境中,受过良好的文化教育。他们虽有高尚的理想,却远离人民;虽对现实不满,却缺少行动。他们是"思想上的巨人,行动上的矮子",只能在愤世嫉俗中白白地浪费自己的才华。他们既不愿站在政府那边与上流社会同流合污,又不能和人民站在一起反对专制制度和农奴制度。他们向往自由思想,不满俄国的现状,然而他们又是大贵族和权势者的代表人物,不可能与底层人民达成合作以改变俄国的现状。普希金的《叶甫盖尼·奥涅金》里的主人公奥涅金是"多余人"的鼻祖,但这一形象在屠格涅夫1850年发表中篇小说《多余人日记》之后才更加深入人心。之后,"多余人"形象的代表人物又有赫尔岑《谁之罪》中的别尔托夫,莱蒙托夫《当代英雄》中的毕巧林,屠格涅夫《罗亭》中的罗亭,冈察洛夫《奥勃洛摩夫》中的奥勃洛摩夫等。

考点 14　果戈理《死魂灵》《钦差大臣》

果戈理,俄国19世纪前半叶最优秀的讽刺作家、俄国象征主义文学流派的源头、俄国批判现实主义文学的奠基人之一。果戈理善于描绘生活,将现实和幻想结合,其作品具有讽刺性的幽默。代表作有五幕喜剧《钦差大臣》,长篇小说《死魂灵》等。

1.《死魂灵》

《死魂灵》是四大著名吝啬鬼小说(其他三部分别为莎士比亚的《威尼斯商人》、莫里哀的《悭吝人》、巴尔扎克的《欧也妮·葛朗台》)之一。它刻画了俄国地主的丑恶群像,深刻揭露了俄国农奴制的反动和腐朽,是俄国批判现实主义文学发展的基石,也是果戈理现实主义创作的顶峰。别林斯基称赞它是"俄国文坛上划时代的巨著",是一部"高出于俄国文学过去及现在所有作品之上的""既是民族的,同时又是高度艺术的"作品。

2.《钦差大臣》

《钦差大臣》是俄国第一部真正的喜剧,也是俄国现实主义戏剧发展史上的重要里程碑。它一反当时俄国舞台上毫无思想内容的庸俗笑剧和传奇剧的风格,并凭借典型生动的形象、紧凑的情节及深刻犀利的讽刺,跃居当时世界剧坛的前列。

考点 15　陀思妥耶夫斯基《罪与罚》

陀思妥耶夫斯基,19世纪俄国文学的卓越代表,与列夫·托尔斯泰、屠格涅夫等人齐名,正如有人所说,"托尔斯泰代表了俄罗斯文学的广度,陀思妥耶夫斯基则代表了俄罗斯文学的深度"。代表作品有长篇小说《罪与罚》,中篇小说《白夜》等。

《罪与罚》以主人公拉斯柯尔尼科夫犯罪及犯罪后受到良心和道德惩罚的故事为主线,广泛地描写了俄国城市贫民走投无路的悲惨境遇和日趋尖锐的社会矛盾。作者笔下的彼得堡暗无天日:眼睛被打得发青的妓女在市场上聚集,投河自尽的女工在污浊的河水中挣扎,穷困潦倒的小公务员在街上被马车撞倒,发疯的女人带着孩子沿街乞讨……与此同时,高利贷老太婆瞪大凶狠的眼睛,要榨干穷人的最后一滴血汗,满身铜臭的市侩不惜用诱骗、诬陷的手段残害"小人物",以达到利己的目的,荒淫无耻的贵族地主为满足自己的兽欲,不断做出令人发指的勾当……作者怀着真切的同情和满腔的激愤,将19世纪60年代俄国社会的黑暗、赤贫、绝望和污浊无情地展现了出来。

《罪与罚》的艺术特色主要表现在以下几个方面。

①人物性格的塑造不是通过作者对人物由外入内的描写来表述的,而是通过人物意识由内向外表述的。

②在人物独立于作者的基础上,人物的思想及他们对话中表达的不同观点和作家的声音处于平等地位,构成小说的复调。

③运用象征、典故、暗示等艺术手法,扩大作品的思想容量。

考点16 契诃夫《变色龙》

契诃夫，19世纪俄国短篇小说艺术大师，伟大的批判现实主义作家，与法国莫泊桑、美国欧·亨利合称"世界三大短篇小说巨匠"。他一生创作了七八百篇短篇小说，还写了一些中篇小说和剧本。其作品大多取材于中等阶层的"小人物"的平凡生活，揭露了反动统治阶级的残暴，抨击了沙皇的专制制度。其代表作有短篇小说《变色龙》《胖子和瘦子》《凡卡》《套中人》《小公务员之死》，戏剧作品《万尼亚舅舅》《三姊妹》《海鸥》《樱桃园》等。

契诃夫的作品以语言精练、准确见长，善于透过生活的表层进行探索，将人物隐蔽的动机揭露得淋漓尽致。他的优秀剧本和短篇小说集中讲述一些看似平凡琐碎的故事，创造出一种特别的，甚至可以称为令人难以忘怀的或是抒情意味极浓的艺术氛围。契诃夫创造了一种风格独特、言简意赅、艺术精湛的抒情心理小说。他截取平凡的日常生活片段，以精巧的艺术细节对生活和人物做出真实的描绘和刻画，从中展示重要的社会内容。这类小说把褒扬和贬抑、欢悦和痛苦之情融化在作品的形象体系之中，抒情意味浓郁，表达了契诃夫对丑恶现实的不满和对美好未来的向往。契诃夫主张让读者自己从形象体系中琢磨作品的含义。

《变色龙》按照时间顺序，借助人物对话，讲述了警官奥楚蔑洛夫在街上巡视，恰逢首饰匠赫留金被狗咬伤的故事。作者运用夸张手法，描写了奥楚蔑洛夫态度的五次变化，淋漓尽致地刻画了一个溜须拍马、谄上欺下、见风使舵、趋炎附势的小人形象。作者对此没有一句主观的评判，而是将自己的好恶隐含在客观的描写里，通过人物自己的言行，通过他的前后矛盾、丑态百出，尖锐地讽刺了这种奴性人格。

考点17 列夫·托尔斯泰《复活》《战争与和平》《安娜·卡列尼娜》

列夫·托尔斯泰，19世纪俄国伟大的批判现实主义作家，被誉为具有"最清醒的现实主义"的"天才艺术家"。主要作品有长篇小说《复活》《战争与和平》《安娜·卡列尼娜》等。他的作品描写了俄国革命时期人民的顽强抗争，因此他被称为"俄国革命的镜子"。列宁曾称赞他创作了"世界文学中第一流"的作品。

1.《复活》

《复活》一方面表现了精神觉醒的主题，另一方面则借聂赫留朵夫的经历和见闻，展示了从城市到农村的社会阴暗面，对政府、法庭、监狱、教会、土地私有制和资本主义制度做了深刻的批判。作品平铺直叙，单线发展，直接地、不加修饰地描写聂赫留朵夫和玛丝洛娃的遭遇，增强了故事的真实性，客观地展现了生活画面，同时运用讽刺手法刻画人物形象，用对比手法和内心独白来突出人物性格。

男主人公聂赫留朵夫是一个为自己和本阶级的罪恶而忏悔的形象，玛丝洛娃的不幸遭遇深深触动了他，他决心用自己的行动来赎罪。聂赫留朵夫对人民苦难的同情，对本阶级罪恶的忏悔，以及在忏悔过程中的矛盾、彷徨，既代表了当时一部分进步的贵族知识分子的精神状态，也反映了作家本人的思想矛盾。

女主人公玛丝洛娃是一个从受欺凌的处境中逐步觉醒并走向新生的下层妇女形象。如果说与聂赫留朵夫的重逢震颤了她麻木的灵魂，那么与政治犯的接触则使她开始对新生活的探索。玛丝洛娃的形象已经突破了当时一般作家用同情的笔调描写下层人民不幸遭遇的格局，深刻地表现了下层人民不可摧毁的坚强意志。

2.《战争与和平》

《战争与和平》通过对俄国社会史诗般的描写，表现出积极、乐观、热爱人生和自然的进取精神，反映了农奴制改革后国家前途和人民作用的问题。

《战争与和平》的艺术特色主要表现在以下几个方面。

①线索清晰、结构完整。作者以"战争"与"和平"为中心，对当时的重大历史事件和人们的社会生活进行了精心安排。

②作品中的景色描绘与人物内心世界紧密相连。

③语言如行云流水,挥洒自如。作者在优美的散文中插入大段具有雄辩力的议论,直接表达历史、哲学观点。

3.《安娜·卡列尼娜》

《安娜·卡列尼娜》通过女主人公安娜·卡列尼娜追求爱情的悲剧和列文在农村面临危机而进行的改革与探索这两条线索,描绘了俄国从城市到乡村广阔而丰富多彩的图景。作品先后描写了150多个人物,是一部社会百科全书式的作品。

安娜·卡列尼娜是列夫·托尔斯泰笔下最富有魅力的女性形象之一。安娜出身高贵,但命运却很不幸,她以感情为第一生命,勇敢叛逆,不屈追求,有着极其崇高的人格追求,是一个内心世界十分丰富的女性。

考点18　罗曼·罗兰《约翰·克利斯朵夫》

罗曼·罗兰,法国小说家、戏剧家、思想家,20世纪"长河小说"的开创者,善于"用音乐写小说",代表作有《约翰·克利斯朵夫》《名人传》等。其中,《约翰·克利斯朵夫》被高尔基称为"长篇叙事诗",也被誉为"20世纪最伟大的小说"。1915年,罗曼·罗兰获得了诺贝尔文学奖。

《约翰·克利斯朵夫》以主人公约翰·克利斯朵夫的生平为主线,描述了这位音乐天才成长、奋斗和失败的经历,同时对德国、法国、瑞士、意大利等国家的社会现实展开了不同程度的真实描写,控诉了资本主义社会对艺术的摧残。

约翰·克利斯朵夫是一个为追求真诚的艺术和健全的文明而顽强奋斗的平民艺术家的形象,他身上最突出的特点是强烈的反抗精神和为实现理想而不懈奋斗的英雄气概。他拥有坚强的意志,但小资产阶级的经济地位、资本主义相对稳定的发展和欧洲无产阶级革命相对沉寂的历史条件,又导致他对统治者抱有一定的幻想,对人民的力量表现出一定的轻蔑态度。这种矛盾性带有明显的时代和阶级的烙印。

考点19　海明威《老人与海》

海明威,美国作家,代表作有《太阳照样升起》《永别了,武器》《丧钟为谁而鸣》《乞力马扎罗山上的雪》《老人与海》等。海明威凭借《老人与海》获得了1953年普利策奖和1954年诺贝尔文学奖。海明威的作品以战场生活、打猎、钓鱼、拳击为主要内容,表现战争、暴力、死亡、痛苦的主题,既揭示了暴力给人造成的肉体与精神创伤,又不断展示人的勇气和不屈的性格,从而深入探讨现代社会人类的生存状况和出路。其作品中的主要人物往往有强悍的膂力、坚韧不拔的斗志和不怕牺牲的精神。

《老人与海》是一部命运悲剧,桑地亚哥的遭遇是人类注定要失败的命运的写照;同时作品又是一曲英雄主义的赞歌,桑地亚哥是一个精神上的强者,不向注定的命运屈服。作者借桑地亚哥这一形象讴歌了即使一无所获仍旧不屈不挠的奋斗精神,歌颂了人类勇敢坚毅的精神力量。

小说散发出了浓郁的象征意味。大海象征变幻无常的社会生活,马林鱼象征人生的理想,鲨鱼象征无法摆脱的悲剧命运,狮子象征勇气和力量。老人是现代社会人类的象征,他在斗争中失败,却没有屈服。作者以这种象征说明在面对强大凶残的社会力量时,在面对死亡、厄运时,无所畏惧,保持精神上的自强与自信,才是人的唯一价值和出路。

《老人与海》的艺术特色主要表现在以下几个方面。

①《老人与海》将富有艺术魅力的形象同抽象深远的寓意融合在一起,形成了独特的风格。

②作品成功地采用寓意、象征和现实主义相结合的手法,将作品的深意隐藏在情节背后,留给读者充分的想象空间和发掘的余地。

③语言干净朴素、简练直白,日常生活中最常用的词语被作者赋予了极强的表现力。

考点20 高尔基"自传体三部曲"

高尔基，苏联作家，社会主义现实主义文学的奠基人，20世纪苏联文学的奠基人，列宁称他为"无产阶级艺术最杰出的代表"。高尔基的早期作品杂存着现实主义与浪漫主义两种风格，这是他无产阶级世界观形成前必然经历的阶段。浪漫主义作品《马卡尔·楚德拉》《伊则吉尔老婆子》《鹰之歌》等，赞美了热爱自由、向往光明与英雄业绩的坚强个性，表现了渴望战斗的激情；现实主义作品《切尔卡什》《游街》等，揭露了资产阶级的残暴和伪善，描写了人民的苦难生活及他们的崇高品德，表达了他们的激愤与抗争。这些作品的主人公大多是努力探求新的生活道路、思考生活的意义、内心充满激烈冲突的人物。

1901年他创作了著名的散文诗《海燕》，塑造了象征大智大勇的革命者的海燕形象，预告革命风暴即将到来，鼓舞人们去迎接伟大的战斗。这是一篇无产阶级革命战斗的檄文与颂歌，受到列宁的热情称赞。1906年高尔基写成长篇小说《母亲》和剧本《敌人》，这两部作品标志着其创作达到了新的高峰。《母亲》塑造了世界文学史上自觉为社会主义斗争的无产阶级革命者的英雄形象，是无产阶级文学的奠基之作。

"自传体三部曲"（《童年》《在人间》《我的大学》）写于1913年至1923年间，是高尔基以自己童年、少年和青年时代的亲身经历为素材创作而成。《童年》描写了小主人公阿廖沙的童年生活，《在人间》描写了阿廖沙少年时代的生活，《我的大学》描写了阿廖沙青年时代在喀山的生活。高尔基在自传体小说中不仅描绘了过去，而且提出并力图解决"人为什么活着""应该怎样活着"等重大问题；不仅再现了自己的生活史，还写出了对生活的感受和思考，把个人的成长同时代潮流紧密地联系起来。从个人的命运与人民命运紧密联系的角度来塑造新型英雄人物的形象，是贯穿"自传体三部曲"的指导思想，也是作者最可贵的革新之处。

"自传体三部曲"的突出成就还在于高尔基运用现实主义心理分析手法，描绘了俄国社会各阶层形形色色的人物。作品刻画了很多善良而勤劳的俄国劳动人民的形象。

考点21 卡夫卡《变形记》

卡夫卡，奥地利小说家，表现主义作家，西方现代主义文学奠基者之一。其作品大都通过变形、荒诞的形象和象征的手法，表现被充满敌意的社会环境所包围的孤立、绝望的个人。代表作有长篇小说《审判》《城堡》《失踪者》，中篇小说《变形记》，短篇小说《万里长城建造时》《判决》《饥饿艺术家》等。

《变形记》描述了一个真实而荒诞的故事。人变成甲虫是人类精神世界扭曲、异化的象征，是人与人之间的隔膜状态及由隔膜所引起的孤独、绝望情感的折射。"变形"在这里有三层含义：第一，格里高尔由人到虫的生理"变形"。它象征性地说明了社会环境对人造成的挤压，以及人因承受不了超负荷的社会重压而丧失人的特征，并异化为动物的现象。第二，由格里高尔的身体"变形"而引起的家庭经济状况和生活状态的"变形"，即经济"变形"。第三，由格里高尔生理"变形"和家中经济"变形"所引起的格里高尔家人的心理"变形"。它集中反映了西方社会环境的浊化、人际关系的恶化及亲情关系的异化。

作品情节的发展由两条线索交互展开。一是格里高尔：变成甲虫—成为累赘—绝望而死；二是家中亲人：惊慌、同情—逐渐憎恨—"把他弄走"。格里高尔自始至终关心家庭、怀恋亲人，可是亲人最终抛弃了他，对他的死无动于衷，甚至决定去郊游。作者描写的这种人情与人性的反差，揭示了当时社会生活导致的亲情淡薄和人性扭曲。

考题再现

【2017年·山东菏泽·单选】《变形记》的作者是（　　　）。

A.贝克特　　　　　　　　　　　B.卡夫卡

C.福克斯　　　　　　　　　　　D.海明威

【答案】B。

考点22　泰戈尔《新月集》《飞鸟集》《吉檀迦利》

泰戈尔，印度诗人、哲学家和戏剧家，代表作有《新月集》《飞鸟集》等。1913年他凭借诗集《吉檀迦利》获得诺贝尔文学奖，成为第一位获此殊荣的亚洲人。他的诗中含有深刻的宗教和哲学见解。他善于通过拟人的修辞手法和形象化的艺术手段表达自己的思想意图，还善于运用象征手法，借助具体物象来表现抽象的意念和内心世界的变化。

1.《新月集》

《新月集》生动地描绘了儿童的游戏，巧妙地表现了孩子们的心理及他们丰富的想象。作品语言朴素，简洁明快，谱写了一篇母爱与童真的不朽乐章，描绘出一幅梦想与现实交织的绚丽画卷，营造了一个纯洁的儿童世界。

2.《飞鸟集》

《飞鸟集》是一部富有哲理的英文格言诗集，共收录325首诗歌。白昼和黑夜、溪流和海洋、自由和背叛，都在泰戈尔的笔下合而为一。《飞鸟集》中的作品往往用短小的语句道出深刻的人生哲理，是引领世人探寻真理和智慧的源泉。

3.《吉檀迦利》

《吉檀迦利》，诗集名意为"献诗"，是一部宗教抒情诗集，集中体现了泰戈尔以泛神论为核心的哲学思想。诗歌借歌颂神无限的恩赐、爱和意志，来表达世人的追求与理想。

《吉檀迦利》的艺术特色主要表现在以下几个方面。

①哲理性与抒情性的统一。诗人通过内心感受来表达对理想的追求和对人生道路的探索，诗集充满哲理，又具有高度的抒情性。

②朴实的意象和语言风格。诗人选取日常生活中常见的提灯、顶罐、春日、夏夜等意象，通过比喻等修辞手法，使抽象事物具象化，具有朴素美。

③优雅的散文诗旋律。《吉檀迦利》吸收了格律诗所特有的重复和音节相同的原则，结合散文诗的特点，使诗歌韵律富有变化，具有节奏感。

考点23　川端康成《伊豆的舞女》《雪国》

川端康成，日本新感觉派作家，著名小说家，代表作有《伊豆的舞女》《雪国》《千只鹤》等。1968年，川端康成获诺贝尔文学奖，是日本第一位获此殊荣的作家。

1.《伊豆的舞女》

《伊豆的舞女》是川端康成早期的代表作，也是川端康成自传性的短篇小说。作品情节简单，讲述了一名高中生独自在伊豆旅游时邂逅了一位年少舞女的故事。伊豆的青山秀水与少男少女间纯净的爱慕之情交织在一起，互相辉映，给读者一种清新之感，也净化了读者的心灵，把读者带入一个空灵美好的唯美世界。

《伊豆的舞女》塑造了一个单纯的青年学生形象，他善良，未受到世俗的负面影响，认为舞女也是纯洁的，这表现在他对艺人没有轻视只有好感上。女主人公的天真无邪也在与男主人公的相处中得到体现。这是一篇青春颂歌，它讴歌了男女主人公纯真美好的感情，表现了作者对青春和生活的热爱。

2.《雪国》

《雪国》是川端康成创作的第一部中篇小说，也是他唯美主义的代表作。故事写的是东京一位名叫岛村的舞蹈艺术评论家，三次前往雪国的温泉旅馆，与当地一位名叫驹子的艺伎、一位萍水相逢的少女叶子之间发生的感情纠葛，小说以叶子的意外去世而告终。作者以富有抒情色彩的笔触，描绘了年轻艺伎的容貌、神态及身体姿态，并巧妙地用雪国独特的景致加以衬托，创造出美不胜收的情趣和境界，使人受到强烈的感染。

川端康成强调小说要表现感受，把感受融入诗一样的意境中。具体表现为以下几个特点。

①川端康成继承日本古典文学重视人物心理的传统，在细腻描写人物心理活动方面，有其独到之处。他在《雪国》中巧妙运用自由联想这种独特的心理描写方法，把叶子的形象放到岛村的脑海里去，让岛村在遐想中强化和美化叶子的形象，细腻地反映了岛村本人的性格和品质。

②在结构上借鉴西方"意识流"的创作手法，突破时空的连贯性，主要以人物思想感情的发展和作者创作的需求为线索展开叙述。《雪国》在总体上基本按照事物发展的时间顺序来写，在某些局部又通过岛村的自由联想推动情节，从而适当地冲破了事物发展的时间顺序，在内容上形成一定的跳跃，从而使作品波澜起伏，避免了平铺直叙。

③作品鲜明地体现了"新感觉派"所主张的以纯粹的个人官能为出发点，依靠直觉来把握事物的特点。

第五节　儿童文学

考点1 《伊索寓言》

伊索是公元前6世纪古希腊著名的寓言家，与克雷洛夫、拉·封丹和莱辛合称"世界四大寓言家"。伊索所编寓言经后人加工，成为现在流传的《伊索寓言》。

《伊索寓言》大部分是拟人化的动物作主人公，少部分以普通人或神为主人公。它通过生动的小故事，或揭示早期人类生活状态，或隐喻抽象的道理，或暗示人类的种种秉性和品行，多维地凸显了古希腊民族本真的性格。《伊索寓言》往往简洁客观地叙述一个故事，最后以一句话画龙点睛地揭示故事蕴含的道理。

《伊索寓言》来自民间，所以其中的故事对社会底层人民的生活和思想感情进行了较突出的反映。例如：对富人贪婪自私的揭露；对恶人残忍本性的鞭挞；对劳动创造财富的肯定；对社会不平等现象的抨击；对懦弱、懒惰的讽刺；对勇敢斗争的赞美。《伊索寓言》是对古希腊人生活和斗争的概括、提炼和总结，是古希腊人留给后人的一笔精神财富。例如：《狐狸和山羊》告诫人们做好事也要看对象，以免上当受骗；《农夫和蛇》劝告人们不要对敌人仁慈；《狗和公鸡与狐狸》告诉人们要善于运用智慧，战胜敌人；《狮子和野驴》《捕鸟人与冠雀》等斥责压迫者的凶残、贪婪。

《伊索寓言》文字凝练，故事生动，想象丰富，饱含哲理，融思想性和艺术性于一体。其中，《农夫和蛇》《狐狸和葡萄》《狼和小羊》《龟兔赛跑》《乌鸦喝水》《牧童和狼》《农夫和他的孩子们》《蚊子和狮子》《公鸡和宝石》《北风与太阳》等已成为家喻户晓的故事。

《伊索寓言》中的故事篇幅短小，形式不拘，浅显的小故事中常常闪耀着智慧的光芒，蕴含着深刻的寓意。它不仅是向少年儿童灌输善恶美丑观念的启蒙教材，而且是一本生活的教科书，对后世产生了很大的影响。

考点2 克雷洛夫《克雷洛夫寓言》

克雷洛夫，俄国杰出的寓言家。克雷洛夫在寓言中运用和提炼了大量反映俄国人民智慧的童话和谚语，普希金称他是"最富有人民性的诗人"。

《克雷洛夫寓言》共收录克雷洛夫创作的203篇寓言。这些寓言皆以诗体的形式写成，语言优美，寓意深刻，具有鲜明的人民性和深刻的现实性，蕴含着丰富的生活智慧和实际经验。其寓言常借动物和植物的形象反映广泛的社会生活，刻画社会上各种人物的复杂性格，抒发民主思想，具有一种特殊的感染力。

《克雷洛夫寓言》的题材可分为以下三类。

①揭露沙皇统治，讽刺统治阶级的专横与无知。例如：《狮子分猎物》《狼与鹤》等寓言批判了在强者面

前弱者永远有罪的强盗逻辑,《大象当官》《狗熊照看蜂房》《村社大会》等寓言则揭露了统治者欺压百姓的狡诈伎俩,《猴子和眼镜》《鹅》《老鼠会议》等寓言则抨击了统治者的种种丑行。

②反对剥削,表达对人民的同情、对人民优秀品质的赞美、对人民力量的信心。例如:《蜜蜂和苍蝇》《鹰和蜜蜂》《树叶和树根》《狼落狗舍》等,其中《狼落狗舍》不仅揭露了侵略者的面目,而且表现了俄国人民奋起打击侵略者的坚定决心和伟大力量。

③反映现象,富含人生哲理与道德训诫意义。例如:《大车队》《挑剔的待嫁姑娘》《主人和老鼠》《小树林与火》《狗的友谊》《狗鱼和猫》等。

考点3 安徒生《安徒生童话》

安徒生,丹麦作家,被世人称为"现代童话之父""世界童话之王""丹麦童话大师"。他创作的著名童话故事有《皇帝的新装》《豌豆上的公主》《卖火柴的小女孩》《丑小鸭》《红鞋》《牧羊女和扫烟囱的人》等。

《安徒生童话》是安徒生创作的童话集,这部童话集具有独特的艺术风格,即诗意的美和喜剧性的幽默。前者为主导风格,多体现在歌颂性的童话中,后者多体现在讽刺性的童话中。按创作时期划分,《安徒生童话》中的童话作品可分为以下三类。

①早期童话多充满绮丽的幻想、乐观的精神,体现出现实主义和浪漫主义相结合的特点。代表作有《打火匣》《小意达的花儿》《拇指姑娘》《海的女儿》《野天鹅》《丑小鸭》《豌豆上的公主》等。

②中期童话幻想成分减少,现实成分相对增多。在鞭挞丑恶、歌颂善良中,表现了对美好生活的执着追求,也流露出缺乏信心的忧郁情绪。代表作有《卖火柴的小女孩》《影子》《一滴水》《母亲的故事》《演木偶戏的人》等。

③晚期童话作品基调低沉。与其中期童话作品相比,晚期童话更加贴近现实,着力描写底层民众的悲苦命运,揭露社会生活的阴冷、黑暗和人间的不公平。代表作有《柳树下的梦》《她是一个废物》《单身汉的睡帽》《幸运的贝儿》等。

考点4 《格林童话》

《格林童话》创作于19世纪初,是由德国著名语言学家雅各布·格林和威廉·格林兄弟收集、整理、加工完成的德国民间文学作品。格林兄弟以其丰富的想象、优美的语言给孩子们讲述了一个个神奇而又浪漫的童话故事。代表作有《青蛙王子》《灰姑娘》《白雪公主》《小红帽》《狼和七只小山羊》《忠实的约翰》《小弟弟和小姐姐》《莴苣姑娘》《森林中的三个小矮人》《三个纺纱女》《渔夫和他的妻子》《勇敢的小裁缝》《魔鬼的三根金发》《称心如意的汉斯》《大拇指汤姆》《玫瑰公主》《画眉嘴国王》《穿靴子的猫》等。《格林童话》与《安徒生童话》《一千零一夜》合称"世界童话三大宝库"。

《格林童话》内容广泛,反映了正义与邪恶、善良与凶残、诚实与虚伪、智慧与愚昧、勇敢与怯懦、勤劳与懒惰等一些带有普遍意义的人生主题。它的主人公分为两类:一类是善的化身,他们初遭不幸,几经周折,最终获得成功,例如:裁缝、磨坊工、士兵、长工;另一类是恶的象征,他们多是一时得逞,最后以失败告终,例如:巫婆、魔鬼、强盗、继母。作者总是把二者对立起来描写,字里行间充满了对弱者的同情,对为非作歹、为富不仁者的尖锐批评和讽刺,表达了鲜明的爱憎情感和美好的愿望,揭示了简明而又深刻的人生哲理和价值观念。

考题再现

【单选题】下列关于文学常识的表述,错误的一项是( )。

A.意大利作家亚米契斯的《爱的教育》是一部日记体小说,爱是整篇小说的主旨

B.莫言是我国第一位获得诺贝尔文学奖的作家,电影《红高粱》是根据他的同名小说改编的

C.安徒生是丹麦作家,其童话作品《皇帝的新装》《丑小鸭》《白雪公主》等为世界各国小朋友所喜爱

D."史界两司马"是指司马迁和司马光,其代表作品分别为《史记》和《资治通鉴》

【答案】C。解析:A、B、D三项说法均无误。C项,《白雪公主》是《格林童话》中的一则童话故事。

考点5 《一千零一夜》

《一千零一夜》旧译《天方夜谭》,是著名的古代阿拉伯民间故事集。书中的故事来源主要包括三个方面:一是波斯和印度的民间故事,二是以巴格达为中心的阿拔斯王朝(750—1258年)时期流行的故事,三是埃及麦马立克王朝(1250—1517年)统治时期流传的故事。

《一千零一夜》在内容上有以下四大主题。

①深刻地反映了当时社会中尖锐的阶级对立,揭露了统治者的残暴与罪恶。例如:《死神的故事》《驼背的故事》等,都表现了劳动人民对封建专制统治和剥削的反抗精神。

②描绘劳动人民的生活,赞美他们的优秀品德、聪明才智和斗争精神。例如:《渔翁的故事》《白侯图的故事》《巴格达窃贼》《阿里巴巴和四十大盗》等,都从不同角度表现了正面主人公的善良、机敏、智慧,体现了劳动人民丰富的想象力和创造性。

③表现劳动人民追求美好生活的强烈愿望,尤其是对忠贞不渝的爱情的向往。例如:《乌木马的故事》《努伦丁和迪伦丁的故事》《巴索拉银匠哈桑的故事》等,都不同程度地谴责了社会的邪恶势力,歌颂了忠贞专一的爱情,表现了深刻的反封建意义。

④表现商人的冒险生活和思想感情。例如:《辛巴德航海故事》叙述了辛巴德在7次冒险远航中惊险、曲折的经历,歌颂了他积极进取的精神。

《一千零一夜》在艺术特色上有以下几个特征。

①瑰丽多彩,想象丰富,具有浓郁的浪漫主义色彩。

②情节曲折离奇,结构灵活简单。

③塑造的人物形象形成鲜明的对比。

④语言丰富优美、流畅自然、生动活泼,诗文并茂,很好地体现了民间文学的本色。

考点6 科洛迪《木偶奇遇记》

科洛迪,原名卡尔洛·洛伦齐尼,意大利作家,曾翻译过法国贝罗的童话,为广大小读者所喜爱。科洛迪一生中写过许多短篇小说、随笔、评论,然而最著名的要数他写给孩子们的童话故事,这些童话想象丰富,人物形象栩栩如生,情节曲折动人,为他赢得了巨大的声誉。

《木偶奇遇记》中,一个叫杰佩托的老木匠没有孩子,他用木头雕刻出了一个木偶人,给他起名叫匹诺曹。匹诺曹虽然一直想做一个好孩子,但是难改身上的坏习性。他逃学,撒谎,结交坏朋友,几次上当还屡教不改。后来,一个蓝发仙女教育了他,每当他说谎的时候,他的鼻子就长一截,他连说了三次谎,鼻子长得他连在屋子里转身都不可能了。这时匹诺曹才开始醒悟,但还是经不住坏孩子的引诱,又跑到"玩儿国"去了。几个月后,匹诺曹的头上长出了一对驴耳朵,紧接着就变成了一头驴子,并被卖到了马戏团。不久,匹诺曹在演出中摔断了腿,又被马戏团老板卖了商人去剥皮做鼓面。在紧急关头,还是蓝发仙女解救了他。匹诺曹决定痛改前非,最后变成了一个有血有肉的孩子。

《木偶奇遇记》成功地塑造了一个聪明、善良、顽皮而又任性的小木偶的形象,作品通过描写匹诺曹的种种曲折、离奇的经历,表现了小木偶热爱正义、痛恨邪恶、天真纯洁的品质,并以此教育儿童要抵御种种诱惑,做一个诚实、听话、爱学习、爱劳动,并能帮助父母的好孩子。

考点7　刘易斯·卡罗尔《爱丽丝漫游奇境记》

刘易斯·卡罗尔,英国作家,代表作品有《爱丽丝漫游奇境记》《爱丽丝镜中奇遇记》等。

《爱丽丝漫游奇境记》讲述了爱丽丝和姐姐在河边看书时睡着了,梦中她追逐一只揣着怀表的兔子而掉进了兔子洞,来到一个奇妙的世界,开始了一段漫长而惊险的旅行的故事。在这个世界里,她时而变大时而变小,以至于有一次竟掉进了由自己的眼泪汇成的池塘里。她还遇到了爱说教的公爵夫人、神秘莫测的柴郡猫、神话中的格里芬和假海龟……直到最后与扑克牌王后、国王发生顶撞,急得大叫一声,爱丽丝才终于从奇妙的梦境中醒来。

《爱丽丝漫游奇境记》是英国魔幻文学的代表作,是世界十大著名哲理童话之一。这部童话幻想神奇,幽默风趣,诗情盎然,突破了西欧传统儿童文学道德说教的形式。作者以自己天马行空的想象,用纯正、简朴、清新、自然的语言,将故事中的各个角色惟妙惟肖地描绘了出来。

考题再现

【单选题】下列关于名著的说法,有误的一项是(　　)。

A.回忆录式的冒险小说《鲁滨孙漂流记》,以当时发生的一段真实故事为蓝本,结合作家丹尼尔·笛福自己的经历和想象,采用自述的方式,讲述了一个情节曲折、细节生动的传奇故事

B.《尼尔斯骑鹅旅行记》是瑞典女作家、1909年诺贝尔文学奖获得者塞尔玛·拉格洛芙的一部童话作品,讲述了一个名叫尼尔斯的十四岁小男孩蜕变的故事

C.《汤姆·索亚历险记》是美国文学大师马克·吐温的代表作,这部小说被誉为美国最伟大的儿童文学作品之一。这是一个顽皮男孩具有传奇色彩的成长历险记

D.《爱丽丝漫游奇境记》是19世纪英国著名作家、数学家刘易斯·卡罗尔创作的儿童文学作品,讲述了小女孩爱丽丝掉进猴子洞后的种种奇遇,情节引人入胜,语言幽默风趣

【答案】D。解析:A、B、C三项说法均正确。D项,《爱丽丝漫游奇境记》讲述了小女孩爱丽丝掉进兔子洞后的种种奇遇,并非猴子洞。

考点8　塞尔玛·拉格洛芙《尼尔斯骑鹅旅行记》

塞尔玛·拉格洛芙,瑞典女作家,1909年获得诺贝尔文学奖。拉格洛芙是瑞典第一位获此殊荣的作家,也是世界上第一位获得诺贝尔文学奖的女性作家。其创作的《尼尔斯骑鹅旅行记》是世界文学史上唯一一部获得诺贝尔文学奖的童话作品。

《尼尔斯骑鹅旅行记》的主人公尼尔斯是一位十四岁左右的少年,他贪玩任性,不爱学习,特别喜欢虐待小动物。有一天,尼尔斯因为捉弄小精灵,受到惩罚,被小精灵变成了只有拇指般大小的小人儿。他骑在家鹅身上,跟着一群野鹅开始了一次长途旅行。一路上,他发挥人的聪明机智和狡猾的狐狸做斗争,不畏艰险和困难智取乌鸦山的盗贼,跟着野鹅群主持正义,扶危济困,不仅结交了许多好朋友,还从一个调皮捣蛋的孩子变成了一个充满智慧、真诚、勇敢、善良的小英雄。最后,他变回原形,回到父母身边,变成了一个懂事善良、热爱学习的好孩子。

这部童话用新颖灵活的手法和幽默生动的笔调,通过引人入胜的故事情节,对瑞典的地貌、动物、植物、文化古迹、内地居民和偏僻少数民族地区的人们的生活和风俗习惯,进行了真实的记录,融文艺性、知识性、科学性于一体,为人们描绘了瑞典一幅幅气象万千的美丽图画。

考点9　埃里希·凯斯特纳《会飞的教室》

埃里希·凯斯特纳是德国著名儿童文学作家,是西德战后的儿童文学之父。其代表作品有《埃米尔擒贼

记》,其他作品有《两个小洛特》《会飞的教室》等。

《会飞的教室》全书由排演展开,通过一系列生动感人的情节,塑造了一群聪颖、活泼、天真、可爱的少年形象。其中多愁善感的姚尼,才华横溢的戴马亭,冷静持重的塞巴修,胆小怕事的邬理,以及魁梧好斗的马提斯,都以其鲜明、独特的个性给读者留下了深刻的印象。本书是一部高度浓缩的校园风景录,它所表现的同学之情、师生之爱、朋友之谊,无不唤起我们对友情的追忆与珍惜。值得一提的是,作者塑造的人物并非十全十美,即使是品学兼优的戴马亭,也会经受打击,遭遇逆境。然而正是这种缺憾才促使我们有更大的勇气去面对人生。

考点10 埃克多·马洛《苦儿流浪记》

埃克多·马洛,法国著名作家,代表作品有《苦儿流浪记》《孤女寻亲记》《罗曼·卡勃里历险记》等。

《苦儿流浪记》的主人公小雷米是一个身世不明的弃儿,被法国一家农户收养。雷米生性善良天真,在养母的呵护下过着贫穷但宁静的生活,凶恶的养父回到家乡后把他卖给了品德高尚但身份神秘的流浪艺人,于是他一路与动物为伍,靠卖艺谋生。流浪艺人遭冤入狱后,他邂逅了一位好心的贵妇人,过上了一段豪华的游艇生活。流浪艺人出狱后,为培养雷米成为真正的人,把他领走,他们又重新开始流浪。在一个风雪之夜,艺班的动物惨遭狼口,艺人又冻死于绝境。雷米侥幸被一位花农收养,但这个"避风港"不久也维持不下去了,他只得加入"黑煤子"的行列,偏偏又遭遇矿难,九死一生方重见天日。他得知自己的身世后,寻亲情急,误入有黑社会嫌疑的假生父之手。最终,他在好朋友的援助下找到了自己的生母。

《苦儿流浪记》是一面反映生活的镜子,同时又是一面离奇的镜子。它映照出来的,既有本来面目的生活,也有涂上了斑斓色彩的生活。马洛在《苦儿流浪记》中频繁显露的那种劝善性的道德观具有抽象性。同时,马洛在小说中也体现出了现实主义艺术方法。

考点11 约翰娜·斯比丽《小海蒂》

约翰娜·斯比丽,瑞士作家。从1879年起,她写了大量的故事,这些作品被冠以总书名《献给孩子以及那些热爱孩子的人们的故事》。其中最著名的就是《海蒂的学习和漫游岁月》和《海蒂学以致用》。除了这些故事外,斯比丽的重要作品还有《小海蒂》《小夏蒂》《在弗里尼坎上的一片叶子》《没有故乡》《格里特利的孩子们》等。

《小海蒂》以风景如画的阿尔卑斯山为背景,描写了小海蒂的成长历程。小海蒂自幼便失去了父母,但这并没有影响她成为一个天真活泼、心地善良的小女孩。她热爱生活、热爱自然、助人为乐,年龄不大却有着独特的人格魅力。5岁时,她被送到山上的爷爷家,她用爱心帮助饱经沧桑、性格孤僻的爷爷变得开朗起来,教会了牧羊人彼得识字。在她的帮助下,不能走路的女孩克拉拉又重新拥有了生活的勇气,奇迹般地摆脱了轮椅,恢复了行走的能力;就连双目失明的老奶奶也在她的帮助下,心中又充满了光明。作者通过许多真实感人的生活场景和恰到好处的细节描写,逐步塑造了小海蒂开朗热心的艺术形象。

考点12 马克·吐温《汤姆·索亚历险记》《哈克贝利·费恩历险记》

马克·吐温,美国现实主义作家。马克·吐温的作品融幽默、讽刺于一体,既富有独特的个人机智与妙语,又不乏深刻的社会洞察与剖析;既有幽默辛辣的俏皮,又有悲天悯人的严肃。他站在人道主义立场上,揭露了美国民主与自由掩盖下的虚伪,批判了美国作为发达资本主义国家固有的社会弊端,如种族歧视、拜金主义、教会伪善、扩张侵略等,表现了他对真正意义上的民主、自由生活的向往。代表作有《汤姆·索亚历险记》《哈克贝利·费恩历险记》《竞选州长》等。

1.《汤姆·索亚历险记》

《汤姆·索亚历险记》发表于1876年。小说主人公汤姆·索亚天真活泼,热爱幻想和冒险,不堪忍受束缚个性、枯燥乏味的生活，幻想干出一番英雄事业。小说通过主人公的冒险经历，对美国虚伪庸俗的社会习俗、伪善的宗教仪式和刻板陈腐的学校教育进行了讽刺和批判，以欢快的笔调描写了少年儿童自由活泼的心灵。《汤姆·索亚历险记》以其浓厚的深具地方特色的幽默和对人物的敏锐观察，一跃成为最伟大的儿童文学作品之一。它还是一首美国"黄金时代"的田园牧歌。

2.《哈克贝利·费恩历险记》

《哈克贝利·费恩历险记》是《汤姆·索亚历险记》的姊妹篇，故事的主人公是《汤姆·索亚历险记》中的哈克贝利·费恩。哈克贝利是一个聪明、善良、勇敢的白人少年。他为了追求自由的生活，逃亡到密西西比河。在逃亡途中，他遇到了黑奴吉姆。吉姆是一个勤劳朴实、热情诚实、忠心耿耿的黑奴，他为了摆脱被主人再次卖掉的命运，从主人家中出逃。两人结伴而行，他们一路上历尽艰险，遭遇追捕、虐待及各种自然灾害。在两人的齐心协力下，所有艰险均被化解。最终，哈克贝利在好朋友汤姆的帮助下救出了被骗子卖掉的吉姆，并得知女主人在遗嘱中已宣布解除吉姆的奴隶身份。

《哈克贝利·费恩历险记》在艺术上的成就主要表现在以下几个方面。

①作品把现实主义的真实性和浪漫主义的抒情性很好地糅合在一起，既纤毫毕露地展示了人物意识活动的逻辑轨迹，又幽默风趣地调侃嘲弄了宗教谬说给孩子造成的荒唐观念。

②作品采用第一人称的叙事方式，从哈克贝利的视角反映生活，亲切生动，引人入胜。

③作品的语言颇具特色，作家在广泛采用美国南方方言和黑人俚语的基础上，经过精妙地提炼加工，形成了一种富于口语化特征的文学语言，简洁生动，自然含蓄，是英语文学的范本。

考点 13　亚米契斯《爱的教育》

亚米契斯，意大利小说家，民族复兴运动时期的爱国志士。1868年，他发表处女作《军营生活》，脍炙人口的小说《卡尔美拉》就是其中的一篇佳作。1886年，《爱的教育》出版，其创作生涯达到顶峰。

《爱的教育》又名《一名意大利小学生的日记》，是一部日记体小说，讲述了主人公安利柯从四年级10月份开学的第一天到第二年7月份在校内外的所见、所闻和所感。全书共10卷，由100篇文章构成，包括发生在安利柯身边各式各样感人的小故事，还包括亲人为他写的许多劝诫性的、具有启发意义的文章，以及老师在课堂上宣读的9则感人肺腑的每月故事。小说通过塑造一个个看似渺小，实则不凡的人物形象，在读者心中激起一阵阵情感的波澜，使爱的美德永驻读者心中。整部小说以一个小学生的眼光审视着身边的美与丑、善与恶，用爱去感受生活中的点点滴滴。作品带有明显的引导性，它引导孩子们自己去关注、欣赏、品味、思考，引导他们用爱心与作者对话。

考点 14　莱曼·弗兰克·鲍姆《绿野仙踪》

莱曼·弗兰克·鲍姆，美国著名儿童文学作家。1900年，鲍姆写出了著名童话《绿野仙踪》。该书出版后好评如潮，在读者的一再要求下，鲍姆又写出十多篇续集，均受到读者的喜爱。鲍姆也因此被誉为"美国童话之父"。

《绿野仙踪》有"美国的《西游记》"之称，讲述了善良的小姑娘多萝茜被一场龙卷风刮到了一个陌生而神奇的国度——奥兹国，为了回家，历尽艰险的故事。在那里，她陆续结识了没有脑子的稻草人、没有心脏的铁皮人和十分胆小的狮子，他们为了实现各自的心愿，互相帮助，团结协作。最终，他们凭借自己非凡的智慧和顽强的毅力完成了各自的心愿。

考点 15　伯内特《秘密花园》

伯内特，美国儿童文学作家，代表作品有《小勋爵》《秘密花园》和《小公主》。

《秘密花园》主要讲述了一场霍乱使性情古怪孤僻的小女孩玛丽·伦罗克斯成了孤儿，她只得被送往远在英国约克郡的庄园和姑父克莱文先生一起生活的故事。克莱文先生因妻子之死,变得阴郁古怪、消沉遁世,他的庄园里有上百间被封锁的房子,有十年不许人进入的秘密花园。玛丽意外地在知更鸟的帮助下找到这个秘密花园的大门和钥匙,并且她还听到了一个神秘的哭声,吸引着她去探索庄园之谜。玛丽在农家小子迪肯的帮助下,使荒芜的花园重现生机。不久,被认为离死不远的庄园小主人科林也参与了进来。大自然的力量改变了一切,长年笼罩在阴霾之下的古老庄园及其主人也一同获得了新生。《秘密花园》语言平易而又极为传神,同时思想丰富,情节精彩曲折,对儿童极具吸引力。

考点16 黑柳彻子《窗边的小豆豆》

黑柳彻子,日本著名作家,代表作为《窗边的小豆豆》。

《窗边的小豆豆》讲述了作者上小学时的一段真实的故事。小豆豆因淘气被原学校退学后,来到巴学园。小林校长却常常对小豆豆说:"你真是一个好孩子呀!"在小林校长的爱护和引导下,一般人眼里"怪怪"的小豆豆逐渐变成了一个大家都能接受的孩子。巴学园里亲切、随和的教学方式使这里的孩子度过了人生最美好的时光。这本书不仅带给世界各地的读者无数的笑声和感动,而且为现代教育的发展注入了新的活力。

考题再现

【单选题】《窗边的小豆豆》的作者是(　　　　)。

A.日本作家黑柳彻子　　　　　　　　　B.日本作家坪田让治

C.中国作家叶圣陶　　　　　　　　　　D.中国作家金波

【答案】A。

考点17 叶圣陶《稻草人》

叶圣陶,原名叶绍钧,著名作家、教育家、文学出版家和社会活动家。叶圣陶创作了我国第一部童话集《稻草人》,是中国现代童话创作的拓荒者。

《稻草人》通过一个富有同情心而又无能为力的稻草人的所见所思,真实地描写了20世纪20年代中国农村风雨飘摇的人间百态。鲁迅说:"叶圣陶的《稻草人》是给中国的童话开了一条自己创作的路。"

《稻草人》的艺术特色主要表现在以下几个方面。

①叙事模式是三段式和部分的反复。《稻草人》通过老妇人、渔家女、弱女子三者的不幸遭遇映射社会底层人民普遍的辛酸困苦。

②以隐喻、象征来表现现实。文中"主人"的悲惨命运、跳水女人的无奈死亡等都是对现实社会的真实写照。

③通俗易懂的语言。叶圣陶在语言的运用上充分考虑到了儿童的思维特征与表达特征,所用语言大多生动活泼、明白晓畅。

考点18 张天翼《宝葫芦的秘密》《大林和小林》

张天翼,中国著名的现代文学家、儿童文学作家,代表作有《宝葫芦的秘密》《大林和小林》等。

1.张天翼童话作品艺术特色

(1)丰富奇特的想象和幻想

张天翼笔下的故事,充满丰富的想象和奇特的幻想,符合儿童心理特征的要求,引人入胜。以《大林和小林》中一个夸张变形的场景为例,小林力大无穷,早上扔出去一个铁球,到下午三点钟的时候,铁球才从天上掉下来。

（2）象征、夸张和讽刺的综合运用

张天翼的作品常常借助夸张的手法来达到讽刺的目的。如在《大林和小林》中，养尊处优的大林在家被养得肥头大耳，在学校参加运动会和乌龟、蜗牛进行五米赛跑，可比赛结果却是，乌龟第一，蜗牛第二，他第三。短短五米的赛程，大林跑了"五小时三十分，破全世界记录"，可他的养父却说："你跑第三，真不错！"

（3）童稚活泼、轻松幽默的"张氏"语言

张天翼在童话的语言上，采用的是纯粹大众的语言，符合儿童情趣，简练、朴实、形象，而又极为幽默，似乎信手拈来，三言两语就能把孩子逗乐。如在《大林和小林》中，大林和小林失去了双亲，兄弟二人哭得很伤心。可是当他们哭到"太阳睡了一觉醒了，又从东边笑眯眯地爬出来"时，小林揩揩眼泪说："你还哭不哭？我不想哭了。""好，我也懒得哭了，走吧。"

2.《宝葫芦的秘密》

小学生王葆喜欢吃零食，又爱幻想，希望自己能得到一个像宝葫芦一样的宝贝，可以不费事不操心地获得一切。一天，他的愿望终于实现。他有了一个宝葫芦，心里想要什么东西，那个东西就会摆在他的眼前。他想炫耀一下自己的本领，为班里做一个起重机模型，于是这个模型即刻出现在教室里。可当模型倒塌后，大家要求他重新安装起来时，他却手足无措，当众出丑。考算术时，他望着考卷发愣，把别人完成的考卷与他的空白考卷在不知不觉中互相对换。此事被监考老师发现，使他羞得无地自容。王葆有了宝葫芦，不但没有得到幸福和欢乐，反而增添了不少麻烦和苦恼。他逐渐认识到宝葫芦不是好东西，便主动同同学们揭露了宝葫芦的秘密，并毅然表示不再使用这个"宝贝"。他使劲把宝葫芦一扔，轰然一响，宝葫芦炸成碎片。王葆惊醒，原来是南柯一梦……

3.《大林和小林》

《大林和小林》是20世纪中国最优秀的民族童话精品之一，是继叶圣陶的《稻草人》之后，中国现代文学史上第二个现实主义童话里程碑作品。

童话中写了父母去世后，双胞胎兄弟大林和小林离开家乡，遇到怪兽，被迫分离后的遭遇。大林幸运地被大富翁收养，然而他最终变成了一个好吃懒做、自私自利的寄生虫，活活地饿死在金子堆里。而小林则依靠自己的努力成了一个勇敢正直，不畏强权，不惧危险的好孩子。作品揭露了旧社会统治阶级的昏庸无耻和他们对劳动人民的残酷压迫，同时写了劳动人民为了追求光明而进行的顽强不屈的斗争。

考题再现

【单选题】有一部作品和叶圣陶的《稻草人》一同被认为是"新文化运动以来，关于童话的两个时期的杰作"。这部作品是（　　）。

A.张天翼《大林和小林》　　　　　　B.洪汛涛《神笔马良》

C.冰心《寄小读者》　　　　　　　　D.秦文君《男生贾里》

【答案】A。解析：A项，《大林和小林》构思奇特，想象大胆，手法夸张，情节曲折，与叶圣陶的《稻草人》一同被认为是"新文化运动以来，关于童话的两个时期的杰作"。B项，《神笔马良》是我国著名儿童文学作家、理论家洪汛涛创作的儿童文学作品，于20世纪50年代在中国产生了巨大的影响。C项，《寄小读者》是冰心创作的散文作品。D项，《男生贾里》是秦文君创作的小说。

考点19　冰心《寄小读者》《再寄小读者》

冰心，原名谢婉莹，笔名冰心，取自诗句"一片冰心在玉壶"。"母爱""童真""自然"是冰心作品的主旋律，构成了冰心的思想内核——"爱的哲学"。冰心的作品中充满了对大自然的热爱，对母爱与童真的歌颂与赞美，以及对生命的赞颂。代表作有诗集《繁星》《春水》，短篇小说《空巢》《超人》，儿童文学作品选集《小桔灯》，散文集《归来以后》《我们把春天吵醒了》，等等。冰心的《寄小读者》《再寄小读者》《三寄小读者》表现了她对儿童的爱及对儿童们能够拥有美好心灵的期许。

《寄小读者》是冰心在1923—1926年间写给小读者的通讯，共29篇，其中有21篇是她赴美留学期间写成的，主要记述了海外的风光和奇闻逸事，同时也抒发了她对祖国、对故乡的热爱和思念之情。《寄小读者》是中国近现代较早的儿童文学作品，冰心也因此成为中国儿童文学的奠基人之一。

1958年开始，冰心开始写《再寄小读者》，本系列共由20篇通讯组成。文章一开始，冰心告诉小朋友们她将继续为儿童写作，继续为小朋友们写通讯的心愿及兴奋的心情。然后，作者回顾了31年的生活经历中见证的祖国发生的翻天覆地的巨大变迁，表达了热爱祖国、热爱生活的强烈情感。

考点20　任溶溶《没头脑和不高兴》

任溶溶，儿童文学翻译家、作家。著有童话集《没头脑和不高兴》，儿童诗集《小孩子懂大事情》《给巨人的书》，儿童诗《你们说我爸爸是干什么的？》等，译著有《安徒生童话全集》《彼得·潘》《小飞人》等。2012年，被中国翻译协会授予"翻译文化终身成就奖"荣誉称号。

《没头脑和不高兴》讲述了两个小孩子——"没头脑"和"不高兴"的神奇故事。"没头脑"做事马虎、丢三落四，"不高兴"很固执，做事总和大家相反，经常闹脾气。他们对这些缺点不以为意，认为长大后这些缺点就会消失。在仙人的帮助下，他们变成了大人的样子。"没头脑"成了一名建筑工程师，"不高兴"做了演员。"没头脑"当上建筑工程师后，设计了一座三百层的摩天大楼做少年宫，却忘了设计电梯；而"不高兴"做了演员后，在表演武松打虎时扮演老虎，却不愿意被打死，闹了很多笑话。通过这次教训，他们认识到自己的缺点会给别人带来很大的麻烦，于是请求仙人把他们变回原来的样子，并决定从小养成好习惯。

考点21　洪汛涛《神笔马良》

洪汛涛，著名儿童文学作家、理论家，"神笔马良"之父，是与叶圣陶等齐名的中国"童话十家"之一。他毕生致力于儿童文学的创作与研究，为我国儿童文学事业的繁荣与发展做出了杰出贡献。

《神笔马良》是中国儿童文学的瑰宝。主人公马良是个勤劳、刻苦、有志气的孩子。他从小失去父母，家境贫寒，靠打柴、割草为生。但是，他并没有因生活贫苦而气馁，一心想学画画。他每天用心苦练，在沙地上学着描飞鸟，在岩石上学着描游鱼。晚上，拿一块木炭在窑洞的墙壁上复习白天画过的画。后来，他得到一支神笔。他用这支神笔画鸟，鸟就在天上飞；画鱼，鱼就在水中游。这件事被贪心的财主知道了，他让马良给他画大元宝，马良不肯，他就将马良关入马厩中。马良画了一架梯子，逃跑了。皇帝让马良画画，马良不愿意，皇帝就把他打入大牢。马良画了座小岛，岛上画了株金光闪闪的摇钱树，又画了一条大木船，当皇帝和大臣、将军等人坐船去取钱时，马良就用神笔画了好多风浪，大风大浪把他们全都吞没了。从此，马良用自己的本领自由自在地为穷苦的乡亲们画画，画出他们所需要的东西：犁耙、耕牛、水车、石磨……文章通过生动、曲折的故事情节，塑造了马良这一聪慧、善良、正直、勇敢的儿童形象。

考点22　金波《推开窗子看见你》

金波，著名诗人、儿童文学家、评论家。出版过《回声》《绿色的太阳》《我的雪人》《在我和你之间》《林中月夜》《风中的树》《带雨的花》等诗集，《小树叶童话》《金海螺小屋》《苹果小人儿的奇遇》《眼睛树》《影子人》《白城堡》《追踪小绿人》等童话集。此外还出版有散文集《等待好朋友》《等你敲门》《感谢往事》，评论集《追寻小精灵》，选集《金波儿童诗选》《金波作品精选》，以及《金波诗词歌曲集》等。金波的多篇作品被收入中小学语文和音乐课本。

诗集《推开窗子看见你》收录了金波从1955年到2004年的诗歌代表作，涉及的题材和内容广泛，"爱"与"美"的主题贯穿始终。金波的抒情小诗，具有意象清新的独特艺术风格。诗人永葆一颗童心，每首诗都创造了一个意象清新的意境，意蕴深远。例如：《云》这首小诗，诗人把天比作海、把云比作船，并且从孩子的思想出发，以孩子的眼睛来看，把云想象成"帆船"，认为它"走得那样慢"，是因为里面装满了"小雨点"，盼望它快快卸下来"浇园"。这后面的连喻，想象新奇，不同凡响，富有童趣，构思巧妙。《弟弟有片小果园》《数狮子》等作品，含有批评孩子好逸恶劳、粗心大意等缺点的讽意，语言通俗生动，幽默有趣。

考点23　董宏猷《一百个中国孩子的梦》

董宏猷，著名作家，代表作品有《董宏猷文集》四卷，长篇小说《一百个中国孩子的梦》《十四岁的森林》《少男少女进行曲》《胖叔叔》，科幻小说《山鬼》，小说集《湖畔静悄悄》《长江的童话》，诗集《帆影》，散文集《白璧赋》《男子汉之歌》《森林笔记》《扛着女儿过大江》等。《一百个中国孩子的梦》被介绍到日本、美国、马来西亚等国，在台湾出版后，被评为"十佳图书"，并获"优良图书金龙奖"，同时，作为唯一一部纯文学作品，代表中国参加波兰第六届亚努什·科尔恰克国际儿童文学评奖活动。报告文学《王江旋风》获全国1980—1985年优秀儿童文学奖。

《一百个中国孩子的梦》规模宏大，构思独特，充满孩童关怀。作家追想并摹写了一百个孩子的梦境，以梦幻体的书写方式试图深入到孩童的意识和无意识中，以期以最形象可触的方式再现孩童主体生成阶段的惶惑、焦虑、惊奇、欣喜，以及对爱和一切美好事物的渴求和向往。这些孩子从4岁到10岁，其不同的遭际和背景为梦境延展的方向和模式提供了线索。文本表面看来是孩子们的"梦境实录"，实则是作家想象力、心灵领悟力"驰骋"的结果，包含了作家对孩子的现实境况和精神渴求的深刻理解，亦流露出作家对孩童的大爱。

考点24　沈石溪《狼王梦》

沈石溪，原名沈一鸣，其作品以动物小说为主。他曾获得中国作家协会全国优秀儿童文学奖、中国图书奖、冰心儿童文学新作家大奖、台湾杨唤儿童文学奖等多种奖项，被誉为"中国动物小说大王"。

沈石溪的动物小说从早期对动物生活和动物内心世界的关心，倾斜到了对人类生活和人类心灵世界的关心，在他的许多作品中，动物虽然保有自然赋予的生活习性，但内在的性格和思想，以及所显现的行为已被人格化了，它们有理性思考能力、判断力、伦理道德观等。因此，沈石溪小说中的动物世界常常同时遵循动物的自然法则与人类的道德法则。

《狼王梦》是一个关于狼、关于爱、关于生命、关于梦想的故事。这篇小说主要讲了母狼紫岚有五只狼崽，四只公狼崽，一只母狼崽，但有一只公狼崽因紫岚的疏忽被冻死了。紫岚一直有一个梦想，希望把自己的后代培养成狼王，因为这个愿望是紫岚死去的配偶黑桑的心愿。但在残酷的现实面前，紫岚一次又一次失败，三只小公狼也相继死去，它自己也已步入老年。最后，它只能把希望寄托在女儿所产的狼孙身上。为了狼孙的安全，紫岚与一只想吃掉狼孙的金雕同归于尽。作者通过艺术的手法折射出了人类社会的某些观念，让人们去思索，去找出答案，其实这部小说意在对照"狼道"与"人道"，通过描写"狼道"，把人类的道德与温情体现得淋漓尽致。

考点25　曹文轩《草房子》

曹文轩，中国当代著名作家，擅长儿童文学创作。曹文轩于2016年4月4日在意大利博洛尼亚国际童书展上荣获"国际安徒生奖"，这是中国作家首次获得这一殊荣。曹文轩的主要作品有《忧郁的田园》《红葫芦》《蔷薇谷》《追随永恒》《三角地》《埋在雪下的小屋》《山羊不吃天堂草》《草房子》《天瓢》《红瓦》《根鸟》《细米》《青铜葵花》《大王书》等。

《草房子》的故事发生在油麻地，故事通过对主人公桑桑刻骨铭心而又终生难忘的六年小学生活的描写，讲述了五个孩子——桑桑、秃鹤、杜小康、细马、纸月和油麻地的老师蒋一轮、白雀等人的成长历程。

【单选题】2016年4月4日,首次获得"国际安徒生奖"的中国作家是(   )。

A.金波 B.柯岩

C.周作人 D.曹文轩

【答案】D。解析:中国儿童文学作家曹文轩于2016年4月4日在意大利博洛尼亚国际童书展上荣获"国际安徒生奖",这是中国作家首次获得这一殊荣。

强化练习

一、单项选择题

1.下列不属于汤显祖的作品的一项是(   )。

A.《牡丹亭》 B.《西厢记》

C.《南柯记》 D.《邯郸记》

2.下列选项中诗句、作家、作品搭配错误的一项是(   )。

A.自古逢秋悲寂寥,我言秋日胜春朝——刘禹锡——《秋词》

B.银烛秋光冷画屏,轻罗小扇扑流萤——杜甫——《秋夕》

C.日出江花红胜火,春来江水绿如蓝——白居易——《忆江南》

D.竹外桃花三两枝,春江水暖鸭先知——苏轼——《惠崇春江晚景》

3.下列句子中的传统礼貌用语使用正确的一项是(   )。

A.大作已拜读,唯有几处存疑

B.关于这个问题,我没有什么高见,也就没什么能赐教的了

C.为了办好这次活动,我们垂询了多位老师,听取了他们的意见

D.今天这样一个天气恶劣的日子,您还能来拜访我,真让我感动啊

4.莎士比亚戏剧中,在以"生存还是毁灭,这是一个值得考虑的问题"开头的著名独白中,他思考着自杀的可能性,他的思绪将他与世界和他人隔绝开来,他是(   )。

A.李尔王 B.哈姆莱特

C.麦克白 D.雷欧提斯

5.下列说法不正确的一项是(   )。

A.《双城记》以英国大革命为背景,从人道主义的思想出发,反映了封建贵族对农民的残酷迫害

B.《安娜·卡列尼娜》交织着安娜对爱情的追求和列文对社会问题的探索两条平行发展的情节线索

C.《叶甫盖尼·奥涅金》中的达吉亚娜是19世纪俄罗斯文学史上第一个理想的俄罗斯妇女形象

D.泰戈尔的创作中有一条红线贯穿始终,这条红线就是反帝爱国

6.下列有关我国古代"四大名著"的说法,错误的一项是(   )。

A.《三国演义》是中国文学史上第一部长篇章回体历史小说,也是历史演义中最成功的一部作品

B.《水浒传》的故事源于北宋末年的宋江起义,生动地反映了北宋末年农民起义发生、发展直至失败的全过程

C.《西游记》从全书内容的构架来看,大致由孙悟空大闹天宫、被压于五行山下、西行取经成正果三个部分组成

D.《红楼梦》中惜春是赵姨娘的亲生女儿,却拼力靠向王夫人和贾宝玉,尤其亲近贾宝玉,不承认赵姨娘

是母亲,嫌弃亲生弟弟贾环

7.关于老舍戏剧语言的描述,下列说法不正确的一项是（　　）。

A.老舍要求自己每写一句台词,都要像老百姓说话那样随意、自然

B.老舍偏爱那种"说得很现成,含义却很深"的言辞

C.老舍戏剧语言的诗意,是以"朴""淡""浅""显"的形态呈现出来的

D.《茶馆》的语言京味十足,通过对老北京市民口语的运用,突出了作品简洁、生动、含蓄、幽默的艺术特色

8.以宣扬"爱的哲学"著称的作家是（　　）。

A.郁达夫　　　　　　　　　　　　　B.艾青

C.铁凝　　　　　　　　　　　　　　D.冰心

9."其文约,其辞微,其志洁,其行廉,其称文小而其指极大,举类迩而见义远。"这段话评价的是（　　）。

A.《史记》　　　　　　　　　　　　B.《诗经·小雅》

C.《楚辞·天问》　　　　　　　　　D.《离骚》

10.下列作品的作者不是陶渊明的一项是（　　）。

A.《饮酒》　　　　　　　　　　　　B.《醉翁亭记》

C.《五柳先生传》　　　　　　　　　D.《归园田居》

11.《三国演义》中演绎了多位历史人物的相关故事。下列选项中的内容不是出自《三国演义》一书的一项是（　　）。

A.七擒孟获　　　　　　　　　　　　B.火烧新野

C.空城计　　　　　　　　　　　　　D.智取生辰纲

12.下列作品中,不属于俄国作家列夫·托尔斯泰的代表作的一项是（　　）。

A.《战争与和平》　　　　　　　　　B.《复活》

C.《一个地主的早晨》　　　　　　　D.《罪与罚》

13.下列作家与作品对应有误的一项是（　　）。

A.克雷洛夫——《狼和小羊》　　　　B.叶圣陶——《稻草人》

C.柯岩——《没头脑和不高兴》　　　D.拉格洛芙——《尼尔斯骑鹅旅行记》

14.这是一部日记体小说,以一个意大利小学四年级男孩安利柯的眼光讲述了从四年级10月份开学的第一天到第二年7月份在校内外的所见、所闻和所感。这部作品是（　　）。

A.《爱的教育》　　　　　　　　　　B.《长袜子皮皮》

C.《窗边的小豆豆》　　　　　　　　D.《秘密花园》

15.下列有关文化常识的表述,错误的一项是（　　）。

A.雨果是法国浪漫主义文学的领导者,被人称为"法兰西的莎士比亚"

B.歌德,德国18世纪启蒙作家的杰出代表,对世界文学产生巨大的影响,代表作为《浮士德》《少年维特之烦恼》

C.司汤达的《红与黑》,开创了后世"意识流小说""心理小说"之先河

D.巴尔扎克的作品被誉为"英国社会的一面镜子"

16.下列诗句中,未涉及我国传统历法二十四节气的一项是（　　）。

A.露从今夜白,月是故乡明（杜甫《月夜忆舍弟》）

B.遥知兄弟登高处,遍插茱萸少一人（王维《九月九日忆山东兄弟》）

C.微雨众卉新,一雷惊蛰始（韦应物《观田家》）

D.乙酉甲申雷雨惊,乘除却贺芒种晴（范成大《梅雨五绝》）

二、填空题

1. 马作的卢飞快，_____。（辛弃疾《破阵子·为陈同甫赋壮词以寄之》）

2. _____，恨别鸟惊心。（杜甫《春望》）

3. 相见时难别亦难，_____。（李商隐《无题》）

4. 春风又绿江南岸，_____？（王安石《泊船瓜洲》）

5. 但使龙城飞将在，_____。（王昌龄《出塞》）

6. 欲把西湖比西子，_____。（苏轼《饮湖上初晴后雨》）

7. 师者，_____。（韩愈《师说》）

8. 角声满天秋色里，_____。（李贺《雁门太守行》）

9. 剪不断，理还乱，_____。（李煜《相见欢》）

10. 孔子的名言"_____，_____"道出了为人处世的原则：自己不喜欢的不要强加给别人。

11. 王维《使至塞上》抓住沙漠中典型的景物进行刻画，描绘塞外奇特壮丽风光的两句是"_____，_____"。

12. 陆游《游山西村》中的名句"_____，_____"既是描写实景实感，也可形容由困窘步入佳境的境界。

13. 《醉翁亭记》中描写春天景色的句子是"_____"；描写秋天景色的句子是"_____"。

14. 《陋室铭》中，写作者认为"陋室不陋"的原因的两句是"_____，_____"。

参考答案及解析

一、单项选择题

1. 【答案】B。解析：A、C、D三项均为汤显祖的作品，《牡丹亭》《南柯记》《邯郸记》与《紫钗记》合称"临川四梦"。B项，《西厢记》为元代剧作家王实甫的代表作品。

2. 【答案】B。解析：A、C、D三项均正确。B项，"银烛秋光冷画屏，轻罗小扇扑流萤"出自杜牧的《秋夕》，全诗为"银烛秋光冷画屏，轻罗小扇扑流萤。天阶夜色凉如水，卧看牵牛织女星"。

3. 【答案】A。解析：A项，"拜读"属于敬辞，表示阅读他人的作品，符合语境。B项，"高见"属于敬辞，多用于称赞对方的见解；"赐教"属于敬辞，表示请求对方给予指教，不符合语境。C项，"垂询"属于敬辞，指他人向自己询问，不符合语境。D项，"拜访"属于敬辞，表示对他人的访问，不符合语境。

4. 【答案】B。解析："生存还是毁灭，这是一个值得考虑的问题"是莎士比亚作品《哈姆莱特》中主人公哈姆莱特的一段独白，在这段独白中，哈姆莱特思考着自杀的可能性，他的思绪将他与世界和他人隔绝开来。

5. 【答案】A。解析：A项，狄更斯的《双城记》写的是法国大革命时期的故事，"双城"指巴黎和伦敦。B、C、D三项说法均正确。

6. 【答案】D。解析：A、B、C三项说法均正确。D项，《红楼梦》中探春是赵姨娘的亲生女儿，她不承认赵姨娘是母亲，嫌弃亲生弟弟贾环，特别亲近贾宝玉。惜春是宁国府中贾珍的胞妹。

7. 【答案】A。解析：老舍戏剧作品中的语言俗白精致，雅俗共赏。其作品语言的"雅"与诗意主要以"朴""淡""浅""显"的形态呈现出来；其作品语言的"俗"，则体现在作品追求本土特色、活泼有趣、质朴自然、京味浓厚等方面。老舍在创作戏剧时，强调把"想得深"的思想内容以"说得俏"的语言形式表达出来；强调将语言的"俗"建立在精细思考、研究的基础上。因此，A项"随意、自然"说法错误，B、C、D三项说法均合理。

8. 【答案】D。解析："爱的哲学"是冰心作品的主要特征。"爱的哲学"的主题包括三个方面：一是赞美母爱，二是颂扬童真，三是歌咏自然。

9.【答案】D。解析："其文约,其辞微,其志洁,其行廉,其称文小而其指极大,举类迩而见义远。"出自司马迁的《史记·屈原列传》,该句是司马迁对屈原的作品《离骚》的评价。意思是"屈原的文章明快简练,语言精确细微,志趣高雅纯洁,行为端正清廉,他的文章看似平凡而其主旨却十分重大,所用材料贴近生活而表达的意义却极其深远"。

10.【答案】B。解析:A、C、D三项作品的作者均是陶渊明。B项,《醉翁亭记》的作者是宋代的欧阳修。

11.【答案】D。解析:A、B、C三项均出自《三国演义》。D项,"智取生辰纲"出自《水浒传》。

12.【答案】D。解析:A、B、C三项均为列夫·托尔斯泰的代表作品。《战争与和平》《复活》与《安娜·卡列尼娜》是他的三大巨著,《一个地主的早晨》是其自传性的短篇小说,作品首次表现了作者对农民问题的探索。D项,《罪与罚》是俄国作家陀思妥耶夫斯基的代表作品。

13.【答案】C。解析:A、B、D三项作家与作品对应均正确。C项,《没头脑和不高兴》的作者为任溶溶。柯岩的代表作为《帽子的秘密》。

14.【答案】A。解析:A项,《爱的教育》是意大利作家亚米契斯创作的长篇日记体小说,小说由100篇文章构成,讲述了小学四年级学生安利柯一个学年的生活,包括发生在安利柯身边的各种小故事,亲人为他写的许多劝诫性文章,以及老师在课堂上宣读的感人故事。B项,《长袜子皮皮》是瑞典作家林格伦创作的儿童文学作品,主人公是奇怪而有趣的小女孩皮皮。C项,《窗边的小豆豆》是日本作家黑柳彻子创作的儿童文学作品,主人公是小女孩小豆豆。D项,《秘密花园》是美国作家伯内特创作的儿童文学作品,主人公是小女孩玛丽·伦罗克斯。

15.【答案】D。解析:A、B、C三项表述均正确。D项,巴尔扎克是法国19世纪伟大的批判现实主义作家,其代表作《人间喜剧》被称为"法国社会的百科全书"。

16.【答案】B。解析:二十四节气指农历中表示季节变迁的24个特定节令,依次为立春、雨水、惊蛰、春分、清明、谷雨、立夏、小满、芒种、夏至、小暑、大暑、立秋、处暑、白露、秋分、寒露、霜降、立冬、小雪、大雪、冬至、小寒、大寒。A项涉及的节气是白露。B项涉及的是我国传统节日之一重阳节,并非二十四节气之一。C项涉及的节气是惊蛰。D项涉及的节气是芒种。

二、填空题

1.【答案】弓如霹雳弦惊

2.【答案】感时花溅泪

3.【答案】东风无力百花残

4.【答案】明月何时照我还

5.【答案】不教胡马度阴山

6.【答案】淡妆浓抹总相宜

7.【答案】所以传道受业解惑也

8.【答案】塞上燕脂凝夜紫

9.【答案】是离愁

10.【答案】己所不欲;勿施于人

11.【答案】大漠孤烟直;长河落日圆

12.【答案】山重水复疑无路;柳暗花明又一村

13.【答案】野芳发而幽香;风霜高洁

14.【答案】斯是陋室;惟吾德馨

第六章　课程标准

第一节　《义务教育语文课程标准（2011年版）》

一、前言

语言文字是人类最重要的交际工具和信息载体，是人类文化的重要组成部分。语言文字的运用，包括生活、工作和学习中的听说读写活动以及文学活动，存在于人类社会的各个领域。当今世界，经济全球化趋势日渐增强，现代科学和信息技术迅猛发展，新的交流媒介不断出现，给社会语言生活带来巨大变化，对中华民族优秀传统文化的继承，对语言文字运用的规范带来新的挑战。时代的进步要求人们具有开阔的视野、开放的心态、创新的思维，对人们的语言文字运用能力和文化选择能力提出了更高的要求，也给语文教育的发展提出了新的课题。

语文课程致力于培养学生的语言文字运用能力，提升学生的综合素养，为学好其他课程打下基础；为学生形成正确的世界观、人生观、价值观，形成良好个性和健全人格打下基础；为学生的全面发展和终身发展打下基础。语文课程对继承和弘扬中华民族优秀文化传统和革命传统，增强民族文化认同感，增强民族凝聚力和创造力，具有不可替代的优势。语文课程的多重功能和奠基作用，决定了它在九年义务教育中的重要地位。

考点1　课程性质

语文课程是一门学习语言文字运用的综合性、实践性课程。义务教育阶段的语文课程，应使学生初步学会运用祖国语言文字进行交流沟通，吸收古今中外优秀文化，提高思想文化修养，促进自身精神成长。工具性与人文性的统一，是语文课程的基本特点。

考点2　课程基本理念

1.全面提高学生的语文素养

九年义务教育阶段的语文课程，必须面向全体学生，使学生获得基本的语文素养。

语文课程应激发和培育学生热爱祖国语文的思想感情，引导学生丰富语言积累，培养语感，发展思维，初步掌握学习语文的基本方法，养成良好的学习习惯，具有适应实际生活需要的识字写字能力、阅读能力、写作能力、口语交际能力，正确运用祖国语言文字。语文课程还应通过优秀文化的熏陶感染，促进学生和谐发展，使他们提高思想道德修养和审美情趣，逐步形成良好的个性和健全的人格。

2.正确把握语文教育的特点

语文课程丰富的人文内涵对学生精神世界的影响是广泛而深刻的，学生对语文材料的感受和理解又往往是多元的。因此，应该重视语文课程对学生思想情感所起的熏陶感染作用，注意课程内容的价值取向，要继承和发扬中华优秀文化传统和革命传统，体现社会主义核心价值体系的引领作用，突出中国特色社会主义共同理想，弘扬以爱国主义为核心的民族精神和以改革创新为核心的时代精神，树立社会主义荣辱观，培养良好思想道德风尚，同时也要尊重学生在语文学习过程中的独特体验。

语文课程是实践性课程，应着重培养学生的语文实践能力，而培养这种能力的主要途径也应是语文实践。语文课程是学生学习运用祖国语言文字的课程，学习资源和实践机会无处不在，无时不有。因而，应该让学生多读多写，日积月累，在大量的语文实践中体会、把握运用语文的规律。

语文课程应特别关注汉语言文字的特点对学生识字写字、阅读、写作、口语交际和思维发展等方面的影响，在教学中尤其要重视培养良好的语感和整体把握的能力。

3.积极倡导自主、合作、探究的学习方式

学生是学习的主体。语文课程必须根据学生身心发展和语文学习的特点，爱护学生的好奇心、求知欲，鼓励自主阅读、自由表达，充分激发他们的问题意识和进取精神，关注个体差异和不同的学习需求，积极倡导自主、合作、探究的学习方式。教学内容的确定，教学方法的选择，评价方式的设计，都应有助于这种学习方式的形成。

语文学习应注重听说读写的相互联系，注重语文与生活的联系，注重知识与能力、过程与方法、情感态度与价值观的整体发展。综合性学习既符合语文教育的传统，又具有现代社会的学习特征，有利于学生在感兴趣的自主活动中全面提高语文素养，有利于培养学生主动探究、团结合作、勇于创新的精神，应该积极提倡。

4.努力建设开放而有活力的语文课程

语文课程的建设应继承我国语文教育的优良传统，注重读书、积累和感悟，注重整体把握和熏陶感染；同时应密切关注现代社会发展的需要，拓宽语文学习和运用的领域，注重跨学科的学习和现代科技手段的运用，使学生在不同内容和方法的相互交叉、渗透和整合中开阔视野，提高学习效率，初步养成现代社会所需要的语文素养。

语文课程应该是开放而富有创新活力的。要尽可能满足不同地区、不同学校、不同学生的需求，确立适应时代需要的课程目标，开发与之相应的课程资源，形成相对稳定而又灵活的实施机制，不断地自我调节、更新发展。

考点3 课程设计思路

①九年义务教育语文课程，应以邓小平理论和"三个代表"重要思想为指导，深入贯彻落实科学发展观，坚持以人为本，继承我国语文教育的优良传统，汲取当代语文教育科学理论的精髓，借鉴国外母语教育改革的经验，遵循语文教育的规律，努力提高学生的语文素养，为弘扬民族精神、增强民族创造力和凝聚力、培养德智体美全面发展的社会主义建设者和接班人，发挥积极的作用，为学生的终身发展奠定基础。

②语文课程应注重引导学生多读书、多积累，重视语言文字运用的实践，在实践中领悟文化内涵和语文应用规律。

③课程目标九年一贯整体设计。课程标准在"总目标"之下，按1~2年级、3~4年级、5~6年级、7~9年级四个学段，分别提出"学段目标与内容"，体现语文课程的整体性和阶段性。各个学段相互联系，螺旋上升，最终全面达成总目标。

④学段目标与内容从"识字与写字"、"阅读"、"写作"（第一学段为"写话"，第二、第三学段为"习作"）、"口语交际"四个方面提出要求。课程标准还提出了"综合性学习"的要求，以加强语文课程内部诸多方面的联系，加强与其他课程以及与生活的联系，促进学生语文素养全面协调地发展。

⑤课程标准的"实施建议"部分，对教学、评价、教材编写，以及课程资源的开发与利用等提出了实施的原则、方法和策略，也为具体实施留有创造的空间。

二、课程目标与内容

考点1 总体目标与内容

课程目标从知识与能力、过程与方法、情感态度与价值观三个方面设计。三者相互渗透,融为一体。目标的设计着眼于语文素养的整体提高。

①在语文学习过程中,培养爱国主义、集体主义、社会主义思想道德和健康的审美情趣,发展个性,培养创新精神和合作精神,逐步形成积极的人生态度和正确的世界观、价值观。

②认识中华文化的丰厚博大,汲取民族文化智慧。关心当代文化生活,尊重多样文化,吸收人类优秀文化的营养,提高文化品位。

③培育热爱祖国语言文字的情感,增强学习语文的自信心,养成良好的语文学习习惯,初步掌握学习语文的基本方法。

④在发展语言能力的同时,发展思维能力,学习科学的思想方法,逐步养成实事求是、崇尚真知的科学态度。

⑤能主动进行探究性学习,激发想象力和创造潜能,在实践中学习和运用语文。

⑥学会汉语拼音。能说普通话。认识3500个左右常用汉字。能正确工整地书写汉字,并有一定的速度。

⑦具有独立阅读的能力,学会运用多种阅读方法。有较为丰富的积累和良好的语感,注重情感体验,发展感受和理解的能力。能阅读日常的书报杂志,能初步鉴赏文学作品,丰富自己的精神世界。能借助工具书阅读浅易文言文。背诵优秀诗文240篇(段)。九年课外阅读总量应在400万字以上。

⑧能具体明确、文从字顺地表达自己的见闻、体验和想法。能根据需要,运用常见的表达方式写作,发展书面语言运用能力。

⑨具有日常口语交际的基本能力,学会倾听、表达与交流,初步学会运用口头语言文明地进行人际沟通和社会交往。

⑩学会使用常用的语文工具书。初步具备搜集和处理信息的能力,积极尝试运用新技术和多种媒体学习语文。

考点2 学段目标与内容

第一学段(1~2年级)

1.识字与写字

①喜欢学习汉字,有主动识字、写字的愿望。

②认识常用汉字1600个左右,其中800个左右会写。

③掌握汉字的基本笔画和常用的偏旁部首,能按笔顺规则用硬笔写字,注意间架结构。初步感受汉字的形体美。

④努力养成良好的写字习惯,写字姿势正确,书写规范、端正、整洁。

⑤学会汉语拼音。能读准声母、韵母、声调和整体认读音节。能准确地拼读音节,正确书写声母、韵母和音节。认识大写字母,熟记《汉语拼音字母表》。

⑥学习独立识字。能借助汉语拼音认读汉字,学会用音序检字法和部首检字法查字典。

考题再现

【2018年·山东泰安·单选】第一学段新课标对汉字的基本笔画和常用偏旁部首的目标要求是(　　　　)。

A.了解　　　　　　　　　　　　　　　B.基本掌握

2.阅读

①喜欢阅读,感受阅读的乐趣。养成爱护图书的习惯。

②学习用普通话正确、流利、有感情地朗读课文。学习默读。

③结合上下文和生活实际了解课文中词句的意思,在阅读中积累词语。借助读物中的图画阅读。

④阅读浅近的童话、寓言、故事,向往美好的情境,关心自然和生命,对感兴趣的人物和事件有自己的感受和想法,并乐于与人交流。

⑤诵读儿歌、儿童诗和浅近的古诗,展开想象,获得初步的情感体验,感受语言的优美。

⑥认识课文中出现的常用标点符号。在阅读中体会句号、问号、感叹号所表达的不同语气。

⑦积累自己喜欢的成语和格言警句。背诵优秀诗文50篇(段)。课外阅读总量不少于5万字。

3.写话

①对写话有兴趣,留心周围事物,写自己想说的话,写想象中的事物。

②在写话中乐于运用阅读和生活中学到的词语。

③根据表达的需要,学习使用逗号、句号、问号、感叹号。

4.口语交际

①学说普通话,逐步养成说普通话的习惯。

②能认真听别人讲话,努力了解讲话的主要内容。

③听故事、看音像作品,能复述大意和自己感兴趣的情节。

④能较完整地讲述小故事,能简要讲述自己感兴趣的见闻。

⑤与别人交谈,态度自然大方,有礼貌。

⑥有表达的自信心。积极参加讨论,敢于发表自己的意见。

5.综合性学习

①对周围事物有好奇心,能就感兴趣的内容提出问题,结合课内外阅读共同讨论。

②结合语文学习,观察大自然,用口头或图文等方式表达自己的观察所得。

③热心参加校园、社区活动。结合活动,用口头或图文等方式表达自己的见闻和想法。

第二学段(3~4年级)

1.识字与写字

①对学习汉字有浓厚的兴趣,养成主动识字的习惯。

②累计认识常用汉字2500个左右,其中1600个左右会写。

③有初步的独立识字能力。会运用音序检字法和部首检字法查字典、词典。

④能使用硬笔熟练地书写正楷字,做到规范、端正、整洁。用毛笔临摹正楷字帖。

⑤写字姿势正确,有良好的书写习惯。

2.阅读

①用普通话正确、流利、有感情地朗读课文。

②初步学会默读,做到不出声,不指读。学习略读,粗知文章大意。

③能联系上下文,理解词句的意思,体会课文中关键词句表达情意的作用。能借助字典、词典和生活积累,理解生词的意义。

④能初步把握文章的主要内容,体会文章表达的思想感情。能对课文中不理解的地方提出疑问。

⑤能复述叙事性作品的大意,初步感受作品中生动的形象和优美的语言,关心作品中人物的命运和喜怒哀乐,与他人交流自己的阅读感受。

⑥诵读优秀诗文,注意在诵读过程中体验情感,展开想象,领悟诗文大意。

⑦在理解语句的过程中,体会句号与逗号的不同用法,了解冒号、引号的一般用法。

⑧积累课文中的优美词语、精彩句段,以及在课外阅读和生活中获得的语言材料。背诵优秀诗文50篇(段)。

⑨养成读书看报的习惯,收藏图书资料,乐于与同学交流。课外阅读总量不少于40万字。

3. 习作

①乐于书面表达,增强习作的自信心。愿意与他人分享习作的快乐。

②观察周围世界,能不拘形式地写下自己的见闻、感受和想象,注意把自己觉得新奇有趣或印象最深、最受感动的内容写清楚。

③能用简短的书信、便条进行交流。

④尝试在习作中运用自己平时积累的语言材料,特别是有新鲜感的词句。

⑤学习修改习作中有明显错误的词句。根据表达的需要,正确使用冒号、引号等标点符号。

⑥课内习作每学年16次左右。

4. 口语交际

①能用普通话交谈。学会认真倾听,能就不理解的地方向人请教,就不同的意见与人商讨。

②听人说话能把握主要内容,并能简要转述。

③能清楚明白地讲述见闻,说出自己的感受和想法。讲述故事力求具体生动。

5. 综合性学习

①能提出学习和生活中的问题,有目的地搜集资料,共同讨论。

②结合语文学习,观察大自然,观察社会,用书面或口头方式表达自己的观察所得。

③能在教师指导下组织有趣味的语文活动,在活动中学习语文,学会合作。

④在家庭生活、学校生活中,尝试运用语文知识和能力解决简单问题。

第三学段(5~6年级)

1. 识字与写字

①有较强的独立识字能力。累计认识常用汉字3000个左右,其中2500个会写。

②硬笔书写楷书,行款整齐,力求美观,有一定速度。

③能用毛笔书写楷书,在书写中体会汉字的优美。

④写字姿势正确,有良好的书写习惯。

2. 阅读

①能用普通话正确、流利、有感情地朗读课文。

②默读有一定速度,默读一般读物每分钟不少于300字。学习浏览,扩大知识面,根据需要搜集信息。

③能联系上下文和自己的积累,推想课文中有关词句的意思,辨别词语的感情色彩,体会其表达效果。

④在阅读中了解文章的表达顺序,体会作者的思想感情,初步领悟文章的基本表达方法。在交流和讨论中,敢于提出看法,作出自己的判断。

⑤阅读叙事性作品,了解事件梗概,能简单描述自己印象最深的场景、人物、细节,说出自己的喜爱、憎恶、崇敬、向往、同情等感受。阅读诗歌,大体把握诗意,想象诗歌描述的情境,体会作品的情感。受到优秀作品的感染和激励,向往和追求美好的理想。阅读说明性文章,能抓住要点,了解文章的基本说明方法。阅读简单的非连续性文本,能从图文等组合材料中找出有价值的信息。

⑥在理解课文的过程中,体会顿号与逗号、分号与句号的不同用法。

⑦诵读优秀诗文,注意通过语调、韵律、节奏等体味作品的内容和情感。背诵优秀诗文60篇(段)。

⑧扩展阅读面。课外阅读总量不少于100万字。

3.习作

①懂得写作是为了自我表达和与人交流。

②养成留心观察周围事物的习惯,有意识地丰富自己的见闻,珍视个人的独特感受,积累习作素材。

③能写简单的记实作文和想象作文,内容具体,感情真实。能根据内容表达的需要,分段表述。学写读书笔记,学写常见应用文。

④修改自己的习作,并主动与他人交换修改,做到语句通顺,行款正确,书写规范、整洁。根据表达需要,正确使用常用的标点符号。

⑤习作要有一定速度。课内习作每学年16次左右。

4.口语交际

①与人交流能尊重和理解对方。

②乐于参与讨论,敢于发表自己的意见。

③听人说话认真、耐心,能抓住要点,并能简要转述。

④表达有条理,语气、语调适当。

⑤能根据对象和场合,稍作准备,作简单的发言。

⑥注意语言美,抵制不文明的语言。

5.综合性学习

①为解决与学习和生活相关的问题,利用图书馆、网络等信息渠道获取资料,尝试写简单的研究报告。

②策划简单的校园活动和社会活动,对所策划的主题进行讨论和分析,学写活动计划和活动总结。

③对自己身边的、大家共同关注的问题,或电视、电影中的故事和形象,组织讨论、专题演讲,学习辨别是非、善恶、美丑。

④初步了解查找资料、运用资料的基本方法。

第四学段(7~9年级)

1.识字与写字

①能熟练地使用字典、词典独立识字,会用多种检字方法。累计认识常用汉字3500个左右。

②在使用硬笔熟练地书写正楷字的基础上，学写规范、通行的行楷字，提高书写的速度。

③临摹名家书法，体会书法的审美价值。

④写字姿势正确，有良好的书写习惯。

2.阅读

①能用普通话正确、流利、有感情地朗读。

②养成默读习惯，有一定速度，阅读一般的现代文，每分钟不少于500字。能较熟练地运用略读和浏览的方法，扩大阅读范围。

③在通读课文的基础上，理清思路，理解、分析主要内容，体味和推敲重要词句在语言环境中的意义和作用。

④对课文的内容和表达有自己的心得，能提出自己的看法，并能运用合作的方式，共同探讨、分析、解决疑难问题。

⑤在阅读中了解叙述、描写、说明、议论、抒情等表达方式。

⑥能够区分写实作品与虚构作品，了解诗歌、散文、小说、戏剧等文学样式。

⑦欣赏文学作品，有自己的情感体验，初步领悟作品的内涵，从中获得对自然、社会、人生的有益启示。对作品中感人的情境和形象，能说出自己的体验；品味作品中富于表现力的语言。

⑧阅读简单的议论文，区分观点与材料（道理、事实、数据、图表等），发现观点与材料之间的联系，并通过自己的思考，作出判断。阅读新闻和说明性文章，能把握文章的基本观点，获取主要信息。阅读科技作品，还应注意领会作品中所体现的科学精神和科学思想方法。阅读由多种材料组合、较为复杂的非连续性文本，能领会文本的意思，得出有意义的结论。

⑨诵读古代诗词，阅读浅易文言文，能借助注释和工具书理解基本内容。注重积累、感悟和运用，提高自己的欣赏品位。

⑩随文学习基本的词汇、语法知识，用来帮助理解课文中的语言难点；了解常用的修辞方法，体会它们在课文中的表达效果。了解课文涉及的重要作家作品知识和文化常识。

⑪能利用图书馆、网络搜集自己需要的信息和资料，帮助阅读。

⑫学会制订自己的阅读计划，广泛阅读各种类型的读物，课外阅读总量不少于260万字，每学年阅读两三部名著。背诵优秀诗文80篇（段）。

3.写作

①写作要有真情实感，力求表达自己对自然、社会、人生的感受、体验和思考。

②多角度观察生活，发现生活的丰富多彩，能抓住事物特征，有自己的感受和认识，表达力求有创意。

③注重写作过程中搜集素材、构思立意、列纲起草、修改加工等环节，提高独立写作能力。

④写作时考虑不同的目的和对象。根据表达的需要，围绕表达中心，选择恰当的表达方式。合理安排内容的先后和详略，条理清楚地表达自己的意思。运用联想和想象，丰富表达的内容。正确使用常用的标点符号。

⑤写记叙性文章，表达意图明确，内容具体充实；写简单的说明性文章，做到明白清楚；写简单的议论性文章，做到观点明确、有理有据；根据生活需要，写常见应用文。

⑥能从文章中提取主要信息，进行缩写；能根据文章的基本内容和自己的合理想象，进行扩写；能变换文章的文体或表达方式等，进行改写。

⑦根据表达的需要，借助语感和语文常识，修改自己的作文，做到文从字顺。能与他人交流写作心得，互相评改作文，以分享感受，沟通见解。

⑧作文每学年一般不少于14次，其他练笔不少于1万字，45分钟能完成不少于500字的习作。

4.口语交际

①注意对象和场合,学习文明得体地交流。

②耐心专注地倾听,能根据对方的话语、表情、手势等,理解对方的观点和意图。

③自信、负责地表达自己的观点,做到清楚、连贯、不偏离话题。

④注意表情和语气,根据需要调整自己的表达内容和方式,不断提高应对能力,增强感染力和说服力。

⑤讲述见闻,内容具体、语言生动。复述转述,完整准确、突出要点。能就适当的话题作即席讲话和有准备的主题演讲,有自己的观点,有一定说服力。

⑥讨论问题,能积极发表自己的看法,有中心、有根据、有条理。能听出讨论的焦点,并能有针对性地发表意见。

5.综合性学习

①自主组织文学活动,在办刊、演出、讨论等活动过程中,体验合作与成功的喜悦。

②能提出学习和生活中感兴趣的问题,共同讨论,选出研究主题,制订简单的研究计划。能从书刊或其他媒体中获取有关资料,讨论分析问题,独立或合作写出简单的研究报告。

③关心学校、本地区和国内外大事,就共同关注的热点问题,搜集资料,调查访问,相互讨论,能用文字、图表、图画、照片等展示学习成果。

④掌握查找资料、引用资料的基本方法,分清原始资料与间接资料的主要差别,学会注明所援引资料的出处。

三、实施建议

考点1　教学建议

1.充分发挥师生双方在教学中的主动性和创造性

学生是语文学习的主体,教师是学习活动的组织者和引导者。语文教学应在师生平等对话的过程中进行。

语文教学应激发学生的学习兴趣,培养学生自主学习的意识和习惯,引导学生掌握语文学习的方法,为学生创设有利于自主、合作、探究学习的环境。应尊重学生的个体差异,鼓励学生选择适合自己的学习方式。

教师应确立适应社会发展和学生需求的语文教育观念,注重吸收新知识,不断提高自身的综合素养。应认真钻研教材,正确理解、把握教材内容,创造性地使用教材;积极开发、合理利用课程资源,灵活运用多种教学策略和现代教育技术,努力探索网络环境下新的教学方式;精心设计和组织教学活动,重视启发式、讨论式教学,启迪学生智慧,提高语文教学质量。

2.教学中努力体现语文课程的实践性和综合性

教师应努力改进课堂教学,整体考虑知识与能力、过程与方法、情感态度与价值观的综合,注重听说读写之间的有机联系,加强教学内容的整合,统筹安排教学活动,促进学生语文素养的整体提高。

重视学生读书、写作、口语交际、搜集处理信息等语文实践,提倡多读多写,改变机械、粗糙、繁琐的作业方式,让学生在语文实践中学习语文,学会学习。善于通过专题学习等方式,沟通课堂内外,沟通听说读写,增加学生语文实践的机会。充分利用学校、家庭和社区等教育资源,开展综合性学习活动,拓宽学生的学习空间。

3.重视情感、态度、价值观的正确导向

培养学生正确的思想观念、科学的思维方式、高尚的道德情操、健康的审美情趣和积极的人生态度,是与帮助他们掌握学习方法、提高语文能力的过程融为一体的,不应该当作外在的附加任务。应该根据语文学科的特点,注重熏陶感染,潜移默化,把这些内容渗透于日常的教学过程之中。

4.重视培养学生的创新精神和实践能力

语文教学要注重语言的积累、感悟和运用,注重基本技能训练,让学生打好扎实的语文基础。尤其要注重激发学生的好奇心、求知欲,发展学生的思维,培养想象力,开发创造潜能,提高学生发现、分析和解决问题的能力,提高语文综合应用能力。

5.具体建议

学生生理、心理以及语言能力的发展具有阶段性特征,不同内容的教学也有各自的规律,应该根据不同学段学生的特点和不同的教学内容,采取合适的教学策略。

（1）关于识字、写字与汉语拼音教学

识字、写字是阅读和写作的基础,是第一学段的教学重点,也是贯串整个义务教育阶段的重要教学内容。

低年级阶段学生"会认"与"会写"的字量要求有所不同。在教学过程中要"多认少写",要求学生会认的字不一定同时要求会写。本标准附有"识字、写字教学基本字表"（**本教材未附录该字表**）,建议先认先写"字表"中的300个字,逐步发展识字写字能力。

识字教学要注意儿童心理特点,将学生熟识的语言因素作为主要材料,结合学生的生活经验,引导他们利用各种机会主动识字,力求识用结合。

要运用多种识字教学方法和形象直观的教学手段,创设丰富多彩的教学情境,提高识字教学效率。

按照规范要求认真写好汉字是教学的基本要求,练字的过程也是学生性情、态度、审美趣味养成的过程。每个学段都要指导学生写好汉字。要求学生写字姿势正确,指导学生掌握基本的书写技能,养成良好的书写习惯,提高书写质量。第一、第二、第三学段,要在每天的语文课中安排10分钟,在教师指导下随堂练习,做到天天练。要在日常书写中增强练字意识,讲究练字效果。

汉语拼音教学要尽可能有趣味性,宜多采用活动和游戏的形式,应与学说普通话、识字教学相结合,注意汉语拼音在现实语言生活中的运用。

（2）关于阅读教学

阅读是运用语言文字获取信息、认识世界、发展思维、获得审美体验的重要途径。阅读教学是学生、教师、教科书编者、文本之间对话的过程。

阅读是学生的个性化行为。阅读教学应引导学生钻研文本,在主动积极的思维和情感活动中,加深理解和体验,有所感悟和思考,受到情感熏陶,获得思想启迪,享受审美乐趣。要珍视学生独特的感受、体验和理解。教师应加强对学生阅读的指导、引领和点拨,但不应以教师的分析来代替学生的阅读实践,不应以模式化的解读来代替学生的体验和思考;要善于通过合作学习解决阅读中的问题,但也要防止用集体讨论来代替个人阅读。

阅读教学应注重培养学生感受、理解、欣赏和评价的能力。这种综合能力的培养,各学段可以有所侧重,但不应把它们机械地割裂开来。

在理解课文的基础上,提倡多角度、有创意的阅读,利用阅读期待、阅读反思和批判等环节,拓展思维空间,提高阅读质量。但要防止逐字逐句的过深分析和远离文本的过度发挥。

各个学段的阅读教学都要重视朗读和默读。各学段关于朗读的目标中都要求"有感情地朗读",这是指,要让学生在朗读中通过品味语言,体会作者及其作品中的情感态度,学习用恰当的语气语调朗读,表现自己对作者及其作品情感态度的理解。朗读要提倡自然,要摒弃矫情做作的腔调。

应加强对阅读方法的指导,让学生逐步学会精读、略读和浏览。有些诗文应要求学生诵读,以利于丰富积累,增强体验,培养语感。

在阅读教学中,为了帮助理解课文,可以引导学生随文学习必要的语文知识,但不能脱离语文运用的实际去进行"系统"的讲授和操练,更不应要求学生死记硬背概念、定义。

要重视培养学生广泛的阅读兴趣,扩大阅读面,增加阅读量,提高阅读品位。提倡少做题,多读书,好读书,读好书,读整本的书。关注学生通过多种媒介的阅读,鼓励学生自主选择优秀的阅读材料。加强对课外阅读的指导,开展各种课外阅读活动,创造展示与交流的机会,营造人人爱读书的良好氛围。

考题再现

【2018年·山东泰安·单选】阅读教学过程是( )。

A.学生和文本之间的对话过程　　　　　　B.学生和教师之间的对话过程

C.教师与文本之间的对话过程　　　　　　D.学生、教师、教科书编者、文本之间对话的过程

【答案】D。

（3）关于写作教学

写作是运用语言文字进行表达和交流的重要方式,是认识世界、认识自我、创造性表述的过程。写作能力是语文素养的综合体现。写作教学应贴近学生实际,让学生易于动笔,乐于表达,应引导学生关注现实,热爱生活,积极向上,表达真情实感。

关于"写作"的目标,第一学段定位于"写话",第二学段开始"习作",这是为了降低学生写作起始阶段的难度,重在培养学生的写作兴趣和自信心。

在写作教学中,应注重培养学生观察、思考、表达和创造的能力。要求学生说真话、实话、心里话,不说假话、空话、套话,并且抵制抄袭行为。

为学生的自主写作提供有利条件和广阔空间,减少对学生写作的束缚,鼓励自由表达和有创意的表达,鼓励写想象中的事物。加强平时练笔指导,改进作文命题方式,提倡学生自主选题。

写作教学应抓住取材、立意、构思、起草、加工等环节,指导学生在写作实践中学会写作。重视引导学生在自我修改和相互修改的过程中提高写作能力。

要重视写作教学与阅读教学、口语交际教学之间的联系,善于将读与写、说与写有机结合,相互促进。要关注作文的书写质量,要使学生把作文的书写也当作练字的过程。

积极合理利用信息技术与网络的优势,丰富写作形式,激发写作兴趣,增加学生创造性表达、展示交流与互相评改的机会。

考题再现

【2018年·山东泰安·判断】写作是运用语言文字进行表达和交流的重要方式,写作能力是语文素养的综合表现。

（ ）

【答案】√。

（4）关于口语交际教学

口语交际能力是现代公民的必备能力。应培养学生倾听、表达和应对的能力,使学生具有文明和谐地进行人际交流的素养。

口语交际是听与说双方的互动过程。教学活动主要应在具体的交际情境中进行,不宜采用大量讲授口语交际原则、要领的方式。应努力选择贴近生活的话题,采用灵活的形式组织教学。

重视在语文课堂教学中培养口语交际的能力,鼓励学生在各科教学活动以及日常生活中锻炼口语交际能力。

考题再现

【2018年·山东泰安·判断】进行口语交际教学时要努力选择贴近生活的话题,采取灵活的形式组织教学,不要讲授口语交际知识。

（ ）

【答案】×。解析:《义务教育语文课程标准(2011年版)》指出,"教学活动主要应在具体的交际情境中进行,不

宜采用大量讲授口语交际原则、要领的方式。应努力选择贴近生活的话题，采用灵活的形式组织教学"。"不要讲授口语交际知识"表述有误。

（5）关于综合性学习

综合性学习主要体现为语文知识的综合运用、听说读写能力的整体发展、语文课程与其他课程的沟通、书本学习与生活实践的紧密结合。

综合性学习应贴近现实生活。联系生活中的实际问题开展学习活动，在实现语文学习目标的同时，提高对自然、社会现象与问题的认识，追求积极、健康、和谐的生活方式，增强抵御风险和侵害的意识，增强在与自然、社会和他人互动中的应对能力。

综合性学习应突出学生的自主性，重视学生主动积极的参与精神，主要由学生自行设计和组织活动，特别注重探索和研究的过程，要加强教师在各环节中的指导作用。

综合性学习应强调合作精神，注意培养学生策划、组织、协调和实施的能力。

综合性学习的设计应开放、多元，提倡与其他课程相结合，开展跨领域学习。跨学科学习，也应以提高学生语文素养为目的。

积极构建网络环境下的学习平台，拓展学生学习和创造的空间，支持和丰富语文综合性学习。

（6）关于语法修辞知识

本标准"学段目标与内容"中涉及语音、文字、词汇、语法、修辞、文体、文学等丰富的知识内容，在教学中应根据语文运用的实际需要，从所遇到的具体语言实例出发进行指导和点拨。指导与点拨的目的是帮助学生更好地识字、写字、阅读与表达，形成一定的语言应用能力和良好的语感，而不在于对知识系统的记忆。因此，要避免脱离实际运用，围绕相关知识的概念、定义进行"系统、完整"的讲授与操练。

本标准通过所附的"语法修辞知识要点"（**本教材未附录该要点**）对相关内容略加展开，大致规定教学中点拨的范围和难度；这一部分提到有关的名称，则便于教师在引导学生认识语言现象和问题时称说。关于语言结构和运用的规律，须让学生在具有比较丰富的语言积累和良好语感的基础上，在实际运用中逐步体味把握。

考点2　评价建议

语文课程评价的根本目的是促进学生学习，改善教师教学。语文课程评价应准确反映学生的学习水平和学习状况，全面落实语文课程目标。应充分发挥语文课程评价的多重功能，恰当运用多种评价方式，注重评价主体的多元与互动，突出语文课程评价的整体性和综合性。要根据不同年龄学生的学习特点，按照不同学段的课程目标，抓住关键，突出重点，采用合适方式，提高评价效率。语文课程评价应该改变过于重视甄别和选拔的状况，突出评价的诊断和发展功能。

1.充分发挥语文课程评价的多种功能

语文课程评价具有检查、诊断、反馈、激励、甄别和选拔等多种功能，其目的是考察学生实现课程目标的程度，检验和改进学生的学习和教师的教学，改善课程设计，完善教学过程。应发挥语文课程评价的多种功能，尤其应注意发挥其诊断、反馈和激励的功能，有效地促进学生的发展。

2.恰当运用多种评价方式

形成性评价关注学习过程，有利于及时揭示问题、及时反馈、及时改进教与学活动。终结性评价关注学习结果，有利于对教学活动作出总结性的结论。形成性评价和终结性评价都是必要的。应加强形成性评价，注意收集、积累能够反映学生语文学习与发展的资料，可采用成长记录袋等各种方式，记录学生的成长过程。对学生语文学习的日常表现，应以表扬、鼓励等积极的评价为主，采用激励性的评语，从正面加以引导。

要坚持定性评价和定量评价相结合，全面反映学生语文学习的状态及水平。评价方法除了纸笔测试以外,还有平时的行为观察与记录、问卷调查、面谈讨论等各种方法。语文学习具有重情感体验和感悟的特点,更应重视定性评价。学校和教师要对学生的成长记录和考试结果进行分析,评价结果的呈现方式除了等级或分数以外,还可用代表性的事实客观描述学生语文学习的进步,并提出建议。

各种评价方法都有其一定的适应性,在评价的客观性和深刻性上也各有差别,因此,评价设计要注重可行性和有效性,力戒繁琐,防止片面追求形式。

3.注重评价主体的多元与互动

应注意将教师的评价、学生的自我评价及学生之间的相互评价相结合,加强学生的自我评价和相互评价,促进学生主动学习,自我反思。评价要理解和尊重学生的自我评价与相互评价。要尊重学生的个体差异,有利于每个学生的健康发展。

根据需要,可让学生家长、社区、专业人员等适当参与评价活动,争取社会对学生语文学习的更多关注和支持。

4.突出语文课程评价的整体性和综合性

语文课程评价要体现语文课程目标的整体性和综合性,全面考察学生的语文素养。应注意识字与写字、阅读、写作、口语交际和综合性学习五个方面的有机联系,注意知识与能力、过程与方法、情感态度与价值观的交融、整合,避免只从知识、技能方面进行评价。

5.具体建议

(1)关于识字与写字的评价

汉语拼音学习的评价,重在考察学生认读和拼读的能力,以及借助汉语拼音认读汉字、讲普通话、纠正地方音的情况。

识字的评价,要考察学生认清字形、读准字音、掌握汉字基本意义的情况,以及在具体语言环境中运用汉字的能力,借助字典、词典等工具书查检字词的能力。第一、第二学段应多关注学生主动识字的兴趣,第三、第四学段要重视考察学生独立识字的能力。

写字的评价,要考察学生对于要求"会写"的字的掌握情况,重视书写的正确、端正、整洁,在此基础上,逐步要求书写流利。第一学段要关注学生写好基本笔画、基本结构和基本字,第二、第三学段还要关注学生的毛笔书写,第四学段还要关注学生基本行楷字的书写和对名家书法作品的临摹。义务教育的各个学段的写字评价都要关注学生写字的姿势与习惯,引导学生提高书写质量。第三学段要求学生会写2500个字。对学生写字学习情况的评价,当以本标准附录5"义务教育语文课程常用字表·字表一"(**本教材未附录该字表**)为依据。

评价要有利于激发学生识字、写字的兴趣,帮助学生养成写规范字的习惯,减少错别字。

(2)关于阅读的评价

阅读的评价,要综合考察学生阅读过程中的感受、体验和理解,要关注其阅读兴趣与价值取向、阅读方法与习惯,也要关注其阅读面和阅读量,以及选择阅读材料的能力。重视对学生多角度、有创意阅读的评价。语文知识的学习重在运用,其概念不作为考试内容。

能用普通话正确、流利、有感情地朗读课文,是朗读评价的总要求。根据阶段目标,各学段的要求可以有所侧重。评价学生的朗读,可从语音、语调和语气等方面进行综合考察,评价"有感情地朗读",要以对内容的理解与把握为基础,要防止矫情做作。

诵读的评价,重在提高学生的诵读兴趣,增加积累,发展语感,加深体验和领悟。在不同学段,可在诵读材料的内容、范围、数量、篇幅、类型等方面逐渐增加难度。

默读的评价,应从学生默读的方法、速度、效果和习惯等方面进行综合考察。

精读的评价,重点评价学生对阅读材料的综合理解能力,要重视评价学生的情感体验和创造性的理解。第一学段可侧重考察对文章内容的初步感知和文中重要词句的理解、积累;第二学段侧重考察通过重要词句帮助理解文章，体会其表情达意的作用，以及对文章大意的把握；第三学段侧重考察对文章表达顺序和基本表达方法的了解领悟；第四学段侧重考察理清思路、概括要点、探究内容等方面的情况，以及读懂不同文体文章的能力。

略读的评价，重在考察学生能否把握阅读材料的大意。浏览的评价，重在考察学生能否从阅读材料中捕捉有用信息。

文学作品阅读的评价，着重考察学生感受形象、体验情感、品味语言的水平，对学生独特的感受和体验应加以鼓励。第一学段侧重考察学生能通过朗读和想象等手段，大体感受作品的情境、节奏和韵味；第二学段侧重考察在阅读全文基础上对重要段落和语句的细致阅读，具体感受作品的形象和语言；第三、第四学段，可通过考察学生对形象、情感、语言的领悟程度，以及自己的体验，来评价学生初步鉴赏文学作品的水平。

评价学生阅读古代诗词和浅易文言文，重点考察学生的记诵积累，考察他们能否凭借注释和工具书理解诗文大意。词法、句法等方面的概念不作为考试内容。

要重视学生课外阅读的评价。应根据各学段的要求，通过小组和班级交流、学习成果展示等方式，了解学生的阅读量和阅读面，进而考察其阅读的兴趣、习惯、品位、方法和能力。

（3）关于写作的评价

写作的评价，应按照不同学段的目标要求，综合考察学生写作水平的发展状况。第一学段主要评价学生的写话兴趣；第二学段是习作的起始阶段，要鼓励学生大胆习作；第三、第四学段要通过多种评价，促进学生具体明确、文从字顺地表达自己的见闻、体验和想法。对于作文的评价还须关注学生汉字书写的情况。

写作的评价，要重视学生的写作兴趣和习惯，鼓励表达真情实感，鼓励有创意的表达，引导学生热爱生活，亲近自然，关注社会。

写作材料准备过程的评价，不仅要具体考察学生占有材料的丰富性、真实性，也要考察他们获取材料的方法。要引导学生通过观察、调查、访谈、阅读等途径，运用多种方法搜集材料。

重视对作文修改的评价。要考察学生对作文内容、文字表达的修改，也要关注学生修改作文的态度、过程和方法。要引导学生通过自改和互改，取长补短，促进相互了解和合作，共同提高写作水平。

评价结果的呈现方式，根据实际需要，可以是书面的，可以是口头的；可以用等级表示，也可以用评语表示；还可以采用展示、交流等多种方式。

提倡学生在成长记录中收存有代表性的课内外作文和有价值的典型案例分析，以反映写作的实际情况和发展过程。

（4）关于口语交际的评价

口语交际的评价，须注重提高学生对口语交际的认识和表达沟通的水平。考察口语交际水平的基本项目可以有讲述、应对、复述、转述、即席讲话、主题演讲、问题讨论等。

口语交际的评价，应按照不同学段的要求，综合考察学生的参与意识、情意态度和表达能力。第一学段主要评价学生口语交际的态度与习惯，重在鼓励学生自信地表达；第二、第三学段主要评价学生日常口语交际的基本能力，学会倾听、表达与交流；第四学段要通过多种评价方式，促进学生根据不同的对象和内容，文明地进行人际沟通和社会交往。评价宜在具体的交际情境中进行，让学生承担有实际意义的交际任务，并结合学生在日常生活和学习活动中的表现，综合考察学生真实的口语交际水平。

（5）关于综合性学习的评价

综合性学习的评价，应着重考察学生的语文综合运用能力、探究精神与合作态度。主要着眼于学生在综合性学习过程中的表现，如是否能积极参与活动，是否能主动提出问题，还有搜集整理材料、综合运用语文知识探究问题、展示与交流学习成果等方面的情况。第一、第二学段要较多地关注学生参与语文学习活动的兴趣与态度；第三、第四学段要多关注学生在语文活动中提出问题、探究问题以及展示学习活动成果的能力。各个学段综合性学习的评价都要着眼于促进学生提高语文水平的效率，并有助于他们扩大视野，更好地掌握学习语文的方法。

评价要尊重和保护学生学习的自主性和积极性,鼓励学生运用多种方法,从不同的角度进行探究。要充分注意学生解决问题的思路和方法。对有新意的思路和表达以及有特点的展示方式,尤其要给予足够的重视。除了教师的评价之外,要多让学生开展自我评价和相互评价。

考点3　教材编写建议

①教材编写应依据课程标准,全面有序地安排教学内容,设计教学活动,并注意体现基础性和阶段性,关注各学段之间的衔接。

②教材应体现时代特点和现代意识,关注现实,关注人类,关注自然,理解和尊重多样文化,有助于学生树立正确的世界观、人生观、价值观。

③教材要注重继承与弘扬中华民族优秀文化和革命传统,有助于增强学生的民族自尊心和爱国主义感情。

④教材应符合学生的身心发展特点,适应学生的认知水平,密切联系学生的经验世界和想象世界,有助于激发学生的学习兴趣和创新精神。

⑤教材选文要文质兼美,具有典范性,富有文化内涵和时代气息,题材、体裁、风格丰富多样,各种类别配置适当,难易适度,适合学生学习。要重视开发高质量的新课文。

⑥教材应注意引导学生掌握语文学习的方法,养成良好的学习习惯。课文注释和练习等应少而精,具有启发性,有利于学生在探究中学会学习。

⑦教材内容的安排要避免繁琐,简化头绪,突出重点,加强整合,注重情感态度、知识能力之间的联系,致力于学生语文素养的整体提高。

⑧教材的体例和呈现方式应灵活多样,避免模式化。设计的体验性活动和研究性专题要体现语文特点,内容适量,便于实施。

⑨教材要有开放性和弹性。在合理安排基本课程内容的基础上,给地方、学校和教师留有开发、选择的空间,也为学生留出选择和拓展的空间,以满足不同学生学习和发展的需要。

⑩教材编写应努力追求设计的创新和编写的特色。要重视现代教育技术在语文课程中的运用。编写语言应准确、规范。

考点4　课程资源开发与利用建议

①语文课程资源包括课堂教学资源和课外学习资源,例如:教科书、相关配套阅读材料、其他图书、报刊、工具书、教学挂图,电影、电视、广播、网络,报告会、演讲会、辩论会、研讨会、戏剧表演,生产劳动与社会实践场所,图书馆、博物馆、纪念馆、展览馆,布告栏、报廊、各种标牌广告,等等。

自然风光、文化遗产、风俗民情、方言土语,国内外的重要事件,日常生活的话题等也都可以成为语文课程的资源。

②各地都蕴藏着多种语文课程资源。学校要有强烈的资源意识,认真分析本地和本校的特点,充分利用已有的资源,积极开发潜在的资源,特别是人的资源因素和在课程实施过程中生成的资源因素。

③学校应积极创造条件,努力为语文教学配置相应的设备;还应当争取社会各方面的支持,与社区建立稳定的联系,给学生创设语文实践的环境,开展多种形式的语文学习活动。

④语文教师应高度重视课程资源的开发与利用,创造性地开展各类活动,增强学生在各种场合学语文、用语文的意识,通过多种途径提高学生的语文素养。

第二节 《普通高中语文课程标准（2017年版2020年修订）》

一、课程性质与基本理念

考点1 课程性质

语言文字是人类社会最重要的交际工具和信息载体，是人类文化的重要组成部分。语言文字的运用，包括生活、工作和学习中的听说读写活动以及文学活动，存在于人类社会的各个领域。

语文课程是一门学习祖国语言文字运用的综合性、实践性课程。工具性与人文性的统一，是语文课程的基本特点。语文课程应引导学生在真实的语言运用情境中，通过自主的语言实践活动，积累言语经验，把握祖国语言文字的特点和运用规律，加深对祖国语言文字的理解与热爱，培养运用祖国语言文字的能力；同时，发展思辨能力，提升思维品质，培育社会主义核心价值观，培养高尚的审美情趣，积累丰厚的文化底蕴，理解文化多样性。

普通高中语文课程，应使全体学生在义务教育的基础上，进一步提高语文素养，形成良好的思想道德修养和科学人文修养，为终身学习奠定基础，为传承和发展中华文化、增强民族凝聚力和创造力发挥独特的功能，为培养德智体美劳全面发展的社会主义建设者和接班人发挥应有的作用。

考点2 基本理念

1.坚持立德树人，增强文化自信，充分发挥语文课程的育人功能

祖国语文是中华儿女的精神家园，语文课程对继承和弘扬中华优秀传统文化、革命文化、社会主义先进文化，培养文化自信，推动文化的创新发展，具有不可替代的优势。

普通高中语文课程，必须以习近平新时代中国特色社会主义思想为指导，坚持立德树人，弘扬民族精神，融入社会主义核心价值观教育，培养热爱中华文明、热爱祖国、热爱人民、热爱中国共产党的深厚感情，以及热爱美好生活和奋发向上的人生态度，使学生逐步形成自己的思想、行为准则，增强为中华民族伟大复兴而努力的历史使命感和社会责任感。坚持加强语文课程内容与学生成长的联系，引导学生积极参与实践活动，学习认识自然、认识社会、认识自我、规划人生，在促进学生全面而有个性的发展方面发挥应有的功能。

2.以核心素养为本，推进语文课程深层次的改革

随着社会和教育事业的发展，语文课程更加强调以核心素养为本。要进一步改革语文课程的目标和内容，既要关注知识技能的外显功能，更要重视课程的隐性价值，还要关注语文课程在社会信息化过程中新的内涵变化；通过改革，让学生多经历、体验各类启示性、陶冶性的语文学习活动，逐渐实现多方面要素的综合与内化，养成现代社会所需的思想品质、精神面貌和行为方式。

普通高中语文课程应继续引导学生丰富语言积累，培养良好语感，掌握学习语文的基本方法，养成良好的学习习惯，提高运用祖国语言文字的能力；语言文字运用和思维密切相关，语文教育必须同时促进学生思维能力的发展与思维品质的提升；语文教育也是提高审美素养的重要途径，要让学生在语言文字运用的学习中受到美的熏陶，培养自觉的审美意识和高尚的审美情趣，培养审美感知和创造表现的能力；语言文字的运用体现时代的发展状况和人的文化修养，语文课程应该引导学生自觉继承中华优秀传统文化和革命文化，吸

收世界各民族文化精华,积极参与中国特色社会主义先进文化的建设与传播。

3.加强实践性,促进学生语文学习方式的转变

语文课程作为一门实践性课程,应着力在语文实践中培养学生的语言文字运用能力。学习运用祖国语言文字的资源和实践机会无处不在,应增强学生学语文、用语文的自觉意识,积极利用信息技术以及身边的各种资源和机会,通过阅读与鉴赏、表达与交流、梳理与探究等语文实践,积累言语经验,把握语文运用的规律,学会语文运用的方法,有效地提高语文能力,并在学习语言文字运用的过程中促进方法、习惯及情感、态度与价值观的综合发展。

语文课程还应当适应当代社会的发展需要,为培养创新人才发挥重要作用。要引导学生在语言文字运用的过程中发现问题,培养探究意识和发现问题的敏感性,探求解决问题和语言表达的创新路径。

4.注重时代性,构建开放、多样、有序的语文课程

普通高中语文课程应适应社会对人才的多样化需求和学生对语文教育的不同期待,精选学习内容,变革学习方式,确保全体学生都获得必备的语文素养;帮助学生认识自己语文学习的已有基础、发展需求和方向,激发学习兴趣和潜能,在跨文化、跨媒介的语文实践中开阔视野,在更宽广的选择空间发展各自的语文特长和个性。

普通高中语文课程应具有相对稳定的结构和富有弹性的实施机制。应在课程标准的指导下,提高教师水平,发展教师特长,引导教师开发语文课程资源,有选择地、创造性地实施课程;把握信息时代新特点,积极利用新技术、新手段,建设开放、多样、有序的语文课程体系,使学生语文素养的发展与提升能适应社会进步新形势的需要。

二、学科核心素养与课程目标

考点1 学科核心素养

学科核心素养是学科育人价值的集中体现,是学生通过学科学习而逐步形成的正确价值观、必备品格和关键能力。语文学科核心素养是学生在积极的语言实践活动中积累与构建起来,并在真实的语言运用情境中表现出来的语言能力及其品质;是学生在语文学习中获得的语言知识与语言能力,思维方法与思维品质,情感、态度与价值观的综合体现。主要包括"语言建构与运用""思维发展与提升""审美鉴赏与创造""文化传承与理解"四个方面。

1.语言建构与运用

语言建构与运用是指学生在丰富的语言实践中,通过主动的积累、梳理和整合,逐步掌握祖国语言文字特点及其运用规律,形成个体言语经验,发展在具体语言情境中正确有效地运用祖国语言文字进行交流沟通的能力。

2.思维发展与提升

思维发展与提升是指学生在语文学习过程中,通过语言运用,获得直觉思维、形象思维、逻辑思维、辩证思维和创造思维的发展,促进深刻性、敏捷性、灵活性、批判性和独创性等思维品质的提升。

3.审美鉴赏与创造

审美鉴赏与创造是指学生在语文学习中,通过审美体验、评价等活动形成正确的审美意识、健康向上的审美情趣与鉴赏品位,并在此过程中逐步掌握表现美、创造美的方法。

4.文化传承与理解

文化传承与理解是指学生在语文学习中,继承和弘扬中华优秀传统文化、革命文化、社会主义先进文化,理解和借鉴不同民族和地区的文化,拓展文化视野,增强文化自觉,提升中国特色社会主义文化自信,热爱祖国语言文字,热爱中华文化,防止文化上的民族虚无主义。

语文学科核心素养的四个方面是一个整体。语言是重要的交际工具,也是重要的思维工具;语言的发展与思维的发展相互依存,相辅相成。语言文字是文化的载体,又是文化的重要组成部分;学习语言文字的过程也是文化获得的过程。语言文字作品是人类重要的审美对象,语文学习也是学生审美能力和审美品质发展的重要途径。语言建构与运用是语文学科核心素养的基础,在语文课程中,学生的思维发展与提升、审美鉴赏与创造、文化传承与理解,都是以语言的建构与运用为基础,并在学生个体言语经验发展过程中得以实现的。

考题再现

【2018年·山东聊城·简答】《普通高中语文课程标准(2017年版)》规定语文学科四大核心素养之间的关系是怎样的?

【参考答案】见正文。

考点2　课程目标

学生通过阅读与鉴赏、表达与交流、梳理与探究等语文学习活动,在语言建构与运用、思维发展与提升、审美鉴赏与创造、文化传承与理解几个方面都获得进一步的发展;坚定文化自信,自觉弘扬社会主义核心价值观,树立积极向上的人生理想,为全面发展和终身发展奠定基础。

①语言积累与建构。积累较为丰富的语言材料和言语活动经验,形成良好的语感;在已经积累的语言材料间建立起有机的联系,在探究中理解、掌握祖国语言文字运用的基本规律。

②语言表达与交流。能凭借语感和对语言运用规律的把握,根据具体的语言情境和不同的对象,运用口头和书面语言文明得体地进行表达与交流;能将具体的语言文字作品置于特定的交际情境和历史文化情境中理解、分析和评价。

③语言梳理与整合。通过梳理和整合,将积累的语言材料和学习的语文知识结构化,将言语活动经验逐渐转化为具体的学习方法和策略,并能在语言实践中自觉地运用。

④增强形象思维能力。获得对语言和文学形象的直觉体验;在阅读与鉴赏、表达与交流、梳理与探究活动中运用联想和想象,丰富自己对现实生活和文学形象的感受与理解,丰富自己的经验与语言表达。

⑤发展逻辑思维。能够辨识、分析、比较、归纳和概括基本的语言现象和文学现象,并能有理有据地表达自己的观点和阐述自己的发现;运用基本的语言规律和逻辑规则,判别语言运用的正误,准确、生动、有逻辑地表达自己的认识;运用批判性思维审视语言文字作品,探究和发现语言现象和文学现象,形成自己对语言和文学的认识。

⑥提升思维品质。自觉分析和反思自己的语文实践活动经验,提高语言运用的能力,增强思维的深刻性、敏捷性、灵活性、批判性和独创性。

⑦增进对祖国语言文字的美感体验。感受祖国语言文字独特的美,增强热爱祖国语言文字的感情。

⑧鉴赏文学作品。感受和体验文学作品的语言、形象和情感之美,能欣赏、鉴别和评价不同时代、不同风格的作品,具有正确的价值观、高尚的审美情趣和审美品位。

⑨美的表达与创造。能运用祖国语言文字表达自己的审美体验,表达自己的情感、态度和观念,表现和创造自己心中的美好形象;讲究语言文字表达的效果及美感,具有创新意识。

⑩传承中华文化。通过学习运用祖国语言文字,体会中华文化的博大精深、源远流长,体会中华文化的核心思想理念和人文精神,增强文化自信,理解、认同、热爱中华文化,继承、弘扬中华优秀传统文化和革命文化。

⑪理解多样文化。通过学习语言文字作品,懂得尊重和包容,初步理解和借鉴不同民族、不同区域、不同国家的优秀文化,吸收人类文化的精华。

⑫关注、参与当代文化。关注并积极参与当代文化传播与交流，在运用祖国语言文字的过程中，坚持文化自信，提高社会责任感，增强为中华民族伟大复兴而奋斗的使命感。

三、课程结构

考点1　设计依据

①以中国特色社会主义理论体系为指导，落实立德树人根本任务，遵循教育规律，着力发展学生的核心素养，促进学生全面而有个性地发展，设计基础性与选择性相结合的课程。

②从祖国语文的特点和高中生学习语文的规律出发，以语文学科核心素养为纲，以学生的语文实践为主线，设计"语文学习任务群"。"语文学习任务群"以任务为导向，以学习项目为载体，整合学习情境、学习内容、学习方法和学习资源，引导学生在运用语言的过程中提升语文素养。若干学习项目组成学习任务群。学习任务所涉及的语言学习素材与运用范例、语文实践的话题与情境、语体与文体等，覆盖历来语文课程所包含的古今"实用类""文学类""论述类"等基本语篇类型。学习任务群的设计着眼于培养语言文字运用基础能力，充分顾及问题导向、跨文化、自主合作、个性化、创造性等因素，并关注语言文字运用的新现象和跨媒介运用的新特点。

③学习任务群以自主、合作、探究性学习为主要学习方式，凸显学生学习语文的根本途径。这些学习任务群追求语言、知识、技能和思想情感、文化修养等多方面、多层次目标发展的综合效应，而不是学科知识逐"点"解析、学科技能逐项训练的简单线性排列和连接。学习任务群的设计，旨在引领高中语文教学的改革，力求改变教师大量讲解分析的教学模式。

④整体设计，统筹安排，体现层次性与差异性。必修课程和选修课程均由若干学习任务群构成。不同学习任务群具体的学习内容有所区别，体现不同的学习要求；必修的学习任务群构成普通高中语文课程目标、内容的基本框架，体现高中阶段对每个学生基本、共同的语文素养要求；选修的学习任务群则是在此基础上的逐步延伸、拓展、提高和深化，以满足学生对不同发展方向、不同发展水平语文素养的追求。

考题再现

【2018年·山东聊城·填空】补写下列题目的空缺部分。

（1）学习任务群以_____、_____、_____为主要学习方式，凸显学生学习语文的根本途径。

（2）《普通高中语文课程标准（2017年版）》规定，语文学科课程结构的设计应以_____为纲，以学生的_____为主线，设计"语文学习任务群"。

【答案】

（1）自主；合作；探究性学习

（2）语文学科核心素养；语文实践

考点2　结构

普通高中语文课程由必修、选择性必修、选修三类课程构成。三类课程分别安排7—9个学习任务群。中华优秀传统文化、革命文化和社会主义先进文化方面的内容始终贯串必修、选择性必修、选修。

必修课程7个："整本书阅读与研讨""当代文化参与""跨媒介阅读与交流""语言积累、梳理与探究""文学阅读与写作""思辨性阅读与表达""实用性阅读与交流"。

选择性必修课程9个："整本书阅读与研讨""当代文化参与""跨媒介阅读与交流""语言积累、梳理与探究""中华传统文化经典研习""中国革命传统作品研习""中国现当代作家作品研习""外国作家作品研习"科学与文化论著研习"。

选修课程9个:"整本书阅读与研讨""当代文化参与""跨媒介阅读与交流""汉字汉语专题研讨""中华传统文化专题研讨""中国革命传统作品专题研讨""中国现当代作家作品专题研讨""跨文化专题研讨""学术论著专题研讨"。

考点3 学分与选课

必修课程8学分;选择性必修课程6学分;选修课程设计12学分,供学生自由选择。

必修课程,每名高中学生必须修习;选择性必修课程,学生根据个人需求与升学考试要求选择修习;选修课程,学生可自由选择学习。对于选择性必修课程和选修课程,教师应根据学生个人未来发展的意愿和学业状况,有针对性地给予指导,使学生获得良好的发展方向和空间。

高中语文学习任务群的比重按学分计,安排如下。

表6-1 普通高中语文课程结构及学分

必修(8学分)	选择性必修(6学分)	选修(任选)
整本书阅读与研讨(1学分)	（整本书阅读与研讨、当代文化参与、跨媒介阅读与交流在选择性必修和选修阶段不设学分,穿插在其他学习任务群中）	
当代文化参与(0.5学分)		
跨媒介阅读与交流(0.5学分)		
语言积累、梳理与探究(1学分)	语言积累、梳理与探究(1学分)	汉字汉语专题研讨(2学分)
文学阅读与写作(2.5学分)	中华传统文化经典研习(2学分)	中华传统文化专题研讨(2学分)
	中国革命传统作品研习(0.5学分)	中国革命传统作品专题研讨(2学分)
思辨性阅读与表达(1.5学分)	中国现当代作家作品研习(0.5学分)	中国现当代作家作品专题研讨(2学分)
	外国作家作品研习(1学分)	跨文化专题研讨(2学分)
实用性阅读与交流(1学分)	科学与文化论著研习(1学分)	学术论著专题研讨(2学分)

四、课程内容

考点1 学习任务群

学习任务群1 整本书阅读与研讨

本任务群旨在引导学生通过阅读整本书,拓展阅读视野,建构阅读整本书的经验,形成适合自己的读书方法,提升阅读鉴赏能力,养成良好的阅读习惯,促进学生对中华优秀传统文化、革命文化、社会主义先进文化的深入学习和思考,形成正确的世界观、人生观和价值观。

本任务群的学习贯串必修、选择性必修和选修三个阶段。

1.学习目标与内容

①在阅读过程中,探索阅读整本书的门径,形成和积累自己阅读整本书的经验。重视学习前人的阅读经验,根据不同的阅读目的,综合运用精读、略读与浏览的方法阅读整本书,读懂文本,把握文本丰富的内涵和精髓。

②在指定范围内选择阅读一部长篇小说。通读全书,整体把握其思想内容和艺术特点。从最使自己感动的故事、人物、场景、语言等方面入手,反复阅读品味,深入探究,欣赏语言表达的精彩之处,梳理小说的感人场景乃至整体的艺术架构,理清人物关系,感受、欣赏人物形象,探究人物的精神世界,体会小说的主旨,研究小说的艺术价值。

③在指定范围内选择阅读一部学术著作。通读全书,勾画圈点,争取读懂;梳理全书大纲小目及其关联,做出全书内容提要;把握书中的重要观点和作品的价值取向。阅读与本书相关的资料,了解本书的学术思想及学术价值。通过反复阅读和思考,探究本书的语言特点和论述逻辑。

④利用书中的目录、序跋、注释等,学习检索作者信息、作品背景、相关评价等资料,深入研读作家作品。

⑤联系个人经验,深入理解作品;享受读书的愉悦,从作品中汲取营养,丰富自己的精神世界,逐步形成正确的世界观、人生观和价值观。用自己的语言撰写全书梗概或提要、读书笔记与作品评介,通过口头、书面形式或其他媒介与他人分享。

2.教学提示

本任务群在必修阶段安排1学分,18课时。应完成一部长篇小说和一部学术著作的阅读,重在引导学生建构整本书的阅读经验与方法。在选择性必修和选修阶段要运用这些经验与方法阅读相关作品,不专门安排学分。

①指定阅读的作品,应语言典范,内涵丰富,具有较高的思想水平和文化价值。根据学生的生活实际和发展需要,注意选择反映中华优秀传统文化、革命文化和社会主义先进文化的作品。指定阅读的作品可从教材课文节选的长篇作品中选择,也可由师生共同商定3—5部作品,学生从中选择一部阅读;选择相同作品的学生可以自由组合,进行交流讨论。

②课时可安排在两个学期,宜集中使用,便于学生静下心来,集中时间和精力,认真阅读一本书。学生在反复阅读过程中,每读一遍,重点解决一两个问题,有些地方应仔细推敲,有些地方可以略读或浏览。阅读要有笔记,记下自己思考、探索、研究的心得。

③阅读整本书,应以学生利用课内外时间自主阅读、撰写笔记、交流讨论为主,不以教师的讲解代替或限制学生的阅读与思考。教师的主要任务是提出专题学习目标,组织学习活动,引导学生深入思考、讨论与交流。教师应以自己的阅读经验,平等地参与交流讨论,解答学生的疑惑。

④教师应善于发现学生阅读整本书的成功经验,及时组织交流与分享。应善于发现、保护和支持学生阅读中的独到见解。

学习任务群2　当代文化参与

本任务群旨在引导学生关注和参与当代文化生活,学习剖析、评价文化现象,积极参与中国特色社会主义先进文化的传播和交流,增强文化自信。

本任务群的学习贯串必修、选择性必修和选修三个阶段。

1.学习目标与内容

①聚焦特定文化现象,自主梳理材料,确定调查问题,编制调查提纲,访问调查对象,记录调查内容,完成调查报告,就如何传播社会主义核心价值观、弘扬中华文化精神、反映中国人审美追求等专题展开交流研讨。

②关注当代文化生活,开展社区文化调查,搜集整理材料,对社区的文化生活方式、风俗习惯、思想观念、生活演变等进行分析讨论,增强弘扬社会主义核心价值观的自觉性。通过各种传媒,关注当代文化生活热点,聚焦并提炼问题,展开专题研讨,解释文化现象,积极参与社会主义先进文化建设,提高对各种文化现象的认识能力和阐释自己见解的能力。

③建设各类语文学习共同体(如文学社团、新闻社、读书会等),在阅读、表达中探析有关文化现象,拓展视野,培养多方面语文能力;通过社会调查、观看演出、参与文化公益活动等,丰富语文学习的方式,积极参与当代文化生活。

2.教学提示

本任务群在必修阶段安排0.5学分,9课时;可由教师根据教材相关内容或学校实际情况,在三类学习内容中有选择地组织教学。在选择性必修和选修阶段不单设学分,可与其他学习任务群组合,设计一些课内外相结合的学习活动。

①以参与性、体验性、探究性的语文学习活动为主,增强课程内容与学生成长的联系,通过开放式学习,引导学生积极参与当代文化生活;注意调查访问与书面学习相结合,现状调查与比较研究相结合,分析研究与参与传播建设相结合,提高学生语文综合运用的能力。

②引导学生自主创建各类社团,开展各类语文学习活动,如读书交流、习作分享、辩论演说、诗歌朗诵、戏剧表演等。

③利用家庭资源以及学校图书馆、校史馆、档案馆等,研究社会生活中的文化现象;利用图书馆、博物馆、纪念馆、文化馆、美术馆、音乐厅、影剧院、名人故居、革命遗址、名胜古迹,以及其他文化遗产等,通过实地考察,深化对某一文化现象的认识。

学习任务群3　跨媒介阅读与交流

本任务群旨在引导学生学习跨媒介的信息获取、呈现与表达,观察、思考不同媒介语言文字运用的现象,梳理、探究其特点和规律,提高跨媒介分享与交流的能力,提高理解、辨析、评判媒介传播内容的水平,以正确的价值观审视信息的思想内涵,培养求真求实的态度。

本任务群的学习贯串必修、选择性必修和选修三个阶段。

1.学习目标与内容

①了解常见媒介与语言辅助工具的特点。掌握利用不同媒介获取信息、处理信息、应用信息的能力。学习运用多种媒介展开有效的表达和交流。

②知道信息来源的多样性、真实性,辨识媒体立场,多角度分析问题,形成独立判断。

③关注当代网络文学和网络文化,坚持正确的价值导向,辩证分析网络对语言、文学的影响,提高语言、文学的鉴赏能力。

④建设跨媒介学习共同体,丰富语文学习的手段。

2.教学提示

本任务群在必修阶段安排0.5学分,9课时,选择性必修和选修阶段不安排学分,渗透在其他任务群的学习过程之中。

①教师可引导学生自主选择有关跨媒介的普及性著作进行研习。通过纸质文本、电子文本的阅读,或参观展览等途径,了解跨媒介的特点。

②教师要在学生感兴趣的媒介应用领域,创设应用场景,引导学生在实践中了解有关媒介对人们学习、工作、生活等方面的影响,并归纳分析,形成学习成果。

③通过实例分析,研讨多种媒介信息存储、呈现与传递的特点,分析合理选择、恰当运用不同类型的媒介对表现主题、传递信息、促进交往所产生的影响,加以总结,形成结论。

④教师应主要引导学生理解多种媒介运用对语言的影响,提高学生综合运用多种媒介有效获取信息、表达交流的能力,培养学生求真求实的态度。

学习任务群4　语言积累、梳理与探究

本任务群旨在培养学生丰富语言积累、梳理语言现象的习惯,在观察、探索语言文字现象,发现语言文字运用问题的过程中,自主积累语文知识,探究语言文字运用规律,增强语言文字运用的敏感性,提高探究、发现的能力,感受祖国语言文字的独特魅力,增强热爱祖国语言文字的感情。

本任务群的学习贯串必修、选择性必修两个阶段。

1.学习目标与内容

①在语文活动中,积累有关汉字、汉语的现象和理性认识,了解汉字在汉语发展和应用中的重要作用,巩固和加深义务教育阶段所学的汉字知识;体会汉字、汉语与中华传统文化的关系及汉语的民族特性,增强热爱祖国语言文字的感情。

②通过在语境中解读词汇、理解语义的过程，树立语言和言语的相关性和差别性的观念。

③通过文言文阅读，梳理文言词语在不同上下文中的词义和用法，把握古今汉语词义的异同，既能沟通古今词义的发展关系，又要避免用现代意义理解古义，做到对中华优秀传统文化作品的准确理解。

④在自主修改病句和分析句子结构的过程中，体会汉语句子的结构特点和虚词的作用，进一步领悟语法规律。在学习文学作品时，观察词语的活用、句子语序的变化等，体会文学语言的灵活性和创造性。

⑤在运用口语和书面语表达的过程中，对比两种语体用词和造句的差别，体会口语与书面语的风格差异。

⑥反思和总结自己写作时遣词造句的经验，建构初步的逻辑和修辞知识，提高语用能力，增强表达的个性化。

2.教学提示

本任务群贯串整个高中阶段，既有课内活动，也应有课外任务。必修和选择性必修阶段，均安排1个学分，选修阶段不安排学分。

①积累、梳理要有系统、有计划，要有步骤地、持续地进行。积累既是丰富学生词汇、表达方式等的需要，也是为以后的梳理所做的准备。要有布置，有鼓励和督促，持之以恒。

②本任务群的课时，在必修和选择性必修阶段，可以有两种分配方式：或集中安排，或穿插在其他学习任务群中。如何分配课时，由教材编者设计或教师根据自己的教学计划安排。

③本任务群在必修和选择性必修阶段，应贯串其他所有的学习任务群，与各个学习任务群中阅读与鉴赏、表达与交流、梳理与探究的语文活动有机结合在一起。每一个学习任务群，都要为"语言积累、梳理与探究"学习任务群提出问题，提供资料，准备必要的条件；有些学习任务群也可以与本任务群共同完成。例如，在既有书面语读写，又有口语活动的学习任务群中，即可探讨语体风格的问题。

④积累、整合与探究，都要边积累，边记录。必修阶段主要写语言札记，随时记录点滴材料。选择性必修阶段可试写短文，整合和解释有关现象。

⑤本任务群重在过程的典型性，不论是积累、梳理还是探究，都注重发展语感，增强对语言规律的认识，不追求知识点的全面与系统，切忌违背学生自主学习的精神，生硬灌输一些语言学条文。

⑥在完成任务的过程中，针对学习内容，可通过专门文章的阅读，引导学生深入思考。

学习任务群5　文学阅读与写作

本任务群旨在引导学生阅读古今中外诗歌、散文、小说、剧本等不同体裁的优秀文学作品，使学生在感受形象、品味语言、体验情感的过程中提升文学欣赏能力，并尝试文学写作，撰写文学评论，借以提高审美鉴赏能力和表达交流能力。课内阅读篇目中中国古代优秀作品应占1/2。

1.学习目标与内容

①精读古今中外优秀的文学作品，感受作品中的艺术形象，理解欣赏作品的语言表达，把握作品的内涵，理解作者的创作意图。结合自己的生活经验和阅读写作经历，发挥想象，加深对作品的理解，力求有自己的发现。

②根据诗歌、散文、小说、剧本不同的艺术表现方式，从语言、构思、形象、意蕴、情感等多个角度欣赏作品，获得审美体验，认识作品的美学价值，发现作者独特的艺术创造。

③结合所阅读的作品，了解诗歌、散文、小说、剧本写作的一般规律。捕捉创作灵感，用自己喜欢的文体样式和表达方式写作，与同学交流写作体会。尝试续写或改写文学作品。

④养成写读书提要和笔记的习惯。根据需要，可选用杂感、随笔、评论、研究论文等方式，写出自己的阅读感受和见解，与他人分享，积累、丰富、提升文学鉴赏经验。

2.教学提示

本任务群为2.5学分，45课时。写作次数不少于8次（不含读书笔记和提要）。

①运用专题阅读、比较阅读等方式，创设阅读情境，激发学生阅读兴趣，引导学生阅读、鉴赏、探究与写作。

②文学作品的阅读与写作，应以学生自主阅读、讨论、写作、交流为主。应结合作品的学习和写作实践，由学生自主梳理探究，使所学的文学知识结构化。

③教师应向学生提供有效的学习支持。如做好问题设计，提供阅读策略指导，适时组织经验分享和成果交流活动；在学习过程中相机进行指导点拨，组织并平等参与问题讨论；引导学生制订阅读计划，并要求阅读一定数量的经典文学作品，包括反映党领导人民进行革命、建设、改革伟大历程的作品，关心当代文学生活；鼓励和引导学生自主组织、举办诗歌朗诵会、读书报告会、话剧表演等活动，丰富学生的审美体验；创造更多展示交流学生作品的机会或平台，激发学生文学创作的成就感；引导学生进行自我反思性评价，为学生提供观察记录表、等级量表等自评互评的工具，促进学生不断进步。

<h3 style="text-align:center">学习任务群6　思辨性阅读与表达</h3>

本任务群旨在引导学生学习思辨性阅读和表达，发展实证、推理、批判与发现的能力，增强思维的逻辑性和深刻性，认清事物的本质，辨别是非、善恶、美丑，提高理性思维水平。课内阅读篇目中中国古代优秀作品不少于1/2。

1.学习目标与内容

①阅读古今中外论说名篇，把握作者的观点、态度和语言特点，理解作者阐述观点的方法和逻辑。阅读近期重要的时事评论，学习作者评说国内外大事或社会热点问题的立场、观点、方法。在阅读各类文本时，分析质疑，多元解读，培养思辨能力。

②学习表达和阐发自己的观点，力求立论正确，语言准确，论据恰当，讲究逻辑。学习多角度思考问题。学习反驳，能够做到有理有据，以理服人。

③围绕感兴趣的话题开展讨论和辩论，能理性、有条理地表达自己的观点，平等商讨，有针对性、有风度、有礼貌地进行辩驳。

2.教学提示

本任务群为1.5学分，27课时。写作3篇以上，专题讨论与辩论不少于3次。

①以专题性学习为主要方式。选择日常生活和学习中、历史或当今社会中学生共同关心的话题，要求学生通过阅读与鉴赏、表达与交流、梳理与探究等语文学习活动，阅读古今中外典型的思辨性文本，学习并梳理论证方法，学习用口头与书面语言阐述和论证自己的观点，驳斥错误的观点。

②教学过程要注重对学生思维过程和思维方法的引导，注意发展学生的辩证思维和批判性思维，注重培养学生思维的逻辑性。结合学生阅读和表达中遇到的实际问题，适时适度地引导学生学习必要的逻辑知识；相关知识的教学要简明、实用，能有效地帮助学生解决概念、判断、推理等方面遇到的问题；避免进行不必要的、机械的训练。

<h3 style="text-align:center">学习任务群7　实用性阅读与交流</h3>

本任务群旨在引导学生学习当代社会生活中的实用性语文，包括实用性文本的独立阅读与理解，日常社会生活需要的口头与书面的表达交流。通过本任务群的学习，丰富学生的生活经历和情感体验，提高阅读与表达交流的水平，增强适应社会、服务社会的能力。

1.学习目标与内容

①学习多角度观察社会生活，掌握当代社会常用的实用文本，善于学习并运用新的表达方式。

②学习运用简明生动的语言，介绍比较复杂的事物，说明比较复杂的事理。

③具体学习内容，可选择社会交往类的，如会谈、谈判、讨论及其纪要，活动策划书、计划、制度等常见文书，应聘面试的应对，面向大众的演讲、陈述和致辞；也可选择新闻传媒类的，如新闻、通讯、调查、访谈、述评，主持、电视演讲与讨论，网络新文体（包括比较复杂的非连续性文本）；还可选择知识性读物类的，如复杂

的说明文、科普读物、社会科学类通俗读物等。

2.教学提示

本任务群为1学分，18课时。

①教学以社会情境中的学生探究性学习活动为主，合理安排阅读、调查、讨论、写作、口语交际等活动。

②社会交往类内容，在社会调查与研究过程中学习。

③新闻传媒类内容，在分析与研究当代社会传媒的过程中学习。如自主选择、分析研究一份报纸或一个网站一周的内容。分析其栏目设置、文体构成、内容的价值取向，撰写文字分析报告，多媒体展示交流。推荐最精彩的一个栏目、不同体裁的精彩文章若干篇，并说明理由。尝试选择传统媒体和新媒体写作。

④知识性读物类内容，自主选择一部介绍最新科技成果的科普作品或流行的社会科学通俗作品阅读研习。

学习任务群8　中华传统文化经典研习

本任务群旨在引导学生通过阅读中华传统文化经典作品，积累文言阅读经验，培养民族审美趣味，增进对中华优秀传统文化的理解，提升对中华民族文化的认同感、自豪感，增强文化自信，更好地继承和弘扬中华优秀传统文化。

1.学习目标与内容

①选择中国文化史上不同时期、不同类型的一些代表性作品进行精读，体会其精神内涵、审美追求和文化价值。

②在特定的社会文化场景中考察传统文化经典作品，以客观、科学、礼敬的态度，认识作品对中国文化发展的贡献。

③梳理所学作品中常见的文言实词、虚词、特殊句式和文化常识，注意古今语言的异同。

④阅读作品应写出内容提要和阅读感受。选择一部（篇）作品，从一个或多个角度讨论分析，撰写评论。

⑤学习传统文化经典作品的表达艺术，提高自己的写作水平。

2.教学提示

本任务群为2学分，36课时。

①重视诵读在培养学生语感、增进文本理解中的作用，引导学生积累古代作品的阅读经验。

②引导学生借助注释、工具书独立研读文本，并联系学习过的古代作品，梳理常用文言实词、虚词和特殊句式，提高阅读古代作品的能力。

③多角度、多层面地组织主题学习单元，引导学生合理运用精读、略读的方式，由点到面地体会中华传统文化的精深和丰富，初步认识所读作品在中国文化史上的贡献。

④组织学生在具有一定阅读量的基础上，展开交流和专题讨论，就传统文化的历史价值、时代意义和局限等问题，用历史和现代的观念进行审视，表达自己的看法。

⑤引导学生坚持在研读的过程中勤查资料，勤做笔记；围绕所读作品，利用图书馆、互联网查阅相关注释、评点等资料，加深和拓展对作品的理解；学习运用评点方法，记录自己的感受和见解，不断提高独立阅读能力。

学习任务群9　中国革命传统作品研习

本任务群旨在阅读和研讨语言典范、论辩深刻、时代精神突出的革命传统作品，深入体会革命志士以及广大群众为民族解放事业英勇奋斗、百折不挠的革命精神和革命人格；学习在社会主义革命、建设、改革过程中涌现的英雄模范事迹，感受其无私无畏的爱国精神，体认为社会主义建设无私奉献、辛勤劳动、不断创造的高尚品质；进一步发展语言运用能力、思维能力和审美鉴赏能力；陶冶性情，坚定志向，形成正确的世界观、人生观和价值观。

本任务群的学习内容贯串必修、选择性必修和选修三个阶段。

1.学习目标与内容

①诵读革命先辈的名篇诗作,体会崇高的革命情怀。精读反映革命传统的优秀文学作品,特别注意选择反映党领导人民进行革命、建设、改革伟大历程的作品,感受作品中革命志士、英雄人物和劳动模范的艺术形象,弄清作品的时代背景,把握作品的内涵,理解作者的创作意图,获得审美体验。结合自己的生活经验和阅读写作经历,发挥想象,加深对作品的理解,力求有自己的独到认识。

②阅读阐发革命精神的优秀论文与杂文,特别注意选择具有理论高度和引领作用的论著,分析其中论证的逻辑性和深刻性,体会革命理论著作严密逻辑和崇高精神有机结合的特点,提高理性思维水平。

③阅读关于革命传统的新闻、通讯、报告、演讲、访谈、述评等实用性文体的优秀作品,联系思想实际和亲身见闻,以正确的价值观,深入理解其内容,学习其写作手法。

2.教学提示

本任务群为0.5学分,9课时。

①在选择阅读材料时,既要关注作品的思想深刻性和语言规范性,又要尽量有针对性;同时要视野开阔,努力发掘新的材料,尤其是具有现实意义的新材料,使这一任务群的内容,逐渐丰富起来。

②教师应利用多种形式,针对学生思想实际,敏锐发现热门话题,开展研讨活动,增强学生的论辩能力。也可在学生充分发表不同意见的基础上,邀请观点正确、有影响力的专家来指导、答疑或总结,以引导学生形成正确的结论。

③重视对作品有关背景的深入了解,可通过实地考察、人物访谈等课外活动,获取真实资料,撰写读书笔记,整理采访记录,撰写学习体会和感想,以加深对革命活动背景和英雄人物思想境界的深刻理解。也可与历史课、地理课结合,组织跨学科的学习活动,在提高思想水平的同时,提高学生口头交流、现场记录、文稿整理、理论论证的能力和水平。

学习任务群10　中国现当代作家作品研习

本任务群研习中国现当代代表性作家作品,包括反映改革开放以来的社会主义先进文化的作品,旨在大体了解现当代作家作品概貌,培养阅读现当代文学作品的兴趣,以正确的价值观鉴赏文学作品,进一步提高文学阅读和写作能力,把握中国现当代文学作品思想性、艺术性、观赏性有机统一的价值取向。

1.学习目标与内容

①精读代表性作家作品,把握其精神内涵与艺术价值。至少选读10位现当代代表性作家的诗歌、散文、小说、戏剧方面的作品,大体了解现当代文学的发展概貌。

②关注当代文学创作动态,选读新近发表的有影响的作品及相关评论。

③养成撰写读书笔记的习惯,阅读作品应写出内容提要和阅读感受。选择喜欢的作品,从不同角度撰写作品评论,发表自己的见解。

④可根据自己的兴趣,选择喜欢的文学体裁,练习创作短篇作品。

2.教学提示

本任务群为0.5学分,9课时。

①阅读材料可以是单篇作品,包括作家作品专集的选篇,也可以是长篇著作的节选。建议从体裁特征、题材内容、文学发展阶段等不同角度,组织现当代作家作品研习的专题内容。其中,反映社会主义先进文化的作品要占一定比例。

②要有足够的课时保证学生独立自主阅读,设计促进学生个性化体验的阅读活动。如创设多样化的学习活动,丰富学习体验;朗诵不同流派或作家的诗歌、散文,体悟作品的情感特点和语言风格;阅读剧本,把握戏剧冲突,并选择片段尝试表演。

③要有一定的课时开展研讨活动,交流阅读和写作的体会与感悟。重视学生研读后的交流和评价活动。如为"现当代作家作品研习读书报告会"做一份文案设计;在读书报告会上,推荐一部现当代作家作品,并说

明理由;制作一份"现当代作家作品研读情况"调查问卷。

<h3 style="text-align:center">学习任务群11　外国作家作品研习</h3>

本任务群旨在引导学生研习外国文学名著名篇,了解若干国家和民族不同时期的社会文化面貌,感受人类精神世界的丰富,培养阅读外国经典作品的兴趣和开放的文化心态。

1.学习目标与内容

①阅读外国文学经典作品,认识所读作品的地位和价值。

②撰写读书笔记,阅读作品应写出内容提要和阅读感受。选择感兴趣的作家、作品或话题,撰写评论。

③尝试探讨不同民族文学之间的共同话题和文化差异,尊重文化多样性,提升文化鉴别力。

2.教学提示

本任务群为1学分,18课时。

①引导学生深入阅读作品,整体把握作品的情感基调与思想内涵。设计有挑战性的学习任务,激发学生阅读外国文学作品的兴趣,引导学生广泛阅读不同时期、不同国家的优秀文学作品。

②调动学生关于世界历史、地理以及不同民族文化的知识,促进对外国文学作品中的社会生活及心灵世界的理解。

③组织学生选择自己感兴趣的作家作品或专题,充分利用各种学习资源,拓展阅读,研讨交流。

<h3 style="text-align:center">学习任务群12　科学与文化论著研习</h3>

本任务群研习自然科学和社会科学论文、著作,旨在引导学生体会和把握科学与文化论著表达的特点,提高阅读、理解科学与文化论著的能力,开阔视野,培养求真求实的科学态度和勇于探索创新的精神。

1.学习目标与内容

①选择阅读简明易懂的自然科学和社会科学类论文、著作(节选),领会不同领域科学与文化论著的内容,培养科学态度和创新精神。

②撰写内容提要和读书笔记,学习体验概括、归纳、推理、实证等科学思维方法,把握科学与文化论著观点明确、逻辑严密、语言准确精练等特点。

2.教学提示

本任务群为1学分,18课时。

①选择适合高中生阅读的有关科学技术和社会发展的论文和著作(节选),引导学生理解文本内容,体会科学与文化论著的表述方式,提高阅读科学与文化论著的能力。

②引导学生结合所学的其他学科知识,借助工具书、资料,了解文本中的基本概念和观点,理清文本结构脉络、论证逻辑;还可以通过撰写读书笔记,加深对论著的理解。

③组织交流和讨论,分享学习成果,研讨学习中遇到的问题。

<h3 style="text-align:center">学习任务群13　汉字汉语专题研讨</h3>

本任务群是在必修和选择性必修"语言积累、梳理与探究"的基础上,就汉字或汉语的某一问题,加以归纳、梳理,训练学生从应用中观察语言文字现象和总结规律的综合、分析能力,旨在加深学生对汉字、汉语的理性认识。

1.学习目标与内容

①有意识地在义务教育和高中必修阶段积累的基础上,发现与汉字、汉语有关的某些问题,结合汉字、汉语普及读物的阅读,进行归纳梳理,验证汉字、汉语的理论规律,例如汉字的表意性质、汉语的韵律特点、词汇意义的系统性、文学语言的灵活性、口语与书面语的不同特点等,提高对语言现象的理性认识。

②针对语言生活中的现实问题,例如网络语言与汉字汉语规范问题、方言与普通话关系问题、成语典故运用问题等,阅读相关论著,整理事实与数据,对社会上出现的语言热点问题展开讨论,用正确的观点与方法分析问题,得出结论,在实际语言运用中努力促进祖国语言文字健康发展。

③学生以撰写读书报告、语言专题调查报告、小论文等形式呈现学习成果，并在专题讨论会上发表自己的成果。

2.教学提示

本任务群为2学分，36课时。建议设置4—6个专题，每个专题6—9课时。

①要恰当选择专题。专题应是各阶段学习中已经积累的并有利于将来长期应用的问题，同时要注意现有研究成果是否足以供学生参考。

②要配备适用的学习材料。可选用或专门编写主题明确、语料充分、具有启发性的学习材料来引领学习。

③要充分利用先进的媒介手段。观察事实、收集数据、贮存资料、分析问题、发表成果要充分利用先进的信息手段，发挥网络等信息工具的优势，优化研究方法，提高研究质量。

学习任务群14　中华传统文化专题研讨

本任务群是在"中华传统文化经典研习"的基础上，选择中华优秀传统文化的内容组成专题进行深入研讨，旨在加深对传统文化的认识和理解，增强传承、弘扬中华优秀传统文化的自信心、责任感。

1.学习目标与内容

①选读体现传统文化思想精华的代表作品，参阅相关的研究论著，确定专题，进行研讨。加强理性思考，增进对中华文化核心思想理念和中华人文精神的认识和理解，体会中华文化创造性转化和创新性发展的趋势。

②阅读应做读书笔记。围绕中心论题进行有准备的研讨，围绕专题选择合适的方式展示探究的成果。

③进一步提高文言文阅读能力。尝试阅读未加标点的文言文。阅读古代典籍，注意精选版本。

2.教学提示

本任务群为2学分，36课时。建议设置3—4个专题，每个专题9—12课时。

①教师依据传统文化学习内容、学习兴趣、学习资源等，推荐相关专题，供学生选择学习。学生也可自主设计，确定学习专题。

②专题的角度可以是多样的。参阅阐释经典的作品应作为研读原著的辅助手段，可以将经典作品与参阅的研究论著结合起来学习。

③设计多种专题研讨与交流活动。可以引导学生在独立完成相关专题研习的基础上，从研究的资料、过程、方法、收获等多个角度展示研究成果，并且围绕学习中的若干问题，组织交流讨论、合作探究等活动，要求学生尝试把自己的探究发现用论文形式呈现出来。

学习任务群15　中国革命传统作品专题研讨

本任务群在"中国革命传统作品研习"的基础上，选择反映中国革命传统的代表性作品，设置相关研究专题进行深入学习，旨在进一步认识中国革命、建设和改革的历程，加深对中国革命传统的认识和理解，激发热爱中国共产党、热爱社会主义祖国的情感，进一步提升研究性学习的能力。

1.学习目标与内容

①精读一部老一辈无产阶级革命家的诗文专集，参阅传记和相关研究文献，围绕作品的思想内涵和语言风格确定具体的研究专题；开展合作学习，撰写专题研究报告，组织专题报告会，深入理解老一辈无产阶级革命家的革命精神和人格品质，感受思想和语言的力量。

②精读一部反映党领导人民进行革命、建设、改革伟大历程的长篇文学作品，参阅相关研究文献，理解作品的时代背景、思想内涵和艺术特点。结合具体作品，选择一两个角度，撰写文学评论，组织专题研讨会，深入理解革命志士以及广大群众为民族解放事业英勇奋斗、百折不挠的革命精神和革命人格，学习在中国特色社会主义建设过程中涌现的英雄事迹，感受其无私无畏的爱国精神。

③学习整理研究资料的方法，做读书笔记和摘要；结合研究专题，进行调查、访问，提升思想认识水平和

语言运用能力。

2.教学提示

本任务群为2学分，36课时。建议设置3—4个专题，每个专题9—12课时。

①教师要注意激发学生的情感，引导学生深入阅读指定作品，从多角度理解、分析作品。例如，鲁迅作品的时代精神、艺术特色、革命传统经典中的英雄形象、理想信念等。要做好相关阅读资料的推荐工作；同时，要结合作品和学生的实际，帮助学生确定适合的研究题目，注重研究思路和方法的指导。

②在教学过程中，教师要充分利用地方课程资源，将本任务群的专题学习与综合实践活动有机结合起来。有条件的地方和学校，要通过组织学生参观爱国主义教育基地、革命博物馆，访问革命前辈、英雄模范人物等活动，深化学生对中国革命历程的切身体验。

③要与政治、历史等学科的教师组成专题指导组，引导学生开展跨学科的研究，以深化学生对革命传统的理解和认识。

学习任务群16　中国现当代作家作品专题研讨

本任务群在"中国现当代作家作品研习"的基础上，就我国现当代作家作品的若干专题深入研讨，进一步培养理性思维与探究能力，提高学生对现当代文学的理解和认识，提升鉴赏品位，把握时代精神和时代走向。

1.学习目标与内容

①梳理影响中国现当代文学发展的重要作家作品，发现有价值的文学现象与问题，从中选择自己感兴趣的专题进行研讨。

②阅读新近发表的有影响的文学作品，尝试参与文学评论。关注近期文学热点问题，了解不同观点，深入思考研讨，提高探究能力。

③每读一篇必做读书笔记。围绕中心论题进行有准备的研讨，围绕专题选择合适的方式展示探究的成果。

2.教学提示

本任务群为2学分，36课时。建议设置3—4个专题，每个专题9—12课时。

①所设立的专题涉及的作家不宜过多，角度可以多样。

②教师可以依据学习内容、学生兴趣、学习资源等，推荐相关专题，供学生选择学习。学生也可自主设计，确定学习专题。

③反映社会主义先进文化的作品要占一定比例。

学习任务群17　跨文化专题研讨

本任务群是在"外国作家作品研习"的基础上，深入研讨外国文学名著和文化经典的若干专题，旨在引导学生思考丰富多样的人类文化，汲取人类思想精华，培养开放的文化心态，发展批判性思维，增强文化理解力。

1.学习目标与内容

①研讨不同时期、不同国家与民族的文学、文化经典作品，增进对人类文明史上多样文化并进的事实及全球化背景下文化多样性的理解。

②选读一本外国文学理论名著，了解世界文学批评中某一流派的基本主张和文学解读方法；或者选读一本研究中外文学或文化比较的著作，尝试运用其中的观点研读以前读过的作品。

③借助已有的阅读经验，选择合适的内容进行跨文化专题研究，在中外文化的比较中，深化对中华优秀传统文化的理解，增强对中国特色社会主义文化的自信。

2.教学提示

本任务群为2学分，36课时。建议设置4—6个专题，每个专题6—9课时。

①可以根据"学习目标与内容"①②③分别设立专题,以内容①为主;也可以将内容①②③有机整合,设立专题。

②激发学生兴趣,在阅读外国文学、文化经典的基础上,指导学生选择有意义的课题,开展跨文化专题研究,组织专题研讨与交流,选择合适的方式呈现研究成果。

③积极拓展学习渠道,如组织学生利用社会实践参与跨文化的交流,利用网络参与跨文化课题讨论。向学生推荐跨文化研究的文章或专业杂志,促进学习活动的深化。

学习任务群18　学术论著专题研讨

本任务群旨在引导有这方面追求的学生阅读学术论著,体验学者发现问题、探索解决问题的路径,以及陈述学术见解的思维过程和表述方式,尝试写作小论文。

1.学习目标与内容

①根据个人的阅读兴趣和平时积累、思维特点以及未来发展方向,选择适宜的学术著作深入研讨,撰写研讨笔记。

②将研读学术著作过程中生成的关注点、问题点、质疑点等进行梳理概括,形成专题,深入研讨;或围绕相关学术话题,组织研讨活动。

③整理提炼专著研读或专题研讨的成果,借鉴专业学术论文的形式写成学术性小论文,相互交流。

2.教学提示

本任务群为2学分,36课时。建议学术著作选读为22课时,学术专题研讨为8课时,学术性小论文写作为6课时。

①学术著作选读,应在"科学与文化论著研习"学习的基础上,结合"整本书阅读与研讨"进行,以学生自主研读为主。选读的学术著作篇目,可由教师充分考虑各类学术著作的特质,参照本地、本校的图书、网络等资源向学生推荐;学生也可以依据自身阅读兴趣、发展方向,自主选择。

②学术专题研讨在研读著作的基础上进行,由参与这项学习的学生各自报告阅读心得,交流研讨;也可以围绕与所读学术著作相关或相近的话题组织研讨。学术专题研讨倡导平等对话、学术自由,坚持学术规范;表达观点有理有据,符合逻辑。

③学术性小论文不同于一般的议论文,其写作的重点在表达研究成果,可参阅学术论著的基本格式和语言表达。理论推导、数据引用等应坚持学术规范,不作假,不抄袭,不强词夺理。尊重他人研究成果,引用资料应注明出处,文末应注明参考书目。

考题再现

【2018年·山东聊城·单选】普通高中语文课程共设计(　　　　)个学习任务群,每个任务群彼此之间渗透融合、衔接延伸。

A.15　　　　　　　　B.14　　　　　　　　C.16　　　　　　　　D.18

【答案】D。

考点2　学习要求

1.必修课程学习要求

①多读多想多写,多角度地观察生活,多方面地增进语文积累,丰富自己的精神世界、生活经历和情感体验,完善自我人格,提升人生境界。培养广泛的阅读兴趣,努力扩大阅读视野。学会正确、自主地选择阅读材料,读好书,读整本书,多媒介获取信息,提高文化品位,提高阅读与表达能力。必修阶段各类文本的阅读量不低于150万字。学会灵活使用常用语文工具书和网络,检索所需的信息和资料。学会以多种形式表达和交流自己对自然、社会与人生的感受和思考。

②发展独立阅读的能力。灵活运用精读、略读、浏览等阅读方法,从整体上把握文本内容,理清思路,概括要点,理解文本所表达的思想、观点和感情。努力从不同的角度和层面进行阐发、评价和质疑,对文本作出自己的分析判断。能借助注释和工具书,阅读中国古代作品,读懂文章内容,背诵一定数量的名篇。注重个性化阅读,学习探究性阅读和创造性阅读。养成相互切磋的习惯,乐于与他人交流自己的阅读鉴赏心得,展示自己的学习成果。

③阅读实用类文本,能准确、迅速地把握主要内容和关键信息,对文本所涉及的材料有自己的思考和评判。阅读论述类文本,能准确把握和评价作者的观点与态度,辨析观点与材料(道理、事实、数据、图表等)之间的联系。阅读古今中外文学作品,注重审美体验,能感受形象,品味语言,领悟作品的丰富内涵,体会其艺术表现力;努力探索作品中蕴含的民族心理和时代精神,了解人类丰富的社会生活和情感世界,增强民族文化自信。

④自主写作,自由表达,以负责的态度陈述自己的看法,表达真情实感,培育科学理性精神。书面表达观点明确,内容充实,感情真实健康;思路清晰连贯,能围绕中心选取材料,合理安排结构;进一步提高运用记叙、说明、描写、议论、抒情等表达方式的能力,并努力学习综合运用多种表达方式,力求有个性、有创意地表达。能推敲、锤炼语言,表达力求准确、鲜明、生动。学会用现代信息技术辅助交流。能独立修改自己的文章,乐于相互展示和评价写作成果。45分钟能写600字左右的文章。课外练笔不少于2万字。

⑤增强人际交往能力,在口语交际中树立自信,尊重他人,文明得体,仪态大方,善于倾听,敏捷应对。注意口语的特点,能根据不同的交际场合和交际目的,恰当地进行表达。借助语调和语气、表情和手势,增强口语交际的效果。学会演讲,做到观点鲜明,材料充实、生动,有说服力和感染力,力求有个性和风度。在讨论或辩论中积极主动地发言,恰当地应对和辩驳。朗诵文学作品,能准确把握作品内容,传达作品的思想内涵和感情倾向,具有一定的感染力。

⑥在语文学习中养成有意识地积累的习惯,积累有利于丰富自己运用的字词句篇语文素材、语言运用典型案例等。在积累的过程中,注重梳理。通过归纳、分类,逐步领悟语文运用的规律,自主建构相关的知识。尝试梳理文学作品的基本样式和概念,了解文学鉴赏的基本方法,在文学阅读过程中领悟鉴赏和创作的规律。注意观察语言、文学和中外文化现象,学习从习以为常的事实和过程中发现问题,培养探究意识和发现问题的敏感性。在探究活动中,勇于提出自己的见解,尊重他人的成果,不断提高探究能力,逐步养成严谨、求实的学风。

考题再现

【2018年·山东聊城·填空】《普通高中语文课程标准(2017年版)》规定,"45分钟能写_____字左右的文章。课外练笔不少于2万字"。

【答案】600

2.选择性必修和选修课程学习要求

①学习多角度、多层次地阅读,对优秀作品能够常读常新,获得新的体验和发现。借助工具书、图书馆和网络查找有关资料,加深对作品的理解。选择性必修阶段各类文本的阅读总量不低于150万字。在阅读鉴赏中,了解诗歌、散文、小说、戏剧等文学体裁的基本特征及主要表现手法,了解相关的中国古代文化常识,丰富传统文化积累,汲取思想、情感和艺术的营养,培养健康高尚的审美情趣,丰富、深化对历史、社会和人生的认识。

②选读古今中外文化论著,在整体了解论著内容的基础上,把握论著的主要观点和基本倾向,了解用以支撑观点的关键材料,拓宽文化视野和思维空间,提高文化修养。以发展的眼光和开放的心态看待传统文化和外来文化,关注当代文化生活,能通过多种途径开展文化专题研讨。学会尊重、理解作品所体现的不同时代、不同民族、不同流派风格的文化,尝试对感兴趣的古今中外文学作品进行比较研究或专题研究,理解作品所表现出来的价值判断和审美取向,作出恰当的评价。

③注意在生活和跨学科的学习中学语文、用语文,在学习和运用的过程中提高表达、交流能力。能综合运用在语文与其他学科中获得的知识、能力和方法,运用多种方式展开交流和讨论,留心观察社会生活,丰富人生体验,有意识地积累写作素材,广泛搜集资料,根据表达需要和体裁要求,尝试多种文本的写作,相互交流。在实践活动中增强口头应用的能力,能根据交际的需要,选择恰当的时机和场合,提出话题,敏捷应对,注意表达效果。参加演讲与辩论,学习主持集会、演出等活动。

④了解语言文字法规的有关内容,增强规范意识,学会辨析和纠正错误,提高语言文字运用的正确性和有效性。掌握学习语文的基本方法,学会灵活运用合适的方法解决语言文字运用中的问题。根据自己的特点,借鉴经验,适时总结,逐步形成富有个性的语文学习方式。

五、学业质量

考点1　学业质量内涵

学业质量是学生在完成本学科课程学习后的学业成就表现。学业质量标准是以本学科核心素养及其表现水平为主要维度,结合课程内容,对学生学业成就表现的总体刻画。依据不同水平学业成就表现的关键特征,学业质量标准明确将学业质量划分为不同水平,并描述了不同水平学习结果的具体表现。

考点2　学业质量水平

表6-2　学业质量水平及质量描述

水平	质量描述
1	1-1　有主动积累的意识,不断扩展自己的语文积累,能对学过的各类语言材料进行归类;留心观察生活,记录对生活的观察和感受;能主动将自己的积累用于语言理解和表达。能注意语境与交流的关系,能根据具体的语言环境理解语言,能凭借语感和积累及时调整自己的语言表达,力求使语言表达准确清晰。有反思和总结自己语文学习经验的意识,关注语文学习方法的学习。 1-2　在理解语言时,能提取和概括主要信息,能区分事实和观点,分析各部分内容之间的关系,发现观点和材料之间的联系;能利用获得的信息解决具体的实际问题。在表达时,能做到观点明确、内容完整、结构清楚。 1-3　有欣赏文学作品的兴趣,能整体感受作品中的形象,把握作品的思想观点和情感倾向;能运用口头语言和书面语言传达自己对作品的感受和理解。在文学鉴赏中,有正确的价值观。 1-4　有通过语文学习理解文化的意愿,能通过阅读文学作品,扩展自己的视野,丰富自己的人生体验,感受和理解不同时代和地区的文化。能主动梳理语文课程中涉及的文化现象,了解其中包含的中国传统文化内容,重视优秀传统文化的继承
2	2-1　具有主动积累的习惯,能进一步扩展语言积累,运用多种方法整理自己积累的语言材料,发现其中的联系。能凭借语感,结合具体语境理解重要词语的隐含意思,体会词句所表达的情感;能发现语言运用中存在的比较明显的问题,并运用自己掌握的语言知识予以纠正。具有反思并整理语文学习经验的意识,能用多种形式整理、记录自己学习、生活中的所得。 2-2　在理解语言时,能区分主要信息和次要信息,理解并准确概括其内容、观点和情感倾向;能对获得的信息及其表述逻辑作出评价;能利用获得的信息分析并解决具体问题。在表达时,能注意自己的语言运用,力求概念准确、判断合理、推理有逻辑。 2-3　喜欢欣赏文学作品,能整体感受作品的语言、形象和情感,展开合理的联想和想象;能对作品的内容和形式作出自己的评价。在文学鉴赏中,有正确的价值观,有追求高尚审美情趣和审美品位的意愿。

水平	质量描述
2	2-4　表现出对中华优秀传统文化的兴趣，喜欢学习汉语和汉字，喜欢积累优秀古代诗文，能主动梳理和探究语言材料中蕴含的中国传统文化内容。能在自己的表达中运用富有文化意蕴的语言材料和语言形式。增强语言的表现力。能理解各类作品中涉及的文化现象和观念，能理解和包容不同的文化观念，能运用所学的知识对学习中遇到的一些文化现象发表自己的看法。关注当代语言文化现象，积极参与相关的多种语文实践活动
3	3-1　在扩展和整理自己语文积累的过程中，能发现联系，探索规律，尝试结合具体的语言材料，说明自己对语言运用规则的理解。能借助已有的语言知识和语感，结合具体语境分辨词语语义和情感上的细微差别；能凭借语感推断结构比较复杂的语句的意思，能体味重要语句在语言环境中的意义和作用。能根据具体的语境和表达的目的、要求，运用口头和书面语言，文从字顺、清晰明了地表达自己的真情实感。在总结语文学习经验的基础上，能有意识地规划自己的语文学习，提高学习质量和效率。 3-2　在理解语言时，能准确概括观点和情感，能分析并解释观点和材料之间的关系；能比较两个文本或材料，能在各部分信息之间建立联系，把握主要信息，分析、说明复杂信息中可能存在的多种关系；能就文本的内容和形式进行质疑，并能主动查找相关资料支持自己的观点；利用文本中的相关信息解决具体问题。在表达时，讲究逻辑，做到中心突出、内容具体、语篇连贯、语言简明通顺。 3-3　喜欢欣赏文学作品，借助联想和想象丰富自己对文学作品的体验和感受，能品味语言，感受语言的美；能运用多种形式表达自己的体验和感受；能对具体作品作出评论。在鉴赏中，能坚持正确的价值观，体现高雅的审美追求。 3-4　关注语言与文化的关系，有探究文化问题的意识；对汉语、汉字和中华优秀传统文化有较浓厚的兴趣，有主动积累、梳理、探究富有文化意蕴的语言材料的习惯。有比较、分析古今中外各类作品所反映的文化现象、文化观念的意识，能根据语文课程学到的内容，对阅读和表达交流中涉及的有关文化现象展开讨论，有依据、有逻辑地阐明自己的观点。关心当代语言文化现象，积极参与多种实践活动，通过调查访问、辩论演讲、专题讨论等活动发展自己的文化理解与探究能力
4	4-1　能不断扩展自己的语文积累，自觉整理在学习中获得的语言材料和言语活动经验；在梳理的基础上，尝试进行专题探究，发现其中蕴含的语言运用规律，并能用自己的语言加以解释；能将发现的语言运用规律用于自己的语文学习实践。能敏锐地感受文本或交际对象的语言特点和情感特征，迅速判断其表达的正误与恰当程度，察觉其言外之意和隐含的情感倾向；能根据具体的语境和表达的目的、要求，运用口头和书面语言，文从字顺、准确生动地表达自己的真情实感。乐于与他人分享自己的学习经验，主动吸收他人成功的经验。 4-2　在理解语言时，能准确、清楚地分析和阐明观点与材料之间的关系，能就文本的内容或形式提出疑问，展开联想，并能找出相关证据材料支持自己的观点，反驳或补充解释文本的观点。能比较、概括多个文本的信息，发现其内容、观点、情感、材料组织与使用等方面的异同，尝试提出需要深入探究的问题。能用文本中提供的事实、观点、程序、策略和方法解决学习和生活实际中遇到的具体问题。在表达时，讲究逻辑，注重情感，能综合运用多种表达方式，从多个角度、多个方面表达自己的理解和感受，力求做到观点明确，内容丰富，思路清晰，感情真实健康，表达准确、生动。 4-3　在鉴赏活动中，能结合作品的具体内容，阐释作品的情感、形象、主题和思想内涵，能对作品的表现手法作出自己的评论。能比较两个以上的文学作品在主题、表现形式、作品风格上的异同，能对同一个文学作品的不同阐释提出自己的看法或疑问。喜欢尝试用不同的语言表现形式表达自己的思想和情感，尝试创作文学作品。在文学鉴赏和语言表达中，追求正确的价值观、高尚的审美情趣和审美品位。

水平	质量描述
4	4-4 有通过语言学习深入理解、探究文化问题的浓厚兴趣和意愿,能在阅读和表达交流中探析有关文化现象;能结合具体作品,分析、论述相关的文化现象和观念,比较、分析古今中外各类作品在文化观念上的异同。能主动参与语言文化问题的讨论和相关的社会实践活动,能综合运用所学的知识,对自己感兴趣的某些语言、文学、文化现象及社会热点问题进行专题探究,尝试撰写相关调查报告或专题研究报告,发展自己的文化理解与探究能力,主动吸收先进的文化,传承中华优秀传统文化
5	5-1 有探索语言运用规律的兴趣,能主动收集、整理、探究生活中常见的语言现象;能发现所学的语言文学作品中的各类联系,对学过的重要作品和具有典型性的语言材料进行分类整理,加深自己对各类作品的理解和领悟。在整理过程中,能提出自己感兴趣的问题,尝试用所学的知识解决相关问题。能根据具体的语境组织表达内容,选择合适的表达方式,有效地运用口头和书面语言实现沟通交流。能自觉、有效地规划自己的语文学习,乐于与同学分享自己的学习经验,主动帮助他人共同提高语文学习的质量和效率。 5-2 在理解语言时,能从多角度、多方面获得信息,有效地筛选信息,比较和分析其异同;能清晰地解释文本中事实、材料与观点、推断之间的关系,分析其推论的合理性,或揭示其可能存在的矛盾、模糊或故意混淆之处等;能依据多个信息来源,对文本信息、观点的真实性、可靠性作出自己的判断,并逻辑清晰地阐明自己的依据;能从多篇文本或一组信息材料中发现新的关联,推断、整合出新的信息或解决问题的策略、程序和方法,并运用于解决自己学习和生活中遇到的相关问题。能围绕某一方面的问题组织专题探讨,形成自己的观点。在表达时,讲究语言运用,追求独创性,力求用不同的词语准确表达概念,用多种语句形式表达自己的判断和推理;喜欢尝试用多种文体、语体、多种媒介,多样地表达自己的思想和情感,追求表达的准确性、深刻性、灵活性、生动性。 5-3 在鉴赏活动中,能从不同角度、不同层面鉴赏文学作品,能具体清晰地阐释自己对作品的情感、形象、主题和思想内涵、表现形式及作品风格的理解。能比较多个不同作品的异同,能对同一作品的不同阐释发表自己的观点,且内容具体,依据充分。能对作品的艺术形象及价值有独到的感悟和理解。有文学创作的兴趣和愿望,愿意用文学的形式表达自己的情感,追求正确的价值观、高尚的审美情趣和审美品位。 5-4 有通过语言学习深入理解、探究文化问题的浓厚兴趣和意愿,能在阅读和表达交流中探析有关文化现象;具有文化批判和反思的意识,能结合具体作品,从多角度、多层面分析、论述相关的文化现象和观念。能主动参与语言文化问题的讨论和相关的社会实践活动,能综合运用所学的知识,对生活中自己感兴趣的某些语言、文学、文化现象及社会热点问题进行专题探究,写相关调查报告或专题研究报告,组织专题讨论和报告会;尝试用历史眼光和现代观念,辩证地审视和评论古今中外语言文学作品的内容和思想倾向,对当代文化建设发表自己的见解

考点3 学业质量水平与考试评价的关系

本标准将学生的学习结果划分为五个级别的水平。水平一和水平二是必修课程学习的要求,水平三和水平四是选择性必修课程学习的要求,水平五是选修课程学习的要求。水平二是语文学科高中学业水平考试的依据,水平四是高校考试招生录取的依据,水平五则是为对语文课程更有兴趣的学生所设的较高要求,修习情况可供高校或用人单位参考。

考题再现

【2018年·山东聊城·单选】《普通高中语文课程标准(2017年版)》中"学业质量水平"部分,将学生的学习结果划分为五个级别的水平。其中,( )和( )是选择性必修课程学习的要求。

A.水平一 水平二　　　　　　　　　　B.水平三 水平四

六、实施建议

考点1　教学与评价建议

1.教学建议

（1）发挥语文课程的独特功能，促进学生语文学科核心素养全面发展

普通高中语文课程应重视对学生情感、态度与价值观的正确引导。教学时应注意教学内容的价值取向，发挥语文课程的熏陶感染作用。尊重学生独特的学习体验，引导学生在语文学习中接受优秀文化的熏陶，获得丰富的审美体验，形成良好的人文修养，树立正确的世界观、人生观和价值观。

语文学科核心素养的四个方面既各自独立，又相互依存；既各有侧重，又相互融通。必修和选修课程都应围绕核心素养，整合阅读与鉴赏、表达与交流、梳理与探究，引导学生积极参与丰富多彩的语文实践活动，促进学生在语言建构与运用、思维发展与提升、审美鉴赏与创造、文化传承与理解等方面的全面发展。

（2）充分理解学习任务群的特点，处理好学习任务群之间的关系

普通高中语文课程设计了18个学习任务群，每个任务群都有各自的学习目标与内容，彼此之间又渗透融合、衔接延伸。教师可根据学习任务群的特点、学生的学习程度，结合自身的专业优势、教学风格，有规划、创造性地实施教学。教学中应统筹考虑各个学习任务群的特点，要明确不同学习任务群的定位和功能，妥善处理各个学习任务群之间的关系，避免遗漏缺失；要关注共同任务群在必修、选择性必修、选修课程中学习重点、呈现方式和深度广度的差异，避免简单重复。

（3）创设综合性学习情境，开展自主、合作、探究学习

应关注学生学习方式的转变，做好学生语文学习活动的设计、引导和组织，注重学习的效果。根据学生的发展需求，围绕学习任务群创设能够引导学生广泛、深度参与的学习情境。可通过多样的语文实践活动，融合听说读写，跨越古今中外，打通语文学科和其他学科、语文学习和学生的生活世界，运用优质的素材和范例，激发学生的学习兴趣和动力，提高语言文字运用能力。加强课程实施的整合，通过主题阅读、比较阅读、专题学习、项目学习等方式，实现知识与能力，过程与方法，情感、态度与价值观的整合，整体提升学生的语文素养。

鼓励学生根据个人兴趣、能力和特长，自主选择学习内容和学习方式，学会自我监控和学习管理，探索个性化的学习方法。要坚守语文课程的基本要求，恰当把握教学容量，不任意增加学生的学习负担，同时也要鼓励对语文学习有兴趣而且学有余力的学生追求更高的目标。

要根据学生身心发展和语文学习的特点，保护学生的好奇心、求知欲，鼓励自主阅读、自由表达，激发问题意识，引导他们体验发现问题、解决问题的过程。积极倡导基于学习任务群的专题学习，围绕语言和文化、经典作家作品、科学论著等，组织学生开展合作探究、研讨交流活动，鼓励学生以各种形式相互协作，展示与交流学习成果。合理利用信息技术，优化整合课堂教学，促进知识的迁移与运用。教师要注意引导学生在自主学习的基础上，学会倾听和分享、沟通和协作，掌握探究学习的方法，提高实践和创新能力。

（4）整体把握必修和选修课程，加强课程之间的衔接和统整

教学时要特别注意加强必修、选择性必修、选修三类课程之间的衔接和统整。既要整体把握必修和选修课程的关系，更要注意不同课程专属任务群和共同任务群的衔接。

必修课程的教学应立足于共同基础，重视日常语文积累，为学生学习选修课程奠定坚实根基。教学时要重点培养学生基本的语言文字运用、思考表达、文学作品阅读与鉴赏，以及文化传承、理解与创新等方面的素养。

选修课程的教学应突出差异性和层次性，鼓励开展个性探究，充分激发学生的学习兴趣和潜能。教学时要进一步培养学生的语言梳理和建构能力、文学作品的个性化体悟能力、科学思维和问题解决能力、文化理解和批判能力。选择性必修应注重学习"面"的广度，选修应注重学习"点"的深度。

（5）探索信息化背景下教与学方式的转变

要改变因循守旧的语文教学习惯，也要打破唯技术至上的观念，把握好技术与语文的关系，合理利用信息技术。要创设运用语言文字的真实情境，形成有意义的互动学习环境，帮助学生有效投入语文实践；要借助信息技术优化整合课堂教学，引导学生经历多样化的学习过程，促进学生在更广阔的语言环境中主动学习，实现知识的迁移与运用。要积极探索基于网络的教学改革，利用具有交互功能的网络学习空间，创设线上线下一体化的"混合式"学习生态，为课堂教学和课外学习服务。在信息化环境下，需要进一步探索教学流程、资源支持、教学支持、学习评估等影响学生学习的各种要素所发生的新变化，积极探索信息化环境下的语文教学模式。

（6）提高课程开发与设计的能力，实现教师与课程同步发展

教师要具有专业发展意识，努力建构教学共同体；应努力适应、积极参与语文课程改革，持续学习，更新观念，改进实践，提升教学水平；要善于与同行、学生合作，在集体备课、案例研讨等对话交流中学会自我反思，实现教学相长；应遵循语文学习任务群的教学规律，根据教学的实际需要，整合相关课程资源，拓展学生的学习视野，提高日常教学效率；要注意利用本学校、本地区的特色资源，关注教学过程中生成的资源，引导学生学习从现实生活中发现问题，提出活动主题，增强在各种场合学语文、用语文的意识，多方面地提高学生的语文素养。

2.评价建议

（1）着眼于核心素养的整体发展

语文课程评价的根本目的在于全面提高学生的语文学科核心素养。评价的过程即学生学习的过程，应围绕阅读与鉴赏、表达与交流、梳理与探究等学习活动，在具体的语文学习情境和活动任务中，全面考查学生核心素养的发展情况。

语文课程评价要综合发挥检查、诊断、反馈、激励、甄别、选拔等多种功能，不宜片面强调评价的甄别和选拔功能。评价不仅要关注学生外在的学习结果，更要关注内在的学习品质。注意通过评价引导学生学会学习，自觉提升语文学科核心素养。

语文教师要有意识地利用评价过程与结果，发现学生学习的个性特点和具体问题，及时引导，提出有针对性的建议，激发学生学习的动力。同时，依据评价结果反思日常教学，优化教学内容，调整教学策略，完善教学过程，为学生语文学科核心素养的发展提供有力支持。

（2）全面把握学习任务群的特点

语文课程评价要把握学习任务群的特点，综合统筹评价过程。每个任务群的学习目标与内容，各自独立又彼此关联。评价时既要突出每个任务群的学习重点，又要兼顾任务群之间的联系，体现学习目标、内容与评价的一致性。

评价时要充分考虑语文实践活动的特点，注意考查学生在活动中表现出来的参与程度、思维特征，以及沟通合作、解决问题、批判创新等能力，记录学生真实、完整的任务群学习过程。

（3）倡导评价主体的多元化

语文课程评价应面向全体学生，尊重学生的主体地位。评价要注重展示学生自我发展的过程。在保证基本目标达成的基础上，评价要考虑学生的个体差异，关注学生的不同兴趣、表现，满足不同发展需求。在具体学习任务的评价中，语文教师应提供细致的描述性反馈，提出具有操作性的建议，引导学生通过评价反馈，调整学习进程，梳理学习方法，确定学习目标，制订学习规划。

鼓励学生、家长、教师、教学管理人员等参与课程评价。语文教师应利用不同主体的多角度反馈,帮助学生更好地认识语文学习与个人发展的关系,学会自我监控和管理。学校应创造条件,引导学生参与多种评价活动,建构学习与评价的共同体,学会持续反思、终身学习。

(4)选用恰当的评价方式

语文学科核心素养需要在真实的语文学习任务情境中综合考查。语文教师应根据实际需要,整合诊断性评价、形成性评价、终结性评价等多种评价方式,考查学生核心素养的发展情况。每种评价方式都有自身的优势和局限,教师应根据特定的评价目的选择使用。可采用纸笔测试、现场观察、对话交流、小组分享、自我反思等多种评价方式,提高评价效率,增强评价的科学性和可靠性。对学生的评价,既要有对基本目标的确定性要求,确保底线;也要注意以恰当的方式对希望继续提高的学生予以引导。

学生语文学科核心素养的发展呈现鲜明的个体特点。教师要注意搜集学生在语文实践活动中产生的各类材料,如测试试卷、读书笔记、文学作品、小组研讨成果、调查报告、体验性表演活动和个人反思日志等。通过这些材料了解学生在任务群学习中表现出的个性品质和精神态度,建立完善的学习档案,全面记录学生核心素养的发展轨迹。有条件的地方,可以运用信息技术,丰富学生的表现性评价,形成多样化的学生成长记录,全面而科学地衡量学生的发展。

(5)明确必修和选修课程评价的重点和联系

必修课程评价应立足于共同基础,考查学生在不同学习情境和实践活动中学习和运用语言文字的基本能力。重点考查学生语文学习过程中的体验和感受、学习策略,以及梳理、探究能力,尤其是基于社会情境的阅读、表达与交流的能力,读写活动中的思维表现以及不同体裁文学作品的审美感知、评价欣赏、独立创作情况;还要考查对多样文化的理解,对当代文化现象的关注和评析,以及对未来文化发展的思考和展望等。

选择性必修和选修课程评价,要在关注共同基础的前提下,突出差异性和层次性,以促进学生的个性发展。

选择性必修的评价应该更关注学生语文学习内容"面"的广度。评价重点包括:语言积累、梳理与迁移运用能力;在独立研习古今中外经典作品过程中阐释文本阅读体验的能力;语言实践中的逻辑推理能力和实证意识,以及运用科学思想方法解决实际问题的能力;古代文化遗产的辨别,中外文化要义的理解,以及对科技文化的理解与反思等。

选修的评价应更关注学生语文学习内容"点"的深度。评价要注重学生在专题研讨中对语言运用现象和规律的探究,对学术论著语言特点的把握,语文实践活动中思维的严密性、深刻性和批判性;注重学生个性化地理解古今中外经典作家作品及其思想内涵、艺术价值;注重学生的多样文化认知,跨文化理解,文化批判、反思和创造等。

要明确必修课程评价与选修课程评价的区别和联系,选修课程评价要注意与必修课程衔接,在衔接中呈现体系和梯度。尤其是"整本书阅读与研讨""当代文化参与""跨媒介阅读与交流""语言积累、梳理与探究"四个学习任务群,它们贯串必修课程和选修课程,在两类课程中有不同的广度、深度和难度。评价要注意区分重点和层次,考查学生完成不同难度的学习任务时语文学科核心素养发展的不同表现。

考点2　学业水平考试与高考命题建议

1.测评与考试目的

测评与考试是语文课程评价的重要组成部分,应真实反映学生语文学科核心素养的发展过程与现有水平,准确判断学生核心素养发展过程中的问题及其原因,对高中语文教学改革发挥积极的引领和导向作用。

2.命题思路和框架

语文学科核心素养是在具体的阅读与鉴赏、表达与交流、梳理与探究等语文实践活动中形成与发展,并通过具体、多样的实践活动表现、展示出来的。考试、测评题目应以具体的情境为载体,以典型任务为主要内容。

①以具体情境为载体。真实、富有意义的语文实践活动情境是学生语文学科核心素养形成、发展和表现的载体。语文实践活动情境主要包括个人体验情境、社会生活情境和学科认知情境。个人体验情境指向学生个体独自开展的语文实践活动,如在文学作品阅读过程中体验丰富的情感,尝试不同的阅读方法以及创作文学作品等。社会生活情境指向校内外具体的社会生活,强调学生在具体生活场域中开展的语文实践活动,强调语言交际活动的对象、目的和表述方式等。学科认知情境指向学生探究语文学科本体相关的问题,并在此过程中发展语文学科认知能力。

②设计典型任务。典型任务是指为评价学生语文素养水平而选取的具有代表性价值的语文实践活动。学生通过典型内容的学习,体会典型的思维过程与方法,体验典型的思想情感,呈现典型的学习成果。典型任务要多样、综合、开放。考试材料的选择与组合要角度多样,视野开阔,为学生的思考与拓展留有足够的机会和空间。减少针对单一知识点或能力点的简单、碎片化的试题数量,应体现语文素养的综合性、整体性。可命制侧重阅读与鉴赏、表达与交流、梳理与探究某一方面的题目,也可命制整合了三个方面实践活动的综合性题目,让学生在复杂情境、多种角度和开放空间中充分展示其富有创造性的个性化的学习成果。

③命题指向。"阅读与鉴赏"侧重考查整体感知、信息提取、理解阐释、推断探究、赏析评价等内容;"表达与交流"侧重考查叙述表现、陈述阐释、解释分析、介绍说明、应对交流等内容;"梳理与探究"侧重考查积累整合、筛选提炼、归整分类、解决问题、发现创新等内容。

3.命题和阅卷原则

①以语文学科核心素养为考查目标,依据高中学生语文学业质量标准相应水平要求,通过阅读与鉴赏、表达与交流、梳理与探究等语文实践活动,呈现核心素养的发展过程与现有水平。

②以情境任务作为试题主要载体,让学生在个人体验、社会生活和学科认知等特定情境中完成不同学习任务,以呈现学生语文素养的多样化表现。

③以综合考查作为命题导向,通过综合性语言实践活动,考查学生语文学习的能力和水平。避免以单纯的知识点和能力点设计考题,避免死记硬背。倡导综合性的测试形式,可围绕情境选择相关材料,设置一组有内在联系的、指向核心素养的问题或任务。

④选用的语言材料要具有时代性、典型性和多样性,贴近学生生活,充分体现语文学科特点,避免出现偏题、怪题。要重视中华优秀传统文化材料的选用,引导学生从中获得对当代文化问题的思考。

⑤测试形式要创新,多设置可供学生选择的题目,体现学生个性;多设置主观性、开放性的题目,展现学生智慧,鼓励学生发挥和创造。试卷结构和测试形式不应固化,以避免形成新的应试模式。

⑥学业水平考试和高考的指向应保持一致。都应健全主观性、开放性试题的阅卷标准,逐步建立语文学科学业水平考试和高考阅卷人资格制度。

考点3　教材编写建议

①教材编写要以马克思主义为指导,坚持立德树人,体现社会主义核心价值观,面向现代化、面向世界、面向未来;要贯彻国家课程改革的精神,落实普通高中语文课程标准要求。

②教材编写要高度重视继承和弘扬中华优秀传统文化、革命文化和社会主义先进文化,自觉维护国家统一和民族团结,体现对文化多样性的理解和尊重,有助于学生增强民族自尊心、爱国感情和文化自信,形成正确的世界观、人生观和价值观。

③教材要适应高中学生的认知特点和身心发展的需要,符合语文核心素养发展的规律,要充分体现时代特点和现代意识,有助于培养学生的社会责任感、实践能力和创新精神,有助于学生形成良好的个性和健全的人格。

④教材编写要以培养语文学科核心素养为纲,以语文实践活动为主线,落实18个学习任务群的要求。必

修、选择性必修和选修教材要落实各自的专属任务群,还要落实贯串于高中语文学习始终的共同任务群。学习任务群应依据学分要求和年段特点组合,容量要适当;学习任务群的组织形式和呈现方式提倡多样化,鼓励创新,能为教师的多样化实施提供空间与相应的支架;学习任务群应为学生精选内容,提供典型学习样例。

⑤教材编写要体现课程整合的理念,根据学习任务群的特点和学习任务群的组合等整体设计学习活动,实现学习任务群对发展高中学生语文学科核心素养的综合效应。灵活地整合阅读与鉴赏、表达与交流、梳理与探究等学习活动,选用典型材料设计语文学习任务,引导学生在语文实践活动中全面发展核心素养。

⑥教材中的选文应具有典范性和时代性,文质兼美,体现正确的政治导向和价值取向。选文格调要积极向上、健康明快,选文作者必须有正确的政治立场、较高的语言文字水平和良好的社会形象。材料组织方式应充分考虑高中学生的言语经验,有利于开拓学生的学习视野,激活思维,发展核心素养。教材编写应注意语言材料的多重功能,便于体现文本在达成不同学习目标中的示范、积累、探究等不同功用。

⑦教材的编写要有利于学生自主学习和个性化学习。学习内容和活动设计要源于学生的语言生活,通过富有挑战性的情境与任务创设,引导学生自主开展语文实践活动,自觉探索学习方法,提升实践能力和创新能力。

⑧教材应具有开放性和选择性。学生在语文课程方面的原有基础和在高中阶段的学习诉求各有差异,各地方、各学校的条件也往往各不相同,因此,教材应在明确体现对每个学生基本要求的基础上,展现适度的开放性,让学生根据各自情况作出选择,给地方、学校和教师留有选择、调整和开发的空间。

⑨教材编写要有利于师生运用多种媒介和信息技术呈现学习内容,要鼓励教师积极调动各种资源创造性地开展教学活动。鼓励专业机构建设丰富的数字化资源库。

⑩教材的设计应探索信息化环境下的革新,发挥传统学习方式和网络学习方式各自的优势,结合线上与线下的学习,促进资源的有效运用,以利于学生的自主、合作与探究,实现课程实施的优化。

考点4　课程资源的利用与开发

①为满足普通高中语文课程多样化和选择性的需要,必须增强课程资源意识。语文课程资源形式多种多样,可以是纸质文本,也可以是多媒体资源、网络资源。各地区都蕴藏着自然、社会、人文等方面的语文课程资源,应积极利用和开发。自然风光、文物古迹、革命传统、风俗民情、国内外的重要事件、学生的家庭生活,以及日常生活话题等,都可以成为语文课程的资源。

②课程资源建设和学生的学习活动关联密切,既是师生动态运用资源的过程,也是不断生成资源的过程。应通过学习活动的设计,营造语言文字运用的情境,引导学生结合资源进行自主、合作、探究式学习。语文学习过程中随时生成的各种话题、问题、拓展材料以及学生成果等,也是非常有意义的课程资源。

③语文教师应充分发挥自身的潜力,参与必修课程和选修课程的建设,积极利用与开发各种课程资源,创造性地开展各类活动,提升自身的教学水平;应引导学生从现实生活中发现问题,提出活动主题,增强在各种场合学语文、用语文的意识,多方面地提高学生的语文素养;应聚焦课程目标,明确问题,整理、优化课程资源库,通过必要的精简、调整、补充,加强语文学习活动中内容和目标的整合,形成与教材相呼应的开放的教学格局,拓展学生的视野,促进学科核心素养的建构和发展。

④各地区、各学校应增强语文课程资源共建的意识,树立动态的资源观念,有计划地建设课程资源系统,精选教学案例、学习资源,通过点评、归纳与整理,完善资源库的建设;要让教师能够在教学中利用资源,优化教与学活动,推动课程教学的优化实施,促进语文课程教学的均衡发展、协调发展、特色发展;要通过校本教研、区域教研、网络教研等活动,以主题研修、课例研究等方式,引导教师分析问题、搜集材料、积累案例,不断丰富课程资源;要高度重视信息化环境下的资源建设,引导师生运用多种媒介和信息技术手段呈现学习内容,开展教学活动,促进教师自觉开发和利用语文课程资源,并为教学提供全方位的解决方案;可创造条件建立中小学、高校和研究机构联合的学习共同体,形成共建共享的资源建设机制。

⑤各地区、各学校的课程资源是有差别的,应认真分析本地和本校的资源特点,充分利用已有的资源,积极开发潜在的资源;应积极创造条件,努力为语文教学配置相应的硬件环境与资源系统;在充分利用已有资源,逐步推动语文课程新资源生成的同时,也应该注意学校之间资源的互补与共享;还应当争取社会各方面的支持,与社区、图书馆、博物馆、文化馆、科技馆、爱国主义教育基地等建立稳定的联系,给学生创设语文实践的环境,开展多种形式的语文学习活动。

考点5　地方和学校实施本课程的建议

①要充分认识语文学科在立德树人方面的独特作用,以及在整个课程体系中的基础地位。依据国家课程方案和语文课程标准的要求全面落实课程建设,鼓励和引导教师充分利用地方和学校的资源,根据学生语文生活的实际实施课程,注重效果和质量。

②应引导和鼓励教师遵循语文教育规律,变革教学方式,在丰富多样的语文实践活动中培养学生的语文素养,注重教师对学生学习活动的指导,抓好阅读与鉴赏、表达与交流、梳理与探究等语文实践活动;应防止过于偏重技能的倾向,更不能要求教师把大量时间用于做题操练。

③要积极探索新的课程开发和管理方式,为国家课程的有效实施提供充分的师资准备和资源保障。要根据语文课程实施的需要,组织安排好实践活动,做好时间、空间、资源的规划和准备;要加强学校的图书资料和信息技术资源的建设,为语文课程的有效实施创造必要的物质条件。

④加强语文课程评价的研究,遵循语文课程标准的要求,多角度、多种方式评价学生的语文素养和教师的教学工作,注重学生语文素养的整体提升;应防止单纯以纸笔测验分数的高低来评价学生的语文学习和教师的教学成效,反对追求语文教学的短期效应,反对用频繁考试的方式评价学生的语文素养。

⑤高度重视语文教师的专业发展,要有计划、有针对性地组织好教师的专业学习和课程研究活动,要注意帮助语文教师更新专业知识,提高专业技能,引导教师研究学生的语文学习规律,了解语言、文学、文化研究的前沿成果,在语文课程实践和研究中提升自身的专业素养。

强 化 练 习

一、单项选择题

1.下列关于语文课程在九年义务教育中奠基作用的表述,不正确的一项是(　　　)。

A.培养学生的语言文字运用能力,为学好其他课程打下基础

B.为学生形成良好个性和健全人格打下基础

C.为学生的智力发展和终身发展打下基础

D.对增强民族凝聚力和创造力具有不可替代的优势

2.下列关于小学语文阅读教学及评价的表述,与《义务教育语文课程标准(2011年版)》不相符的一项是(　　　)。

A.第二学段(3~4年级)初步学会默读,做到不出声,不指读

B.第二学段(3~4年级)能借助字典、词典和生活积累,理解生词的意思

C.第三学段(5~6年级)能联系上下文和自己的积累,推想课文中有关词句的意思

D.第三学段(5~6年级)养成默读习惯,能较熟练运用略读和浏览方法

3.下列关于第四学段写作目标的表述,正确的一项是(　　　)。

A.45分钟能完成不少于500字的习作

B.习作要有一定速度。课内习作每学年16次左右

C.根据表达的需要,借助工具书,修改自己的作文

D.注重写作过程中搜集素材、构思立意、列纲起草、修改加工等环节,提高模仿写作的能力

4.下列关于初中语文课程目标与内容的表述,不符合《义务教育语文课程标准(2011年版)》的一项是(   )。

A.养成朗读习惯,能灵活地运用精读和浏览的方法

B.欣赏文学作品,能品味作品中富于表现力的语言

C.能够就适当话题作即席讲话和有准备的主题演讲

D.熟练使用字典、词典,独立识字,会用多种检字法

5.下列有助于形成课程标准倡导的自主、合作、探究的学习方式的方法,不包括(   )。

A.教学内容的确定　　　　　　　　B.教学方法的选择

C.教学资源的支持　　　　　　　　D.评价方式的设计

6.下列关于语文课程建设的表述,不正确的一项是(   )。

A.语文课程的建设应继承我国语文教育的优良传统,注重读书、积累和感悟,注重整体把握和熏陶感染

B.语文课程的建设要尽可能满足不同地区、不同学校、不同学生的需求

C.语文课程应该是开放而富有创新活力的,密切关注现代社会发展的需要

D.语文课程建设应拓宽语文学习和运用的领域,注重人文学科的教学和传统教学方法的运用

7.下列关于小学语文综合性学习目标与内容的表述,与《义务教育语文课程标准(2011年版)》不相符的一项是(   )。

A.第一学段(1~2年级)能以口头或图文方式表达自己的观察所得

B.第二学段(3~4年级)能用书面或口头方式表达自己的观察所得

C.第三学段(5~6年级)熟练掌握查找资料、运用资料的基本方法

D.第三学段(5~6年级)能利用图书馆、网络等信息渠道获取资料

8.下列对语文素养的理解中,不正确的一项是(   )。

A.九年义务教育阶段的语文课程,必须面向全体学生,使学生获得基本的语文素养

B.学生的语文素养是教师教育的结果,是评判教师工作能力的重要标准

C.语文素养的形成和发展是一个无止境的过程,不以入学为起点,不以毕业为终点

D.语文素养一旦形成,会持续作用于人的一生

9.下列关于语文课程的教学建议的表述,正确的一项是(   )。

A.充分发挥师生双方在教学中的主动性和创造性

B.教学中努力体现语文的实践性和探究性

C.培养学生正确的情感、态度、价值观是语文教学的外在附加任务

D.语文教学要注重语言的积累、感悟和运用,注重口语交际训练

10.依据《普通高中语文课程标准(2017年版2020年修订)》,下列关于普通高中语文必修课程学习要求的表述,正确的一项是(   )。

A.自主写作,自由表达,以自由的态度陈述看法

B.能在老师的指导下统一选择阅读材料,读整本书

C.注重个性化阅读,学习探究性阅读和创造性阅读

D.在讨论中主动发言攻击他人,积极地应对和群驳

11.语文课程丰富的人文内涵要求(   )。

A.要注重课程内容的时代性,反映当前社会普遍关注的问题

B.要继承传统、忠于传统,发挥传承祖国语言文化的基础性作用

C.要体现开放性,兼容多元价值观

D.要体现社会主义核心价值体系的引领作用

12.以下有关普通高中语文课程教学基本理念的说法,不正确的一项是(   )。

A.坚持立德树人,增强文化自信,充分发挥语文课程的育人功能

B.以核心素养为本,推进语文课程深层次的改革

C.加强实践性,促进学生语文学习方式的转变

D.普通高中语文课程应具有灵活的结构和富有弹性的实施机制

13.下列选项中,说法不正确的一项是(   )。

A.应采用大量讲授口语交际原则、要领的方式在实际情境中进行教学活动

B.口语交际教学应努力贴近生活话题,采用灵活的形式组织教学

C.第一学段主要评价学生口语交际的态度和习惯,重在鼓励学生自信地表达

D.第二、三学段主要评价学生日常口语交际的基本能力,学会倾听、表达、交流

14.下列关于语文课程阅读评价的说法,错误的一项是(   )。

A.默读的评价,应从学生默读的方法、速度、效果和习惯等方面进行综合考察

B.精读的评价,重点评价学生关键字词、语段的理解能力

C.略读的评价,重在考察学生能否把握阅读材料的大意

D.浏览的评价,重在考察学生能否从阅读材料中捕捉有用信息

15."旨在引导学生积极参与中国特色社会主义先进文化的传播和交流,增强文化自信"的任务群是(   )。

A.当代文化参与群   B.跨媒介交流与阅读群

C.中华传统文化经典研习群   D.中国革命传统作品研习群

16.下列关于普通高中语文课程评价原则的说法,错误的一项是(   )。

A.评价的根本目的是促进学生语文素养的全面提高

B.评价应尊重学生主体地位,避免评价主体多元化

C.评价应注意必修课程评价和选修课程评价的联系与区别

D.评价应该充分发挥诊断、激励和发展的功能

17.下列关于综合性学习的表述,不正确的一项是(   )。

A.综合性学习应贴近现实生活

B.综合性学习应强调合作精神,注意培养学生策划、组织、协调和实施的能力

C.综合性学习应突出学生的创造性,特别注重探索和研究的过程

D.综合性学习的设计应开放、多元,提倡与其他课程相结合

18.下列对语文课程资源的表述,不正确的一项是(   )。

A.语文教科书不再是唯一的语文课程资源,我们要跳出教科书的桎梏,在更广泛的空间寻找语文课程建设和语文教学活动的资源,相比而言,受经济发展水平的影响,农村中学课程资源远比城市中学匮乏粗糙得多

B.教师是课程的开发者和利用者,教师本身也是课程资源的构成因素,学生从一个优秀的语文教师身上学到的东西往往会大于教科书呈现的内容

C.相对于教科书,图书馆、广播站、艺术节、文学社等课程资源,家庭氛围,教师人格,同学关系等不具有物质化的可视形态,但仍能隐形地作用于课程与教学,也属于语文课程资源

D.语文的学习外延与生活相等,像社会热点问题、经典影视作品、名胜古迹文化、本地风土人情等,只有实现了语文学科的课程教学价值,才能成为真正意义上的语文课程资源,所以我们要有意识地去发现、挖掘、转化、利用

19.下列关于"学习任务群10中国现当代作家作品研习"学习目标与内容的表述,不符合《普通高中语文课程标准(2017年版2020年修订)》的一项是(　　)。

A.精读中国现当代文学代表性作家作品,把握其精神内涵与艺术价值

B.养成撰写读书笔记的良好习惯,阅读作品应写出内容提要和阅读感受

C.可以根据自己的兴趣,选择自己喜欢的文学体裁,练习创作长篇作品

D.关注当代文学创作动态,选读新近发表的有影响的文学作品及相关评论

20.下列关于课程总目标及内容的说法,正确的一项是(　　)。

A.能阅读专业书刊,能初步鉴赏文学作品　　　B.九年课外阅读总量应在400万字以上

C.学会使用常用的语文工具书　　　D.能认识3500个左右常用汉字

二、简答题

请简述《普通高中语文课程标准(2017年版2020年修订)》中语文学科核心素养的四个方面。

三、案例分析题

孙老师在上《威尼斯商人》一课时,先让学生观看了《威尼斯商人》的影视片段,学生们都看得很入神。观看完毕,孙老师提问:"咱们班的同学想不想来表演一下?"学生们都很积极,跃跃欲试,最后孙老师选了9个同学,并把他们分成3组,每组1个女生和2个男生,让他们分别扮演鲍西娅、夏洛克和安东尼奥。学生准备后,表演正式开始。3个小组依次登场,演得惟妙惟肖,同学们看得兴高采烈,笑得前仰后合。表演结束后,时间已经过去大半,离下课只剩10分钟了,孙老师只好匆匆收尾。

请从新课程的角度对孙老师的教学进行评析。

参考答案及解析

一、单项选择题

1.【答案】C。解析:《义务教育语文课程标准(2011年版)》第一部分"前言"中指出,"语文课程致力于培养学生的语言文字运用能力,提升学生的综合素养,为学好其他课程打下基础;为学生形成正确的世界观、人生观、价值观,形成良好个性和健全人格打下基础;为学生的全面发展和终身发展打下基础。语文课程对继承和弘扬中华民族优秀文化传统和革命传统,增强民族文化认同感,增强民族凝聚力和创造力,具有不可替代的优势。语文课程的多重功能和奠基作用,决定了它在九年义务教育中的重要地位"。据此可知,C项"智力发展"应改为"全面发展"。

2.【答案】D。解析:A、B、C三项表述均正确。D项,"养成默读习惯,能较熟练运用略读和浏览方法"是第四学段(7~9年级)的阅读要求。第三学段(5~6年级)相关的阅读要求是"默读有一定速度,默读一般读物每分钟不少于300字。学习浏览,扩大知识面,根据需要搜集信息"。

3.【答案】A。解析:《义务教育语文课程标准(2011年版)》关于第四学段的写作,指出"根据表达的需要,借助语感和语文常识,修改自己的作文,做到文从字顺""注重写作过程中搜集素材、构思立意、列纲起草、修改加工等环节,提高独立写作能力"。A项表述正确。C项"借助工具书"说法错误,D项"提高模仿写作的能力"说法错误。B项,"习作要有一定速度。课内习作每学年16次左右"属于第三学段写作的要求。

4.【答案】A。解析:《义务教育语文课程标准(2011年版)》在第四学段课程目标与内容中指出,"养成默读习惯,有一定速度,阅读一般的现代文,每分钟不少于500字。能较熟练地运用略读和浏览的方法,扩大阅读范围"。A项,"养成朗读习惯""灵活地运用精读"表述有误,应为"养成默读习惯""能灵活地运用略读和浏览的方法"。B、C、D三项表述均正确。

5.【答案】C。解析:《义务教育语文课程标准(2011年版)》积极倡导自主、合作、探究的学习方式,"语文课程必须根据学生身心发展和语文学习的特点,爱护学生的好奇心、求知欲,鼓励自主阅读、自由表达,充分激发他们的问题意识和进取精神,关注个体差异和不同的学习需求,积极倡导自主、合作、探究的学习方式。教学内容的确定,教学方法的

选择,评价方式的设计,都应有助于这种学习方式的形成"。A、B、D三项说法均正确,C项,"教学资源的支持"在课程标准中并未提及。

6.【答案】D。解析:《义务教育语文课程标准(2011年版)》提出要努力建设开放而有活力的语文课程。"语文课程的建设应继承我国语文教育的优良传统,注重读书、积累和感悟,注重整体把握和熏陶感染;同时应密切关注现代社会发展的需要"。A、C两项说法正确。"要尽可能满足不同地区、不同学校、不同学生的需求,确立适应时代需要的课程目标",B项说法正确。语文课程建设应"拓宽语文学习和运用的领域,注重跨学科的学习和现代科技手段的运用,使学生在不同内容和方法的相互交叉、渗透和整合中开阔视野,提高学习效率,初步养成现代社会所需要的语文素养",D项说法错误。

7.【答案】C。解析:A、B、D三项表述均正确。C项,《义务教育语文课程标准(2011年版)》指出,第三学段(5~6年级)学生应"初步了解查找资料、运用资料的基本方法"。

8.【答案】B。解析:语文素养的形成不单纯是教师"教"的结果,也需要学生自己通过语文课程将优秀的语言文化成果内化为生命个体的一部分。B项理解不正确。

9.【答案】A。解析:《义务教育语文课程标准(2011年版)》在语文课程的教学建议中指出,"充分发挥师生双方在教学中的主动性和创造性""教学中努力体现语文的实践性和综合性""重视情感、态度、价值观的正确导向。培养学生正确的思想观念、科学的思维方式、高尚的道德情操、健康的审美情趣和积极的人生态度,是与帮助他们掌握学习方法、提高语文能力的过程融为一体的,不应该当做外在的附加任务""重视培养学生的创新精神和实践能力。语文教学要注重语言的积累、感悟和运用,注重基本技能训练"。A项说法正确。B项"探究性"说法错误,C项"是语文教学的外在附加任务"说法错误,D项"注重口语交际训练"说法错误。

10.【答案】C。解析:《普通高中语文课程标准(2017年版2020年修订)》指出,"自主写作,自由表达,以负责的态度陈述自己的看法,表达真情实感,培育科学理性精神""学会正确、自主地选择阅读材料""在讨论或辩论中积极主动地发言,恰当地应对和辩驳"。A、B、D三项表述均错误,C项表述正确。

11.【答案】D。解析:语文课程丰富的人文内涵要求:应该重视语文课程对学生思想情感所起的熏陶感染作用,注意课程内容的价值取向,要继承和发扬中华优秀文化传统和革命传统,体现社会主义核心价值体系的引领作用,突出中国特色社会主义共同理想,弘扬以爱国主义为核心的民族精神和以改革创新为核心的时代精神,树立社会主义荣辱观,培养良好思想道德风尚,同时也要尊重学生在语文学习过程中的独特体验。

12.【答案】D。解析:《普通高中语文课程标准(2017年版2020年修订)》"基本理念"部分指出,应"注重时代性,构建开放、多样、有序的语文课程","普通高中语文课程应具有相对稳定的结构和富有弹性的实施机制"。D项"灵活的结构"说法错误。

13.【答案】A。解析:《义务教育语文课程标准(2011年版)》"实施建议"中的"教学建议"部分指出,"教学活动主要应在具体的交际情境中进行,不宜采用大量讲授口语交际原则、要领的方式"。A项"大量讲授口语交际原则、要领""实际情境"说法错误。

14.【答案】B。解析:《义务教育语文课程标准(2011年版)》在关于"阅读"的具体建议中指出,"默读的评价,应从学生默读的方法、速度、效果和习惯等方面进行综合考察""精读的评价,重点评价学生对阅读材料的综合理解能力,要重视评价学生的情感体验和创造性的理解""略读的评价,重在考察学生能否把握阅读材料的大意""浏览的评价,重在考察学生能否从阅读材料中捕捉有用信息"。A、C、D三项说法均正确,B项说法错误。

15.【答案】A。解析:《普通高中语文课程标准(2017年版2020年修订)》中的"当代文化参与"任务群"旨在引导学生关注和参与当代文化生活,学习剖析、评价文化现象,积极参与中国特色社会主义先进文化的传播和交流,增强文化自信"。A项符合题干要求。

16.【答案】B。解析:《普通高中语文课程标准(2017年版2020年修订)》在"评价建议"部分中指出,"语文课程评价的根本目的在于全面提高学生的语文学科核心素养",A项说法正确。"倡导评价主体的多元化。语文课程评价应面向全体学生,尊重学生的主体地位",B项说法错误。"要明确必修课程评价与选修课程评价的区别和联系,选修课程评价要注意与必修课程衔接,在衔接中呈现体系和梯度",C项说法正确。"语文课程评价要综合发挥检查、诊断、反馈、激励、甄别、选拔等多种功能,不宜片面强调评价的甄别和选拔功能",D项说法正确。

17.【答案】C。解析:《义务教育语文课程标准(2011年版)》中"关于综合性学习"的要求指出,"综合性学习应贴近现实生活""综合性学习应强调合作精神,注意培养学生策划、组织、协调和实施的能力""综合性学习应突出学生的自主性,重视学生主动积极的参与精神,主要由学生自行设计和组织活动,特别注重探索和研究的过程,要加强教师在各环节中的指导作用""综合性学习的设计应开放、多元,提倡与其他课程相结合,开展跨领域学习。跨学科学习,也应以提高学生语文素养为目的"。A、B、D三项说法均正确,C项"突出学生的创造性"说法错误。

18.【答案】D。解析:美国教育家华特指出,"语文的外延与生活的外延相等"。D项"语文的学习外延与生活相等"的说法错误。

19.【答案】C。解析:A、B、D三项表述均正确。《普通高中语文课程标准(2017年版2020年修订)》"学习任务群10中国现当代作家作品研习"指出,"可根据自己的兴趣,选择喜欢的文学体裁,练习创作短篇作品"。C项"练习创作长篇作品"表述有误,应为"练习创作短篇作品"。

20.【答案】C。解析:《义务教育语文课程标准(2011年版)》指出,语文课程的总体目标是"能阅读日常的书报杂志,能初步鉴赏文学作品,丰富自己的精神世界""九年课外阅读总量应在400万字以上""认识3500个左右常用汉字"。A项"阅读专业书刊"说法错误,B、C、D三项说法均正确。

二、简答题

【参考答案】

语文学科核心素养是学生在积极的语言实践活动中积累与构建起来,并在真实的语言运用情境中表现出来的语言能力及其品质;是学生在语文学习中获得的语言知识与语言能力,思维方法与思维品质,情感、态度与价值观的综合体现。主要包括"语言建构与运用""思维发展与提升""审美鉴赏与创造""文化传承与理解"四个方面。

三、案例分析题

【参考答案】

案例中,孙老师的教学既有优点,也存在不足。

优点:

①《义务教育语文课程标准(2011年版)》指出,"学生是语文学习的主体,教师是学习活动的组织者和引导者"。孙老师组织学生进行角色扮演,尊重了学生的主体地位,活跃了课堂氛围,有利于学生更好地投入学习。

②《义务教育语文课程标准(2011年版)》指出,"努力建设开放而有活力的语文课程""语文课程应该是开放而富有创新活力的"。孙老师先借助多媒体进行教学,随后组织学生进行表演,打破了传统的教学模式,符合新课标的要求,同时有利于激发学生学习的积极性,促进学生表达能力和综合素养的提升。

③《义务教育语文课程标准(2011年版)》指出,"语文教师应高度重视课程资源的开发与利用,创造性地开展各类活动,增强学生在各种场合学语文、用语文的意识,通过多种途径提高学生的语文素养"。与课文相关的影视片段属于课程资源,孙老师充分利用了这一资源,组织学生观看影视片段,有利于学生进一步了解人物性格,从而更好地理解课文内容。

不足:

①《义务教育语文课程标准(2011年版)》指出,"阅读是学生的个性化行为。阅读教学应引导学生钻研文本,在主动积极的思维和情感活动中,加深理解和体验,有所感悟和思考,受到情感熏陶,获得思想启迪,享受审美乐趣"。孙老师在上课伊始就让学生观看了《威尼斯商人》的影视片段,这样容易使影视中人物的行为表现、性格在学生脑中先入为主,不利于学生进行个性化阅读,形成自己的独特理解和体验。

②教师组织教学活动时应充分尊重学生的意愿,并合理安排教学时间。孙老师组织学生进行表演,但分组情况不是学生自愿的;孙老师也没有把控好教学时间,学生的准备和表演占用了大部分课堂时间,不利于课堂教学的高效进行,导致课堂教学头重脚轻,只能赶在下课前匆匆收尾,未能达到理想的教学效果。

第七章　教学设计能力

第一节　教学设计概述

一、语文教学设计的基本理念

①从以教师为主转向以学生为主。
②从以传授知识为主转向以方法指导为主。
③从以结果为主转向以过程为主。
④从单一讲解转向组合优化。
⑤从以课内为中心转向课内外结合。

二、语文教学设计的原则

1.整体性原则

整体性原则要求教师从实际出发,全面了解语文课程的能力培养要求、语文素养的形成和知识体系,对整个教学计划、教学系统及该学段、学年、学期的具体教学内容等有一个整体的认识,明确一个单元或一篇课文的教学设计在整个教学计划和教学系统中的地位和作用。在进行具体的教学设计时,教师要能够充分考虑学生现阶段的知识水平、语文能力与认知结构顺序,加强学习新知与巩固已知的联系,准确把握教学目标,让学生可以循序渐进地学习语文知识、训练语文能力,从而实现语文教学的整体优化目标。教师还要能够综合课文作者的写作思路、教材编者的编辑思路、学生的学习思路,概括文本要点,根据语境揣摩语句的含义,阐释文本内容,研究表达方式,设计出利于学生理解与掌握课文的总体教学思路,使整个课堂成为一个整体科学的渐进序列。

2.实效性原则

教学设计以优化教学效果、帮助学生有效学习为目的。实效性原则要求教师优选和重构语文资源,注重方法和策略,结合学生的认识结构,选择实用的教学形式和恰当的教学手段,设计恰当、充实的教学内容,突出重点,突破难点,组织具有建构性、多样性和选择性的教学活动。

3.可操作性原则

教学设计是教学过程的工作蓝图,具有可操作性。可操作性原则要求教学设计反映教学内容,能够切实解决教师教什么、怎么教,学生学什么、怎么学等问题;要求教学目标清晰准确、全面具体、可查可测;要求教学过程中的教学活动及其步骤明确具体;要求教学效果具有可参照性和可测性,保证课堂教学正常有序地进行。

4.灵活性原则

教学设计是可变的,具有灵活性。灵活性原则要求教师在进行教学设计时,能根据教学实际需要,灵活组合排列教材,充分考虑教学过程动态变化的可能性,使教学设计留有实践选择的余地。

5.示范性原则

教师的示范是对学生的启迪，能够激发学生自主学习语文的潜力，启发学生进行言语活动的再创造。示范性原则要求教师在进行教学设计时，能根据语文学科的性质和学生实际情况，针对不同的教学内容和教学目标，设计巧妙、即时、即景的示范性教学环节，保证教学内容的科学性，做出言语表达、学习方法、行为技能等方面的示范。

6.创新性原则

创新性原则是指教学设计应体现教师的创新意识与创新能力。创新性原则要求教师在进行教学设计时，要在尊重教学内容的基础上，充分发挥主观能动作用，追求创新，设计新颖的教学程序或方法，更好地培养学生的语文素养，提高学生的语文综合素质。

7.综合性原则

综合性原则要求教师在进行初中学段的教学设计时，应综合知识与能力、过程与方法、情感态度与价值观三个方面的要求，在进行高中学段的教学设计时，应综合语言建构与运用、思维发展与提升、审美鉴赏与创造、文化传承与理解四个方面的要求，教师还应注重听说读写之间的联系，科学地开发与整合教学资源，加强教学内容的整合，统筹安排教学活动，引导学生形成综合发散式思维，促进学生语文素养的整体提高。

三、语文教学设计的依据

考点1　语文课程标准

语文课程标准是语文教师教学工作的指南，设计语文教学必须以语文课程标准为依据。所以，教师必须认识和把握语文课程标准。

《义务教育语文课程标准（2011年版）》共分为三个部分。第一部分为前言，前言的引言部分指出语文课程的重要作用和语文课程改革的指导思想，说明语文课程的性质、语文课程的基本理念和语文课程的设计思路。第二部分为课程目标与内容，在指出总目标后分别列出义务教育四个学段的阶段目标。第三部分为实施建议，分别就教学、评价、教材编写、课程资源开发与利用等方面提出建议。附录有优秀诗文背诵推荐篇目、关于课外读物的建议和语法修辞知识要点等。

《普通高中语文课程标准（2017年版2020年修订）》共分为七个部分。第一部分为前言，指出修订普通高中课程方案的必要性，说明修订工作的指导思想和基本原则、修订的主要内容。第二部分介绍了普通高中语文课程的课程性质与基本理念。第三部分介绍了语文学科核心素养与课程目标。第四部分介绍了普通高中语文课程的结构。第五部分介绍了普通高中语文课程的内容。第六部分介绍了学业质量内涵、学业质量水平及学业质量水平与考试评价的关系。第七部分为实施建议，分别就教学与评价、学业水平考试与高考命题、教材编写、课程资源的利用与开发、地方和学校实施课程提出建议。附录有古诗文背诵推荐篇目和关于课内外读物的建议。

课程标准是国家制定的某一学段的共同的、统一的基本要求，而不是最高要求；课程标准主要是对学生在经过某一学段之后的学习结果的行为描述，而不是对教学内容的具体规定；对学生学习结果行为的描述应该是可理解的、可达到的、可评估的，而不是模糊不清的、可望而不可即的；课程标准说明了教师不是教科书的执行者，而是教学方案（课程）的开发者，即教师是"用教科书教，而不是教教科书"；课程标准的范围涉及作为一个完整个体发展的三个领域：认知、情感与动作技能，而不只是知识方面的要求。教师必须摆正课程与教学的位置，处理好课程与教学的关系，从而真正地认识和把握语文课程标准。

基础课程教育改革要求课程走向民主、走向开放，并且由专家走向教师，由学科走向学生。语文课程不再只是由课程计划、语文课程标准、语文教科书等组成的文本课程，而是教师与学生共同参与的体验课程。教师与学生不再孤立于课程之外，而是课程的有机构成部分，是课程的主体和创造者。语文教学不只是严格地依据语文课程标准,忠实地实施语文课程标准,更是语文课程的创生与开发。教学过程成为课程内容持续生成与转化、课程意义不断建构与提升的过程。在这里,课程与教学的辩证统一关系凸显了出来,不断促使语文教学和语文课程互相转化、互相促进、互相作用、互相制约、有机地融为一体。

考点2　教材内容

语文教材是教师教和学生学的主要依据。钻研教材,对于教学内容的设计具有十分重要的意义,因为教材决定了教什么。钻研教材的总要求是客观、务实,不能有太大的随意性。除了常规性的阅读理解,教师还应做到以下几点。

1.把握教材体系

把握教材体系主要包括统观全套教材,把握总体要求;熟悉整册教材,明确当册的教学重点;研究单元与单元之间的关系及内部组合的特点,把握听说读写的知识点和训练点,做到连点成线。具体做法如下:首先,要浏览并通读整个教学阶段的语文教材,了解整套教材的体系、各册教材的重点、单元组合的特点、文体安排的规律、各类课文的特点、语文知识的系统和语文训练的序列,以把握所教的单册教材在整套教材中的地位和作用。其次,熟悉某一学期所教的整册教材的主要教学任务,教学的内容及知识点数量,单元组合的方式,教读课文与自读课文的配合,精读课文与略读课文的配合,知识教学与能力训练的比重,重点阅读课文与写作、口语交际、综合性学习的联系等。最后,了解教材的前后衔接规律,如该年级与上下年级的联结,引导学生稳妥、有效地过渡到下一阶段的学习,为之后的学习打下坚实的基础。

2.独立钻研教材

在教学设计的过程中,有些教师一味照搬他人的教案,还有些教师花费大量的时间去查阅各种资料,搬来各种教参,结果迷失在他人的设计套路中,理不出头绪。其实,设计教学的有效做法是在独立钻研的基础上,依据自己的思考,有目的地寻找和利用相关资料,个性化解读教材。

"钻研教材不同于自己平时读书。凡属按读写训练要求确定作为例子的课文,我都努力读熟。不管是讲读课文还是阅读课文,也不管是哪种文体、风格、内容的文章,都不凭个人的兴趣好恶去读,我给自己立了个规矩:拿到课本先通读,编好单元按单元读,下周教的课文本周读,明天上的课文今天读。即使一篇较熟、较长的课文,我也要读十遍左右。这样,到上课时就能运用自如了。在反复读课文的过程中,我总思考这样几个问题:文章写了什么内容? 思路怎样? 好在哪里? 最主要的特色是什么? 作者为什么这样写? 要以什么作为读写训练的例子? 读写训练如何进行? 有没有教学中可能遇到的疑点和难点? 怎样引导学生解决? 文章有无不足之处? 这十大问题,我都坚持独立思考,没有得出心得决不翻教学参考书。"特级教师陆继椿的这番话对年轻教师来说有重要的借鉴意义。

考点3　学生实际

教学是师生的双向互动。有效的教学设计是为了"学"而设计的。以学定教、以学促教是语文教学设计的重要思想。了解学生的状况,可从以下几个方面入手。

①了解学生学习新任务的预备状态或先决条件(现有状态,如有没有"进入"的障碍)。

②了解学生对目标状态是否有所涉猎、娴熟于心。

③了解学生对学习新任务的情感态度(学习愿望、毅力、动机、兴趣、时间精力投入的可能性)。

④了解学生学习新任务的自我监控能力(学习习惯、方法、策略及风格)。

了解学生的方法很多,如课堂观察、批改作业或课后练习,与班主任、其他任课教师交流意见,专项测试、谈话与问卷等。

考点4 教师实际

教师是课堂教学工作的主导，既是教学设计者，又是教学实施者。教师的理论修养、专业知识水平和教学技能水平各有差异，教学设计一定要依据自身的条件，审慎地对待自己的长处与短处，充分发挥自身的特点和专长，实现既定的教学目标。例如：教学诗歌散文时，朗读课文是不可缺少的一环，有的教师普通话语音纯正，音色优美，由自己朗读课文，声情并茂，可以感染学生，达到示范朗读的目的。如果教师本人的普通话不标准，不是很适合做朗读示范，则可以设计播放课文朗读录音环节，并在播放结束后稍作提示，这样同样可以实现朗读教学的目的。不顾自身条件，照搬别人的经验，往往会导致失败。需要明确的是，考虑教师自身的条件绝不意味着降低教学要求和随意删减教学内容，以为不适合自己教的就不教。依据教师自身条件主要是从方法论的角度优化教学设计，不是为了迁就教师自身的不足，而是为了弥补其不足。

第二节　常见的教学方法

教师应积极开发、合理利用课程资源，灵活运用多种教学策略和现代教育技术，努力探索网络环境下新的教学方式，精心设计和组织教学活动，重视启发式、讨论式教学，启迪学生智慧，提高语文教学质量。

常见的语文教学方法有朗读法、讲授法、讨论法、谈话法、练习法、导读法、情境教学法、"读""思""议""导"教学法、网络学习法、"读写结合"教学法、研究性学习法等。这里主要介绍前几种教学方法。

一、朗读法

朗读就是朗声读书，即用普通话把文字清晰、响亮、有感情地读出来，变视觉形象为听觉形象。朗读是一项口头语言艺术，需要创造性地还原语气，使无声的书面语言变成有声的口头语言。朗读有助于学生感知和积累语言知识，有助于提高学生吸收和运用语言的能力，有助于学生习得和积淀语感。

朗读训练要求符合学生的年龄特点，要求语音和语调的规范化。语音的规范化包括读音正确、音质自然；语调的规范化包括声调高低适度、强弱适中，语速快慢适宜，停顿恰当。具体要求有用标准的普通话朗读、语言流畅、感情充沛、节奏鲜明等。

朗读训练的常用方式有四种：①教师范读。教师示范远胜于单纯的讲解，是最好的指导方式。②学生单读。指定学生单读的方式带有考查性和学生示范性，是最好的训练方式。③学生齐读。齐读的方式适用于诗歌等音韵感和节奏感较强的作品。④学生分角色读。分角色读的方式适用于戏剧等人物个性鲜明的作品。引导学生正确朗读，注意纠正那些不正确的朗读方法，如唱读、念经式朗读、演戏式朗读等。朗读训练应突出停顿、重音、语调、节奏四个方面。

二、讲授法

讲授法是语文课堂上经常使用的教学方法，是教师以口头语言的形式直接向学生传授教学内容的教学方法。讲授法可分为讲演、讲述、讲解等不同类型，但这几种方法并不是截然对立的，可以综合使用。

①讲演的"演"在语文教学中多指"表演"，强调教师凭借丰富的体态语，声情并茂地讲授教学内容，从而调动学生情绪，吸引学生注意力。例如：教学《陈情表》时，教师可运用讲演的方法将文本"表演"出来，把李密与祖母相依为命的特殊感情、祖母与国家不能兼顾的矛盾心情淋漓尽致地展现出来，在调动学生情绪的同时，帮助学生更好地理解文章的情感内涵。

②讲述重在叙述和描绘，多在介绍背景材料或描绘某种情景时使用。教师在讲述时要尽量生动活泼、条理清晰且富有表现力。例如：教学《兰亭集序》时，教师可运用讲述的方法向学生介绍这篇文章的写作背景及作者的身世经历，帮助学生感知作者的情感态度，保证教学活动顺利进行。

③讲解重在解读和阐释，多在文本解读、概念解析、原理阐释、学法分析、疑难解答等情景中使用。讲解法要求教师的表述逻辑严密，论证有力，深入浅出，能够突出理性思辨的特点。例如：教学《鱼我所欲也》时，教师可运用讲解的方法帮助学生分析文章的论点、论据和论证过程，使学生更好地理解全篇内容。

运用讲授法，要精选讲授材料，使教学内容具体可感；把握讲授要点，语言简练、准确、生动，思路清晰、条理性强；控制讲授时间，以免学生分散注意力，感到疲倦。讲授法是教师向学生单向输出信息，不利于学生自主反思、自主发问，所以要配合朗读法、讨论法、问答法等多种方法使用。

三、讨论法

讨论法是学生与学生在教师的指导下展开交流，在交流的过程中解决某个问题，获取某个知识的教学方法。运用讨论法时要注意以下几点。

①注意教师的指导。虽然讨论是学生与学生之间的活动，但教师作为讨论活动的组织者与引导者，在讨论过程中要随时关注学生的动态并相机点拨，既要对学生的思路加以引导，又不能过早地下结论，把自己的意见强加给学生。

②注意明确问题。讨论法不是让学生漫无边际地讨论，而是让学生针对某个具体问题发表自己的看法。因此，教师应明确讨论目的，确定讨论内容与形式，在讨论的过程中也要注意随时引导学生围绕中心问题展开讨论，避免学生在讨论的过程中偏离主题。

③注意辨明观点。讨论活动结束后，教师可组织学生依次发表观点，同时要求其他学生认真听取别人的发言，在聆听后及时交流，在交流中达成某种共识。

④注意知识与能力的获取。教师组织学生讨论，既是为了解决文本中的某个问题，也是为了让学生养成思考的习惯，锻炼学生的思考和口语交际能力。

四、谈话法

谈话法，又称问答法，是教师在学生已有知识和经验的基础上，以师生相互问答为主要方式来组织课堂教学活动，使学生获得新知识、巩固旧知识的教学方法。运用谈话法时要注意以下几点。

①注意提问的艺术。提问要紧紧围绕教学目标与教学内容，要具有计划性、目的性和启发性；提问的内容要有一定的难度、深度和广度；问题与问题之间要有一定的逻辑关系。

②正确评价学生的回答。教师要通过评价引导学生逐步地由现象接近本质，并且用准确的语言表达出来，帮助学生获得规律性的认识；教师评价学生的答案时应保持民主的态度，允许学生提出不同的意见，还可以让别的同学参与评价；要坚持以表扬为主的原则，对学生答对的部分加以肯定，对学生回答中存在的问题给予中肯的分析和启发性的引导。

③正确对待学生提出的问题。对涉及课文主旨且对学生运用知识和发展智力有较大价值的关键性问题，教师要引导学生深入钻研，并表扬问题的提出者；对只有少数学生不懂的枝节问题，教师可简要点拨或鼓励学生利用工具书自行解决；对当场无法回答的问题，教师也要如实说明，并表示会在查阅资料解决问题后给予回复。

④正确处理面向集体提问和指名回答的关系。教师的提问通常先面向全体学生，以引起学生的思想感情活动，在学生思考一段时间后指名学生回答问题。随机点名的方式能使学生保持注意力的高度集中。

五、练习法

练习法是指通过听说读写等多种形式的练习,引导学生阅读、理解课文,从中获得知识,并把知识转化为技能的教学方法。练习法的主要训练方式包括朗读、默读、吟诵、背诵、默写、填空、智力竞赛、填表、写短文等。篇章教学的检测阶段、巩固阶段和运用阶段,单元复习和学期复习,都经常采用练习法。

练习法的一般程序:①教师设计练习题,向学生说明练习的内容和方法;②指导学生开展练习活动;③通过问答等方式了解和收集反馈信息;④调节和校正练习活动,保证教学计划的实施;⑤检测评定练习成绩,强化练习效果。

运用练习法需体现语文学科教学的目的,体现知识与能力的体系;需以教材为本并保证教学的灵活性。例如:《茅屋为秋风所破歌》的教学结束时,教师可让学生尝试将诗歌改写为一篇记叙文,这样既能加深学生对诗歌内容的理解,又能锻炼学生的写作能力。

六、导读法

导读法是指以教师指导学生阅读为主要手段,以学生的阅读活动为主要形式,以培养学生的自读能力为主要目的的教学方法。导读法一般由教师提出问题和要求,学生自己认读,自己分析,自己归纳,互相质疑解难,共同切磋琢磨。在学生阅读的过程中,教师可随时指导、点拨。例如:教学《台阶》时,教师可先给学生一些要求和提示,比如要用阅读小说的策略、角度赏析文章,要从情节入手,分析人物形象,要体会"台阶"的含义,把握小说的主题,然后引导学生按这些要求和提示自主阅读文本并解决相关问题。

七、情境教学法

情境教学法是指利用生活场景、图片、幻灯片、电影、电视、录音、录像、课本剧等,创设一定的教学情境,使学生在具体直观的情境中观察、体验、思考、练习,从而掌握教学内容,完成训练任务的教学方法。

情境教学法的优势是教学方式的科学化和教学内容的情境化。科学化的手段打破了时空限制,能把古今中外的社会现象和天南地北的自然景观生动形象地搬进课堂,使丰富多样的教学内容化为具体直观的情境呈现在学生面前。因此,对于那些难以想象的宏观景象、不易觉察的微观世界、抽象的意念、事物内部的变化形态等教学内容,便可以采用情境教学法。例如:教学《雷雨》时,教师可充分利用话剧的特点,让学生进行角色扮演,深入分析人物性格特点。

八、"读""思""议""导"教学法

"读""思""议""导"教学法是指在阅读教学中,力求以学生为主体、教师为主导,按照让学生"读一读""想一想""议一议",最后由教师"点拨引导"的顺序进行教学的教学方法。

在使用这一教学方法时,学生先"读一读"课文,在这一环节中发现问题,整体感知课文,理解课文所要表达的大概意思;然后"想一想"作者写这些内容的目的是什么;再"议一议",不仅要找到以上问题的答案,还要"议一议"感兴趣的问题、句段、人物、环节。最后教师针对课堂中出现的问题进行点拨、引导,帮助学生解决课文中的问题,明确阅读思路。

第三节　教学目标设计及教学重难点的把握

教学目标是指预期的学习结果，是教学活动的出发点和归宿，为教学提供方向，指导教师确定教学内容、选择教学方法、安排教学流程、设计教学活动，是评价教学的重要依据。

语文教学目标是对学生学习成果及终结行为的具体描述，是对学生在教学活动结束后语文知识增长、语文能力培养、语文素养提升等方面的说明。

一、教学目标表述的基本要素

语文教学目标通常以行为目标的形式进行表述，一般包括四个基本要素，即行为主体、行为动词、行为条件、行为结果。其中，行为主体与行为条件有时可以省略。

1.行为主体

行为主体是指完成预期行为的学生。学生心理和行为的变化，是判断教学效果的直接依据，也是判断教师是否完成教学任务的根本依据。因此，教学目标的陈述要从学生的角度出发。

2.行为动词

行为动词用以描述学生形成的可观察、可测量、可评价的具体行为。设计者在对行为目标进行表述时，应尽可能选用意义明确、易于观察、具有质和量的具体规定性的外显性行为动词。

3.行为条件

行为条件是指影响学生产生学习结果的特定的限制或范围。对行为条件的表述可以是对使用辅助手段的说明，如"借助工具书"；可以是对时间限制的说明，如"在5分钟内"；也可以是对完成行为情境的说明，如"在课堂讨论时""读完全文后"等。

4.行为结果

行为结果是指预期行为产生的结果，通常用表现程度、水平或标准来表示，需描述出教学活动结束后，学生应达到的最低表现标准或学习水平。行为结果的表述可以从行为的速度和行为的质量两个方面来确定，如"阅读现代文，每分钟不少于500字""完全无误"等。

二、教学目标表述的基本方式

教学目标表述的基本方式通常指结果性目标表述方式与体验性（表现性）目标表述方式两类，两种表述方式的不同主要体现在行为动词的使用上。

结果性目标表述方式明确描述学生的学习结果，采用的行为动词明确、可测量、可评价。结果性目标表述常用的行为动词见下表。

表7-1　"知识与能力"知识水平结果性目标常用行为动词

知识水平	行为动词
了解水平：再认或回忆知识，识别、辨认事实或证据，举出例子，描述对象的基本特征等	辨认、回忆、背诵、选出、举例、复述、列举、描述、识别、再认等
理解水平：把握内在逻辑关系，与已有知识建立联系，进行解释、推断、区分、扩展，提供证据，收集、整理信息等	说明、阐释、解释、比较、分类、概述、归纳、概括、判断、区别、提供、把……转换为……、猜测、预测、估计、推断、检索、收集、整理等

知识水平	行为动词
应用水平：在新的情境中使用抽象的概念、原则，进行总结、推广，建立不同情境下的合理联系等	使用、应用、质疑、辩护、设计、解决、撰写、拟定、检验、计划、总结、推广、证明、评价等

表7-2　"知识与能力"能力水平结果性目标常用行为动词

能力水平	行为动词
模仿水平：在新的情境中使用抽象的概念、原则，进行总结、推广，建立不同情境下的合理联系等	重复、模拟、模仿、再现、例证、描摹、扩展、缩写等
独立操作水平：独立完成操作，进行调整与改进，尝试与已有技能建立联系等	表现、完成、制定、拟定、解决、安装、测绘、测量、尝试、试验等
迁移水平：在新的情况下运用已有技能，理解同一技能在不同情境中的适用性等	联系、转换、灵活运用、举一反三、触类旁通等

体验性（表现性）目标的表述方式描述学生的心理感受与体验，采用的行为动词通常是体验性、过程性的。"过程与方法""情感态度与价值观"领域的目标一般采用体验性（表现性）目标表述方式。体验性（表现性）目标表述常用的行为动词见下表。

表7-3　体验性（表现性）目标的学习水平和行为动词

学习水平	行为动词
经历水平：独立从事或合作参与相关活动，建立感性认识等	感受、经历、参加、参与、寻找、尝试、讨论、交流、合作、分享、参观、访问、考察、接触、体验等
反应水平：在经历的基础上表达感受、态度和价值判断，做出相应的反应等	遵守、拒绝、认同、认可、承认、接受、同意、反对、愿意、欣赏、称赞、喜欢、感兴趣、关心、关注、重视、采用、采纳、支持、尊重、爱护、珍惜、蔑视、怀疑、摒弃、抵制、克服、拥护、帮助等
领悟（内化）水平：具有相对稳定的态度，表现出持续的行为，具有个性化的价值观念等	养成、形成、热爱、建立、树立、具有、坚持、保持、追求、确立等

三、教学目标表述的原则

1.清晰准确

　　教学目标的表述应该清晰准确，目标的文字表述应与对学生学习结果的预期一致，使用的行为动词、交代的行为条件和定位的行为结果，要符合该学段的课程目标，符合教材与学生实际。例如："可以查阅工具书""在3分钟内默读完""在交流讨论时，敢于发表自己对……的见解""运用'这是……的场景，用……词句，表现了……的思想感情'的句式评析课文中的细节"等。

2.全面具体

　　《义务教育语文课程标准（2011年版）》指出"课程目标从知识与能力、过程与方法、情感态度与价值观三个方面设计"，注重追求三个维度目标的有机整合，着眼于语文素养的整体提高。教师在设计教学目标时，应从整体角度出发，注意展示语文学科工具性与人文性统一的特点，考虑三维目标之间相互关联、相互映照、相互渗透的内在统一性关系。表述教学目标时，可以按行为结果中表现程度的高低依次表述，力求目标全面且具体。

　　《普通高中语文课程标准（2017年版2020年修订）》确立了"语言建构与运用""思维发展与提升""审

美鉴赏与创造""文化传承与理解"四个方面的学科核心素养,注重追求核心素养目标的有机整合,着眼于语文学科核心素养的整体提高。教师在设计教学目标时,应从学科核心素养的整体角度出发,注意核心素养之间相互关联、相互映照、相互渗透的内在统一关系,展示语文学科工具性与人文性统一的特点。表述教学目标时,同样可以按行为结果中表现程度的高低依次表述,力求目标全面且具体。

3.可查可测

语文教学目标应当具有可行性,要科学、明确、具体,不笼统、不模糊,可量化、可评估。教学目标要能指示行动的程度或阶段,要便于观察与检测,可以采用标准的表示行为结果的句式将学生的发展状态用语言直接描述出来,指出"学什么""怎么学""学到何种程度"等。例如:"会用……的方法描写一个场面""能当堂背诵全文"等。

四、教学目标设计的依据

单篇教学设计是教师招聘考试的重点,本部分内容以单篇阅读课文教学为例,分析语文教学目标的设计依据。

1.课程标准

(1)《义务教育语文课程标准(2011年版)》

《义务教育语文课程标准(2011年版)》明确规定了语文课程的性质、基本理念及课程目标与内容,并提出了教学实施建议。其中,课程目标与内容是语文教学目标设计的直接依据。

《义务教育语文课程标准(2011年版)》规定了学生在知识与能力、过程与方法、情感态度与价值观三个维度的课程总目标,又将总目标分解成不同学段,使之变成更为具体的学段目标。

(2)《普通高中语文课程标准(2017年版2020年修订)》

《普通高中语文课程标准(2017年版2020年修订)》明确规定了语文课程性质与基本理念、学科核心素养与课程目标、课程结构、课程内容与学业质量,并提出了实施建议。其中,课程内容是语文教学目标设计的直接依据。

《普通高中语文课程标准(2017年版2020年修订)》规定了学生在"语言建构与运用""思维发展与提升""审美鉴赏与创造""文化传承与理解"四个方面的学科核心素养,又以语文学科核心素养为纲,以学生的语文实践为主线,设计了18个学习任务群,并且明确提出了各个学习任务群的学习目标与内容。

2.学情

教学目标是学生现阶段语文学习应该达到的认知结构和行为表现的水平,学生原有的认知结构及学生在认知结构上可能发生的变化是教学目标设计的依据。教师在设计教学目标时,必须从学生的实际出发,考虑学生的心理状态、学习动机、学习兴趣、知识基础、思维特点、学习习惯、求知需求等,同时注意不同学生的差异。教师招聘考试中的教学设计,通常没有具体的学情作为参考,考生只需将某年级学生一般的语文学习水平作为教学目标的设计依据即可。

3.单元教学目标

确定单篇阅读课文的教学目标时,需要依据单元教学目标。

部编版语文教材采用"人文主题"与"语文要素"双线组织单元的结构,每个单元都有一篇单元介绍。"人文主题"强调语文与生活的联系,重视主流文化与传统文化的渗透,引导学生形成正确的价值观与人生观。"语文要素"包括基本的语文知识、必需的语文能力、适当的学习策略及学习习惯等,被分解成多个知识或能力训练点,由浅入深,由易到难,均匀地分布在各个教学单元与教学内容里,保证语文综合素养的基本训练,形成一条较易把握的线索与层级序列较为清晰的梯度结构。

4.文本材料

课文是语文教学的直接依据,文本的体裁、内容及其蕴含的思想情感,用字、遣词、造句、达情等文本特点都是设计教学目标的依据。此外,教材的助读系统,即文本材料提供的"课文介绍""注释""研讨与练习"等版块内容,也可作为教学目标的设计依据。

五、教学目标设计存在的问题

1.主体错位

颠倒主体,弱化目标,表述教学目标时以教师为主体,围绕教师设计教学目标,使教师成为目标的执行者,是教学目标设计常见的问题。例如:"引导学生厘清文章思路""培养学生欣赏散文的能力""使学生树立为人民服务的意识"。这类教学目标的行为主体是教师,是站在教师"教什么"和"如何教"的角度设计的,忽略了学生"学什么"和"如何学"的问题,以致学生在课堂上处于被动接受的地位。

学生是语文学习的主体,教师是教学的设计者、组织者、引导者,教学目标应描述学生的最终行为,指向学生的学习变化。

2.含糊笼统

设计教学目标时贪多求全,模糊重点,表述目标时使用一些只能自己感知、他人难以观察与测量的内隐性心理动词,导致目标泛化与虚化。

教师应该根据文本的表达形式与人文意蕴,设计相对集中、符合学生认知规律的教学目标,用外显性行为动词将学生经过学习后认知结果应该在行为上发生的变化及达到的目标表述出来,让学生明确一堂课要学什么,要达到什么样的水平。

3.脱离实际

教学目标脱离教学实际,违背教学规律,在实际教学中,流于形式,不可操作。语文学科具有较强的人文性与综合性,教师在设计教学目标时可能会使目标异化或脱离实际。例如:"提高音乐欣赏水平""学会写具有音乐美、建筑美、绘画美的诗歌"。前者属于音乐学科的教学目标,后者对中学生的要求过高,难度过大,且没有必要。

教材实际通常包括教材的编写体例、单元介绍、课文在单元中所处的位置、单篇课文应在单元中承担的基本教学任务等;学生实际通常包括学生的学习需要、学习起点、对语言的感悟能力、阅读水平、思维发展品质等。语文教师应该依据教材实际与学生实际确立符合语文学科特点与学情的教学目标。

六、教学重难点的把握

1.教学重点的确定

教学重点是指为了达到教学目标而必须着重引导学生理解和掌握的内容,是教学内容中最基本、最主要、最核心、最关键的部分。教学重点一般具有一定的稳定性和长期性,它在一定的教学阶段中贯穿教学的始终,不会因为学生的理解和掌握程度而转移。

教学重点可以从以下几个方面来确定。

①文本特征。例如:王勃的《滕王阁序》极富艺术特色,尤其在写景上。文章不惜笔墨描写景物的色彩变化,由近及远,上下浑成,虚实相称,富有层次感。因此,在教学《滕王阁序》时,便可将"揣摩精彩语句,感受文章的美学特征"作为教学重点。

②各篇课文之间的联系。在确定某一内容是否可以作为本课教学的重点时,要先考虑这一内容是否已经在之前的教学中讲解过,如果没有,就要考虑这一内容在之后的教学中还会不会涉及,如果涉及,就要考

虑在哪一节课中将这一内容作为教学重点更合适。

③学情。对于绝大多数学生已经掌握或极易掌握的内容，即使是最基本、最有用的内容，也不必将其列入教学重点。例如：八年级的学生对叙事抒情类散文已经有了基本认知，因此，在教学朱自清的《背影》时，教师可以用较少的时间带领学生简要梳理课文的主要内容，概括作者的思想感情，转而将间接抒情的手法、叙述性语言与描述性语言的区别等学生不甚熟悉的内容作为本课的教学重点。

2.教学难点的确定

教学难点是指教学中过于复杂抽象的、远离学生生活实际的、学生难以理解和掌握的知识、技能和方法。教学难点具有暂时性和相对性：难点内容一旦经过教学被学生理解，就不复存在了；同一知识、技能与方法对一些学生来说可能是难点，但对另一些学生来说就可能不是难点。

教学难点与教学重点有一定的联系，但二者并不完全相同。教学重点主要是由教学内容在知识结构中的地位和作用决定的，教学难点则更多地与学生的认知能力有关。因此，教师在确定教学难点时，不仅要看知识本身的难易程度，还要综合考虑学生的理解水平。

第四节 教学内容的设计及课堂教学技艺

一、教学内容设计的原则

1.系统性原则

教学内容的安排不能仅仅局限于对字、词、句、段的理解和语言运用的理论等所谓的语文知识层面上，也要尽可能营造一些语言学习的环境，鼓励学生多听、勤说、多看、多写，达到能听、会说、能读、会写的水平，注重提高学生的综合素养。

2.适用性原则

教师在教学过程中面对的是不同性格的学生个体，学生的语文知识水平、言语思维等各不相同。因此，教学内容的确定还应从每个学生的实际情况出发，尽可能地满足每个学生的求知需求。

3.启发性原则

各学科教学都要以学生的智力为基础，教师在教学过程中要注重学生的智力开发，注重基础知识与逻辑思维的训练，启发学生形成正确的世界观、人生观、价值观，逐步提高学生的知识水平和综合素养。

二、教学内容设计存在的问题

1.混淆教学内容与教材内容

教学内容不等同于教材内容。现行语文教材属于"文选型"教材，其主体是一篇篇课文，而教学内容是这一篇篇课文中所体现的语文知识或语文技能等。教材内容是教学内容的基础和依据，教学内容是教材内容的重构和延展。教材内容是由文字所构成的篇章，教学内容是在篇章中提炼出"教什么""学什么"。

2.教学内容浅显化

阅读教学中只讲授浅层次的知识或重复学生已经掌握的知识，却较少涉及本该重点讲授的重难点，导致课堂教学安排不合理，学生难以准确把握教学内容。例如：教学鲁迅的《祝福》时，只笼统地讲到"祥林嫂是封建礼教的牺牲品"，至于小说是如何描写祥林嫂的"死"的，如何通过祥林嫂的外貌体现其生存状态变化的，在祥林嫂不幸的一生中，周围的人又是如何表现的，等等，却鲜少涉及。

3.教学内容错误

同样的教学材料,不同版本的教材、不同的教师会有不同的解读,但这并不意味着语文教学内容没有确定性。教师在确定教学内容时不必循规蹈矩,可以灵活选择,但是教师的选择要有学理可依,所选择的教学内容必须是正确的、经得起推敲的。例如:李商隐的《无题》(相见时难别亦难)是一首以爱情为主题的律诗,教师如果讲奉献精神便是选错了教学内容。

三、教学内容的确定

1.从教学目标中提取教学内容

教学内容来自教学目标,同时又服务于教学目标。一个完整的教学目标确立后,就可以从中提取教学内容。例如:某课的教学目标是"能鉴赏朦胧诗的艺术特征",那么便可将"鉴赏朦胧诗的艺术特征"作为本课的教学内容之一。再如:某课的教学目标是"能勾画出课文中表示人物心理活动的动词",那么便可将"总结心理活动动词"作为本课的教学内容之一。

2.根据选文确定教学内容

根据选文来确定教学内容,大体可以从以下两个方面把握。

①对于一些经典名篇,教学时要注意对作品的阐释,要让学生清晰、明确地领会文章内涵,透彻地领会文章的思想和艺术,理解和感受它们何以为经典、经典在何处。

②除了对作品本身的阐释之外,还要利用选文进行语文知识的教学,包括语言和言语的知识、文章和文学的知识、阅读和作文的知识等。

3.根据学生需求确定教学内容

教学内容的确定必须考虑学生的需求。教学时,教师应选取与学生实际(如认知规律、学习风格等)契合度较高的内容作为教学内容。例如:《一名物理学家的教育历程》一文中多次提及高维空间、统一场论等概念。高维空间和统一场论对中学生来说过于深奥,与学生的认知规律契合度较低,所以教师可以将作者的教育历程及作者的教育历程所带给我们的生活启示作为主要教学内容。与物理相关的科学知识只要让学生有所了解即可,不必深入介绍。

四、课堂教学技艺

考点1 课堂讲授的语言技艺

1.语文课堂教学语言应言之有物

在语文教学中,教师讲课应言之有物,论之有实,不能夸夸其谈,或信口开河,或空发议论,或离题太远,而应根据学生的心理特点,有意识地把已学知识和未学内容联系起来,把课本知识与现实生活联系起来,有意识地穿插有关的时代背景、作者生平、名人逸事等,最大限度地充实教学内容。例如:特级教师程红兵教学《我的叔叔于勒》时,用"十年思盼,天涯咫尺,同胞好似摇钱树;一朝相逢,咫尺天涯,骨肉恰似陌路人"这一对联概括文章中两部分的内容,精美生动。

2.语文课堂教学语言应有逻辑性和程序性

语文教学必须以教学内容的逻辑性为基础。对于教师先讲什么、再讲什么、最后讲什么,学生先练什么、接着练什么、继而练什么的问题,教师必须有切实具体的计划和安排。

课堂教学总是要在特定的时间和环境条件下围绕某个特定的问题有层次地展开,教师要做到言之有序,否则就难以达到交流和传递信息的目的。教学语言的逻辑性就是要注意教学语言表述的顺序和层次,要按人们在语言交流中长期形成的约定俗成的规矩行事。其最终目的是表述得条理清楚,让人听得明白晓畅,不至于发生歧义。如果教师讲课东拉西扯、语无伦次,学生自然也就听得糊里糊涂。教学语言叙述的方法有顺叙、倒叙、插叙等,教师可根据特定的语言环境来恰当地选择使用。一般情况下用得较多的是顺叙,即按前因后果依次叙述。叙述可按时间顺序由远及近或由近及远地展开;可按空间层次逐层展开;也可按逻辑顺序依次展开。教学表述则要按当篇文章的结构要求和表述需要逐层叙述。在选定某一叙述方法后,中途一般不可随意变更,必须变更时要做必要交代,否则会导致表述混乱。

3.语文课堂教学语言要能引发学生思考

教师的语言要能引发学生思考并让他们有所领悟。在语文课堂教学中,教师要善于激发学生的主体意识,增强学生学习的内在动力,引导学生质疑,多为学生制造悬念和创设情境,激发学生思考的积极性和求知的欲望,使他们融会贯通地掌握知识并发展智力。为此,教师课前要设计好课堂提问的问题,让学生带着问题去看书,去听课。课堂上要注意循循善诱,因势利导,深入浅出,多用疑问性提问、疏导性提问、铺垫性提问,使学生在引导下受到启迪,探求新知识,掌握新内容。

4.语文课堂教学语言要富有感情

教师使用的教学语言要恰当地表达出褒贬评价和感情,不能置身于课文之外,不能对学生推诿敷衍。教师的情感对学生有直接的感染作用,情感是学生、教师、教材三者之间的催化剂和黏合剂。教师进入角色、挥洒真情是语言教学艺术化的关键所在。讲课不能是一种简单的灌输,应该建立在心理相容和情感共鸣的基础之上,真正做到理中蕴情,通情达理。在语文教学中,教师要带着饱满的热情讲课,做到情动于中,形之于外。

5.语文课堂教学语言表达要有节奏

教师要紧扣教材语言特色,在课堂上用好教学语言,语调要抑扬顿挫,语句要长短相间,节奏要快慢适中。教师还要能随着教学内容和教学实际的需要调整语速缓急和语调轻重,力求让学生听得津津有味,兴趣盎然,最终达到理想的教学效果。语言表达切忌平铺直叙,平淡无奇。

考点2 课堂讲授的非语言技艺

课堂讲授的非语言技艺包括教师的面部表情、目光注视、动作姿势、个人修饰及教师的倾听、板书等。在课堂上教师的非语言行为是对课堂语言行为的补充,对教师的教学和学生的学习起着辅助作用。

教师面部表情的变化能够向学生传达自己的意思和情感,不仅能够帮助学生理解、记忆教学内容,还能够恰当地表达对学生的赞许、劝勉等态度,从而起到肯定或提醒监督等作用。教师耐心、细心的倾听能够让学生更乐于表达自己的想法。教师也可以根据学生表达出的信息来对学生的思维方式进行指导、点拨。

考点3 课堂教学的评述技艺

语文教学中的评述技艺是指在语文课堂教学中,针对学生的答问,教师做出恰如其分的评述,或肯定,或纠偏,或解释,或加工,或补充。评述的目的在于激励学生开动脑筋、积极发言,同时使教学语言更缜密、更多样、更生动,从而增强学生听课的效果,提高教师讲课的质量。

1.课堂教学评述的方式

(1)引发

引发是指教师针对学生回答中的错误或疏漏之处,因势利导,点拨启智,引导学生自己否定错误的说法并弥补疏漏的评述方式。

(2)换述

换述是指在学生以某种表达方式发表见解后,教师随机更换另一种表达方式来做总结,使语言简洁明快,切中肯綮,学生更容易理解的评述方式。

（3）反复

反复是指教师将学生作答的主要内容，特别是重难点，再重复一遍，以引起学生注意的评述方式。反复是语文教学中较为常见的评述方式。

（4）顶释

顶释是指当学生说了一句概括性较强的话后，教师用顶真的形式引导出第二句加以补充和解释，使语言形象生动，激发学生兴趣的评述方式。

（5）回应

根据表意的隐显，回应可以分为直接回应和间接回应两类。

①直接回应。直接回应是指教师对学生的学习结果进行正面的、直截了当的评点和评价的方式。它可以分为肯定式、否定式、肯定否定式和补充式等。

②间接回应。间接回应是指教师对学生的学习结果不做直接评点，而在其语言中隐含回应意思的一种方式。这种回应曲折委婉，多适用于否定的内容。间接回应的表达形式有很多，如教师可在提出问题或要求时表达回应的态度。

2.课堂教学评述存在的问题

（1）居高临下

部分教师在教学过程中总是告诉学生"应该"怎么做、"必须"怎么做、"最好"怎么做、"可以"怎么做，这类教师所使用的语言被称为居高临下型语言。有些教师通常使用居高临下型语言向学生传递解决问题的办法，并期望学生无条件地接受。

（2）傲慢无礼

傲慢无礼型语言表达了一种预先设定好的立场，不允许学生提出不同的想法，会使学生感受到与教师之间地位的不平等，容易导致学生对教师产生防备心理。有些教师常会使用"你应该……""如果你听从我的劝告，你就会……""你必须……"等语句。

（3）讽刺挖苦

教师在使用讽刺挖苦型语言的时候，是希望学生听懂这些话中的弦外之音。他们认为这是一种较为温和、较为"高雅"的表达方式。这类语言的潜台词是"如果我把话挑明，你们就会不喜欢我""跟你们坦白太危险了""我是有水平的教师，说的话是有水平的"。

（4）无的放矢

学生急切地渴望教师对自己有所帮助时，教师无的放矢的语言会让学生非常失望，进而他们就会认为教师无能、自私、冷漠。如果学生经常听到教师说无的放矢型语言，就会怀疑教师一直在敷衍自己，对自己毫不关心。长此以往，师生关系难以融洽，师生间的隔阂也会日益加深。

3.课堂教学评述的原则

（1）捕捉信息，延伸疏导，拓展学生思维

教师在学生回答问题时，一定要"明察秋毫"，善于从学生积极的思维活动中捕捉有效信息，并及时延伸引导，以拓展学生的思维空间。

（2）积极回应，明确观点，活跃学生思维

合理引导，激活学生思维，使学生踊跃回答问题，是一种非常好的做法。在这一过程中，教师既要保护好学生回答问题的积极性，又不能使学生的发言漫无边际、正误不分。因此，课堂上教师一定要审时度势，及时地、积极地回应学生的回答，明确观点，从而优化学生原有的认知结构：如果学生回答正确，其原有的认知结构就会得到肯定和强化；如果学生回答错误或不全面，也能及时进行调整和优化。

（3）延迟回应，鼓励学生，引导学生思考

在学生回答有困难或是回答错误时，教师不宜急于让其他学生补充、完善，而应该及时变换提问的方式、角度,或者提出能帮助回答这个问题的铺垫性的问题,让回答有困难的学生继续思考、回答。较为理想的做法是在学生回答正确时,教师扮演引导者或助手的角色,要求学生加工或反思自己的回答。如教师可以追问:"你是怎么得出这个结论的?""你为什么这样认为呢?"这样的交流还能让其他学生了解他在思考什么、在怎样思考。以这种方式启发学生回顾回答的过程,有助于培养学生良好的思维习惯,引导学生监控自己的学习过程,并使学生通过回顾自己的思维过程,获得思考的策略。

第五节　教学过程设计

一、教学导入

教学导入是教学过程的起始环节,是教师在教学开始之前,为引导学生将注意力集中到将要学习的内容上,而依据教学目标、教学内容、学生实际情况等精心设计的教学活动。教学导入的功能包括建立知识间的联系、沟通教学内容、渲染教学情境、点明学习主题、集中学生注意力、激发学生学习兴趣、引导学生明确学习目的等。

教学导入的方法多种多样,按照导入形式大致可以分为语言导入、活动导入、多媒体导入三大类。

1. 语言导入

(1)标题导入法

标题导入法是指教师通过引导学生揣摩、分析文章标题导入教学的方法。标题是一篇文章的眼睛,与文章内容联系紧密。有的标题是对文章内容的高度概括,体现了文章的主题;有的标题是理解文章的突破口。教师引导学生分析标题,可以快速抓住文章的主题,帮助学生探求课文的中心问题,唤起学生的阅读兴趣,吸引学生的注意力。例如:教学《过秦论》时,可通过分析课文标题的含义"指责秦朝过失的一篇史论"进行导入。

(2)故事导入法

故事导入法是指教师以讲故事的方式导入教学的方法。故事往往情节曲折,寓意无穷,既充满意趣,又引人深思,极易引发学生的好奇心。常见的故事导入法形式有介绍逸事、介绍作者及课文背景故事、联系时事热点等。教师借助与课文内容相关的故事进行教学导入,既能激发学生的学习兴趣,活跃课堂氛围,引导学生快速进入学习状态,也能在一定程度上缓解学生学习课文的畏难情绪。例如:教学《马说》时,可通过"伯乐相马"的故事进行导入。

(3)设疑导入法

设疑导入法是指教师依据教学内容与学生实际,设置问题导入教学的方法。教师设计的问题应与本课的教学重点相关,应当具体、明确、难度适中,有趣味、有价值,还要让学生能够在思考后答得出来。教师通过设置疑问,适当地制造悬念,创设情境,能够抓住学生心理,激发学生的求知欲与学习兴趣,引导学生思辨,活跃课堂气氛。例如:教学《师说》时,可通过"大家理想中的师生关系应该是什么样的呢?""我们班上很多同学呀,见了我就会绕道走,有的同学有问题也不张口问,不懂装懂,你们觉得这些做法对吗?"等问题进行导入。

(4)复习导入法

复习导入法又称温故知新导入法,是指教师通过引导学生复习学过的知识导入教学的方法。教师依据学生已经掌握的知识、经验,从新旧知识的联系入手,带领学生复习旧知识,发现新问题,引入新的学习内容,明确新的学习任务,激发学生探求新知识的好奇心,使学生的思维处在最佳发展区,在头脑中形成较为系统、完整的知识体系。例如：教学《藤野先生》时，可通过复习鲁迅在《从百草园到三味书屋》中对另一位老师——寿镜吾先生的描写进行导入。

（5）引用导入法

引用导入法是指教师通过引用与课文内容相关的诗词名句导入教学的方法。教师通过将诗文、格言、警句等与教学内容相结合导入教学，能够创设情境，渲染气氛，拓展知识，提升课堂魅力，提高学生的人文底蕴，激起学生的共鸣。例如：教学《记承天寺夜游》时，可通过列举一些描写月夜的诗文名句进行导入。

2.活动导入

（1）游戏导入法

游戏导入法是指教师通过组织学生进行与教学内容相关的游戏导入教学的方法。教师组织与课文内容相关的具有娱乐性的游戏导入教学，可以拉近学生与文本之间的距离，激发学生的学习兴趣与探究欲望，活跃课堂氛围，引导学生快速进入学习状态。例如：教学《白雪歌送武判官归京》时，可通过组织学生参加与"雪"有关的"飞花令"游戏进行导入。

（2）实验导入法

实验导入法是指教师通过演示与教学内容相关的实验导入教学的方法。教师借助相关教具，根据教学内容，当堂演示相关实验，可以引导学生迅速集中注意力。学生通过观察现象，发现问题，总结规律，得出结论，从而加深对课文相关内容的印象，产生深入学习的兴趣。例如：教学《死海不死》时，可通过为学生演示"超饱和食盐水使鸡蛋浮在水面上"的实验进行导入。

3.多媒体导入

（1）图片导入法

图片导入法是指教师通过展示与教学内容相关的图片导入教学的方法。教师运用多媒体设备，为学生呈现形象直观的图片，可以使学生直观感受相关情境，帮助学生降低学习难度，进入课文情境，快速理解课文。例如：教学《中国建筑的特征》时，可通过展示故宫、颐和园、天坛、西安古城、夫子庙等中国建筑的图片进行导入。

（2）音频导入法

音频导入法是指教师通过播放与教学内容相关的音频导入教学的方法。教师运用多媒体设备，为学生播放相关音频，让声音作用于学生的听觉，促使学生联想，从而使学生产生情感共鸣，快速进入学习状态。例如：教学《孔雀东南飞》时，可通过播放歌曲《孔雀东南飞》进行导入。

（3）视频导入法

视频导入法是指教师通过播放与教学内容相关的视频文件导入教学的方法。教师运用多媒体设备为学生播放直观、具体、生动形象的视频资料，既能丰富教学内容，吸引学生的注意力，带领学生进入新课学习，又能提高学生观察与思考的能力。例如：教学《"飞天"凌空——跳水姑娘吕伟夺魁记》时，可通过播放吕伟的相关比赛视频片段进行导入。

二、教学切入

教学切入是指教师结合语文学科特点、课文信息、教学内容等多方面因素，确定教学内容的重难点，从中寻找解读课文、教授课文的"突破口"，选取一种或几种教学切入点，展开对全篇课文的发散思考与解读的教学活动。

考点1　教学切入点与教学导入语

教学切入点与教学导入语既存在联系又互相区别。联系在于两者作用相同，都是为了激发学生的阅读兴趣,迅速抓住学生的注意力。区别在于切入点高于导入语,教学切入点是解决文章内容和教学重点的一个策略,而教学导入语是教学过程的起始环节。切入点重在"入",是课堂教学阅读点的选择。切入点在内容上牵一发而动全身,在形式上是连接文本与学生已有知识结构的"桥梁"。导入语重点在"引",是两次课堂教学之间的一种过渡,是教师在一个新的教学内容或教学活动开始时,引导学生进入学习的课堂行为方式。在实际的教学过程中,教师可以依据教学切入点设计教学导入语,但并非所有的教学切入点都能承担教学导入语"引"的作用,也并非所有的教学导入语都能起到牵一发而动全身的作用。

考点2 教学切入点的选择

1. 从文眼切入

从文章之"眼"切入课文教学,对学生理解文章深意大有裨益。例如:教学《湖心亭看雪》一文时,教师抓住文段尾句"莫说相公痴,更有痴似相公者"中的"痴"字,便可引导学生认识作者寒冬之时去湖心亭赏雪的"痴"态,体会作者对天人合一、山水之乐的"痴"情,对远离世俗、怡情雅致的"痴"意,对故国往事不舍的"痴"念。以"痴"切入,学生对文章的理解便可更加深入。

2. 从关键词、句、段切入

关键词、句、段是一篇文章的神经中枢和信息节点,能够集中揭示文章的重心,能够表达情感、塑造形象,能够展现文章风格。教学时抓住这些关键处,就能够帮助学生理解文章主旨及写作技巧。例如:教学朱自清的《春》一文时,如果能从"一年之计在于春"一句展开教学,就能使学生发现整篇文章的生机和活力,较快感受文章的意境,进而发现作者的写作顺序是盼春、绘春、赞春,写作内容是春草、春花、春风、春雨和春天里人的活动。接下来,学生自然也就会结合尾句"春天像健壮的青年,有铁一般的胳膊和腰脚,他领着我们上前去",理解作者写春景的目的是激励人们发奋努力,创造美好的未来。

3. 从学生的兴趣点切入

以小说教学为例,传统教学总是按照故事情节发展的顺序进行。按部就班、循规蹈矩的教学模式会逐渐消磨掉学生的学习兴趣与积极性。事实上,我们的教学完全可以打破陈规,直接从学生的兴趣点入手,以适应学生的求知需求。例如:教学《鲁提辖拳打镇关西》一文时,多数学生会直接关注题目中的"拳打"二字,想知道鲁提辖是怎样"拳打"镇关西的。此时教师便可顺应学生的需求,放弃一般的教学步骤与过程,直奔小说的高潮——"拳打"部分。学生在欣赏了打斗场面之后,自然会思考一些问题,主动去研究与探索事情的来龙去脉,接下来文章的情节、脉络、结构等就容易被学生所掌握了。

4. 从文章的插图切入

现行的某些语文教材中,部分课文配有插图,教师如能充分利用,将其作为教学切入点,也可达到良好的教学效果。在导入新课之前,让学生认真欣赏和仔细观察插图,培养学生的形象思维,然后让学生用口头语言讲述图画的内容。这种看图说话的方式,学生极为熟悉,都会争相发言,互相补充,之后教师便可因势利导,把学生带进课文,让大家对照总结自己是怎么讲的,作者又是怎么写的。此时教师稍加点拨,学生便能心领神会,豁然开朗。

教学切入点还可以从学生的质疑、文章的线索与结构、不同文章间的比较等方面选取。文章不同,教学切入点选取的角度也不同,同一篇文章也可以有多个教学切入点。只要能够激发学生对语文学习的热情和求知欲,切入点的选择就是合理的。

三、教学展开

教学展开是教学流程的"发展"与"高潮",是课堂教学的中心环节。

考点1　教学展开的具体步骤

1.介绍相关资料

作者生平、写作缘由、时代背景、社会影响等相关资料,是学生理解课文的基础,"知人论世"对学生理解课文有直接帮助。例如:教学《茅屋为秋风所破歌》时,可先介绍诗歌的写作背景。唐肃宗乾元二年(759年),关中地区闹饥荒,民不聊生。这年秋天,杜甫弃官到秦州,又辗转经同谷到了四川。在亲友的帮助下,杜甫在成都西郊的浣花溪畔建起了一座草堂,暂时过上了安定的生活。但这种表面上的安逸掩饰不住他的焦虑,更不能冲淡他忧国忧民的情怀。上元二年(761年)秋天,一场暴风雨袭击了他的茅屋,再一次把他从隐居生活中敲醒,让他面对现实,让他忧思,于是杜甫在百感交集中写下了这首诗。

2.整体感知

教师应引导学生通过辨认文字符号,整体感知课文。整体感知阶段的任务应包括以下内容。

①认识生字新词。教师应锻炼学生独立使用工具书识字解词的自学能力,帮助学生不断扩大词汇量。

②了解课文内容并辨认课文体裁。对课文内容和体裁有一个大致的了解,有利于明确本课的教学重点与难点。

③通读课文。通读课文的方式包括朗读、视读、默读、教师范读、学生试读、自由阅读、分角色读、班组齐读等。朗读要做到规范化,默读和视读要有明确的目标。

④质疑问难。学生针对课文内容提出问题是学生从感知向理解发展的过渡,教师也需要借助学生提出的问题带领学生向分析阶段过渡。

3.深入研读

深入研读阶段的任务是对课文内容与形式的各个方面进行深入细致的分析,主要包括以下内容。

①课文结构分析。分析课文结构有助于学生掌握课文的结构方式,进而通过结构方式掌握课文内容。结构分析的基本任务是把握作者的写作思路,注意开头、结尾、层次段落、过渡照应与写作的详略安排等。

②内容要素分析。分析内容要素主要指分析诗歌中的意境,议论文中的论点、论据,小说中的人物形象、故事情节,戏剧中的矛盾冲突,说明文中的说明对象、说明方法,等等。

③写作技巧分析。分析写作技巧主要指分析文本的构思、剪裁技巧,写人、写事、写景的方法,说明的方法,论证的方法,抒情的方法,等等。

④语言分析。分析语言主要指分析语言的规范性和艺术性,即进行语法分析、修辞分析和语言风格分析,重点分析课文中对表现思想内容有重要作用、表现力强、准确鲜明且蕴藉深厚的关键性语句。例如:鲁迅作品的语言风格之一是善用警句。警句都是智慧的结晶,是浓烈感情的爆发,具有震撼人心、永不磨灭的魅力。教师应带领学生根据文章的思想内容,联系作者生平与时代背景,对这些语句进行分析、讲解、吟诵、品味。

⑤重点分析。重点分析即分析课文的特点、要点与难点。特点是一篇课文区别于其他课文的本质特征。例如:朱自清的《背影》以特殊的视角、特写的镜头描绘了父亲帮"我"买橘子时的背影,达到了含不尽之意于"背影"的效果,令人印象深刻。要点是显示一篇课文主旨的精华所在。例如:《师说》的要点是"师者,所以传道受业解惑也"的教师作用与"弟子不必不如师,师不必贤于弟子。闻道有先后,术业有专攻,如是而已"的教师标准。难点是学生难以理解、需要教师加以指导的内容。难点的确定,要依靠教师对学生的了解和对教材体系与课文内容的把握。例如:《孔乙己》的难点为对造成孔乙己人物悲剧原因的认识,教师需带领学生重点分析。

4.综合总结

综合总结是在深入研读的基础上进行的,由局部到整体、由现象到本质的概括过程。这一阶段的基本任务是概括中心思想与总结写作特点。

概括中心思想时可以从课文标题入手,也可以从综合段意入手;可以从课文的主要材料中选取基本观点,也可以寻找作者的弦外之音。例如:《过秦论》中贾谊表面采用铺张渲染的手法极言秦之过,实则是借"仁义不施"致使秦亡的历史教训,劝谏西汉统治者以史为鉴,施行仁政。

总结写作特点即总结与一篇课文特定内容相适应的基本的写作方法。教师指导学生将课文的内容与形式结合起来,从整体上把握课文最基本的写作方法,可以加深学生对课文的理解,为学生读写结合创造条件。例如:《海燕》运用了象征的写作手法,歌颂了俄国无产阶级革命先驱坚强无畏的战斗精神。

考点2 教学板书

教师招聘考试中提到的板书通常指体现教学目的与教学内容内在联系的重点、难点、中心和关键的主板书。板书作为辅助课堂教学语言表达的主要手段,其"助手"功能决定了板书设计的意义:能用较快的速度吸引学生的注意力,把学生顺利引入教学情境;能用精要的书面语言与直观、清晰的形式帮助学生识记与理解教学内容;能明晰地教给学生思维方式,开发学生智力;为学生提供词语概括与归纳的示范,以实例展示教师炼字炼句的能力。

1.教学板书设计原则

(1)目的性与针对性

无论是传统板书还是多媒体板书,都要依据教学目标与教学内容的特点,恰当地选择板书类型。板书存在的价值在于它能有的放矢地体现教学意图,清晰地呈现教学重点,从而提高教学质量与效率。

(2)直观性与形象性

板书对学生而言是一种视觉刺激,板书设计得越形象有趣,越能引起学生的注意,越有利于在不知不觉中加深学生对课文内容的理解和记忆。

(3)条理性与清晰性

板书具有对教材进行概括与总结的作用。设计板书时既要突出教材主要内容,也要讲究板书的布局,尽可能按顺序、有条理、清晰地呈现出所授教学内容的逻辑层次。

(4)精要性与新颖性

好的板书不必面面俱到,用精练简洁的文字或符号高度概括复杂的课文内容,往往能起到以简驭繁、语约义丰的效果。在关注精要简约的同时,还要注意板书的新颖性。板书的设计可以利用"陌生化"的艺术手法为学生创设学习的期待视野。

(5)示范性与易懂性

板书的作用是帮助学生借助提纲挈领、形象简洁的文字或符号更好地理解教学内容,同时它还具有向学生展示教学思路、指导学习方法的示范作用。因此,板书设计要简单易懂,符合学生的知识水平、年龄特点及接受能力。

2.教学板书常用类型

根据表达内容不同,板书主要可以分为词语锤炼式、结构提纲式、故事情节式、人物形象式、说明程序式、综合式等类型。

①词语锤炼式板书是以体现课文中关键词语为主的板书。这种板书便于学生掌握字、词、句等基础知识,积累精当用词。例如《荷塘月色》的板书设计:

荷塘月色　朱自清

```
          ┌ 荷叶 ┌ 多 ──→ 弥望 ──→ 田田
          │      └ 高美 ──→ 亭亭 ──→ 舞女裙
          │
          │      ┌ 颜色 ──→ 白（色）
     月    │ 荷花 │          ┌ 袅娜 ──→ 开着(盛开)
     下    │      ┤ 姿态 ┤
     荷  ──┤      │          └ 羞涩 ──→ 打着朵儿(含苞)
     塘    │      └ 光亮 ──→ 明珠、星星、美人
          │
          │ 荷香：渺茫的歌声
          │ 荷波：闪电、霎时、凝碧
          └ 流水：脉脉
```

图7-1

②结构提纲式板书是以揭示课文脉络结构为主的板书。这种板书提纲挈领，便于学生从总体上掌握课文的结构特点和脉络层次。例如《春》的板书设计：

春　朱自清

```
     一、盼春
               ┌ 春草图（草报春）
               │ 春花图（花争春）
     二、绘春 ┤ 春风图（风唱春）
               │ 春雨图（雨润春）
               └ 迎春图（人迎春）
     三、赞春
```

图7-2

③故事情节式板书是以展示课文故事情节为主的板书。这种板书便于学生清楚地了解故事梗概、理解课文内容。例如《药》的板书设计：

药　鲁迅

```
小说故事情节：  开端        发展        高潮          结局

     华家：   买药 ── 吃药 ── 议药 ── 华大妈上坟……
     (明线)   │刑场│   │茶馆│   │茶馆│      │坟场│
交织                                                        融合
     夏家：   就义……被吃……被议……瑜母上坟……
     (暗线)
```

图7-3

④人物形象式板书是以展示人物性格特征为主的板书。这种板书便于帮助学生掌握人物性格特征，理解作品通过人物所反映的主题思想。例如《守财奴》的板书设计：

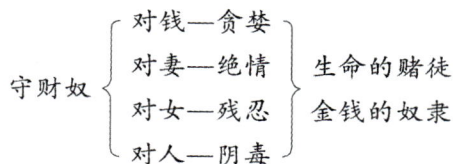

$$守财奴 \begin{cases} 对钱——贪婪 \\ 对妻——绝情 \\ 对女——残忍 \\ 对人——阴毒 \end{cases} \begin{matrix} 生命的赌徒 \\ 金钱的奴隶 \end{matrix}$$

图7-4

⑤说明顺序式板书是指体现说明文说明顺序的板书。这种板书便于学生掌握说明文的说明顺序。例如《苏州园林》的板书设计：

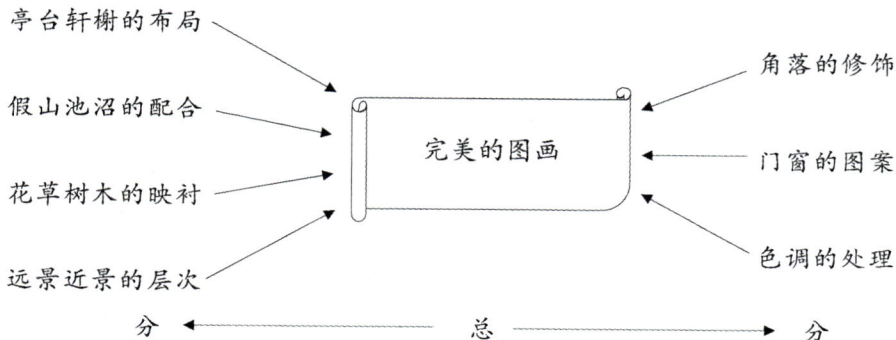

图7-5

⑥综合式板书是指体现课文内容、结构、写法等各方面教学要点的板书。这种板书便于学生全面掌握课文内容。例如《药》的板书设计：

表7-4

结构	情节	场景	线索	
			明线	暗线
第一部分	开端	刑场	老栓买药	夏瑜牺牲
第二部分	发展	茶馆	小栓吃药	鲜血被吃
第三部分	高潮	茶馆	茶客议药	狱中斗争
第四部分	结局	坟场	华大妈上坟	瑜母迷惘

四、教学收束

教学收束既是一堂课的结尾，又是下一节课潜在的开始。教学收束具有明确重点、梳理思路、总结规律、提炼升华等作用。

1.教学收束的原则

（1）简洁明了

设计教学结束语要简练紧凑，精当扼要。无论课堂教学容量多庞大，文章结构多繁复，教师都应引导学生抽丝剥茧，用精练准确的语言归纳全文的思想内容，概括文章的写作特色。例如：一位教师在总结李清照的《武陵春·春晚》和温庭筠的《望江南》（梳洗罢）教学时，只用了一句话——"带着课堂上的收获，课后欣赏李清照的《声声慢》（寻寻觅觅），体会词中作者表达的思想感情"。

（2）突出重点

好的结束语应该围绕教学目标、教学重点和教学难点进行设计，使学生一听就能判断是否理解并掌握了这节课应重点学习的内容。例如：一位教师在讲完《中国石拱桥》后的结束语为"同学们，通过这篇课文，我们学习了如何合理地安排说明顺序——第一，按照时间的先后；第二，按照主次；第三，按照写作的目的"。

（3）启思引智

结束语应根据课文的思想内容和人物线索，引导学生由课内向课外延伸、拓展，通过启思引导，让学生明白，课堂教学仅仅是语文学习的起点，能借助课堂上的语文学习读懂人生与社会，才是语文学习的真谛。

（4）前后照应

设计结束语时不要忘记课堂开始时的导入语，一节课的结束语要与课堂教学的导入语相照应，形成回环往复、浑然一体的效果。这里所说的"照应"也指课堂教学结构、教学方法上的照应，前有暗示，后有交代；前有伏笔，后有说明。

（5）激励渲染

教师在使用结束语时，应根据教材的内容和学生的情况，适当地控制音调的高低和说话的节奏速度。表示激昂慷慨和兴奋愉快时，可以把声音放大一点、高一点；表示庄严肃穆和疑惧感叹时，可以把声音放小一点、低一点。或平和舒缓，或高亢激奋，或停顿间歇，或一泻千里。尽量通过抑扬顿挫的语调，营造一种特定的结束氛围，牵动学生思绪，引起学生强烈的情感共鸣。

2. 教学收束的方式

（1）阅读式收束

阅读按不同的类别可分为个人阅读、分组阅读、整体阅读、延伸阅读、比较阅读、朗读、默读等不同的形式。个人阅读有利于提高学生阅读的质量与水平。分组阅读能最大限度地调动学生的参与意识。整体阅读能突出文章的气势，在课堂结束时能把气氛推向高潮，适用于说理文教学。延伸阅读即阅读某位作家的某一作品后，再阅读这位作家的有关资料或其他作品，使学生获得对这位作家及其作品较为全面的认识。比较阅读即把内容、风格等相近或相反的作品放在一起阅读，以此来品味作品之间的异同，加深对所学课文的理解。例如：《念奴娇·赤壁怀古》的教学结束后，可让学生阅读苏轼的《赤壁赋》，对比二者异同；《采薇》的教学结束后，可让学生搜集其他有关战争、思乡的诗词，对比阅读，进一步感知《采薇》所传达的情感。

（2）归纳式收束

归纳式收束就是教师用准确精练的语言，对教学内容的重点及难点进行归纳总结，使学生明晰知识线索，巩固知识内容，加深理解，强化记忆。例如：讲完《泪珠与珍珠》时，可以这样安排结束语："每一张照片、每一个故事都承载了太多真挚纯洁的情感。我总想，会流泪的人也是幸福的。因为流泪表示他们还有对生活的渴望和留恋，对真情的感动和拥有。从这个意义上说，无泪的人，也是世界上最痛苦的人。所以让我们珍惜泪水，珍惜这纯洁真挚的泪珠中凝聚的所有珍珠般晶莹美好的情感吧。我想这也是我们今天学习琦君这篇文章的收获之一。"这样的结束语概括性强，有利于学生抓住内容的重点和问题的精髓，起到画龙点睛的作用。

（3）悬念式收束

教学的收束也应像文章的结尾一样，讲究悬念迭出，回味无穷，给人一种意犹未尽的感受。因此，在课堂教学结束时，采用巧设悬念的方法，有时能收到"欲知后事如何，且听下回分解"的艺术效果。例如：《范进中举》第一课时讲完时，可以这样设计课堂结束语："范进中举后，他的地位发生了什么变化？他喜极而疯之后，又发生了什么故事？"这样的结束语能紧紧抓住学生的好奇心理，诱导学生去阅读后面的故事情节，同时为第二课时的教学做好铺垫，使前后课时互相关联，形成一个整体。

（4）作业式收束

给学生布置作业，是课堂最常用的收束方法。作业是学生运用知识解决问题、巩固已学知识的一种方式。布置作业的目的在于检测学生对知识的掌握程度，锻炼学生解决问题的能力，激发学生的学习兴趣，培养学生的良好习惯。作业的布置是教师的教学思想与教育机智的体现，其容量和难易程度都会对学生产生一定的影响。布置作业要遵循以下原则。

①目的性与针对性

作业的布置应针对教材和学生实际。学生的水平存在一定的差异性,作业也要有一定的层次性。作业难度要适中,要能体现课堂教学所要达到的教学目标。例如:讲完《咏雪》后,可同时布置两项作业,一是搜集描写雪的句子,二是写一篇描写雪的短文。学生可以根据自己的情况自主选择其中一项完成。

②趣味性与多样性

兴趣能激发学生的学习动机。作业形式要新颖灵活、不拘一格,也要考虑不同学生之间的差异性,尽量为学生布置多种有趣的作业。除了传统的书面作业外,应适当地采用口头练习(复述、讲故事等)、表演练习(小品、话剧)等多种作业形式,追求作业的开放性与探究性。例如:讲完《鸿门宴》后,除了要求学生完成课后练习题外,教师还可以给学生布置情景剧表演作业,要求学生小组合作,排练"鸿门宴",下节课进行汇报表演。

(5)比较式收束

比较式收束就是在一篇课文或一个单元教学内容的结束阶段,从文章的体裁、内容、结构、表达、立意等方面,有所侧重地将其与另一篇课文或另一个单元进行对照分析,概括出它们的相似点与不同点。比较式收束有利于加深学生对课文的理解,把握不同文章的风格及特点。例如:讲完《陈奂生上城》后,将它与前篇课文《项链》进行比较,让学生了解二者的相同之处,即都以出色的心理描写见长,并明确它们在描写人物心理的方法上各有特点——《项链》中的心理描写运用了西方小说惯用的心理分析法;《陈奂生上城》中的心理描写则运用了"土洋结合"的方法。

(6)拓展式收束

教学时,除了在课堂上向学生传授知识,还应把学生的视野由课内引向课外,使学生自觉地去课外寻求知识,以弥补课堂教学的不足。因此,教师宜在课堂教学临近尾声时,用简短的话语向学生介绍与课文有关的内容,引导学生由课内向课外延伸、扩展。例如:讲完《林黛玉进贾府》后,可以鼓励学生去阅读全本《红楼梦》,拓展学生的知识面;在《定风波》(莫听穿林打叶声)教学活动结束后,可以让学生小组合作搜集与"风雨"有关的诗词歌赋,集体研读后,根据自己的兴趣写一篇小文章。

教学收束的方式多种多样,各有特色,但无论选用哪种方式,都必须符合课文的内容要求和学生的特点,必须是整堂课和整篇课文教学的有机组成部分。

第六节　课堂提问与课堂偶发事件的处理

一、课堂提问

考点1　课堂提问的方式

课堂提问是指教师在课堂教学中,通过提出疑问,创设问题情境,引导和促进学生学习的教学行为方式。课堂提问的方式主要包括以下几种。

1.疏导性提问

疏导性提问适用于初读课文环节,可以帮助学生掌握课文的字、词、句等基础知识,了解课文梗概,厘清作者的写作思路,了解作者的写作目的,为进一步理解课文做铺垫。例如:教学《邓稼先》一课,可以在学生初读课文时提问"哪些句段最让你感动?",让学生带着问题读课文,激起学生阅读的兴趣。

2.深究性提问

深究性提问适用于细读课文环节,可以帮助学生了解文章的主要内容,厘清文章的结构层次,掌握人物的形象特点等。例如:教学《怀疑与学问》一课,可以在学生细读课文时提问"文中所说的怀疑精神有什么样的内涵?""它对做学问有什么重要意义?"等,让学生抓住课文主线,更加快速、准确地了解文章内容。

3.比较性提问

比较性提问适用于精读课文环节,可以加深学生对难词难句及重点段落的理解,帮助学生了解文章语言、结构等的优点,掌握中心内容。例如:教学《包身工》一课,可以在学生精读课文时提问"①有几个'慈祥'的老板到小菜场去收集一些莴苣的菜叶,用盐一浸,这就是她们难得的佳肴。②有几个黑心的老板到小菜场去收集一些莴苣的菜叶,用盐一浸,这就是她们的晚餐。这两句话哪句更好?为什么?",让学生体会反语这一修辞手法的妙用,进一步感受作者对包身工悲惨境遇的同情。

4.检查性提问

检查性提问适用于复习巩固环节,可以帮助教师了解学生对文本内容的掌握情况,使学生巩固所学内容。例如:教学《永遇乐·京口北固亭怀古》一课,可以在学生复习时提问"这首词中最典型的修辞手法是什么?""这首词表达了作者什么样的情感?"等,及时了解学生对用典这一修辞手法的掌握情况及对本词主要内容的理解程度。

5.总结性提问

总结性提问适用于课堂总结环节,可以帮助学生进一步掌握课堂教学的重难点内容,获得规律性的认识。例如:教学《不求甚解》一课,可以在教学基本结束后提问"学完《不求甚解》后,同学们得到了什么启示呢?请结合自己的读书经验,谈谈你对这句话的理解",帮助学生强化从本篇课文中所学到的道理,并加深学生对"不求甚解"这一成语的理解与记忆。

考点2 课堂提问存在的问题及其处理技巧

1.问题难度设置不当

问题难度设置不当是指教师所提问题的难度过低或过高,无法对学生起到启发或引导作用。

教师提出的问题难度应适中,适合学生运用迁移规律去学习知识、解决问题;应是学生力所能及的,符合学生的认识水平和实际能力的。此外,教师所提问题应保证清晰明确,其问题间域不可过大或过小。如间域过大,学生就不明白如何回答才符合要求或标准;间域过小,则不易引起学生的注意或容易导致学生钻"牛角尖"。

2.提问时机把握不当

提问时机把握不当是指教师提问的时机选择不当,无法保证提问的有效性。

教师在课堂教学中,要善于选择最佳的发问时机,并学会创造良好的发问时机;要善于创设问题情境,促使提问时机出现。具体的处理技巧包括三点:在教材的重难点之处提问;在易混淆之处提问;在学生"心求通而不能通,在其口欲答却又答不出"之时提问。

3.问题数量控制不当

问题数量控制不当是指教师在课堂教学中所提问题总量过多或问题内容过长,影响学生思考,降低问答效率。

提问固然能帮助学生理解课文,有助于学生思维能力的发展。但如果课堂上提出的问题过多,提问时间过长,就会使学生频繁或长期处于紧张状态,大脑产生疲劳感,进而处于"抑制状态",出现"厌问""疲答"现象。因此,教师在提问时应充分考虑教学实际,控制问题的数量,合理分配提问时间,使学生在轻松愉悦的环境中回答问题,解决问题,提升学习效率。

二、课堂偶发事件的处理

1.课堂偶发事件的含义及特点

课堂偶发事件是指与课堂教学目的、教学计划无关的，出乎教师意料的，直接影响和干扰课堂教学过程的突发事件。课堂偶发事件的特点主要表现在以下几个方面。

①课堂偶发事件具有突发性，即课堂偶发事件往往是课堂教学中突然发生的意料之外的事情。

②课堂偶发事件具有偶然性，即课堂偶发事件是偶然发生的，不是经常发生的，没有规律。

③课堂偶发事件具有新异性，即课堂偶发事件是课堂教学中发生的一种与教学无关的新异刺激，会干扰或破坏课堂教学活动的正常进行。

④课堂偶发事件具有两极性，即对课堂偶发事件的处理，将会带来积极或消极两种不同的结果。

2.课堂偶发事件的处理

（1）处理课堂偶发事件的教学艺术

处理课堂偶发事件，不仅要体现科学性，更要体现艺术性。

①敏锐观察，正确决策。

②沉着冷静，以静制动。

③正确教育，因势利导。

④时效统一，及时高效。

⑤化弊为利，长善救失。

⑥幽默诙谐，化解矛盾。

⑦采用暗示，旁敲侧击。

⑧言语生动，语调多变。

（2）课堂偶发事件的处理办法

①趁热打铁法

趁热打铁法是指当课堂偶发事件出现时，教师抓住时机，马上处理，以取得最佳教育效果的方法。这一方法往往能及时解决偶发事件，给学生以强烈的思想震撼和深刻的印象。

②冷却处理法

冷却处理法是指教师在课堂上对一些偶发事件给予暂时冷却，继续按照原教学计划进行教学活动，等到课后其他时间再处理的方法。这一方法能使教师有比较充裕的时间去想一个更周全的解决办法，选择恰当的教育方案，冷静地处理偶发事件。

③巧妙暗示法

巧妙暗示法是指当课堂偶发事件出现时，教师并不中断教学活动，而是用目光注视、突发提问、身体移近等含蓄、间接的方法悄悄提醒当事人，消除影响教学的不利因素，使教学工作得以正常进行的处理方法。这一方法既不影响教学秩序，又不损害学生的自尊心。

④大度宽容法

课堂上有些偶发事件往往会使教师感觉到自己的尊严受到挑战，感情和威信受到损害。采用大度宽容的方法处理偶发事件，不是教师软弱无能，也不是教师对学生无原则的迁就，更不是对学生不良行为的默认、纵容与包庇，而是要使学生在心灵深处进行反省，慢慢感化学生。

⑤因势利导法

课堂中出现的偶发事件容易激起学生的好奇心，吸引他们的注意力。在这种情况下，为了让学生的注意力重新回到原定的教学内容上，教师可以转而发掘事件中的积极因素，顺应学生的好奇心，满足学生的求知欲，因势利导地开展教学活动。这不但能保证课堂教学的良好秩序，而且可以扩充课堂教学内容，从而达到教学目的。

第七节　教案写作

语文教案是语文教学设计的书面成果,是教师在授课前准备的教学方案,是课堂教学的主要依据。语文教案设计技能是语文教师的基本功之一。

一、教案设计的类型

从不同角度划分,教案可分为以下几种类型。

考点1　详细教案、简明教案和微型教案

根据繁简程度,教案可分为详细教案、简明教案和微型教案。

1.详细教案

详细教案内容周详全面,近乎讲稿。它要求教学内容、教学过程、教学方式方法、师生互动等都写得十分详细,提出的问题及问题的答案,乃至各环节之间衔接的语言,都要精心设计,详细记录在教案里。详细教案的设计需用较多的时间和精力,但有利于教师驾驭教学。因此,详细教案更适合职前师范生或刚走上工作岗位、教学经验较少的年轻教师使用。

2.简明教案

简明教案简称"简案",又叫教学提纲。它的文字比较精练,篇幅比较短小,只写出最基本、最重要的内容。比如教学过程只写几个重要的步骤,教材分析只写个提纲等。设计这种教案,需要有一定的教学经验,需要有从容地把握教学过程的能力,需要对一些教学环节有临场发挥的能力,它只适合对课文和课堂有较高驾驭能力的教师使用。

3.微型教案

微型教案也称卡片教案,内容只涉及最基本的教学步骤和简明的板书。微型教案内容简洁,形式醒目,取放自如,便于教师临场发挥。采用微型教案进行教学,需要教师有丰富的教学经验和对课文、课堂驾轻就熟的把握能力。

考点2　知识型教案、教法型教案和综合型教案

根据内容差异,教案可分为知识型教案、教法型教案和综合型教案。

1.知识型教案

知识型教案的内容是语文知识的汇集或教学参考资料的摘录,包括题目、作者、时代背景、生字新词、层次结构、段落大意、逐段分析、全文总括、中心思想、写作特点的介绍等。如果是文言文,还有串讲和译注等内容。详细的甚至会写成讲稿。这类教案资料性、文献性强,是一种静态的教案,有人称之为"资料教案"。其优点是知识相对稳定,便于长期保存,反复使用;缺点是只写"教什么",没有写出"怎样教",缺乏教学个性。

2.教法型教案

教法型教案的内容注重教学过程的设计和教学方法的运用,包括简述教学目标、教学过程,确定教学重难点,设计提问、点拨,注重板书,补充练习和检测题目等。这类教案针对性强,是教师根据学生的实际情况编写的,具有较强的教学个性,是一种动态的教案。其优点是注重"怎样教",便于施教过程中师生双边活动

的实际操作,缺点是知识性不强。

3.综合型教案

综合型教案是一种知识、教法互补,静态、动态结合的教案,既有一定的资料汇集,又有一定的教法设计,力求将"教什么"和"怎样教"有机结合,将语文知识共性和教学个性有机结合。无论是对于新教师,还是对于经验丰富的教师,这种类型的教案都是值得提倡的。

二、教案的结构与内容

语文教案的整体结构一般分为课题计划和课时计划两大部分。

考点1 课题计划

课题计划指教学一个单元或一篇课文的整体计划。课题计划通常包括课题、教学目标、课型、重难点、教学方法、教具、课时安排等内容。

①课题。课题是指单元或课文的题目,写作或口语交际课的主题。

②教学目标。初中学科的教学目标通常从知识与能力、过程与方法、情感态度与价值观三方面进行陈述;高中学科的教学目标通常从语言建构与运用、思维发展与提升、审美鉴赏与创造、文化传承与理解四个方面进行陈述。教学目标可分行排列。

③课型。课型通常分为两类:一类是在一堂课里同时完成两项或两项以上教学任务的综合型;另一类是在一堂课里主要完成一项教学任务的单一型。其中,在单一型课型中,以讲授新教材为主的为新授课,以复习旧知识为主的为复习课,以练习技能技巧(作文、作业)为主的为练习课,以分析作业或讲评作文为主的为作业分析课,以考试为主的为检查课等。因此,如果课程属于单一型,应具体标明是哪一种课型。

④重难点。重难点部分应分项列出课题的教学重点、教学难点。

⑤教学方法。教学方法部分应注明整个教学过程中主要运用的方法,如练习法、讨论法、朗读法等。

⑥教具。教具部分应说明课题教学中所用的教具,包括电化教具、多媒体等。

⑦课时安排。课时安排部分应写明课题教学所需课时数。

考点2 课时计划

课时计划是指一个课时的教学计划。课时计划通常包括课时、教学目标、教学重难点、教学过程、板书设计、教学后记等内容。

①课时。此处应注明本课时是整个课题教学中的第几课时。

②教学目标。此处应写明本课时为实现整个课题教学目标所应达到的具体教学目标。

③教学重难点。此处重难点是指本课时教学的重难点。

④教学过程。此处教学过程又称教学进程、教学程序,主要包括教学要点、教学步骤、教学内容、教学方式。教学要点就是列出教学的几件大事,即概括地揭示本课时的主要教学内容及教学方式,如导入新课、简介作者及背景、处理生字词、朗读课文、讲析课文第一大部分、布置作业。教学步骤与教学内容是教案的主体部分,教师要设计总体的教学思路,并围绕这条思路,考虑教学内容实施的具体步骤与环节。教学步骤一般包括导入、讲解、提问、讨论、总结、布置作业等,同时要兼顾教师的指导,学生的听说读写思活动,多媒体手段的运用,复习、练习等具体教学环节,并估计各个环节所需的时间。

⑤板书设计。每个课时的板书属于"课时板书",可分散写在教学步骤之中,可另外写在与教学步骤平行的备课稿纸右侧,也可集中写在本课时计划教学过程部分的最后。最后一个课时计划中可写上全课题总的板书,称为"课题板书"。

⑥教学后记。教学后记又称教后记、教学小结或教学回顾,是教学设计实施情况的小结。有的教师在写完教后记,往往还会写"又记""再记"。写教后记有利于积累教学经验,改进教学方式,是促进教师专业成长的极好方式。

除此之外,教案中还要注明日期、执教教师、年级、班级等。

课时计划可采用以下格式。

表7-5　课时计划格式及内容

课题:	
教学目标:	
教学重点:	
教学难点:	
课型:	
教学方法:	
课时安排:	
教学过程与内容: 第一课时 一、教学要点 教学内容与步骤: (一)导入新课 (二)讲读分析 (解题、介绍相关知识、检查预习、巩固自学、厘清层次、确定段意、概括中心思想、总结技巧等) ………… (三)练习作业设计 (四)板书设计 (五)补充资料	备注 (教法、教具及师生活动等) ×分钟 ×分钟
教学后记:	

需要说明的是,语文教案没有固定的格式,以上介绍的只是它大致的内容结构,其格式及内容并非一成不变。设计教案时,完全可以根据实际情况对其中的一些要素进行适当整合与变通。从使用的角度来看,教案是教学活动的预设案,教学时应尽量按照教案施教,发挥教案的作用,但也要根据不断变化的教学实际对方案进行灵活调整,既要以它为依据,又不能受它的束缚。

三、教案编写基本要点

语文教案的编写必须把握以下要点。

①目标准确。确立教学目标是为了解决为什么教的问题。合理确定教学目标,要注意把握教材,结合学生的实际水平,表述要简洁明确。

②内容充实。教学内容的选择与确定是解决教什么的问题。教学内容要具体化,实实在在,项项落实。

③重点突出。每节课重点解决什么问题,要明确提出并加大解决力度。不可面面俱到,样样都抓。

④思路清晰。教学思路是解决怎么教的问题。教学内容的先、后、详、略要简洁明确;教学结构的设置、教学程序的安排等,要清晰明了。

⑤衔接自然。前后教学环节之间要衔接自然,环环相扣。特别要注意过渡语的设计。

⑥方法灵活。教学方法的选择是进一步解决怎么教的问题。在充分发挥教师的主导作用与确立学生的主体地位的基础上,应注意教法与学法的统一,灵活选择教学方法。

⑦留有余地。教案是教学预设的结果,备课时应充分考虑可能发生的各种情况,并在教案中有所体现。教学的生成内容也应在教案中呈现。编写教案时要在纸张右侧适当空出部分版面,便于在施教过程中随时修改和补充。

考题再现

【2021年·山东泰安·教学设计】阅读以下材料,回答问题。

青山处处埋忠骨

一

中南海,毛主席的卧室。

写字台上,放着那封从朝鲜前线志愿军司令部发来的,由司令员彭德怀拟定的电报。

我们今日7时已进入防空洞,毛岸英同3个参谋在房子内。11时敌机4架经过时,他们4人已出来。敌机过后,他们4人返回房子内,忽又来敌机4架,投下近百枚燃烧弹,命中房子,当时有二名参谋跑出,毛岸英及高瑞欣未及跑出被烧死。其他无损失。

从见到这封电报起,毛主席整整一天没说一句话,只是一支接着一支地吸着烟。桌子上的饭菜已经热了几次。岸英是毛主席最心爱的长子,毛主席在他身上倾注了无限的父爱。当年,地下党的同志们冒着生命危险找到了岸英,把他送到毛主席身边。后来岸英去苏联留学,回国后毛主席又亲自把爱子送到农村锻炼。那一次次的分离,岸英不都平平安安回到自己的身边来了吗?这次怎么会……"岸英!岸英!"毛主席用食指按着紧锁的眉头,情不自禁地喃喃着。

二

秘书走了进来。

"主席,志愿军司令部来电请示中央军委,是否将岸英的遗骨运回国内。"秘书凑近毛主席,轻声说,"朝鲜方面向主席表示慰问,说岸英同志是为朝鲜人民的解放事业牺牲的,也是朝鲜人民的儿子,要求把岸英安葬在朝鲜。"

毛主席不由自主地站了起来,仰起头,望着天花板,强忍着心中的悲痛,目光中流露出无限的眷恋。岸英奔赴朝鲜时,他因为工作繁忙,未能见上一面,谁知竟成了永别!"儿子活着不能相见,就让我见见遗骨吧!"毛主席想。然而,他很快打消了这种念头。他若有所思地说道:"哪个战士的血肉之躯不是父母所生?不能因为我是主席,就要搞特殊。不是有千千万万志愿军烈士安葬在朝鲜吗?岸英是我的儿子,也是朝鲜人民的儿子,就尊重朝鲜人民的意愿吧。"

秘书将电报记录稿交毛主席签字的一瞬间,毛主席下意识地踌躇了一会儿,那神情分明在说,难道岸英真的回不来了?父子真的不能相见了?毛主席黯然的目光转向窗外,右手指指写字台,示意秘书将电报记录稿放在上面。

第二天早上,秘书来到毛主席的卧室。毛主席已经出去了,签过字的电报记录稿被放在了枕头上,下面是被泪水打湿的枕巾。

青山处处埋忠骨,何须马革裹尸还。

(《教育部审定义务教育教科书·语文五年级下册》)

"通过文中描写毛主席动作、语言、神态的句子,体会他的内心世界"是本文的学习目标之一,请你设计科学合理的教学过程,引导学生达成目标,要求语言准确、清晰,教学环节完整。

【参考设计】

一、教学导入

(播放《中国人民志愿军军歌》)

学生分享课前了解的关于抗美援朝战争和中国人民志愿军的相关资料。

二、初步感知

1.学生自读课文,分别概括课文两个部分的内容。

2.学生自荐发言,教师点评、明确并进行最后的总结。

明确:第一部分写毛主席获知毛岸英在朝鲜牺牲的噩耗,心情无比悲痛;第二部分写毛主席在经过内心的踌躇与挣扎后,决定将毛岸英的遗骨安葬于朝鲜。

总结:本文通过对毛主席在获知毛岸英在朝鲜牺牲的噩耗后的动作、神态、语言描写,表现了毛主席作为父亲痛失爱子的悲痛心情和作为国家领导人不徇私情的伟大胸怀。

三、深入研讨

1.学生默读课文,勾画文中描写毛主席动作、语言、神态的句子。

2.小组内部交流所勾画的句子,教师巡视并相机指导。

3.全班齐声朗读所勾画的句子。

4.教师带领学生依次分析所勾画的句子:小组内部先讨论,小组代表自荐发言,其他小组在前一小组的发言结束后进行补充,教师最后进行点评并明确答案。

第一部分:

句1:毛主席整整一天没说一句话,只是一支接一支地吸着烟。

分析:"一支接一支地吸着烟"属于动作描写,表现了一位父亲无法接受失去爱子的现实,内心十分沉重的状态。

句2:"岸英!岸英!"毛主席用食指按着紧锁的眉头,情不自禁地喃喃着。

分析:毛主席情不自禁地念着儿子的名字,属于语言描写,"用食指按着"属于动作描写,"紧锁的眉头"属于神态描写。这些描写表现了一位父亲在失去爱子后万分悲痛的心情。

第二部分:

句1:毛主席不由自主地站了起来,仰起头,望着天花板,强忍着心中的悲痛,目光中流露出无限的眷恋。

分析:"不由自主地站了起来""仰起头""望着天花板"属于动作描写,"强忍着心中的悲痛,目光中流露出无限的眷恋"属于神态描写。这一系列的动作描写和神态描写表现了毛主席希望将儿子的遗骨运回国内见他最后一面的心情。

句2:他若有所思地说道:"哪个战士的血肉之躯不是父母所生?不能因为我是主席,就要搞特殊。不是有千千万万志愿军烈士安葬在朝鲜吗?岸英是我的儿子,也是朝鲜人民的儿子,就尊重朝鲜人民的意愿吧。"

分析:这属于语言描写,表现了毛主席身为国家领导人以国家为重、不徇私情、不搞特殊化的伟大胸怀。

句3:毛主席下意识地踌躇了一会儿,那神情分明在说,难道岸英真的回不来了?父子真的不能相见了?毛主席黯然的目光转向窗外,右手指指写字台,示意秘书将电报记录稿放在上面。

分析:"下意识地踌躇了一会儿""转向窗外""指指写字台"属于动作描写,"黯然的目光"属于神态描写。这些描写表现了毛主席身为一名普通的父亲对爱子不能回国安葬、不能见其最后一面的悲痛与遗憾,反映了毛主席内心的痛苦与抉择的艰难。

5.学生有感情地齐声朗读文中描写毛主席动作、神态、语言的句子,体会毛主席痛失爱子后的内心世界。

6.结合文本,学生畅谈对"青山处处埋忠骨,何须马革裹尸还"的理解,进一步理解毛主席的伟大抉择。

四、课堂总结

总结语:一个人的动作、神态、语言往往能表现他最真实的内心,展现他的性格与精神。动作描写、神态描写、语言描写是常见的描写人物的方法。希望同学们经过今天的学习,能够将这些描写人物的方法运用到自己的文章中。

五、作业布置

带着自己的理解,有感情地朗读一遍全文。

强化练习

教学设计题

1.依据新课程理论,为课文《火烧云》(人教版小学语文四年级上册)写一篇教学简案。

附课文:

火烧云

晚饭过后,火烧云上来了。霞光照得小孩子的脸红红的。大白狗变成红的了。红公鸡变成金的了。黑母鸡变成紫檀色的了。喂猪的老头儿在墙根靠着,笑盈盈地看着他的两头小白猪变成小金猪了。他刚想说:"你们也变了……",旁边走来个乘凉的人对他说:"您老人家必要高寿,您老是金胡子了。"

天上的云从西边一直烧到东边,红彤彤的,好像是天空着了火。

这地方的火烧云变化极多,一会儿红彤彤的,一会儿金灿灿的,一会儿半紫半黄,一会儿半灰半百合色。葡萄灰、梨黄、茄子紫,这些颜色天空都有。还有些说也说不出来、见也没见过的颜色。

一会儿,天空出现一匹马,马头向南,马尾向西。马是跪着的,像等人骑上它的背,它才站起来似的。过了两三秒钟,那匹马大起来了,腿伸开了,脖子也长了,尾巴却不见了。看的人正在寻找马尾巴,那匹马变模糊了。

忽然又来了一条大狗。那条狗十分凶猛,在向前跑,后边似乎还跟着好几条小狗。跑着跑着,小狗不知哪里去了,大狗也不见了。

接着又来了一头大狮子,跟庙门前的石头狮子一模一样,也那么大,也那样蹲着,很威武很镇静地蹲着。可是一转眼就变了,再也找不着了。

一时恍恍惚惚的,天空里又像这个又像那个,其实什么也不像,什么也看不清了。必须低下头,揉一揉眼睛,沉静一会儿再看。可是天空偏偏不等待那些爱好它的孩子。一会儿工夫,火烧云就下去了。

2.以下是人教版义务教育教科书语文六年级上册第八组第25课《伯牙绝弦》全文。

伯牙善鼓琴,钟子期善听。伯牙鼓琴,志在高山,钟子期曰:"善哉,峨峨兮若泰山!"志在流水,钟子期曰:"善哉,洋洋兮若江河!"伯牙所念,钟子期必得之。子期死,伯牙谓世再无知音,乃破琴绝弦,终身不复鼓。

(1)请依照《义务教育语文课程标准(2011年版)》的教学要求,为《伯牙绝弦》这篇文言文设计一个完整的教学简案。

(2)请设计本课教学板书。

3.请依照《义务教育语文课程标准(2011年版)》的教学要求,为《江城子·密州出猎》这首词设计一个完整的教学简案。

江城子·密州出猎

老夫聊发少年狂,左牵黄,右擎苍,锦帽貂裘,千骑卷平冈。为报倾城随太守,亲射虎,看孙郎。

酒酣胸胆尚开张,鬓微霜,又何妨!持节云中,何日遣冯唐?会挽雕弓如满月,西北望,射天狼。

参考设计

教学设计题

1.【参考设计】

《火烧云》教学简案

教学目标:

①知识与能力:学会本课生字新词;学习作者抓住火烧云颜色和形状的变化进行观察的方法;学习积累作文素材。

②过程与方法:通过阅读文章,理解课文内容,感受火烧云的美丽、多姿多彩。

③情感态度与价值观:培养观察大自然的兴趣,善于发现大自然的美,懂得欣赏美,并培养想象能力。

教学重难点:

通过语言文字的学习,了解火烧云颜色和形态的变化,学习作者观察事物和对其进行描写的方法。

课时:1课时

教学过程:

一、创设情境,激发学习兴趣

教师使用多媒体课件出示配上优美音乐的火烧云图片供学生欣赏,并向学生解释火烧云的特点及形成过程。通过创设情境激发学生的学习兴趣。

二、感知内容,引导主动参与

1.师提问:课文是按什么顺序来写火烧云的?

明确:是按照火烧云上来了——烧起来了——下去了这样的顺序来写的。

2.师:自由读课文第一自然段,说说火烧云上来时的情景。

3.师:火烧云上来了,在霞光的照耀下,大地呈现出绚丽的景象。不过,更壮观的景象还在后面呢!

4.学生自由快速读第三自然段,看谁能说出天空中的火烧云都有哪些颜色。

5.指名学生说出天空中有哪些颜色。

6.师:除了这些颜色外,你还能想象出有哪些颜色?

7.指导学生有感情地朗读此段并试着背诵。

8.师:火烧云不仅颜色多,变化快,而且它的形状也是千变万化,让我们也一起去看一看吧!

9.让学生说出天空中火烧云的样子。

10.让学生模仿作者的写法,把天空中的火烧云还像什么写下来,并与同学分享。

三、指导朗读,培养语感

教师范读,学生听读;

指名学生试读,教师进行点拨,重点指出语速、语调、感情等方面的问题;

学生再读,生生互评,教师指导;

全班齐读。

四、想想说说,课外延伸

1.学习了这篇课文,你一定被火烧云千姿百态的变化深深地吸引了吧,此时此刻,你最想说什么?

2.布置学生课外收集一些有关大自然美丽、神奇的图片,让学生做个有心人,发现自然界的美,懂得欣赏美并保护这些美。

五、板书设计(略)

2.【参考设计】

(1)教学简案

《伯牙绝弦》教学简案

一、教学目标

知识与能力:

①能借助工具书和课下注释疏通文意、复述故事。

②用普通话正确、流利、有感情地朗读课文并背诵课文。

过程与方法:

通过反复诵读,体会伯牙与子期之间真挚的友情,领悟文言文语言的凝练、优美,感受文字的音韵美。

情感态度与价值观:

感受伯牙和子期之间真挚的友情,体味中华诗文的美。

二、教学重难点

了解文章大意,体会伯牙和子期之间真挚的友情。

三、教学方法:诵读教学法、合作探究法

四、教学手段:多媒体

五、课时安排:1课时

六、教学过程

1.音乐导入,激发兴趣

多媒体播放古琴曲《高山流水》,引入课题《伯牙绝弦》。

2.初次阅读,整体感知

(1)教师范读,学生标识字音、划分节奏。

(2)学生自由朗读,之后教师指名学生朗读并做指导和评价。

明确:子期死,伯牙谓/世/再无知音,乃/破琴/绝弦,终身/不复鼓

(3)学生齐读课文。

(4)学生自由读课文,教师组织学生分小组讨论以下问题。

①"伯牙绝弦"如何翻译? 想表达什么?

明确:伯牙把琴弦弄断了。伯牙再也不弹琴了。

②解释下列"善"的意思。

A.伯牙善鼓琴

B.善哉

明确:A.善于、擅长;B.好

③翻译下列句子。

子期死,伯牙谓世再无知音,乃破琴绝弦,终身不复鼓。

明确:钟子期死了,伯牙说这世上再也没有知音了,于是就把琴摔坏,把弦弄断,一生不再弹琴。

(5)师生合作,结合课下注释并借助工具书疏通文意。

3.再读课文,品味语言

①找出课文中能表现"伯牙善鼓琴,钟子期善听"的句子。

明确:

伯牙鼓琴,志在高山,钟子期曰:"善哉,峨峨兮若泰山!"志在流水,钟子期曰:"善哉,洋洋兮若江河!"伯牙所念,钟子期必得之。

②这段话中,钟子期的话说明了什么?

明确:说明钟子期对伯牙的琴声赞叹有加,两人相知。

③伯牙和子期仅仅是通过琴声交流高山流水吗?

明确:不是,"伯牙所念,钟子期必得之"。伯牙所想的,钟子期都知道。

④音乐把伯牙和子期连在了一起,所谓知音难觅,遇到了就该珍惜,可是钟子期却死了,伯牙为此做了什么? 为什么?

明确:伯牙把琴摔坏,把琴弦弄断了,一辈子不再弹琴。因为世上已经没有懂他的人了。

总结:这篇课文篇幅虽然短小,感情却很强烈,我们从中深切地感受到了伯牙和子期之间真挚的友情。

七、布置作业

1.背诵课文。

2.写一写你与朋友之间的故事,不少于200字。

（2）板书设计

伯牙绝弦		
人物	伯牙	钟子期
关系	知音	
结交原因	善鼓	善听
结局	破琴绝弦,终身不复鼓	死

3.【参考设计】

《江城子·密州出猎》教学简案

一、教学目标

知识与能力:

①了解"词"的相关知识。

②了解苏轼生平及该词的创作背景。

③背诵词作。

过程与方法:

①通过朗读,把握词作内涵。

②分析品味词作,理解作者的情感。

情感态度与价值观:

领会作者的爱国之情,激发自己的爱国热情。

二、教学重难点

教学重点:通过分析词作,找出重点词句,体会作者渴望报效朝廷的豪情壮志。

教学难点:理解作者的情感,体会作者渴望报效朝廷的豪情壮志。

三、教学方法:诵读教学法、合作探究法

四、教学手段:多媒体

五、教学安排:1课时

六、教学过程

(一)图片导入

PPT出示古代狩猎图片,引出课题。

(二)初读感知

1.学生自读词作,要求读准字音。教师指正读音并范读,学生做标记。

明确:老夫聊发(fā)少年狂……千骑(jì)卷平冈……为(wèi)报倾城随太守

2.提问:结合刚才了解的作者的词风及本词的创作背景,你认为应该以怎样的语气腔调来读这一风格的作品呢?

明确:读这种豪放派的词作,语气要豪迈奔放,语调要高亢激昂。

3.指名再次试读并做指导,全班齐读(注意语气)。

(三)理解词意

1.教师要求学生结合注释理解词作,勾画出自己不懂的字、词、句,然后和同桌讨论,解决不了的问题全班共同讨论。

2.接龙活动:一学生提出问题,下一学生回答并继续提出新问题给下一位学生,最后教师明确。

3.教师组织小组讨论,由小组代表解释上下阕的意思。

明确:

上阕:我姑且抒发一下少年的豪情壮志,我左手牵着黄犬,右臂托着苍鹰,头戴华美鲜艳的帽子,身穿貂鼠皮衣,带着众多随从席卷平坦的山冈。为了报答全城的人跟随我（外出打猎），我要像孙权一样，亲自射杀猛虎。

下阕：我畅饮美酒，胸怀还很宽阔，胆气还很豪壮。虽然两鬓微微发白，但这又有何妨？什么时候皇帝会派人下来，就像汉文帝派遣冯唐持符节去云中赦免魏尚一样起用我呢？那时我将把精美的弓拉得如满月一样开，瞄准西北，射向西夏军队。

4.提问：苏轼在词中描绘了一幅怎样的画面？

明确：描绘了一幅壮观、豪放的打猎场面。

（四）品味情感

1.教师组织小组自由选择一个题目讨论，之后总结。

问题1：词中的苏轼是怎样的？请你用本词中的一个字概括出来，并说明理由。

明确：苏轼是"狂"的。这里的"狂"说明了苏轼生性豪放，不受拘束。

问题2：体会作者为什么说"遣冯唐"？为什么要"射天狼"？这表达了作者怎样的感情？

明确：

"遣冯唐"：据《史记·张释之冯唐列传》记载，云中郡太守魏尚在抵御匈奴的战争中表现英勇，却获罪削职，只是因为他报杀敌人数时多报了六人。冯唐为了帮助魏尚向文帝进谏，文帝让冯唐拿着符节去云中郡赦免了魏尚，恢复了他的职位。作者希望有像冯唐一样的人持着朝廷的符节来到这里，使自己能够像魏尚一样得到起用，承担起保家卫国的重任。

"射天狼"："天狼"原是星名，词中喻指侵扰西北边境的西夏军队，"射天狼"指赶走西北来犯的敌人。

运用典故，委婉地表达了作者希望被朝廷重用的愿望和想要报效国家的爱国主义思想。

2.教师带领学生齐读本词。

七、布置作业

背诵本词。

中公教育·全国分部一览表

分部	地址	联系方式
中公教育总部	北京市海淀区学清路 23 号汉华世纪大厦 B 座	400-6300-999 / http://www.offcn.com
北京中公教育	北京市海淀区学清路 38 号金码大厦 B 座 910 室	010-51657188 / http://bj.offcn.com
上海中公教育	上海市杨浦区锦建路 99 号	021-35322220 / http://sh.offcn.com
天津中公教育	天津市和平区卫津路云琅大厦底商	022-23520328 / http://tj.offcn.com
重庆中公教育	重庆市江北区观音桥步行街未来国际大厦 7 楼	023-67121699 / http://cq.offcn.com
辽宁中公教育	沈阳市沈河区北顺城路 129 号（招商银行西侧）	024-23241320 / http://ln.offcn.com
吉林中公教育	长春市朝阳区辽宁路 2338 号中公教育大厦	0431-81239600 / http://jl.offcn.com
黑龙江中公教育	哈尔滨市南岗区西大直街 374-2 号	0451-85957080 / http://hlj.offcn.com
内蒙古中公教育	呼和浩特市赛罕区呼伦贝尔南路东达广场写字楼 702 室	0471-6532264 / http://nm.offcn.com
河北中公教育	石家庄市建设大街与范西路交叉口众鑫大厦中公教育	0311-87031886 / http://hb.offcn.com
山西中公教育	太原市坞城路师范街交叉口龙珠大厦 5 层（山西大学对面）	0351-8330622 / http://sx.offcn.com
山东中公教育	济南市工业南路 61 号 9 号楼	0531-86557088 / http://sd.offcn.com
江苏中公教育	南京市秦淮区中山东路 532-2 号金蝶软件园 E 栋 2 楼	025-86992955 / http://js.offcn.com
浙江中公教育	杭州市石祥路 71-8 号杭州新天地商务中心望座东侧 4 幢 4 楼	0571-86483577 / http://zj.offcn.com
江西中公教育	南昌市东湖区阳明东路 66 号央央春天 1 号楼投资大厦 9 楼	0791-86823131 / http://jx.offcn.com
安徽中公教育	合肥市南一环路与肥西路交叉口汇金大厦 7 层	0551-66181890 / http://ah.offcn.com
福建中公教育	福州市八一七北路东百大厦 19 层	0591-87515125 / http://fj.offcn.com
河南中公教育	郑州市经三路丰产路向南 150 米路西 融丰花苑 C 座（河南省财政厅对面）	0371-86010911 / http://he.offcn.com
湖南中公教育	长沙市芙蓉区五一大道 800 号中隆国际大厦 4、5 层	0731-84883717 / http://hn.offcn.com
湖北中公教育	武汉市洪山区鲁磨路中公教育大厦（原盈龙科技创业大厦）9、10 层	027-87596637 / http://hu.offcn.com
广东中公教育	广州市天河区五山路 371 号中公教育大厦 9 楼	020-35641330 / http://gd.offcn.com
广西中公教育	南宁市青秀区民族大道 12 号丽原天际 4 楼	0771-2616188 / http://gx.offcn.com
海南中公教育	海口市大同路 24 号万国大都会写字楼 17 楼（从西侧万国大都会酒店招牌和工行附近的入口上电梯）	0898-66736021 / http://hi.offcn.com
四川中公教育	成都市武侯区科华北路 62 号力宝大厦北区 3 楼	028-87018758 / http://sc.offcn.com
贵州中公教育	贵阳市云岩区延安东路 230 号贵盐大厦 8 楼（荣和酒店楼上）	0851-85805808 / http://gz.offcn.com
云南中公教育	昆明市东风西路 121 号中公大楼（三合营路口，艺术剧院对面）	0871-65177700 / http://yn.offcn.com
陕西中公教育	西安市未央区文景路与凤城四路十字西南角中公教育大厦	029-87448899 / http://sa.offcn.com
青海中公教育	西宁市城西区胜利路 1 号招银大厦 6 楼	0971-4292555 / http://qh.offcn.com
甘肃中公教育	兰州市城关区静宁路十字西北大厦副楼 2 层	0931-8470788 / http://gs.offcn.com
宁夏中公教育	银川市兴庆区清和北街 149 号（清和街与湖滨路交汇处）	0951-5155560 / http://nx.offcn.com
新疆中公教育	乌鲁木齐市沙依巴克区西北路 731 号中公教育	0991-4531093 / http://xj.offcn.com
西藏中公教育	拉萨市城关区藏大中路市外事办东侧嘎玛商务楼二楼	0891-6349972 / http://xz.offcn.com